KB131797

한국목간학회총서 09

木簡과 文字 연구

9

| 한국목간학회 엮음 |

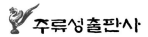주류성출판사

석암리 194호 2호 목간과 내부 죽간출토 상태

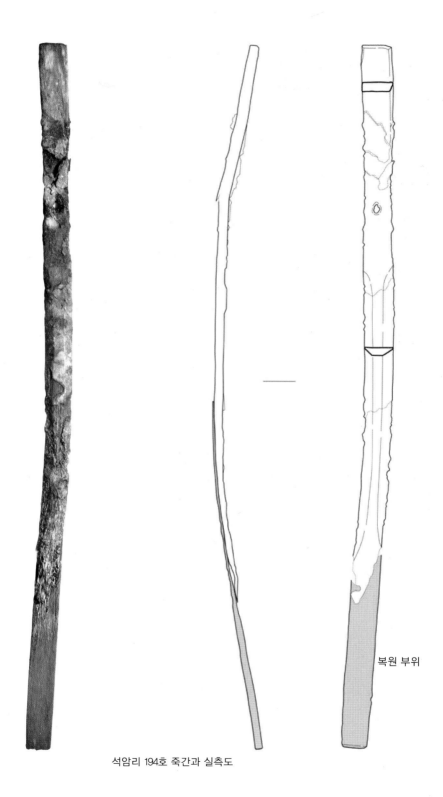

복원 부위

석암리 194호 죽간과 실측도

「辛番(?)東宮洗宅」銘 청동접시

우물 출토 '東宮衙'명 壺

국립경주박물관 남측부지 유적 출토 명문자료

국립경주박물관 남측부지 유적 우물 출토 목간과 적외선 사진

부여 쌍북리 184-11 유적 출토 목간

화곡출토 유물 노출상황

화곡출토 在名토기

계사(癸巳)년 신년휘호
(조수현 교수, 2013. 1. 12. 제15회 정기발표장에서)

木簡과 文字

第10號

| 차 례 |

특/집   한국 고대 목간의 연구현황과 쟁점

扶餘 지역 출토 백제 목간의 연구 현황과 전망 | 홍승우 | 15

나주 복암리 목간 연구 현황과 전망 | 이용현 | 53

함안 城山山城 출토 新羅木簡 연구의 흐름과 전망 | 이경섭 | 77

경주 월성해자 · 안압지 출토 목간의 연구 동향 | 홍기승 | 95

한국 고대 '呪術木簡'의 연구 동향과 展望-'呪術木簡'을 찾아서- | 이재환 | 119

신/출/토 목/간 및 문/자/자/료

평양 석암리 194호 출토 竹簡 고찰 | 안경숙 | 159

부여 쌍북리 184-11 유적 목간 신출 보고 | 심상육 | 183

국립경주박물관 남측부지 유적 출토 신명문자료 | 최순조 | 191

경주 화곡 출토 在銘土器의 성격 | 이동주 | 209

禰軍 묘지 연구 | 이성시 | 233

일본 출토 고대목간-정창원 傳世 목간- | 三上喜孝 | 285

문/자/자/료 다/시 읽/기

〈華嚴石經〉의 서사 체재 연구 | 조미영 | 293

역/주

康有爲『廣藝舟雙楫』의「自敍」및「本漢」篇 譯註 ㅣ정세근·정현숙ㅣ 337

휘/보

학회소식, 학술대회, 정기발표회, 신년휘호, 자료교환ㅣ 373

부/록

학회 회칙, 간행예규, 연구윤리규정ㅣ 379

特/집

한국 고대 목간의 연구현황과 쟁점

扶餘 지역 출토 백제 목간의 연구 현황과 전망

나주 복암리 목간 연구 현황과 전망

함안 城山山城 출토 新羅木簡 연구의 흐름과 전망

경주 월성해자 · 안압지 출토 목간의 연구 동향

한국 고대 '呪術木簡'의 연구 동향과 展望—'呪術木簡'을 찾아서—

扶餘 지역 출토 백제 목간의 연구 현황과 전망

홍승우*

Ⅰ. 머리말
Ⅱ. 부여 지역 출토 목간 판독문 일람
Ⅲ. 주요 연구 성과와 논쟁점
Ⅳ. 앞으로의 과제와 전망

〈국문 초록〉

1983년 부여 관북리에서 최초로 백제 목간이 발견된 이래, 백제의 마지막 수도였던 부여 지역에 있는 궁남지 유적, 쌍북리, 능산리사지, 동남리, 구아리 등에서 계속해서 목간들이 출토되고 있다. 지금까지 공개된 부여 지역 출토 백제 목간 중 문자를 확인할 수 있는 것은 62점 정도이다. 그 숫자가 많지는 않지만, 소략한 사료로 인해 한계가 있었던 백제사 연구에 큰 활력이 되고 있다.

부여 지역 출토 백제 목간에 대한 연구들은 다양한 방면에서 이루어졌는데, 사비도성의 구조에 대한 탐색, 율령이나 지방제도와 같은 백제 제도의 복원, 일본 목간과의 비교 검토를 통한 국제 교류의 양상 파악 등이 주요한 성과라고 할 수 있다.

향후 추가적인 백제 목간의 출토가 기대되는데, 앞으로 백제 목간 연구가 효과적으로 이루어지기 위해서는 선행 성과들을 종합하는 정리 작업이 필요하다. 이 글은 그 작업의 일환이라고 할 수 있다.

▶ 핵심어 : 백제 목간, 부여, 관북리, 궁남지, 능산리사지, 쌍북리, 동남리, 구아리, 일본 목간

* 단국대학교 사학과 박사후연구원

Ⅰ. 머리말

百濟 木簡은 1983년 扶餘 官北里 유적에서 처음 출토되었으나, 본격적으로 사람들의 관심을 받기 시작한 것은 1995년에 이루어진 부여 宮南池 유적 발굴에서 〈궁남지315호목간〉이 발견되면서부터였다. 이후 1998년 雙北里 유적, 2000년 陵山里寺址, 2001~2002년에 官北里 등에서 계속 백제 목간이 보고되면서, 연구자들의 관심이 크게 고조되었다. 최근에는 백제의 지방이라고 할 수 있는 羅州 伏岩里에서 목간이 여러 점 발견되면서 백제 목간 연구는 큰 활기를 띠게 되었다.

본고는 백제의 마지막 수도였던 泗沘都城, 곧 현재 충청남도 부여군 지역에서 발견된 목간들에 대한 기존의 연구 성과를 정리하는 목적에서 작성되었다. 지금까지 부여 지역에서 발견된 목간 중에서 글자를 판독할 수 있는 것은 62점 정도이다. 먼저 각 유적별로 출토 목간의 석문을 정리하고, 이어 지금까지의 연구 성과들을 주제별로 정리하고자 한다. 전체 연구 성과를 정리해야 마땅하겠지만 지면과 필자의 역량이 부족하여 고고학과 어학에서의 연구 성과는 다루지 않는다. 또 발견된 목간의 총수는 많지 않지만 다양한 방면에서 연구가 진행되었는데, 모든 주제를 다 다루지 못하고 중점적으로 논의되었던 주제를 중심으로 이 글을 작성하였음을 미리 밝혀둔다. 특히 주술적인 성격을 가진 목간에 대해서는 별도의 논고가 준비되어 있기 때문에, 이 글의 대상에 포함시키지 않았다.

Ⅱ. 부여 지역 출토 목간 판독문 일람[1]

1. 부여 관북리 유적 출토 목간(이하 관북리목간으로 칭함)[2]

부여 관북리 유적(사적 제428호)은 백제 사비시대의 왕궁지로 추정되는 유적으로서, 1982년부터 1992년까지 7차례에 걸쳐 충남대학교 박물관에 의해, 2001년부터 2008년까지는 국립부여문화재연구소에 의해 발굴조사가 이루어진 곳이다. 목간은 7세기 전중반에 폐기된 것으로 추정되는 蓮池에서 수습

---

1) 2011년 국립가야문화재연구소에서 『韓國木簡字典』(이하 자전으로 칭함)을 발행하여 한국 출토 목간들을 정리한 바 있다. 자전에는 기존 보고서 등에 명명된 유물번호와 다르게 유적지별로 목간에 번호를 매겼다. 이 판독문 일람은 기본적으로 자전을 토대로 정리하였으나, 자전에 일부 누락 등이 있어 자전의 목간번호를 그대로 따르지 않으며, 기존 연구들이 주로 활용하던 『韓國의 古代木簡』의 번호나 발굴보고서의 유물번호를 사용한다. 자전의 목간 번호를 포함한 다른 일련번호가 있을 경우 ( )안에 제시하여 참고하게 하였다. 아울러 본고에서 판독문의 범례는 다음과 같다. × 상단 혹은 하단에 결실로 판독불능. △ 판독불능자. … 글자수 미상의 판독불능. [ ] 주쌍행 형태로 글씨가 작게 쓰여진 경우. / 줄이 바뀌었음. (?) 추정 글자. (출전+글자) 앞의 글자를 다르게 판독한 것. 또 이하 본고에서 출전을 표시할 때 다음과 같은 약칭을 사용한다. 자전-國立加耶文化財研究所, 2011, 『韓國木簡字典』, 고대목간-國立昌原文化財研究所, 2004, 『韓國의 古代木簡』 (2006 개정판), 백제목간-국립부여박물관, 2008, 『百濟木簡』, 보고서-해당 유적 발굴보고서. 또 논문의 경우 필자의 인명으로 약칭한다. 보고서와 논문의 자세한 서지사항은 각주 및 참고문헌에서 확인할 수 있다.

2) 국립부여문화재연구소, 2009, 『扶餘 官北里百濟遺蹟 發掘報告Ⅲ-2001~2007年 調査區域 百濟遺蹟篇-』.

되었는데, 이 연지에서는 백제 토기와 기와편 및 자[尺]와 같은 목제품들도 발견되었다. 지금까지 총 17점 정도의 목간 내지는 목간형제품이 출토된 것으로 알려져 있는데, 그중 글자가 확인되는 것은 5점이다.

① 관북리283호목간(자전 5, 19.6×4.2×0.4㎝, 하단 결실, 보고서 부록 이용현 판독문)
　　〈1면〉 攻舟嶋城　△△(백제목간 城) ×
　　　　　 攻負△城△△(백제목간 禾)△ ×
　　　　　　　　　　 △ ×
　　〈2면〉 …△自中△△ ×
　　　　　 …△△次(백제목간 久)△△歲(백제목간 城)自 ×

② 관북리808호목간(고대목간 286, 자전 2, 9.3×4.9×0.8㎝, 자전 판독문)
　　〈1면〉 㻬 / 峓　(하단에 인장)
　　〈2면〉 …

③ 관북리823호목간(고대목간 288, 자전 4, 12.7×2.4×0.3㎝)
　　下賤相

④ 관북리833호목간(고대목간 285, 자전 1, 12.3×4×0.2㎝, 하단 결실, 자전 판독문)
　　〈1면〉 二月十一月兵(与? 혹은 詔?)(윤선태 記) ×
　　〈2면〉 中方向△ ×

⑤ 관북리838호목간(11.8×3×1.4㎝, 보고서 부록 이용현의 판독문)
　　△(三?)石

그 외에 〈관북리284호목간〉(20.4×4.4×1㎝), 〈관북리813호목간〉(고대목간 287, 자전 7, 10×5×0.8㎝, 우하단 결실),[3] 〈관북리810호목간형목제품〉(고대목간 292, 자전 8, 26.4×2.1~2.7×0.5㎝),[4] 〈관북리831호목간①〉(고대목간 289, 자전 3, 11×3.6×0.6㎝)[5]에서 묵흔이 확인된다고 하나 판독불능

---

3) 고대목간과 자전에는 묵흔이 있다고 하는데, 보고서에서는 묵서흔이 발견되지 않았다고 한다.
4) 자전에는 묵흔이 있는 것으로 보았으나, 보고서에는 묵흔이 없다 한다.
5) 보고서에는 831②(고대목간 290, 13.5×3.5×0.4㎝)와 원래 연결되었던 것으로 보았으며 ②에는 묵흔이 없다고 하였는데 고대목간에서는 묵흔이 있는 것으로 보았다. 한편 ①의 글자를 자전에서는 '丑'으로 판독하였다.

이다. 〈관북리827호목간〉(고대목간 291, 자전 6, 9.6×2.2×0.7㎝, 하단 결실)에는 음각이 있는데, 자전은 인장으로 보았다.

한편 관북리 유적에서 대나무자도 발견되었는데(관북리806호), 뒷면에 음각으로 명문이 새겨져 있다고 하며 전체 명문을 알 수는 없지만 마지막 글자 '竹'은 분명히 보인다고 한다.

2. 부여 궁남지 유적 출토 목간(이하 궁남지목간)

부여읍 동남리 117번지 일대에 위치한 궁남지는 백제 사비시기 궁원지 유적으로 추정되어, 1990년부터 2006년까지 총 12회에 걸쳐 조사가 이루어졌다. 그중 4차였던 1995년의 궁남지 내부 조사에서 1점의 목간이,[6] 2001년 궁남지 북편 일대에 대한 조사 중 수로에서 2점의 목간이 출토되었다.[7]

① 궁남지315호목간(자전 1, 35×4.5×1㎝, 이용현 판독문)
　〈1면〉西△(윤선태, 자전 十)丁(자전 丨)卩夷
　〈2면〉西卩後巷巳達巳斯(자전 新)丁依活△△△丁(자전 後阝)
　　　　帰人中口四小口二邁羅城法利源水田五形

② 궁남지2001-1호목간(자전 3, 34.8×1.5~2.8×1.5~2.8㎝, 상단 결실)
　〈1면〉△文文文文文文文文文
　〈2면〉△文△△文△△△文△△△文△文
　〈3면〉△△文文文△文文文
　〈4면〉△△文△也也也也也

③ 궁남지2001-2호목간(자전 2, 25.5×1.9×0.4~0.6㎝, 상단 결실)
　〈1면〉△君△軍日今教白有之心△
　〈2면〉死(所)可依故背△三月△日間△

3. 부여 능산리 사지 출토 목간

부여 陵山里 寺址(사적 제434호)는 사비시대의 사찰유적으로, 羅城과 陵山里古墳群 사이에 있는 능뫼골 계곡에 위치하고 있다. 1992년부터 2002년까지 국립부여박물관에 의해 8차에 걸쳐 발굴조사가 실시되었으며, 2005~2006년 한국전통문화학교에 의해 9차 조사가, 2007년 국립부여문화재연구소에 의해 10차 조사가 이루어졌다. 목간은 6~8차에 걸친 중문지 남쪽과 서쪽에 대한 발굴조사에서 출토된 것

---

6) 國立扶餘文化財研究所, 1999, 『宮南池 發掘調査報告書』.
7) 國立扶餘文化財研究所, 2001, 『宮南池Ⅱ-現 宮南池 西北便一帶-』, pp.67~68, 189~190.

으로, 주로 남서쪽 초기 자연배수로에서 빗, 젓가락, 그릇 등의 목제품들과 함께 출토되었으며, 동남쪽의 초기 자연배수로 및 그보다 시기가 늦은 남쪽의 제2석축 배수시설에서도 출토되었다.[8]

묵흔을 확인할 수 있는 것은 6차 발굴에서 7점, 7차에서 19점, 8차에서 1점이 나왔다. 현재 판독되는 글자가 있는 것은 30점에 이른다. 이곳에서는 목간부스러기가 9점정도 출토되어 주목을 끌기도 하였다. 보고서가 발간되어 대부분의 목간들의 정보가 공개되어 있는 상태이지만, 목간 4점과 다수의 목간부스러기가 미보고 상태라는 지적이 있었다.[9]

그 판독문들은 아래와 같다. 판독문 제시 순서는 이병호가 2008년 논문에서 표로 제시한 것을 따랐다.[10]

① 능산리310호목간(보고서 6차④, 자전 16, 12.1×1.5×0.5㎝, 상하단 결실, 자전 판독문)

    〈1면〉 × △立卄兩班綿方 ×

    〈2면〉 × 已 ×

② 능산리306호목간(보고서 6차②, 자전 12, 13.2×3.0×2.5㎝, 상하단 결실, 자전 판독문)[11]

    〈1면〉 × △(斗?)之末晟八 ×   〈2면〉 × … ×

    〈3면〉 × 与也 ×   〈4면〉 × … ×

③ 능산리295호목간(보고서 6차①, 자전 1, 22.6×2.5×2.5㎝, 남근형목간, 자전 판독문)

    〈1면〉 天 在[12]奉義 十 道緣(윤선태 褐)立立立

    〈2면〉 道緣北

    〈3면〉 无奉 用 天(상하반전)

    〈4면〉 △△△徒日五十六

---

8) 國立扶餘博物館,『2007 陵寺 : 2007 부여 능산리사지 6~8차 발굴조사보고서』; 李炳鎬, 2008「扶餘 陵山里 出土 木簡의 性格」,『木簡과 文字』創刊號.

9) 李炳鎬, 2008 위의 논문, p.53, 각주 17. 목간부스러기의 경우『百濟木簡』에서 사진 자료를 공개하였다.

10) 해당 논문이 목간의 출토상황에 따라 순서를 매긴 것으로 보여 이 순서를 따랐다.

11) 고대목간과 보고서에서는 2면 목간으로 보았으나, 자전에서 4면에 모두 묵서가 있었던 것으로 보았다. 또 자전에는 1면과 2면이 바뀌어 있다.

12) 자전 이외에 대부분 无로 판독하였다.

④ 능산리314호목간(보고서 6차⑧, 자전 20, 12.5×1.6×0.4~1.0㎝, 상하단 결실, 자
　전 판독문)
　　〈1면〉 × 飮△ ×　　　　　　　　〈2면〉 × … ×

⑤ 능산리309호목간(보고서 6차③, 자전 15, 8.4×2.6×0.2㎝, 상하단 결실, 자전 판독문)
　　〈1면〉 × △七定井死△ ×
　　〈2면〉 × △再拜云 ×

⑥ 능산리200-1호목간(보고서 6차⑥, 자전 21, 9.8×2.1×0.2㎝, 상하단 결실, 자전 판
　독문, 2면 상하 반전)
　　〈1면〉 × 二(裏?-보고서 裏)民前(보고서 雙)行 ×
　　〈2면〉 × 擧(보고서 和矣) ×

⑦ 능산리2000-2호목간(보고서 6차⑩, 4.6×1.4×0.2㎝, 목간부스러기, 보고서 판독문)
　　　× 意意 ×

⑧ 능산리2000-3호목간(보고서 6차⑤, 8.9×1.0×0.6㎝, 상하단 결실, 4면)
　　판독불능

⑨ 능산리200-4호목간(보고서 6차⑨, 5.8×1.4×0.15㎝, 목간부스러기, 보고서 판독문)
　　　× 高△ ×

⑩ 능산리296호목간(보고서 7차②, 자전 2, 27.6×1.9×0.4㎝, 자전 판독문)
　　〈1면〉 三月十二日梨田﹔(윤선태 三)之胅麻田民卽勝門典輪(밑줄은 이필)
　　〈2면〉 广淸靑靑靑用品寫麻力用丁八日(밑줄은 이필)

⑪ 능산리313호목간(보고서 7차⑩, 자전 19, 7.8×1.9×0.6㎝)
　　〈1면〉 子基寺　　　　　　　　〈2면〉 …

⑫ 능산리299호목간(보고서 7차⑤, 자전 5, 15.4×2.0×0.3㎝, 좌측단 결실, 자전 판독문)
　　〈1면〉〈1단〉 三貴 / 五牟 / △丁
　　　　　〈2단〉 至丈 / 至夕 / 大貴
　　　　　〈3단〉 子冊 / 安貴 / …

〈4단〉 次夕 / 奴文

〈2면〉 坤(보고서외 다수 乙 반복, 方國花 水 반복)

⑬ 능산리297호목간(보고서 7차③, 자전 3, 24.5×2.6×1.05㎝, 자전 판독문)

漢[13)]城下部對德疏加鹵[14)]

⑭ 능산리298호목간(보고서 7차④, 자전 4, 21.9×1.9×0.3㎝, 자전 판독문)

〈1면〉 奈率加租白品之息以思淨(밑줄은 이필)

〈2면〉 急明 韓腦 右△△師(밑줄은 이필)

⑮ 능산리300호목간(보고서 7차⑥, 자전 6, 16.4×1.8×0.6㎝, 자전 판독문)

〈1면〉 三月俠(윤선태 仲)椋內上田[15)]   〈2면〉 …

⑯ 능산리301호목간(보고서 7차⑦, 자전 7, 16.4×1.8×0.5㎝, 상하단 결실, 자전 판독문)

〈1면〉 × 書亦從此法爲足(보고서 之)凡六卩五方 ×

〈2면〉 × 人(보고서 又)行之(백제목간 色)也凡作形ヽ；中了(박중환 尸)其(近藤浩一, 박중환 具) ×

⑰ 능산리303호목간(보고서 7차⑨, 자전 9, 21.0×1.9×0.2㎝, 상하 및 좌측단 결실, 자전 판독문)

× 廿六日上來席[竹山六 / 眠席四 / ×] ×

⑱ 능산리305호목간(보고서 7차⑪, 자전 11, 12.8×3.1×1.2㎝, 자전 판독문)

〈1면〉 宿世結業同生一處是

非相問上拜自來(보고서 事)

〈2면〉 慧暈 師(藏?) (보고서 惠量△宛)

⑲ 능산리304호목간(보고서 7차㉑, 자전 10, 12.7×3.6×0.4㎝, 하단 결실, 자전 판독문, 2면은 상하반전)

---

13) 기존에 미상 혹은 韓으로 파악하였다.

14) 西의 이체자인 卤와도 유사하다.

15) 平川南은 마지막 자를 丑로 판독하고, 籾에 해당하는 것으로 추정하였다.

〈1면〉四月七日寶憙寺[智亮/華] ×

〈2면〉× 父送塩二石[16]

⑳ 능산리307호목간(보고서 7차⑫, 자전 13, 9.3×3.6×0.55cm, 상하단 결실, 자전 판
독문)

〈1면〉× △德干尓 ×

〈2면〉× △爲資丁 × / × 追子耳若 ×

㉑ 능산리308호목간(보고서 7차⑬, 자전 14, 12.4×3.2×0.8cm, 상단 결실, 자전 판독문)

〈1면〉× △三日(보고서 二百)十五△

〈2면〉× (舉?) (보고서△△△)

㉒ 능산리311호목간(보고서 7차⑭, 자전 17, 7.5×3.7×0.5cm, 하단 결실)

百△(보고서 者) ×

㉓ 능산리312호목간(보고서 7차⑮, 자전 18, 5.2×3.1×0.6cm, 상하단 결실)

× 此是 ×

㉔ 능산리302호목간(보고서 7차⑧, 자전 8, 36.1×1.8×0.05cm, 목간부스러기, 자전 판
독문)

… △大大聽歲歲△首 …

㉕ 능산리2001-1호목간(보고서 7차①, 22.2×2.9×2.2cm, 하단 결실, 4면)

판독불능

㉖ 능산리2001-2호목간(보고서 7차⑯, 자전 22, 23.6×2.0×1.7cm, 하단 결실, 자전 판
독문)

〈1면〉馳△△露隋憲壞△强 × (보고서 馳馬△處階憲△△弓古△ ×)

〈2면〉~〈4면〉… ×

---

16) 마지막 石자는 제일 위의 가로 획이 없는 형태임.

㉗ 능산리2001-3호목간(보고서 7차⑰, 10.4×5.8×1.0㎝, 상하단 결실, 글자방향 불규칙하고 각기 독립적, 보고서 판독문)

　　　× 見 公 進 德 道 ×

㉘ 능산리2001-4호목간(보고서 7차⑱, 자전 23, 15.8×2.1×2.1㎝, 하단 결실, 자전 판독문)

　　　〈1면〉牟己兒 ×　　〈2면〉〈3면〉… ×　　　〈4면〉今 ×

㉙ 능산리2001-5호목간(보고서 7차㉒, 자전 24, 24.2×3.5×2.0㎝, 상단 결실, 자전 판독문)

　　　〈1면〉×　△△法△△△△言 (보고서 △△浩△△△△言△△…)
　　　〈2면〉×　則憙拜而受△伏願常△此時 (보고서 則憙孫受伏顚常上此時)
　　　〈3면〉×　道和△△△△△死△△禾禾 (보고서 道[本]△△△△死△△[本][本])
　　　〈4면〉×　△△△幸(보고서 辛)租貢因(보고서 困)△△灼△△△△△△四(보고서 四△)

㉚ 능산리2001-6호목간(보고서 7차⑲, 16.5×2.2～2.8×1.0～1.6㎝, 남근형목간형목제품)
　　묵흔 없음

㉛ 능산리2001-7호목간(보고서 7차⑳, 14.5×1.6×1.6㎝, 목간형목제품)
　　묵흔 없음

㉜ 능산리2001-8호목간(자전 26, 16.5×3.5×3.5㎝)
　　(자전 판독문, 상하단 결실)
　　　〈1면〉× 一△江 ×　　　　　〈2면〉× … ×
　　　〈3면〉× 永 ×　　　　　　　〈4면〉× … ×
　　(이병호 판독문, 하단 결실)
　　　〈1면〉太歲△△ ×　　　　　〈2면〉… ×
　　　〈3면〉一△△ ×　　　　　　〈4면〉迦△　葉 ×

㉝ 능산리2002-1호목간(支藥兒食米記, 자전 25, 44.0×2.0×2.0㎝, 하단 결실, 자전 판독문)

　　　〈1면〉支藥兒食米記 初日食四斗 二日食米四斗小升一 三日食四斗
　　　〈2면〉五日食米三斗大升 六 日食三斗大二 七日食三斗大升二八日食米四斗大

〈3면〉食道使家△次如逢[使豬/小治]耳其身者如黑也 道使後後彌耶方 牟氏牟殳 殳

〈4면〉又十二石 又一二石 又十四石 十二石 又石又 二石 又二石(전체 상하반전)

㉞ 자전 27, 16.5×3.5×3.5㎝

(자전 판독문)

〈1면〉大   〈2면〉旨   〈3면〉…   〈4면〉…

(백제목간 판독문)

〈1면〉△覺 ×   〈2면〉△△ ×   〈3면〉(苦?) ×   〈4면〉…

㉟ 자전 28, 12.5×1.6×1.0㎝, 상단 결실[17]

판독불능

4. 부여 雙北里 유적 출토 목간(이하 쌍북리목간)

1) 부여 쌍북리 102번지 유적 출토 목간

1998년 있었던 쌍북리 102번지 일대에 대한 발굴조사에서 2점의 목간이 발견되었다. 이 목간들은 백제 사비시대 생활유적 중 수로 주변의 유기물 퇴적층에서 나왔으며, 눈금 간격이 약 1.5㎝ 정도 되는 나무 자와 함께 수습되었다.[18]

① 쌍북리316호목간(자전 쌍북리102 1, 18.2×3.1×0.8㎝, 상하단 결실, 자전 판독문)

〈1면〉× 呼時伎兄來 ×

〈2면〉× 屋上部閑成 ×

② 쌍북리317호목간(자전 쌍북리102 2, 12.1×1.7×0.8㎝, 자전 판독문)

〈1면〉邪內△連公   〈2면〉…

2) 부여 쌍북리 280-5번지 유적 출토 목간[19]

2008년 발굴조사된 부여 쌍북리 280-5번지에서는 6점의 목간이 출토되었고 그중 3점에만 묵서의 흔

---

17) ㉞ ㉟는 보고서에서 찾을 수 없으나, 백제목간에서 각각 능7, 능8로 번호 매김되어 사진과 제원이 제시되어 있다. 백제목간에서 ㉟의 제원은 (16.7)×1.0×0.2㎝로 제시되어 있어 자전과 차이를 보인다.

18) 國立昌原文化財研究所, 2004, 『韓國의 古代木簡』.

19) 朴泰祐, 2009, 「木簡資料를 통해 본 泗沘都城의 空間構造-"外椋部"銘 木簡을 中心으로」, 『百濟學報』창간호.

적이 보였다.

③ 부여 쌍북리 280-5번지 출토 목간1(8.1×2.3×0.6㎝, 박태우 판독문)
〈1면〉外椋卩鐵 / 〈2면〉代綿十兩

④ 부여 쌍북리 280-5번지 출토 목간2(佐官貸食記, 자전 쌍북리280 1, 29.1×4.2~
3.8×0.4㎝, 하단 결실)
〈1면〉〈1단〉戊寅年六月中 / 佐官貸食記
〈2단〉固淳多三石 / 上夫三石上四石 / 佃目之二石上二一石
〈3단〉佃麻那二石 / 比至二石上一石未二石 / 習利一五石斗上一石未一
〈2면〉〈1단〉素麻一石五斗上石五斗未七十半 / 今活一石三斗半上一石未一石甲
〈2단〉佃首行一石三△△上石未石 / 刀△邑佐三石与
〈3단〉并十一石 × / 得十一石 ×

⑤ 부여 쌍북리 280-5번지 출토 목간3(5.5×1.6×0.45㎝, 박태우 판독문)
与△

3) 扶餘 雙北里 현내들 유적 출토 목간[20]

백제큰길 연결도로 건설공사의 일환으로 2006년에서 2007년에 걸쳐 부여 쌍북리 현내들·北浦 유적에 대한 발굴조사가 실시되었는데, 현내들 유적의 수혈유구에서 12점의 목간 혹은 목간형 목제품이 나왔고, 그중에서 9점에서 묵흔이 확인되며, 글자 판독이 가능한 것은 7점이다.[21]

⑥ 쌍북리현내들85-8호목간(자전 현내들1, 6.1×3.1×0.5㎝, 좌상단 및 하단 결실, 자전 판독문)
〈1면〉奈率牟氏丁一 × / 寂信不丁一 × / × △及酒丁一 ×
〈2면〉× … / 吳△ × / 吳加△工已奈 ×

⑦ 쌍북리현내들87호목간(자전 현내들6, 9.4×2.5×0.9㎝, 상하단 결실, 자전 판독문)
× 癸大好記一不在 ×

---

20) 忠淸文化財硏究院, 2009, 『扶餘 雙北里 현내들·北浦 遺蹟』.
21) 이판섭·윤선태, 2008, 「扶餘 雙北里 현내들·北浦유적의 조사 성과-현내들유적 출토 百濟木簡의 소개-」, 『木簡과 文字』 創刊號.

⑧ 쌍북리현내들91호목간(자전 현내들4, 12.6×2.7×0.6㎝)

　　德率首比

⑨ 쌍북리현내들94호목간(자전 현내들3, 8.2×1.1×0.4㎝, 상하단 결실, 자전 판독문)

　　〈1면〉 × 爲九行月△ ×　　　　　〈2면〉 × … ×

⑩ 쌍북리현내들95호목간(자전 현내들2, 4.1×0.9×0.3㎝, 하단 결실)

　　△上卩 ×

⑪ 쌍북리현내들96호목간(자전 현내들5, 38.6×3.1×2.9㎝, 상단 결실, 자전 판독문)

　　〈1면〉 × △春△△春尙倩八△

　　〈2면〉 × △△△△

　　〈3면〉 × …

　　〈4면〉 × 漢卄中漢△比△(當)面正絅則△

⑫ 쌍북리현내들106호목간(자전 현내들12, 13.5×3.6×0.4㎝, 하단 결실)

　　漢台△ ×

4) 부여 쌍북리 뒷개유적 출토 목간[22]

부여 백제역사재현단지 접속도로 개설공사 부지내 유적인 쌍북리 뒷개유적에서 목간이 발견되었다. 보고에서는 1점의 목간이 소개되고 있으나, 목간자전에는 판독불능의 목간 하나가 더 실려 있다. 다만 자전의 번호는 1, 3으로 되어 있는데, 오류인지 3개의 목간이 있는지는 분명하지 않다.

⑬ 쌍북리뒷개출토목간1

　　〈1면〉 ×△慧(자전 △)草而開覺×

　　〈2면〉 ×△人△△道(자전 直)△×

5) 부여 쌍북리 119안전센터부지 출토목간[23]

⑭ 쌍북리119안전센터부지목간(9.9×1.7×0.8㎝)

---

22) 심상육·이미현·이효중, 2011, 「부여 '중앙성결교회유적' 및 '뒷개유적' 출토 목간 보고」, 『木簡과 文字』7.
23) 손호성, 2011, 「부여 쌍북리 119안전센터부지 출토 목간의 내용과 판독」, 『木簡과 文字』7.

五石六十斤

6) 부여 쌍북리 184-11번지 유적 출토 목간[24]

해당 유적은 사비도성지 내부 중 북동부인 부소산의 동편 저평지에 위치한 소방파출소 신축부지로, 1호 남북도로의 측구에서 목간이 2점 발견되었는데, 그중에 1점에서만 묵흔이 확인된다고 한다.

⑮ 쌍북리 184-11 유적 목간(10.1×2.45×0.3㎝, 하단 결실)

斤止受子 ×

5. 부여 東南里 유적 출토 목간[25](이하 동남리 목간)

부여 東南里 216-17번지의 개인주택 신축부지에 대한 발굴에서 석축우물 유구 출토 1점의 목간이 보고되어 있다.

① 동남리목간(26.45×2.05×06㎝)

(보고서) 安△禾田犯△兄△內丙

(강종원) 宅放禾田犯△兄者爲放事

(자전)　宅敎禾田△犯必△兄△爲敎事

6. 부여중앙성결교회유적출토목간[26](부여 舊衙里 319번지, 이하 구아리목간)

중앙성결교회유적에서는 13점의 목간 혹은 목간형 목제품이 출토되었고, 그중 묵서흔적이 확인된 것은 10점이며, 문자가 1자 이상 판독된 것은 8점이다.

① 구아리31번목간(자전 7, 10.5×3.3×0.5㎝, 상단 일부 결실, 심상육 판독문)[27]

〈1단〉 △△ / △△ / △△

〈2단〉 (不戶?)

〈3단〉 △△服 / △△△

---

24) 심상육, 2013, 「부여 출토 문자자료 신출 보고-북나성명문석과 쌍북리184-11유적 목간을 중심으로-」, 『한국목간학회 제15회 정기발표회 발표문』.

25) 충남역사문화연구원·부여군, 2007, 『扶餘忠化面可化里遺蹟·扶餘東南里216-17番地遺蹟』; 강종원, 2009, 「扶餘 東南里 와 錦山 栢嶺山城 出土 文字資料」, 『木簡과 文字』3.

26) 심상육·이미현·이효중, 2011, 「부여 '중앙성결교회유적' 및 '뒷개유적' 출토 목간 보고」, 『木簡과 文字』7. 부여군문화재보존센터, 2012, 『부여 구아리 319 부여중앙성결교회 유적 발굴조사 보고서』.

27) 자전에는 〈1행〉 卅枚 〈2행〉 幷△으로 판독함.

〈4단〉 并(監)

② 구아리47번목간(자전 2, 25.2×3.5×0.3㎝, 하단 측부 결실, 심상육 판독문)
　　〈1면〉 所(遣?-자전 違)信來以敬辱之於此(質?-자전 貧)簿(자전 薄)
　　〈2면〉 一无所有不得仕也[莫(睄?)]好耶荷陰之後 / 永日不忘]

③ 구아리88번목간(자전 3, 18.6×3.3×0.6㎝, 상단 결실, 심상육 판독문)
　　〈1면〉 × △等　堪(彼?-자전 波)△(자전 禮)牟
　　〈2면〉 × △△△△△△△△△△

④ 구아리89번목간(자전 8, 29.1×3.6×0.6㎝, 상하단 결실, 심상육 판독문)
　　〈1면〉 見(識?)(耳?)者見×　(자전 見諸有者)　　　　〈2면〉 판독불능

⑤ 구아리90번목간(자전 1, 24.5×3.6×0.5㎝, 상단 결실, 심상육 판독문)
　　〈1면〉 × 者[中卩奈率得進 / 下卩(韓?)(牟?)(範?-자전 禮)]
　　〈2면〉 × … (各?-자전 若) …

⑥ 구아리93번목간(자전 6, 14.6×2.5×0.7㎝, 상단 결실)
　　× △△△△眞

⑦ 구아리102번목간(자전 4, 19.3×2.5×0.6㎝, 자전에는 뒷면에 묵흔, 심상육 판독문)
　　(太?)(公?-자전 △)(西?-자전 △)(美?-자전 實)前卩赤米二石

⑧ 구아리109번목간(자전 5, 6.2×3.2×0.2㎝, 상단 결실, 심상육 판독문)
　　〈상단〉 × △文 / × △(雀麻-자전 省△)石 / × 牟多
　　〈하단〉 鳥(자전 鳥) × / 鳥(자전 鳥)石(渚?-자전 △) / 鳥(자전 鳥)兮箇(자전 留)

Ⅲ. 주요 연구 성과와 논쟁점

1. 부여 지역 출토 목간의 성격과 사비도성
　　나주복암리목간이 발견되기 이전까지 백제목간은 마지막 왕경이었던 부여 지역에서 주로 출토되었다. 따라서 일찍부터 목간의 작성 목적과 작성자 등에서 사비도성과의 연관성을 주목하여 왔다. 사료상

사비도성이 계획적인 도성으로 세워졌음을 짐작할 수 있었지만 그 구체적인 내용을 알 수 없었다. 하지만 목간들을 통해 백제 왕경에 대한 연구의 실마리가 풀리기 시작했다고 할 수 있다.

왕궁터로 추정되는 관북리에서는 군사행정에 대한 기록 목간(관북리283호)이나 중앙 관청이 지방 거점인 中方에 병기를 보낸 기록으로 추정할 수 있는 목간(관북리833호)이 발견되어 왕궁 혹은 주요 관청이 소재한 지역이었던 것을 확인하는 계기가 되었다.[28] 이후 '西卩後巷'(궁남지315호), '下部'(능산리297호), '上卩'(쌍북리현내들95호), '下卩'(구아리90호), '前卩'(구아리102호) 등 部巷이라는 왕경의 행정구역이 직접 확인되기도 하였다. 기존에 동남리에서 발견된 '前卩'나 '上卩前卩自此以△△△'명 표석 등을 근거로 도성 5부의 위치를 비정하는 견해가 있었는데,[29] 이제 목간들의 출토 위치를 통해 도성 5부를 추정하는 연구들이 나올 기반을 마련했다고 하겠다. 하지만 목간의 경우 폐기된 물품임을 고려하면 출토 위치가 곧 사용 위치가 아니었다는 점에서 목간을 활용한 위치 비정은 한계가 있다. 하지만 고고학적 성과와 연계한다면 유의미한 결과를 가져올 수 있으리라 기대된다.

사비시기 백제 관서로 내관 12부, 외관 10부가 있었던 것은 알려졌지만, 사비도성 안에 어떻게 자리잡고 있었는지는 분명하지 않았다. 그런데 '外椋卩'(쌍북리280−5번지1호)와 같이 관서명이 적힌 목간이 발견되면서 그 실마리를 찾아가고 있다. 해당 목간들이 유수에 의해 출토지로 유입된 것으로 보면서 유수의 방향을 고려할 때 외경부의 위치를 왕실전용공간보다 동쪽에 있었을 것으로 추정하는 연구가 나온바 있다.[30] 이제 목간들의 출토가 계속된다면 사비도성의 구조를 파악하는 것이 가능해질 수도 있겠다.

아울러 〈궁남지315호목간〉에 기재되어 있는 '卩夷', '帰人' 등의 용어를 통해 왕경에 다수의 외국 출신 인물들이 거주하였고, 백제에서 이들의 거주지역을 분리하여 관리했다는 설도 제기되기도 하였다.[31] 하지만 궁남지목간의 경우 현재 새로운 판독안이 제시되면서 재검토할 필요성이 생겼는데, 이에 대해서는 뒤에 자세히 다루겠다.

왕경의 구조와 관련하여 가장 논란이 되었던 것은 〈능산리301호목간〉의 '六卩五方'이라고 하겠다. 여기에 6부가 등장하는데 이는 도성을 구획했다는 上·前·中·下·後의 5부보다 하나가 많은 숫자이다. 이에 대해서 능산리301호목간에 나오는 문구를 어떻게 해석하느냐에 따라 세부적인 사항은 갈리지만, 많은 연구자들이 '6부'를 사료에 나오는 '5부'와 직접 관련 있는 것으로 이해해왔다. 이 문구에 나오는 法을 백제 율령으로 보고, 6부 5방을 백제 행정구역으로 이해한 것이다.[32] 나아가 이를 근거로 백제 행정구역이 변화했을 가능성이 제기되기도 하였다. 원래 5부 5방제였던 것이 사비로 천도한 이후 6부 5

28) 윤선태, 2007, 『목간이 들려주는 백제 이야기』 주류성, pp.166~170; 이용현, 2009, 「부여 관북리 출토 목간 분석」, 『扶餘 官北里百濟遺蹟 發掘報告Ⅲ−2001~2007年 調査區域 百濟遺蹟篇−』, pp.585~586.

29) 田中俊明, 1990, 「王都としての泗泚城に對する豫備的考察」, 『百濟研究』21.

30) 朴泰祐, 2009, 「木簡資料를 통해 본 泗沘都城의 空間構造−"外椋部"銘 木簡을 中心으로」, 『百濟學報』창간호.

31) 윤선태, 2007, 앞의 책, pp.213~218.

32) 朴仲煥, 2007, 「百濟 金石文 研究」, 전남대 사학과 박사학위논문.

방제로 개편되었다는 것이다. 예컨대『삼국사기』백제부흥운동 중에 나오는 '別部將沙吒相如'기록의 '別部'를 도성 5부 이외의 특별 부인 別都 익산으로 보고, 익산을 6번째 부로 하는 6부제로의 변화를 이야기하기도 한다.[33] 혹은 이미 웅진시기부터 왕도 5부외 별부로서 사비를 두는 6부제가 시행되었다고 보기도 하였다.[34] 또 일찍이 제기되었던 백제 인각와에 나오는 '申卩'를 6번째로 보는 견해도[35] 성립할 수 있겠다.

하지만 여러 가지 측면에서 이 6부가 왕경의 구획명이 될 수 없다는 주장도 꾸준히 제기되고 있다. 이 목간의 내용이 행정구역과 상관없이 어떠한 물건을 만드는 방식을 설명하는 것으로 보면서 6부 5방은 어떤 제작물의 세부 부분을 지칭하는 어휘일 가능성을 제시한 견해가 제시되어 있다.[36] 그리고 術數學에서 5와 6이 가지는 의미에 착안하여 6부 5방은 실제 행정구역과 상관없는 백제인들 관념상의 세계를 지칭하는 것으로 파악하기도 하였다. 이 입장은 능산리사지가 죽은 聖王을 위한 원찰이고, 능산리목간들에 불교나 주술 관련 목간들이 다수 출토되었던 점을 고려할 때, 〈능산리301호목간〉역시 성왕을 비롯해 억울하게 죽은 전사자의 원혼을 달래는 의례행위와 관련한 목간으로 파악한 것이다.[37] 〈능산리301호목간〉에 나오는 6부 5방에 대한 해석은 이 목간의 내용을 어떻게 파악하고 그 의미를 어떻게 부여하는가에 따라 달라지고 있는 것을 볼 수 있다.

한편 능산리목간은 사비도성의 나성을 주목하게 하는 계기를 마련하기도 하였다. 능산리사지는 목간이 부여 지역에서는 가장 많이 출토되었기에, 여러 연구자들의 연구가 집중되어 있으면서 첨예하게 대립하고 있는 것이기도 하다.

처음 목간이 보고되면서는 능산리사지와 관련되는 것으로 이해하는 한편, 사비 천도 직후인 540년 전후부터 위덕왕대 중반인 570년 사이에 제작, 사용된 것으로 추정하였다.[38] 하지만 이후 목간이 집중적으로 나온 초기 자연배수로가 능사가 만들어지기 이전에 사용되었을 가능성이 제기되면서, 제작과 사용시기가 사비도성을 건설하는 시기, 곧 동나성의 축조 시기까지 소급될 수 있게 되었다. 그리고 官에서 사용한 것으로 여겨지는 내용들을 근거로, 축조 등 나성과 관련한 관용 목간설이 제기되었다.[39] 이는 목간들을 나성 축조와 연결시켜 백제의 행정이 목간을 통해 이루어지는 한편, 체계적인 인력동원이 이루어지는 백제사회의 모습을 상정하는 것이었다.

하지만 능사 건립 이전 유구에서도 승문의 기와가 확인되는 점을 통해 어느 정도 격이 있는 건물들

---

33) 金周成, 2007,「百濟 武王의 卽位過程과 益山」,『馬韓百濟文化』17, p.218.

34) 김수태, 2004,「백제의 천도」,『韓國古代史研究』36, pp.46~48.

35) 李タウン, 1999,「百濟五部銘刻印瓦について」,『古文化談叢』43, pp.101~102. 그러나 필자인 이다운은 그 가능성을 바로 부정했다.

36) 윤선태, 2007, 앞의 책, pp.155~156.

37) 김영심, 2009,「扶餘 陵山里 출토 '六卩五方' 목간과 백제의 術數學」,『木簡과 文字』3, pp.130~134.

38) 朴仲煥, 2002,「扶餘 陵山里發掘 木簡 豫報」,『韓國古代史研究』28.

39) 近藤浩一, 2004,「扶餘 陵山里 羅城築造 木簡의 研究」,『百濟研究』39; 2008,「扶餘 陵山里 羅城築造 木簡 再論」,『韓國古代史研究』49.

이 있었고, 그 곳에서 사용된 목간으로 보는 견해가 제기되면서 나성 축조 관련 목간설은 비판을 받았다. 그리고 주위에 나성의 문지가 있고 나아가 불교나 제사 의례 관련 목간들이 다수 등장한다는 점을 들어 이를 나성의 금위와 관련한 목간들로 보는 견해가 발표되었다. 이는 목간 출토지점이 나성의 門址와 관련 있다는 입장으로 왕도의 경계로서 나성 부근에서 어떠한 일들이 벌어졌는지를 목간이 보여주고 있다고 주장한 것이다.[40]

그러나 이후 목간 출토 지점인 초기 자연배수로가 어느 정도 능사가 축조된 이후에 폐기되었다는 점이 밝혀지면서, 이 목간들이 다시 능사와 관련한 목간이라는 주장이 제기되었다.[41] 이렇듯 목간의 성격을 능사 내지는 도성의 기능과 관련한 것으로 이해하면서, 도성 내의 구조에 대한 탐구가 활발히 진행되어 왔다.

2. 백제 제도의 복원

그간 율령을 비롯한 백제 제도에 대해서는 그 존재 가능성은 충분하나 구체적인 내용을 알수 없었는데, 목간자료들을 통해 백제 제도들에 대한 연구들이 크게 진전되었다. 연구 성과들을 정리하면 다음과 같다.

1) 호적류 기재방식과 수취제도

궁남지목간은 백제 호적 내지는 관련 문서에서 내용을 발췌한 것으로 여겨진다.[42] 여기에는 한 家 내지는 戶로 여겨지는 집단에 대한 정보를 담고 있는데, 丁 2인, 中口 4인, 小口 2인으로 이루어져 있다. 연령등급으로 丁, 中, 小가 보이고 있음을 알 수 있다. 연령등급이란 민을 호적에 등재할 시에 그 연령에 따라 몇 가지 등급으로 구분하는 것을 의미하며, 이 연령등급에 따라 수취와 동원이 이루어졌다. 초기에 소구의 경우 '下口'로 판독하는 경우도 있었으나, 중구와 연결하여 소구로 판독하는 견해가 제시된 이후로는 별다른 이견이 없는 듯하다. 백제가 '정-중-소'의 연령등급을 가졌다는 것은 나주복암리 목간이 발견되면서 확고해졌다.

그런데 〈1면〉 2행의 '帰人'이 이 목간의 기재방식과 관련하여 중요한 논점이 되고 있다. '귀인'의 경우 좌변부분이 파손되어 완전한 글자를 파악하기는 힘들지만 우변의 자형을 통해, 첫 보고부터 '歸人'

---

40) 윤선태, 2007, 앞의 책, pp.133~145.

41) 李炳鎬, 2008, 「扶餘 陵山里 出土 木簡의 性格」, 『木簡과 文字』創刊號.

42) 윤선태, 2007, 앞의 책, pp.172~180. 또 호적과 양안이 결합한 형태의 목간이라는 주장도 대체로 호적목간과 같은 범주로 묶을 수 있다(박민경, 2009, 「百濟 宮南池 木簡에 대한 재검토」, 『木簡과 文字』4). 그 외에 공훈에 대한 보상을 명시한 문서목간(박현숙, 1996, 「宮南池 出土 百濟 木簡과 王都 5部制」, 『韓國史研究』92)이나 통행문서와 같은 過所木簡[李鎔賢, 1999, 「扶餘 宮南池 出土 木簡의 年代와 性格」, 『宮南池 發掘調査報告書』, 國立扶餘文化財研究所(2006, 『韓國木簡基礎研究』, 신서원)], 水田을 개간한 사실을 기록한 목간(양기석, 2005, 『백제의 경제생활』, 주류성), 백제인 유식자와 전쟁포로 등 외부에서 유입된 귀인을 한 戶로 편제한 후 토지를 지급한 내용의 장부인 徙民給田籍(이경섭, 2010, 「宮南池 출토 木簡과 百濟社會」, 『韓國古代史研究』57)으로 파악하는 견해들도 있다.

으로 파악하여 왔고 최근까지 다른 판독안은 제시된 바가 없었다. 그 의미에 대해서는 처음부터 歸化人으로 이해하는 것이 일반적이었다.

하지만 최근 나주복암리목간의 판독과정에서 유사한 내용의 목간에서 유사한 위치의 글자를 '婦'로 판독하는 견해가 나오고 동시에 궁남지목간의 글자도 '婦'로 보아야 한다는 견해가 제시되기에 이르렀다.[43] 해당 내용은 나주복암리목간에서 중점적으로 다루어져야 하겠지만, 궁남지목간과 관련이 있기 때문에 이 글에서도 언급할 수밖에 없다.

현재로서는 나주복암리의 글자는 '婦'로 보는 것에 동의하나, 궁남지목간의 경우 뒤에 '人'이 붙어 나오며, 또 〈1면〉에 나오는 'ㄇ夷'를 염두에 두고 여전히 '帰人'으로 이해하는 경우가 많은 것 같다.[44] 필자도 이전에는 이러한 입장을 표명한 적이 있는데,[45] 이 글에서 입장을 수정한다. 일단 비슷한 위치에 유사한 글자가 적혔다는 점에서 두 글자가 서로 다른 글자일 확률은 적다고 판단된다. 해당 글자를 정확히 알기 위해서는 두 목간에서 같이 쓰였을 때 문제가 없는 글자로 파악할 필요가 있다.

우선 〈나주복암리2호목간〉의 석문을 적시해 보면 다음과 같다.[46]

[1행] ×   兄將除公丁   (婦?)中口二   小口四
[2행] ×   △兄定文丁   (妹?)中口一   定
[3행] ×   前△△△

이 중 '(婦?)'는 결실된 부분에 있었던 것으로 추정되는 호주 내지는 앞서 기술된 인물(兄將除公丁)과 中口 2인 혹은 뒤에 나오는 小口까지를 포함한 인원의 관계를 지칭하는 것으로 볼 수 있다. 그런데 비슷한 시기 다른 나라들의 사례들에서 관계로서 '婦'자를 쓰는 경우가 확인되지 않아 주저된다. 물론 토지의 면적과 관련한 '形'이나, 뒤에서 살펴볼 量制와 관련한 '甲'과 같이 백제에서만 확인되는 용어가 있기 때문에 가능성은 충분하다.

하지만 앞뒤 글자들과 연결해 볼 때, 석연치 않은 점이 존재한다. 일단 '婦'가 어떠한 의미로 사용되었는지를 고려해야 한다. 대체로 부인, 며느리, 여자로 파악할 수 있겠다. 그런데 어느 경우든 문제가 발생한다. 우선 부인의 경우 2명 이상의 부인이 존재하게 되는 것이어서 문제가 될 수 있다. 앞선 인물에 쓰인 '兄'을 호주와 관계를 뜻하는 것으로 보아서, 호주와 그 형 등 복수 인물의 부인들로 볼 수도 있지만, 2명의 부인이 모두 '중구'라는 낮은 연령대가 되어 선뜻 받아들이기 힘든 점이 있다.

두 번째 며느리일 경우 앞에 아들이 나오는 것이 일반적인데 두 목간 모두 없다. 물론 아들이 일찍

---

43) 平川南, 2010a, 「日本古代の地方木簡と羅州木簡」, 『6~7세기 영산강유역과 백제(국립나주문화재연구소 개소 5주년 기념 국제학술대회)』, pp.184~185.

44) 김창석, 2011, 「7세기 초 榮山江 유역의 戸口와 農作–羅州 伏岩里 木簡의 분석–」, 『百濟學報』6, p.152.

45) 洪承佑, 2011, 「韓國 古代 律令의 性格」, 서울대 국사학과 박사학위논문, pp.140~142.

46) 平川南(2010a)의 판독문을 사용하였다.

죽고 며느리만 있는 경우가 있을 수 있지만, 두 사례 모두 2명 이상의 아들은 죽고 며느리만 남아 있으며, 그 연령대도 모두 낮다고 보기는 힘들 것이다. 마지막으로 보통명사로 여자를 지칭한다고 볼 수도 있겠는데, 이 경우 2행에 '妹'로 판독한 글자와 충돌이 일어난다.[47] 여자 전체를 지칭한다면 妹가 별도로 설정될 이유가 없을 것이다. 이에 대해 1행과 2행이 서로 다른 소가족이라는 가정이 존재할 수도 있겠는데, 목간이 단을 나누어 기재하고 있는 점을 고려한다면, 1행과 2행이 별도의 소가족이라고 보기는 힘들다고 생각한다.

또 세 경우 모두 그 다음 단의 小口가 문제가 된다. 가족 관계를 나타내는 용어가 사용되었다면 소구 역시 관계를 나타내는 용어가 사용되는 것이 합리적인데 없다. 그렇다면 (婦?)는 소구까지 포함한다고 보아야 하는데, 소구를 부인과 며느리로 이해하기는 힘들다. 여자의 의미로 보더라도 두 목간 모두 정을 제외하면 여자로만 구성된 호가 되는 문제가 있다. 물론 가능성이 없지는 않지만 두 목간 모두 동일한 상황일 가능성은 매우 적지 않을까 한다.

그렇다면 적어도 목간에 기재된 내용상으로 볼 때 이 글자가 '婦'일 수는 없다고 판단된다. 물론 해당 글자가 분명히 '婦'자가 된다면 이러한 검토는 무의미할 것이다. 그러나 필자는 해당 글자를 면밀히 검토한 결과 해당 글자의 좌변이 '女'가 될 가능성은 낮다고 판단한다. 〈사진 1〉은 해당 글자의 적외선 사진으로 가로 획이 있어 '女'로 보일 수도 있지만, 두 세로 획이 서로 떨어져 있고, 왼쪽 획이 너무 간단하며 우하단으로 삐친 것이 아니라 수직 내지는 좌하단으로 내려와 '女'일 가능성이 높지 않다고 생각한다. 가로획이 문제가 되는데, 왼쪽 행의 글자와 만나는 점을 적극적으로 고려한다면, 정식 획이라기보다는 글씨를 쓰는 과정에 실수였을 가능성도 있다고 여겨진다.

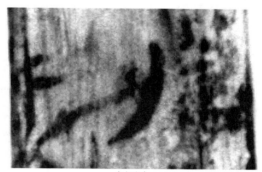

〈사진 1〉

물론 현재로서는 좌변이 '女'일 가능성이 아주 없지는 않지만, 앞서 언급한 바와 같이 전후 글자들과 연결하여 이해하면 해당 글자가 '婦'가 될 수 없으며, 해당 글자가 '婦'로 분명히 판독된다고 할 수도 없다. 따라서 필자가 생각하기에 해당 글자는 '婦' 보다는 '帰'일 가능성이 높다. 〈궁남지315호목간〉의 해당 부분은 역시 '帰人'이라고 보아야 한다.

그런데 이 두 목간이 동일한 기재방식이라고 한다면 궁남지목간의 '帰人'이 귀화인을 뜻하는 것이 아닐 가능성이 높다. 사실 궁남지 목간의 기재방식을 보면 〈1면 1행〉에 2명의 丁이 기재되어 있고, 줄을 바꾸어 귀인이 적혀있다. '귀인'을 귀화인으로 보는 데에는 귀인이 앞에 나오는 두 사람의 신분 혹은 상

---

47) 필자는 2행 妹자의 경우도 판독이 분명하지 않다고 판단하지만, 이는 복암리목간에 대한 내용이서 이 글에서는 다루지 않는다.

태를 나타내는 것으로 이해한 것이다.[48] 그런데 해당 목간에서 귀인은 줄을 바꾸어 기재되어 있는 것은 물론, 다음에 나오는 中口와 붙어 있다. 이는 나주복암리목간에서도 마찬가지이다. 따라서 귀인은 앞에 나오는 인물의 상태라기보다는 뒤에 나오는 중구와 연결되는 것으로 보는 것이 합리적일 것이다. 이는 중구와 소구 사이에 공백이 있음을 통해 분명해 진다.[49]

결국 귀인은 〈나주복암리2호목간〉과 비교해 볼 때, 뒤에 나오는 中口·小口와 연결되는 표현이라고 생각된다. 이렇게 볼 경우에도 여전히 귀화인일 가능성이 있다. 하지만 두 목간 모두 귀인이 중구 및 소구로만 구성된다는 점을 볼 때 귀화인이라고 보기는 힘들다. 귀(인)이 중, 소에 해당하는 연령등급만으로 구성된다는 것에 주목한다면, 정을 호주로 하는 호에 소속된 가속을 지칭하는 것으로 볼 수 있겠다. 즉 조선시대 호적에 가솔을 지칭하는 '率'과 유사한 용례라 생각할 수 있다. 소구 앞에 별다른 표시가 없는 것은 귀(인)이 소구까지를 포함하는 것으로 볼 수 있다. 결국 이 목간은 호적 등을 기초로 한 호의 상황을 기록한 것으로 볼 수 있겠다.

한편 백제목간에서는 연령등급 중 '정'이 여러 종류가 있었을 가능성이 목간들을 통해 제기되었다. 資丁이나 酒丁, 文丁 등이 그것이다.[50] 資丁을 資人과 연관시켜 국가로부터 일정한 임무를 부여받는 대신 賦役을 면제받았던 것으로 이해한 것이다. 대체로 이러한 견해에 이견은 없는 편이지만, 필자는 기재방식을 볼 때 정 앞의 글자들이 인명일 가능성이 완전히 없지는 않은 것 같다. 추가적인 자료 발견을 통해 확인해갈 필요가 있다.

또 궁남지목간에서는 '邁羅城 法利源 水田五形'이라는 문구가 〈1면〉 마지막에 나오는데, 이는 토지에 관한 정보이다. 이 토지 정보에 대해서는 하사품으로 보았거나 앞의 인물들이 노역에 동원된 지역이라는 견해도 있었지만, 대체로 이 호와 관련이 있는 토지라 할 수 있다. 중국의 사례 등을 볼 때, 초기 호적들은 호의 소유 토지를 포함한 자산을 모두 등재하므로 이를 해당 호의 소유 혹은 경작 토지로 이해해도 큰 무리는 없을 것으로 생각된다.

이러한 추정은 나주복암리목간을 통해 다시 한 번 확인할 수 있다. 〈나주복암리5호목간〉의 경우, 앞면에 한 호로 추정되는 사람들에 대한 정보가 궁남지목간과 유사하게 적혀 있으며 더하여 소 1마리가 기재되어 있다. 그리고 후면에는 '形'을 단위로 하는 토지 정보와 그 수확량이 적시되어 있다. 수확량을 제외한다면 이 두 목간은 거의 같은 내용을 기재하고 있다.

그리고 이렇게 연령등급과 토지에 대한 정보가 아마도 호적에 기재되어 있었다고 한다면, 이는 백제 수취제도를 파악하는 열쇠가 될 것이다. 대체로 연령등급은 역역동원과 조세수취의 기준이 되었는데,

---

48) 윤선태, 2007, 앞의 책, p.174

49) 이 문제 때문에 앞의 정 2인과 중구 이하가 원래 같은 호가 아니라, 인위적인 편제호(이경섭, 2010 앞의 논문) 내지는 인력동원을 위해 임의로 구성된 집단(김창석, 2011, 앞의 논문)으로 보는 견해가 제시되기도 하였다.

50) 金聖範, 2010, 「羅州 伏岩里 木簡의 判讀과 釋讀」, 『木簡과 文字』5, p.157 참조. 최근에는 〈나주복암리2호목간〉의 글자를 새롭게 판독하여 '正丁'이 새롭게 주장되기도 하였다(김창석, 2011, 위의 논문, pp.143~144). 다만 正丁은 다른 특수 역임의 丁들과 구별되는 일반 丁, 곧 白丁의 의미이기 때문에 이 범주에 속한다고 볼 수 없다.

이를 기준으로 戶調 내지는 丁調를 부과하였고, 또 정에게서 역역을 징발하는 체제였음을 짐작할 수 있다. 토지의 경우 조세수취의 기준이 되었는지는 분명하지 않으나, 대체로 호의 자산으로 취급되었을 것이나, 주된 조세의 기준으로 작용하지는 않았을 것으로 여겨진다.[51]

그런데 문제가 되는 것은 주변국의 사례와 다르게 연령등급은 '정-중-소'를 사용하지만 남녀의 구분은 없는 점이다. 중국의 경우 같은 정이라도 남녀에 따라 징수기준이 다르기도 하고, 역역 동원이 남자를 주된 대상으로 한다는 점에서 남녀 구분은 일찍부터 이루어졌다. 이는 현재 호적 내지는 호적과 관련한 것으로 여겨지는 문서들이 남아있는 신라나 일본의 사례들에서도 마찬가지이다. 하지만 백제에서는 연령등급에 남녀를 구분하지 않고 있다. 심지어 총수만 기록하는 중구, 소구와 다르게 이름까지 적시한 정의 경우도 남녀는 구분할 수 없다. 실제 백제 호적에서 남녀 구분이 있었을 것은 분명하지만, 〈궁남지315호목간〉을 위시한 일련의 목간들에 남녀 구분이 없는 것은 특기할 만하다.

이에 대해서는 먼저 떠오르는 것은 이 목간이 조세나 역역을 위해 작성된 것이 아니라 다른 목적을 가지고 있었기 때문이라는 가정이다. 기존 연구들에서 제시되었던 목적을 살펴보면, 공적에 대한 하사품, 통행증명서, 해당 인원에게 토지를 지급하는 문서, 호구 증감 파악 문서,[52] 인력 동원 관련 문서 등이 있다. 그런데 이러한 목적일 경우 오히려 남녀 구분이 반드시 필요하다고 할 수 있다. 왜냐 하면 이들은 인원에 대한 파악이 주된 목적이기 때문이다.

필자는 〈궁남지315호목간〉은 수취와 동원을 위한 목적을 가진 것으로 파악하고 있다. 그리고 남녀의 구분이 없는 것은 백제의 수취와 동원 방식의 특징이 이 목간에 반영되어 있기 때문이라고 생각한다. 이 관점에서 두 가지의 가능성이 있다. 첫째는 이 목간이 반영하는 수취는 남녀의 구분이 없다는 것이다. 중국 漢代 인두세는 남녀의 구분 없이 일정 연령에 도달한 사람들 전체에게 일률적으로 부과하기 때문에, 수취 관련 문건들에 남녀 구분이 없었던 것과 유사하다고 할 수 있을 것이다.[53]

두 번째는 정만이 수취와 동원의 대상이고 중과 소는 남녀 모두 대상이 아니기 때문에 일괄하여 중구, 소구로 합산했다고 보는 것이다. 이와 관련해서는 중국의 〈西涼 建初12年籍〉이나 〈西魏 大統13年帳〉 등의 계장 문서가 참고가 된다.[54] 전자의 경우 남자는 남, 차남, 소남 등 연령등급별 인원수를 각각 적시하였으나, 여자들은 연령등급에 상관없이 합계(女口)만을 적기하고 있다. 여성은 수취와 동원의 대상이 아니었기에 이러한 표기가 있었던 것으로 보인다. 후자의 경우 호의 소속 '구' 총합 부분에서 課口와 不課口를 나누어 합을 내는데, 남녀를 합한 총수를 적고 있다.

두 가지 가능성 중 어느 것이 백제의 상황에 부합하는가는 현재로서는 단정할 수 없다. 다만 필자는 정의 경우만 모두 인명까지 표시하고 있다는 점, 백제의 경우 정이 15세 이상으로 대상의 폭이 넓을 가

---

51) 전덕재, 2006, 『한국고대사회경제제사』 태학사 참조.
52) 윤선태, 2010, 「나주 복암리 출토 백제목간의 용도」, 『6~7세기 영산강유역과 백제(국립나주문화재연구소 개소 5주년 기념 국제학술대회)』.
53) 張榮强, 2011, 「孫吳簡 중 戶籍文書에 대한 再論-結計簡을 중심으로-」, 『木簡과 文字』8 참조.

능성이 큰 점 등을 고려하여 일단은 후자로 파악하고자 한다. 그러나 또 다르게 생각하면 정의 경우도 남녀 구분이 없다는 점에서 남녀 구분 없는 연령에 따른 수취가 있었을 가능성도 충분하다. 향후 추가적인 자료가 발견되면 보다 분명해지리라 생각한다.

본고의 범위를 벗어나기는 하지만 조세수취와 관련하여 〈나주복암리5호목간〉은 대단히 중요하다. 여기에는 궁남지목간과 다르게 경작지 면적과 함께 수취량이 나오는데, 이에 대해서는 해당 토지에 동원하여 경작하게 한 것으로 보는 견해도 있지만,[55] 궁남지목간과 연관시키면, 대체로 구성원의 수를 포함하여 1호와 경작지 면적이 유사하기 때문에, 한 호의 상황을 적은 것으로 보아도 크게 무리는 없을 것이라 판단되며, 따라서 수취량 역시 이 호에 대한 조세수취와 관련된 것으로 볼 수 있을 것이다. 그리고 이 경우 『周書』에 나오는 백제의 조세수취가 사실에 가까울 가능성이 높음을 보여주는 자료라고 생각된다.

2) 도량형

목간이 발견되면서 그간 알 수 없었던 백제 도량형제에 대한 접근이 가능해진 것 역시 중요한 성과라고 하겠다. 능산리목간에서는 石-斗-升의 체계를 가진 양제가 사용되었다는 사실 확인에 더하여 백제 양제의 변화를 보여줄 수 있는 자료가 발견되었다. 속칭 〈支藥兒食米記〉로 불리는 〈능산리2002-1호목간〉이 그것이다. 여기에 小升과 大升의 용례가 확인되고 두 용례가 실생활에서 혼용해서 사용되었음을 보여준다.

이 단위에 대해서는 秦漢대의 大半(升), 少半(升)으로 본 견해가 처음 제시되었지만,[56] 〈지약아식미기〉의 것은 升 뒤에 升 밑의 단위로 사용된 진한대의 少半(升)·大半(升)과는 다르게 升 단위를 나타내는 것이어서 바로 부정되었다. 그리고 식미 지급의 편의를 위해 1인의 식미량인 2升과 2인의 식미량인 4升의 量器를 제작하여 小升·大升이라 이름 붙였다고 본, 즉 백제의 독자적인 용어라고 본 견해가 있다.[57] 이 견해는 목간에 나오는 小升과 大升, 그리고 斗의 관계를 면밀히 검토하여 나온 것으로 합리적인 의견이라 할 수 있다. 하지만 升이라는 단위가 이미 존재하는데, 거기에 수식어를 붙이면서 새로운 단위를 표시했다는 것은 납득하기 어려운 점이 있다.

필자는 小升, 大升이라는 용어는 중국 왕조들에서 도량형제의 개혁이 이루어졌을 때, 전후의 양제를 구분하기 위해 흔히 사용되었던 것으로 파악하였고,[58] 小升一, 大升一은 '小升一升, 大升二升' 등에서 뒤의 단위 '升'이 생략된 것으로 파악하였다. 문헌에서 이와 같은 형식의 표기를 찾을 수는 없지만, 일본 飛鳥藤原京 飛鳥池遺跡北地區에서 출토된 169번 목간에 이런 식으로 小升을 사용한 예가 보인다.

---

54) 홍승우, 2011, 「韓國 古代 律令의 性格」, 서울대 국사학과 박사학위논문, pp.142~144 참조.
55) 김창석, 2011, 앞의 논문.
56) 近藤浩一, 2004, 앞의 논문.
57) 윤선태, 2007, 앞 책, p.138.
58) 홍승우, 2011, 앞의 박사학위논문, pp.107~110.

이러한 추론이 타당하다면 백제 양제의 변화를 중국 양제와 비교 검토하여 추가적인 정보를 파악할 수 있을 것이다. 다만 현재 〈지약아식미기〉만 가지고서는 당시 백제의 소승과 대승이 어떤 관계였는지, 그리고 그 변화의 원인이 무엇이었는지를 명확히 파악하기는 힘들며 가설 제시 수준에 머무르고 있다.

한편 쌍북리208-5번지2호목간(이하 〈좌관대식기〉)에서도 백제 양제의 일면을 엿볼 수 있다. 〈좌관대식기〉에서도 '石-斗'의 단위가 사용되는 것이 확인되지만, 승 단위는 보이지 않는다. 그런데 여기에 주목되는 것은 半과 甲이라는 용어이다. 半은 중국 등의 사례에서 흔히 확인할 수 있는 단어로 어떤 단위의 1/2을 의미한다. 하지만 甲은 그 용례를 찾아보기 힘들었다. 하지만 일본에서 양을 표시하면서 甲이 사용된 예를 통해 半과 유사한 의미로 보는 한편, 이자율을 계산하여 반의 반, 곧 1/4을 나타내는 단위로 파악하였다.[59] 이러한 추론은 결론적으로 틀리지 않았지만, 〈좌관대식기〉에서 半과 甲의 정확한 용례를 파악한 것은 아니었다.[60]

이 목간에서 半과 甲은 앞에 적힌 단위의 일정한 비율을 의미하는 것이 아니라, 斗에 대한 일정한 비율을 나타내는 것, 즉 升 단위에 한정하여 쓰이는 것으로 5升(1/2斗)과 2.5升(1/4斗)를 지칭하는 것이었다. 즉 半과 甲은 升 단위에 한정하여 쓰이는 표현이고, 그 결과 이 목간에는 升만 별도로 표시되지 않고 있다. 이와 같은 표기법이 나타난 이유는 분명하지 않다. 필자는 앞서 본 〈지약아식미기〉의 소승, 대승과 관련이 있지 않을까라는 추정한 바 있다. 다른 한편으로 이 목간에 나타난 貸食의 이자율이 주로 50%였다는 점을 고려한다면, 이 목간에서 다루는 제도의 운영이 기본적으로 반(50%)과 갑(25%)의 단위로 이루어졌기 때문에 그 이외의 승 단위가 사용될 필요가 없었기 때문일 가능성도 있다. 하지만 현재로서 결론을 내릴 수 없으며, 추가적인 자료의 발견이 있으면 진전이 있을 것으로 기대된다.

한편 〈좌관대식기〉를 통해 당시 백제 양제에 각 단위들의 비율을 파악할 수 있게 되었다. 2면 3단에 총합을 보여주는 부분이 나오는데, '幷十九石×', '得十一石×'로 적고 있다. 그런데 실제 목간에 나타난 양들의 합계를 계산해 보면 대식한 총양은 '20石 7斗'가 되어야 하는데, 19石 얼마라고 적고는 있는 것을 볼 때, 백제의 양제가 1석=10두가 아닐 가능성이 있다. 이에 백제 1석을 18두로 보는 견해가 제시되기도 하였다.[61] 하지만 같은 양을 빌린 사람들의 상환양과 미상환양을 분석해 보면 1石=10斗라는 것을 분명히 확인할 수 있다.[62] 문제는 총합 부분이 왜 이렇게 적혀있는가 하는 것이다. 이에 대해서는 石

---

59) 李鎔賢, 2008, 「佐官貸食記와 百濟貸食制」, 『백제목간』, 국립부여박물관; 三上喜孝, 2009, 「古代東アジア出擧制度試論」, 『東アジア古代出土文字資料の硏究』, 雄山閣.

60) 서길수는 이자율 계산을 통해 甲이 2.5升이라는 결론을 내렸고(서길수, 2009, 「백제의 '좌관대식기(佐官貸食記)'와 이자(利子)」, 『백제 "좌관대식기"의 세계(학술세미나 발표문)』, 국립부여박물관), 손환일은 이를 받아들여 甲이 앞 단위의 1/40이라고 규정하기도 하였다(孫煥一, 2009, 「百濟木簡 〈支藥兒食米記〉와 〈佐官貸食記〉의 記錄과 書體」, 『백제 "좌관대식기"의 세계(학술세미나 발표문)』, 국립부여박물관). 하지만 半과 甲의 용례를 정확히 파악했다고 보기는 힘들다.

61) 平川南의 경우 처음에는 石 단위와 斗 단위가 별도로 합산된 결과로 보았으나(平川南, 2009, 「韓國木簡이 들려주는 것-古代日本에 전한 政治와 文化-」, 『학술심포지엄 발표문 고대의 목간, 그리고 산성』), 뒤에 백제 1石이 18斗라고 입장을 바꾸었다(平川南, 2010a, 앞의 논문). 그런데 이 경우 이율이 원래 주장과 맞지 않는 문제가 발생한다.

62) 홍승우, 2011, 앞의 박사학위논문, pp.116~117.

과 斗 단위가 별도로 합산되었다고 보는 견해가 있었으나 석연치 않다.[63] 이에 비해 총합이 전체 대식량이 아니라, 앞으로 상환 받아야 하는 양, 즉 현재 미상환양이라는 견해 제시되었는데, 가장 타당한 견해로 보인다.[64]

한편 量制만이 아니라 척도에 대한 견해들도 목간과 연관하여 제시되었다. 백제 척도의 경우 이른 시기에는 낙랑군을 통해 들어온 漢尺(1尺=23㎝)이 사용되다가, 어느 시기에 고구려척(1尺=35㎝)이 사용되었다고 보는 견해가 많았다. 하지만 관북리에서 목간과 함께 한 칸 눈금이 2.5㎝ 정도 되는 남조척으로 추정되는 자가 나오면서 사비기에 척도가 1척=25㎝ 정도 되는 남조척이 사용되었을 가능성이 제기되었다.[65] 이는 무덤 등의 축조에 남조척이 사용되었다는 고고학적 검토와 일치하는 부분이다.[66] 하지만 쌍북리에서는 1척=30㎝ 정도 되는 당척이 출토되어 또 다른 척도가 존재했을 가능성을 보여주었다. 양제에서 대승을 통해 대용량 양제가 도입된 것과 연관시킨다면 사비시기 척도에서도 대척(당척)으로 변화하는 개혁이 같이 있었을 가능성이 있다.

목간에서 척도를 직접적으로 알 수 있는 것은 없지만, 목간의 규격을 통해 척도에 접근하려는 연구가 있었다. 목간의 경우 공적인 용도로 사용할 때, 일정한 규격을 가지는 점에 착안한 것이다. 〈궁남지 315호목간〉의 길이가 35㎝인 점을 주목하고, 의도적으로 절반 부분을 쪼개어 폐기한 보이는 〈관북리 283호목간〉의 현존 길이가 18~20㎝인 것에서 백제가 35㎝ 정도를 목간용 문서행정의 단위척으로 사용한 것이 아닌가 추정한 것이다.[67] 그러면서 쌍북리에서 발견된 당척으로 추정되는 자와의 연관성을 언급하기도 했다. 궁남지목간의 경우 35㎝ 정도 되는 길이를 가지는데 이는 당척이라기보다는 고구려척에 가까운 크기로, 백제에서 고구려척이 사용되었다고 볼 수도 있는 문제이다. 현재로서는 특정한 치수로 규격화되는 목간들의 정형성을 잘 확인할 수 없다는 점에서 문제가 있지만, 목간의 성격과 특징을 통해 척도제를 파악하려한 첫 시도로 상당한 의의를 가진다고 하겠다. 이러한 시도는 완형 목간이 축적되면서 보다 분명한 결론을 보여주리라 기대된다.

3) 지방제도

부여 지역은 도성이었지만, 지방과 연관 지을 수 있는 목간이 다수 출토되어 지방제도 연구에 활력을 불어넣기도 했다. 목간에 나타나는 백제 지방제도는 행정구역명과 지방관직이 있다. 행정구역명으로 가장 대표적인 것이 〈능산리301호목간〉의 '六 卩 五方'이라고 하겠다. 그 외에 〈관북리833호목간〉 중 '中方向'의 方, 〈관북리283호목간〉의 '舟嶋城', 〈궁남지315호목간〉 '邁羅城' 등의 城과 〈능산리2002-1호목간〉의 '彈耶方'의 方 등이 주목을 받아왔다.

63) 三上喜孝, 2009, 「古代東アジア出擧制度試論」, 『東アジア古代出土文字資料の研究』, 雄山閣.
64) 尹善泰, 2010, 「新出木簡からみた百濟の文書行政」, 『朝鮮学報』215.
65) 윤선태, 2007, 앞의 책, p.188.
66) 山本孝文, 2006, 『三國時代 律令의 考古學的 研究』, 서경.
67) 李鎔賢, 1999, 「扶餘 宮南池 出土 木簡의 年代와 性格」, 『宮南池』, 國立扶餘文化財硏究所.

1차적으로 목간들의 행정구역명은 『周書』百濟傳 이나 『翰苑』 소인 『括地志』에 나오는 백제의 행정구역명을 확인시켜주었다. 다만 〈능산리301호목간〉의 경우 部制를 다룰 때 언급한 바와 같이 '六卩'는 아직 논쟁중인 주제이다. 따라서 6부와 연결해서 나오는 5방이 지방 광역 행정단위인지도 확실하다고 하기는 힘들다. 그러나 〈관북리833호목간〉의 '中方'은 중앙에서 군관구이자 광역 행정 단위인 '方'에 병기를 준 것과 관련한 목간으로 여겨지므로, 백제 5방제의 실재를 잘 보여주는 자료라 할 수 있을 것이다.

그리고 '城'을 단위로 하는 지방행정단위도 분명히 확인할 수 있다. '城'과 함께 지방행정단위를 이루었던 것으로 여겨지는 村의 경우 부여 출토 목간에서는 확인되지 않았는데, 최근에 나주복암리목간에서 글자 판독에 문제가 있을 수 있지만, 촌으로 추정되는 것이 나와 앞으로의 연구가 기대되고 있다.

지방의 행정구역과 관련해서 또 다른 논점은 왕경의 행정구획단위로 전하는 部, 그리고 그 하위의 巷이 왕경 이외의 지역에서 행해졌을 가능성이다. 구도인 熊津城에서는 천도 이후에도 5부제가 실시되었을 가능성이 개진되기도 했지만,[68] 〈능산리297호목간〉에 '△城下部對德疏加鹵'에 주목하여 지방의 성에서 부제가 실시되었을 가능성이 본격적으로 언급되기 시작하였으며, 나아가 궁남지315호 목간의 邁羅城 등에서도 부항이라는 하위 행정단위가 설정되었을 것으로 보았다.[69] 아울러 중방으로 비정되는 고부에서 나온 '上卩上巷'명 인각와 등 다른 자료들도 지방의 성에서 부항제가 실시된 것을 보여주는 증거로 언급되고 있다. 이러한 입장은 나주 복암리에서 항이 기재된 목간이 나오면서 그 증거들을 더 확보해 가고 있는 듯하다.

다만 지방에서 부항제가 실시되었다는 것이 증명되려면 아직 해결해야할 문제가 있다. 먼저 〈능산리297호목간〉의 경우 첫 자의 판독이 문제가 될 수 있다. 기존에 이를 '韓'으로 판독하기도 하였지만 분명하지 않으며, 이것을 구도인 熊津으로 본다면[70] 단순히 지방성으로 보기 힘들다. 또 최근에 자전에서는 이 자를 '漢'으로 판독했는데, '漢城'의 경우 논쟁의 여지가 있지만 역시 단순한 지방성이 아닐 가능성이 많다.

〈궁남지315호목간〉의 경우 해당 호가 '邁羅城 法利源'의 水田을 소유하고 있는 점이, 서부후항을 매라성의 행정단위로 파악하는데 주요한 요인으로 여겨지는데, 〈능산리297호목간〉의 '△城下部'와 달리 서부후항 앞에 아무런 언급이 없는 것이 문제가 될 수 있다. 물론 연속적인 목간 중 하나이거나, 해당 지역에서 만들어져서 당연한 것이기 때문에 생략되었을 가능성도 있지만, 그 경우 소유 토지의 소재지에 매라성이 적시되는 것과 상충되는 면이 있다. 전부후항이 매라성에 속하는 것이라면 법리원 수전 5形에도 매라성이 붙지 않는 것이 자연스러울 것이다.

마지막으로 인각와의 경우 인각된 부항명이 어떤 의미인지에 따라 지방에서 부항제가 실시되었다고 볼 수 없는 경우가 생길 수 있다.[71] 즉 제작처 내지는 제작자를 표시한 것으로 본다면 지방에서 부항명

---

68) 李炳鎬, 2003, 「百濟 泗沘時期의 都城과 地方都市」, 『지방사와 지방문화』6-1.

69) 朴仲煥, 2007, 앞의 박사학위논문.

70) 김영심, 2007, 「백제의 지방통치에 관한 몇 가지 재검토-木簡, 銘文瓦 등의 문자자료를 통하여-」, 『한국고대사연구48』.

인각와가 출토된다고 해서 그것이 지방에서 부항제의 실시를 보여준다고 보기는 힘들 것이다. 이 문제도 자료가 추가적으로 나오면 보다 분명해 지리라 여겨진다.

한편 방에 대해서 목간은 새로운 시사점을 던져 주었다. 기존에 방은 왕도 5부에 대등하는 지방 거점, 광역 행정 단위로 이해되었다. 그런데 〈능산리2002−1호목간〉에 道使와 함께 등장하는 '彌耶方'이라는 명칭이 등장한다. 이 彌耶方은 5방이 아니지만 방이라는 단위명을 사용하고 있는 것이다. 그리고 뒤에 인명이 나오는데 彌耶方에 소속된 인물로 볼 수 있다.

이는 5방제의 성립 이전에 이미 方이라는 행정구역명이 존재했을 것을 주장하는 견해를[72] 다시 주목받게 하기도 하였다. 『日本書紀』 欽明紀 13년조(552)에 신라가 백제를 공격하여 한강 유역을 독점하면서 한성을 차지할 때 나오는 牛頭方, 尼彌方이 백제의 행정단위명으로 볼 수 있다면, 5방제가 성립하기 이전에 방이라는 지방행정단위가 존재했고, 그것이 사비기까지 이어졌다고 볼 여지가 있는 것이다.[73] 다만 문제는 어느 정도 규모이며, 백제 하위 행정단위였던 군, 성과 어떠한 관계였을까 하는 점이다. 이에 대해서 현 상황에서는 알 수 없지만, 도사와 같이 등장한다는 점에서 성이나 그 하부 단위가 아닐까 추정될 뿐이다. 이 역시 추가적인 자료를 기다려야 할 부분이지만, 백제 지방제도에서 방을 새롭게 바라볼 수 있는 계기가 되었던 것은 분명하다.

백제의 지방제도와 관련하여 목간에서 주목되는 또 다른 하나는 '道使'라는 관직명이다. 『한원』 백제조에 인용된 『괄지지』에 "군현에 도사를 두었는데 혹은 성주라고도 한다."는 문구에서 백제 지방관인 도사를 볼 수 있다. 대체로 성 단위의 장관 정도로 이해하지만 도사의 실체에 대해서 명확히 알기는 힘들었다. 그런데 〈능산리2002−1호목간〉 3면에 도사가 등장하여 도사의 실체에 접근할 단서를 제공하고 있다.

이 목간에서 도사의 역할을 이해하기 위해서는 이 목간의 성격에 대해 파악할 필요가 있다. 이 목간의 1, 2면은 1일을 단위로 지급한 식미의 양을 기록하고 있는데 '支藥兒食米記'라는 제목을 가지고 있다. 3면은 道使를 비롯한 여러 인물들이 나열되어 있다. 그리고 4면은 글자를 쓰는 방향도 반대이면서 같은 문구를 반복하고 있어 습서가 분명해 1, 2, 3면과 상관없다. 문제는 1, 2면과 3면의 관계이다.

1, 2면은 약재 지급을 담당했던 사역인인 支藥兒에게 식미를 지급한 기록이고, 3면은 대체로 기재된 인물들의 외형상 특징을 설명하는 것으로 이해하면서 약과 관련하여 그들의 병증을 기록한 것으로 이해하는 견해가 먼저 제기되었다.[74] 이는 이 목간을 나성문을 관할하던 관인이 작성한 것으로 본 것이다. 하지만 곧이어 3면이 원래 1, 2면에서 이어지는 내용이 적혀 있다가 이를 깎아내고 새로 쓴 별도의 목간으로 보는 한편, 지약아라는 제사 관련 관청에서 식미를 내어준 기록이고, 3면의 도사 이하 인물들

71) 심상육, 2010, 「백제 印刻瓦에 대하여」, 『木簡과 文字』5 참조.
72) 金英心, 1997, 「百濟地方統治體制研究−5∼7세기를 중심으로−」, 서울대 국사학과 박사학위논문.
73) 윤선태, 2007, 앞의 책; 김영심, 2007, 앞의 논문.
74) 윤선태, 2007, 앞의 책, pp.136∼161.

에 대한 기록은 식미를 지급받은 사람들에 대한 인상착의로 이해하는 반론이 제기되었다.[75] 이는 능사 건립에 동원된 사람들에게 식미를 지급하던 곳의 관인이 작성한 목간으로 본 것이다.

이 중 후자의 주장은 도사가 역역에 동원된 지방민들을 통솔하고 있는 것으로 파악하고 있어 도사의 역할을 추론하고 있다. 역역동원이 집단별로 이루어졌고, 거기에 도사가 책임자로서 같이 참여하였다 는 것이다. 이러한 도사의 역할은 이후 다른 연구들의 지지를 받은 바 있다.[76]

하지만 3면에 대한 해석에 몇 가지 의문이 남아 있다. 먼저 3면은 원래 내용을 깎아내고 새로 적은 것으로, 1, 2면과 같은 인물 혹은 같은 곳에서 사용하지 않았을 가능성도 존재한다는 점에서 도사를 책 임자로 하는 역역집단에 식미를 지급한 기록으로 볼 수 있는가 하는 점을 지적할 수 있다. 다음으로 도 사는 지방의 유력자라기보다는 중앙에서 파견한 관리일 가능성이 큰데, 역역동원의 책임자로 동원되었 다면 그 곳의 행정은 어떻게 처리되는지가 의문이다.[77] 앞으로 도사와 관련한 추가적인 자료가 발견되 기를 기대해 본다.

3. 목간을 통해 본 국제 교류

백제목간에서 가장 활발히 연구가 진행되고 있으며, 또 관심을 끄는 분야는 국제 교류가 아닌가 한 다. 그간 일본 율령은 한반도의 신라와 외교적 단절상태를 이유로 당으로부터 직접 수입한 것으로 이해 해 왔다. 그런데 일본 율령이 대부분 당 율령을 문구 그대로 도입 한 듯 보이지만, 다른 부분도 존재했 다. 이에 대해서는 그간 일본의 실정에 맞게 일본이 독자적으로 수정한 것이라고 보아왔는데, 백제목간 들을 통해 백제의 영향을 받은 결과로 파악하게 되면서, 일본 율령의 전파 경로를 새로이 탐색할 수 있 게 되었다.

우선 앞서 살펴본 연령등급제를 포함한 호적류 기재방식은 중국에서 발달한 것으로, 삼국을 비롯하 여 일본 등지에서 전파되어 사용되어왔다. 일본에서 『大宝令』 전의 상황을 보여주는 美濃國 호적에 나 타난 연령등급은 '耆老-老丁-丁-少丁-小-綠兒'의 등급을 가져 신라촌락문서의 연령등급과 유사한 양상이다. 그리고 신라와 일본에서 戶를 고구려와 같이 烟으로 표시하고 신라 촌락문서에서 유추할 수 있는 수취방식이 북위의 세제와 유사한 점 등을 고려할 때, '북위→고구려→신라→일본'으로 이어지는 율령의 계보를 상정할 수 있다는 견해가 제시되었다. 그에 비해 백제 목간에서 확인되는 '정-중-소'의 연령등급이 '서위→북주→수당'으로 이어지는 것과 동일하므로, '서위→북주→(수당→)백제'로 연결되 는 또 다른 전파 경로가 있었던 것으로 이해하였다. 그런데 일본 호적기재양식이 『大宝令』 시행을 전 후로 서위의 호적양식과 유사한 西海道호적양식으로 변모한다. 이러한 변화가 일어나게 된 원인을 8세

---

75) 이병호, 2008, 앞의 논문, pp.78~84.
76) 김영심, 2007, 앞의 논문; 近藤浩一, 2008, 앞의 논문.
77) 김영심, 2007, 앞의 논문, p.265.
78) 윤선태, 2007, 앞의 책, pp.178~179.

기 초 백제 율령의 영향으로 일본 율령이 변화하였기 때문으로 파악하는 견해가 제시되면서 일본 율령과 백제 율령의 관계에 주목받기 시작하였다.[78]

　　한편 백제의 연령등급이 형식적으로는 당 율령과 같이 정-중의 체제를 가지지만, 문헌에 나타나는 정의 추정 연령등급을 볼 때, 실질적으로는 이전 단계부터 있던 제도들에 용어의 변화를 가져왔을 뿐이라는 견해가 제기되기도 하였다.[79] 이는 백제 문화가 국제성을 가지면서 신 제도를 적극적으로 수입했지만, 이미 기존의 제도들이 자리 잡고 있던 상황에서 백제 실정에 맞게 변용하는 모습을 상정하는 것이다. 이러한 백제의 모습은 일본까지 이어졌으며, 일본 율령의 모습은 이미 백제에서 실험된 후에 보다 세련되게 적용된 것으로 여겨진다.

　　일본 율령에서 백제의 영향을 보여주는 것으로 가장 주목을 끌었던 것은 〈佐官貸食記〉 목간(〈쌍북리280-5번지목간2〉)이었다. 이 목간은 곡물을 대여한 후 이자를 포함하여 상환 받는 상황[貸食]을 기록하고 있다. 이 목간에 나타난 '대식'의 이자율에 대한 이견이 없지는 않지만, 50%로 보는 것이 일반적이다.[80]

　　이 '대식'은 백제의 곡물 대여제도로 이해된다. 아울러 역시 쌍북리에서 발견된 '外椋卩'명 목간을 통해 볼 때, '外椋部'에서 이러한 '대식'이 행해진 것으로 파악되어 왔다.[81] 즉 이 목간에 기록된 내용을 통해 백제에서도 고구려의 '賑貸法'이나 조선의 '還穀'과 같은 제도가 시행되었고, 그것을 주관한 것은 '외경부'였다고 본 것이다. 나아가서 일본 율령국가체제에서 재정운용의 중요한 제도였던 '出擧'와의 관계가 주목되어 왔다.[82]

　　'出擧'란 중국 사서에는 隋代 이후에 나타나는 용어로, 錢物을 빌려주고 일정한 이자를 받는 일종의 貸付 행위인데, 관청이 이를 통해 재정수입을 확보하기도 하였다. 고대 일본에서는 이전부터 이러한 성격의 貸稻가 행해지다가, '율령국가체제'하에서 하나의 제도로서 자리 잡고, 8세기 이후로 주로 지방 관아의 재정운영을 위한 제도로 정착한다. 고대 일본에서는 관청이 실시하는 公출거의 이자율을 50%로 한정하였다. 이것은 중국에서는 확인되지 않는 것으로,[83] 그 동안 일본의 독자적인 것으로 상정되어 왔었다. 그런데 〈좌관대식기〉의 이자율이 50%로 밝혀지면서, 고대 일본의 곡물 공출거의 제반 규정이 백제의 영향을 받은 것으로 이해하게 된 것이다.

　　나아가 〈좌관대식기〉 목간의 '대식' 역시 관에서 재정 확충을 위해 실시한 利息 사업, 즉 출거의 일환으로 보는 견해들이 주류를 이루게 된다.[84] 하지만 '貸食'이라는 용어가 원래 救荒을 위한 것이었다

---

78) 홍승우, 2011, 앞의 박사학위논문, pp.135~138.

79) 三上喜孝, 2009, 앞의 논문.

80) 朴泰祐, 2009, 앞의 논문.

81) 李鎔賢, 2008, 「佐官貸食記와 百濟貸食制」, 『백제목간』, 국립부여박물관; 三上喜孝, 2009, 앞의 논문; 平川南, 2009, 앞의 논문; 李成市, 2009, 「韓國木簡과 韓國史硏究」, 『학술심포지엄 발표문 고대의 목간, 그리고 산성』.

82) 중국에서 최대 이자율은 100%로 규정되어 있었다.

84) 일본의 출거와 직접 연결시키지는 않더라도 과도한 이율 때문에 이를 관의 자산을 이용한 빚놀이로 보는 견해도 있는데

는 점, 이자율이 50% 고정이지 않고 오히려 많이 빌린 사람의 이율이 낮을 수도 있거나 무상 제공으로 보이는 사례도 있다는 점, 그리고 문헌에 나타나는 진휼관계기사들과 유사한 점이 보이는 점 등을 들어 고구려의 賑貸法과 같이 진휼제도의 일환으로 시작되었을 것으로 추정하는 반론이 제기되기도 하였다.[85]

실제로 중국 왕조들 역시 현존 규정과는 달리 50%의 이율을 보였던 것으로 여겨지므로,[86] 50%라는 이율만을 가지고 백제의 대식을 진휼과 전혀 관련 없는 것으로 파악할 수는 없을 것이다. 다만 50%라는 고이율을 순수한 진휼로만 이해하기도 힘들다. 비상시의 진휼과는 다른, 이자가 붙는 다른 정기적인 진대제도를 상정할 수 있다. 이와 관련하여 '좌관'을 중국 왕조의 용례를 참조하여 '왕이 직접 임명하여 각 관사의 장관을 보좌하는 중간층의 관리'로 파악하고, '대식'을 관사의 재정 운영을 위해 중·하급 관인을 대상으로 한 착취로 본 견해를 주목할 수 있다.[87] '대식'이 관인을 대상으로 하였다고 한다면, 이는 진휼의 목적 보다는 이익 창출을 위한 재정 운용이었다고 볼 여지가 많으며, 자발적인 '대식'이라기 보다는 강제적인 배당일 가능성도 많다.

결국 백제의 대식은 고리의 이율을 고려하면 관의 재정 확충 등을 위한 貸借 사업으로 볼 여지가 많기는 하지만, '대식'은 기본적으로는 '진대법'과 같은 성격의 것, 즉 진휼제도의 일환으로 시작했을 가능성도 배제할 수 없다. 물론 진휼제도라고 하더라도 실제로는 이익 창출을 위한 사업으로 변질되어 운영되었을 가능성도 크다.

한편 대식을 이러한 관점에서 보는 것은 그간 단순히 출거와 백제 대식을 연결시키는 것에 새로운 시각을 가져올 수 있으리라 기대된다. 백제의 독자적인 것, 일본의 독자적인 것이라는 관점보다 농경사회에서 구황을 활용한 수탈과 통제, 그리고 재정운영제도로의 변질, 나아가 관인 운용방식으로의 활용 등에서 동아시아사회의 공통성을 찾는 작업이 될 수 있을 것이다.

일찍부터 목간자료를 통해 문화교류와 전파를 언급한 것으로는 목간의 모양이나 서식을 들 수 있다. 백제목간에 대한 분석에서 나온 것은 아니지만, 폭이 좁고 긴 모양이나 하단부에 ∨자형 결입부가 양쪽으로 들어가는 형태상의 특징이 일본 목간에 영향을 주었다는 주장이 일찍 제기된 바 있다.[88] 그리고 목간의 서식에서도 그러한 면모를 찾을 수 있다는 지적이 있었다. 〈능산리304호목간〉에서 첫머리에 날짜와 절 이름이 나오고 그 아래에 작은 글씨로 승려의 이름이 열기되어 있는데, 이렇게 첫머리에 월일이 기록되어 있고 그 아래 작은 글씨로 인명이 열기되어 있는 것이 7세기 단계의 일본 목간에 많이 보이는 사례라는 것이다. 나아가 〈좌관대식기〉목간도 같은 유형이고, 거의 유사한 내용의 출거 목간이 일본에서 다수 나오는 것을 통해 백제 목간이 일본에 큰 영향을 주었음을 짐작할 수 있게 되었다.[89]

(서길수, 2009, 앞의 논문), 같은 범주로 묶을 수 있다.

85) 홍승우, 2011, 앞의 박사학위논문, pp.120~130
86) 三上喜孝, 2009, 앞의 논문, p.280 참조.
87) 정동준, 2009, 「「佐官貸食記」 목간의 제도사적 의미」, 『木簡과 文字』4.
88) 三上喜孝, 2008, 「일본 고대 목간의 계보−한국 출토 목간과의 비교검토를 통하여」, 『木簡과 文字』創刊號 참조.

이러한 일본 목간과의 유사성은 어학적인 측면에서 제기되었다. 신라 금석문들이나 〈능산리301호목간〉에서 확인할 수 있는 종결어미 '之'나, 〈능산리2002-1호목간〉에 나오는 주격조사의 역할을 하는 '者' 등이 일본 목간들에서도 같은 용법으로 사용되는 것 등을 볼 때,[90] 한자를 사용하여 문서를 작성하는 방식에서 한반도의 영향이 있었음을 알 수 있다는 것이다. 나아가 사용되는 한자들 중 원래 중국에서 사용하지 않던 한자들이 백제나 신라에서 사용하던 것일 가능성이 높음도 여러 증거들을 통해 지적되었다. 〈능산리300호목간〉에도 나오는 창고를 의미하는 '椋'이 가장 대표적이다.[91] 또 〈능산리300호목간〉의 마지막 글자를 '田'으로 판독하고 正倉院佐波理加盤文書에도 나오는 것으로 보는 한편, 이를 일본식 한자인 '籾' 중 우변의 원형으로 파악하면서 한반도로부터의 영향에 의한 造字로 이해하기도 하였다.[92]

이러한 어학적인 측면에서의 영향은 단순히 목간에서 증거를 발견하는데 그치는 것이 아니라, 목간의 전파가 이러한 어학적인 영향을 가져왔다는 적극적인 견해로 발전하기도 하였다. 일본에서는 7세기 중반부터 본격적으로 목간과 그것을 활용하는 행정체계가 나타난다고 할 수 있는데, 이것이 백제로부터 인적 이동을 통해 그 노하우가 전해졌기 때문이라는 것이다.[93] 목간과 함께 백제의 문서행정, 그리고 한자사용법이 일본에 영향을 주게 되었다고 볼 수 있겠다.

이렇듯 백제목간은 일본 고대국가 형성의 중요한 요인과 과정을 보여주는 증거이면서 당시 백제의 국제성을 보여주는 좋은 증거라 할 수 있겠다. 하지만 여전히 의문으로 남는 문제가 존재한다. 『大宝令』전 일본 호적의 연령등급이 목간들을 통해 확실해 진 백제의 것과 다른 점이나 경작지에 대한 규정이 달랐을 수 있는 가능성 등을 통해 일본과 백제의 율령이 별도의 계통이라는 주장이 있었다.[94] 이는 일본 율령이 한반도를 거치지 않고 당으로부터 직수입한 것이라는 종래 학설을 유지하는 입장이다. 물론 이에 대해서는 백제 율령의 영향은 『大宝令』이후, 즉 7세기 중반 이후에 본격적으로 나타나며, 그 이전에는 '고구려-신라' 율령과 유사하다고 반론할 수 있다. 다만 그간의 일반론이었던 백제와 倭의 긴밀한 관계를 고려할 때, 왜 7세기 이전의 倭가 백제와 상당히 이질적인 모습을 보여주는가는 충분히 설명되지 못한다. 고대 동아시아 국제 관계에서 앞으로 밝혀져야 할 부분이라고 생각된다.

---

89) 三上喜孝, 2009, 앞의 논문.

90) 金永旭, 2008, 「西河原森ノ內 遺蹟址의 '京直'木簡에 對한 語學的 考察」, 『木簡과 文字』創刊號.

91) 李成市, 2005, 「古代朝鮮の文字文化」, 『古代日本 文字の來た道』, 大修館書店.

92) 平川南, 2010b, 「正倉院佐波理加盤付属文書の再檢討-韓国木簡調査から-」, 『日本歷史』750. 이 논문에서는 복암리목간을 근거로 '畠'도 역시 한반도에서 만들어진 글자로 보았으나, 이 글의 주제에서 벗어나기에 다루지 않는다. 다만 필자는 복암리목간의 해당 글자를 '白田'으로 판독하여 의견이 다름을 밝혀둔다.

93) 馬場基, 2011, 「木簡の作法と100年の理由」, 『日韓文化財論集』Ⅱ, 奈良文化財研究所·國立文化財研究所.

94) 淺野啓介, 2009, 「百濟の地方制度と日本」, 『日韓文化財論集』Ⅱ, 奈良文化財研究所·國立文化財研究所.

Ⅳ. 앞으로의 과제와 전망 -맺음말을 대신하여-

이상 부여 지역 출토 백제목간들에 대한 그간의 성과들을 간략히 검토해 보았다. 필자의 역량이 부족해 체계적으로 잘 정리하지 못한 감이 있지만, 이제 그간 연구 성과들의 한계와 앞으로의 백제 목간 연구의 방향성에 대해 개인적인 생각을 정리해 보겠다.

사실 백제 목간은 그 출토수를 볼 때, 많은 양이 출토되었다고 보기 힘들다. 또 출토된 목간들 역시 일정한 유형으로 묶을 수 있는 것, 즉 체계적으로 만들어지고 사용된 것들이 많지 않고 개별적인 목간들이 여러 곳에서 소수 출토되어왔다. 이는 현재 출토수 20만점이 넘는다는 일본 목간은 물론이거니와 동일한 형태·내용을 가진 목간군으로 출토된 신라의 성산산성목간과 비교해 볼 때, 백제 목간의 한계라고 할 수 있다.

하지만 백제 목간의 경우 몇 안 되는 사례에서 상당한 정보를 보여주는 경우가 많고, 또 그 내용이 사료와 일치하면서도 사료에 나오지 않는 부분을 보여주는 것이어서, 적은 출토 수에 비하여 상당한 성과가 있었다고 여겨진다. 하지만 앞으로 더 좋은 성과를 내기 위해서 몇 가지 보완될 점이 있다고 생각한다.

우선 정보의 공개와 체계적인 정리가 필요하다. 현재 국립가야문화재연구소에서『韓國木簡字典』을 펴내면서 어느 정도 정리가 되었다고 할 수 있겠지만, 연구자들이 자료에 접근하는데 여전히 어려움이 있는 것도 사실이다. 주지하다시피 목간연구의 기본은 판독에 있는데, 목간자전 책과 공개된 PDF로는 한계가 있다. 물론 신속한 자료의 공개와 접근성이라는 측면에서 과거에 비할 수 없이 좋은 환경이 된 것은 분명하지만, 다수가 연구에 참여할 때 보다 좋은 결과가 나올 가능성이 크다는 점을 고려한다면 고해상도 이미지 자료의 확보와 제공이 필요하다고 생각된다.

한편 기존에 공개되었던 자료들도 새롭게 정리할 필요가 있다. 그간 목간 자료에 대한 판독과 연구는, 새로운 자료를 활용한 연구의 선점을 위해 체계적으로 정리되지 않은 상태에서 다수의 글들이 발표되었다. 심지어는 발굴기관이 공식 발표하기 이전에 연구 성과들이 공표되기도 하였다. 이러한 경향은 발굴기관이 자료공개를 꺼리는 원인이 되기도 하여, 다수의 연구자들에게 정보가 전달되지 않는 문제가 발생하기도 한 것 같다.

그리고 이러한 연구 경향은 목간에 대한 종합적인 정리를 힘들게 하였다. 이미 발표된 연구 성과들은 최종적인 발굴 성과가 나온 이후에 다시 검토 수정되지 못하는 경우가 많기 때문이다. 이는 목간 연구에 한계로 다가올 수밖에 없다. 목간의 대부분은 그 자체로 작성, 사용, 폐기 연대를 알 수 없다. 이는 출토 유적의 상황과 연관시켜 이해해야 하는 부분이다. 필자는 고고학적인 식견이 없어 이러한 부분에서 기존 성과들에 의지할 수밖에 없다. 대부분의 경우 큰 문제가 없지만, 최종보고서 단계에서 기존에 알려졌던 것과 다른 양상이 보고되기도 한다. 물론 후속 연구들에서 이러한 문제점들이 지적되기도 하지만, 모든 연구들에서 그러한 부분이 충분히 반영되는 것 같지는 않다.

하나의 예를 들면 본고의 주된 대상 중 하나인〈궁남지315호목간〉의 경우 그 연대가 첫 보고서에 실린 논고에서 궁남지가 조성된 것으로 전하는 634년(무왕 35)에서 백제 멸망 시점인 660년 사이로 본 이래, 대체로 7세기대로 보는 견해가 주류인 듯하다. 그런데 2007년에 나온 3차보고서에는 이 목간의 연대를 유추할 수 있는 다른 결과가 제시되어 있다. 목간이 출토된 궁남지 내부의 목조저수조는 540년을 전후한 사비기 전기로 편년될 수 있다는 것이다. 그렇다면 이 목간을 6세기 중반의 것으로 볼 여지가 있겠다. 하지만 이 사실과 관련하여 다시 〈궁남지315호목간〉을 다룬 논고는 없다. 발굴이 완료되지 않은 시점의 목간 판독과 연구는 새로운 자료의 신속한 보고라는 측면에서 굉장히 중요하다. 하지만 발굴이 끝나지 않은 시점에서의 연구이기에 발굴 결과 수정될 여지가 분명히 있으며, 추후에도 그 발굴 성과를 반영하여 연구 성과들을 재정리하는 것이 반드시 필요하다.

지금까지 목간 연구의 정리는 주로 판독을 중심으로 이루졌다고 할 수 있는데, 목간에 대한 종합적인 접근이라는 측면에서 고고학 발굴 성과를 접목시키는 것은 물론 주변 학문과의 연계를 더하여 종합적인 정리가 필요한 시점이 아닌가 한다. 이는 그간 제시되었던 가설들에 대한 점검이기도 할 것이다. 능산리사지 목간의 성격 규정에 많은 견해들이 제시되어 있는데, 그 중 중요한 지점 하나가 나성과의 관계이다. 따라서 연구의 의미 있는 진전을 위해서는 능산리사지와 나성의 관계를 분명히 할 필요가 있다. 목간 연구는 이제 고고학 발굴 중 유물의 문자를 판독해 주는 단계에서 벗어나 적극적으로 고고학 발굴 성과와 연계하여 유적의 의미와 역사적 의의를 부여하는 단계로 진입할 필요가 있는 것이다. 이러한 주변 학문과의 연계는 지금까지도 상당히 활발히 진행되어 오고 있다. 이제는 이를 좀 더 체계적으로 종합할 필요가 있다는 의미이다.

고고학과 같은 주변 학문과의 연계뿐만이 아니라 문자자료로서의 성격을 보다 잘 활용하기 위해서는 주변의 문자자료와의 적극적인 비교검토가 필요하다. 백제 목간은 일찍이 백제와 일본의 관계에 주목하여 비교사적 연구가 상당한 진척을 이루었다. 하지만 종합적인 이해를 위해서는 목간 이외 문자자료와의 비교연구도 필요하다.

능산리사지목간 중에 나오는 '寶憙寺'라는 이름을 단서로 『大乘四論玄義記』가 백제인 승려의 저술이라는 연구 성과가 발표되어 큰 주목을 받은 바 있다.[95] 물론 이에 대한 반론이 제기되기도 하였고,[96] 다시 재반론이 있는 등 논쟁이 있었다고 할 수 있다.[97] 필자가 해당 주제에 대해 가지고 있는 지식이 일천하기 때문에 이 논쟁에 대해 판단할 수는 없지만 이 주장을 적극적으로 부정할 수 있는 근거를 발견하지 못했기에 긍정적으로 평가한다. 그리고 이 주장이 사실이라면 이는 한국 불교 연구사에 일대 사건이라 한다. 즉 목간 자료와 불교 경전이 연결되면서 중대한 성과가 나온 것이다.

반대로 새로운 목간의 발견을 통해 다른 문자자료에 대한 새로운 접근이 가능해진 경우도 있다. 〈좌

---

95) 최연식, 2007, 「백제 찬술문헌으로서의 ≪大乘四論玄義記≫」, 『韓國史硏究』136.
96) 김성철, 2007, 「≪大乘四論玄義記≫는 백제에서 찬술되었나?-최연식 교수의 '백제 찬술설'에 대한 반론-」, 『韓國史硏究』137.
97) 최연식, 2007, 「≪大乘四論玄義記≫ 百濟撰述 再論-김성철 교수의 반론에 대한 비판-」, 『韓國史硏究』138.

관대식기〉를 비롯한 백제목간을 계기로 신라 〈佐波理加盤文書〉를 새롭게 판독하고 내용을 추정한 연구가 대표적이다.[98] 목간만이 아니라 새로운 자료가 나타나면 기존에 이미 연구되었던 목간들을 포함하여 다시 종합적으로 살펴보는 작업이 반드시 필요한 이유라고 할 수 있다.

다음으로 목간 연구에 가장 기본이랄 수 있는 판독의 문제를 포함하여 목간 자체에 대해 보다 정밀한 연구가 앞으로 더욱 필요하다는 것을 강조하고 싶다. 이는 새로운 자료에 국한되는 것이 아니라, 기존 자료들에 대해서도 마찬가지이다. 발견된 지 20년 가까이 되는 〈궁남지315호목간〉에 대해 지금도 꾸준히 연구 성과가 나오는 것은 그런 의미에서 바람직한 현상이라 할 수 있다.

동남리목간은 판독의 중요성을 다시 일깨워 준다. 보고자의 판독과 달리 자전에서는 "宅敎禾田△犯必△兄△爲敎事"이라고 판독했다. 이 판독안이 맞다면 마지막의 '敎事'는 신라 금석문과 목간에서 자주 발견할 수 있는 문구이기 때문에, 이 목간이 백제가 아니라 신라의 것일 가능성도 생각할 수 있다. 또 '宅敎'라는 처음 부분 역시 주목할 수 있다. 이 목간의 경우 상단이 완형이기 때문에 '宅敎'는 문장의 시작이라고 할 수 있고, 宅은 敎의 주어가 될 수 있다. 이 목간이 신라의 것이라면 신라 월성해자출토목간 중의 '典大等敎'처럼 왕 이외의 주체가 교를 내리는 사례를 보여주는 것으로 볼 여지가 있는 것은 물론, 근래에 나온 〈浦項中城里新羅碑〉의 '宮'의 용례를 생각할 때 참고할 수 있는 자료가 될 것이다.

목간 자체에 대해 집중하는 것은 글자 판독뿐만이 아니라 목간에 기재된 내용을 철저히 이해하는 것 역시 포함한다. 〈佐官貸食記〉를 통해 〈佐波理加盤文書〉를 새롭게 판독하고 내용 파악을 한 연구가 있는데, 이 연구에서는 이 〈佐波理加盤文書〉의 내용을 통해 백제 양제를 추정하기도 하였다. 그런데 목간 자체의 내용을 철저히 분석하지 못하여 결정적인 오류를 범하고 있다. 〈좌관대식기〉의 경우 그 자체 내용을 분석하면 백제의 양제는 1석=10두임을 분명히 알 수 있다. 그런데 이러한 분석이 없이 단순히 〈佐波理加盤文書〉와의 유사성에 주목하여 두 개의 양제가 같을 수 있다는 결론을 내었기 때문에 1석=18두로 전제하고 논의를 전개하고 말았다. 이는 명백한 오류로, 목간 내용을 철저히 분석하지 못했을 때의 문제를 잘 보여주는 사례라 하겠다.

목간 자체를 철저히 이해하지 못하여 나온 오류가 〈佐官貸食記〉에 하나 더 있다. 갑과 반이라는 용어의 용례이다. 처음에 일본 목간에 유사한 용례가 있다는 연구를 별다르게 검증하지 않고 그대로 받아들이면서 문제가 발생하였다. 특히 半과 甲을 앞 단위의 일정 비율을 의미하는 것으로 본 것을 그대로 받아들였는데, 실제 〈좌관대식기〉 목간의 내용을 분석해 보면, 반과 갑은 바로 앞 단위의 절반과 1/4이 아니라 升 단위에만 사용되고 있다. 즉 '1石 甲'은 '1石과 1/4石(2.5斗)'가 아니라 '1石과 1/4斗(2.5升)'이 되는 것이다. 그 결과 몇몇 연구들에서 계산상 오류가 발생하기도 하였다. 이러한 사례들은 목간의 판독과 마찬가지로 판독된 내용을 철저히 분석하여 이해하는 것이 중요함을 보여준다.

이러한 목간 자체에 대한 철저한 분석과 이해는 그 동안 파악할 수 없었던 목간 내용에 대한 이해의 진전을 가져올 수도 있다. 상하단의 결실로 전체적인 내용을 파악할 수 없었던 〈능산리301호목간〉의

---

98) 平川南, 2010b, 앞의 논문.

경우 일찍이 '凡'으로 시작되는 문장이 율령 조문에서 사용되는 것이라는 지적이 있었다.[99] 그러나 지금까지 이것을 법 조문 자체로 생각한 적은 없었다. 만약 이것이 법 조문이나 그에 준하는 것이라 할 수 있다면, 6부는 법제에 규정된 어떠한 실체로 이해할 수도 있다. 그런데 이 문장을 법 조문과 직접 연결시키지 못했던 것은 다른 행의 해석 때문이다. 그중 '作形'이라는 문구를 법과 어떻게 연결시킬 수 있는가가 문제 중 하나라고 하겠다. 그런데 '形'이 백제에서 경작지의 면적을 나타내는 단위라는 점이 분명해진 지금은 '作形' 이하의 문구가 토지 구획의 원칙으로 볼 여지가 있으며, 이 목간의 내용은 백제 율령 조문과 직접적으로 연관되는 것일 가능성도 있는 것이다. 아울러 '此法'에 주목하면 신라에 이어 백제에서도 율령의 편목명이 '~法'이었음을 확인하는 자료가 될 수도 있을 것이다. 물론 이것은 2행의 '作形' 아래의 문구가 유의미한 내용을 보여줄 때 가능한 것인데, 현재로서는 불분명하다. 그러나 목간 자체에 대한 집중은 이렇듯 결락과 같은 목간 자체의 한계를 극복할 수 있는 방법론이 될 수도 있는 것이다.

한편 나주 복암리 목간의 출토로 본격화 된 백제 지방 목간과의 비교 연구가 앞으로의 주된 과제라고 할 수 있다. 이미 여러 연구자들이 관련 연구를 발표한 바 있으며, 앞으로 더욱 많은 연구가 나오리라 기대되는 부분이다. 대표적인 것이 백제의 농업 관련 내용이라고 할 수 있다. 〈궁남지315호목간〉에서 水田이 확인되었으며, 〈나주복암리5호목간〉에서는 추가로 白田과 麥田 등이 나온 것을 통해 백제가 田地를 여러 가지로 구분한 것을 확인할 수 있었고, 그 소출량이 나온 것을 다른 시기 혹은 다른 나라와의 비교를 통해 파악하는 연구가 이루어졌다.[100] 그 외에도 〈능산리296호목간〉에 나오는 梨田이나 麻田과 같은 농상 관련 토지도 확인되었고, 〈구아리102호목간〉을 통해 '赤米'라는 품종도 파악할 수 있었다. 이제 추가적으로 목간 자료가 발견되면 이러한 성과들은 더욱 축적될 수 있을 것이다.

마지막으로 대외 교류와 관련한 연구들이 더욱 활발히 진전되리라 기대된다. 이미 일본 목간과의 비교 연구는 상당한 성과를 이루었다. 하지만 한반도 목간이 아니라 백제 목간과의 유사성과 영향이라는 보다 구체적인 접근이 이루어져야 할 것이다. 나주 복암리 목간이 가공법이나 서체를 포함하여 전반적으로 일본 목간과 유사하다는 지적이 있었는데,[101] 부여 지역 출토 목간과의 본격적인 비교검토가 진행될 것으로 기대된다.

신라 목간과의 비교, 혹은 중국 간독과의 비교는 그간 상대적으로 미약했는데, 앞으로의 과제가 될 것이다. '목간문화'라고 하는 표현을 제창한 연구에서[102] 주목한 '국가통치 방식이 만들어낸 목간을 만들고 사용하는 방식', 그리고 그것이 반영된 목간 자체를 구체적으로 실체화하는 것은 물론, 그것을 신라 등과 비교하여 백제 목간의 특징을 분명히 밝히는 작업, 나아가 이것이 동아시아 고대국가들의 통치체제의 공통성 혹은 차이점과 어떻게 연결될 수 있는지를 규명하는 것이 앞으로의 과제라고 하겠다.

---

99) 윤선태, 2007, 앞의 책.

100) 平川南, 2010a, 앞의 논문; 김창석, 2011, 앞의 논문.

101) 渡辺晃宏, 2010, 「日本古代の都城木簡と羅州木簡」, 『6~7세기 영산강유역과 백제(국립나주문화재연구소 개소 5주년 기념 국제학술대회)』; 馬場基, 2011, 앞의 논문.

102) 윤선태, 2007, 앞의 책; 馬場基, 2011, 앞의 논문.

앞으로 백제 목간은 계속해서 출토되리라 생각된다. 이 글의 주제인 사비도성에 매몰되었던 것뿐만이 아니라 나주 복암리처럼 지방에서 발견될 것이다. 향후 백제 목간 연구는 발굴 사례가 늘어나면서 연구 성과도 축적되어갈 것은 분명하다. 다만 앞으로의 연구들은 기존 연구들에 대한 철저한 분석과 이해가 선행되어야 효과적으로 이루어질 수 있을 것이다. 그리고 새로운 자료의 발굴만을 기다리는 것이 아니라 기존 성과들을 집대성하는 작업도 병행하면서, 새로운 자료를 기다릴 필요가 있겠다.

〈追記〉

이 글의 Ⅱ-4-5)에서 정리한 부여 쌍북리 119안전센터 부지 출토 목간은 그간 1점이 출토된 것으로 알려졌다. 하지만 새로 발간된 보고서에 의하면 5점의 목간이 발견되었고, 그중 4점에서 문자를 확인했다고 한다(동방문화재연구원, 2013, 『부여 사비119 안전센터 신축부지내 쌍북리 173-8번지 유적』). 필자가 이 글을 완성한 이후 보고서를 확인할 수 있었기에, 본문에 반영하지 못하고 추기로 덧붙인다. 또 보고서의 사진으로는 필자 나름의 판독안을 제시할 수 없기 때문에, 보고서의 판독문을 그대로 전재한다.

부여 사비119 안전센터 신축부지내 쌍북리 173-8번지 출토 목간
① 쌍북리 173-8번지 유적 출토 122번 목간(22×4×0.8㎝, 보고서 p.53·56·70)
　〈1면〉 × △部兮礼至文奴利△△ ×
　〈2면〉 × △△利△去背△卄斗△△ ×

② 쌍북리 173-8번지 유적 출토 194번 목간(10×1.7×0.7㎝, 보고서 p.62·64·70, 본문의 Ⅱ-4-5)-⑭와 같은 목간)
　五石△十斤

③ 쌍북리 173-8번지 유적 출토 197번 목간(9.1×5.1×1.1~1.3㎝, 보고서 p.62·64·71)
　× 部 ×

④ 쌍북리 173-8번지 유적 출토 223번 목간(15.2×3.7×0.7㎝, 보고서 p.65·66·71)
　〈1면〉 △官△一△ / △五斤四△
　〈2면〉 △丁卅四 / △婦十三 / 洦一△

⑤ 쌍북리 173-8번지 유적 출토 224번 목간(16.1×2.5×1.2~1.4㎝, 보고서 p.65·66)
　묵서 확인 안됨

투고일 : 2013. 4. 22　　　심사개시일 : 2013. 4. 30　　　심사완료일 : 2013. 5. 20

國立昌原文化財硏究所, 2004, 『韓國의 古代木簡』(2006 개정판).

국립부여박물관, 2008, 『百濟木簡』.

國立加耶文化財硏究所, 2011, 『韓國木簡字典』.

國立扶餘文化財硏究所, 1999, 『宮南池 發掘調査報告書』.

國立扶餘文化財硏究所, 2001, 『宮南池Ⅱ－現 宮南池 西北便一帶－』.

충남역사문화연구원·부여군, 2007, 『扶餘忠化面可化里遺蹟·扶餘東南里216-17番地遺蹟』.

國立扶餘博物館, 『2007 陵寺 : 2007 부여 능산리사지 6~8차 발굴조사보고서』.

국립부여문화재연구소, 2009, 『扶餘 官北里百濟遺蹟 發掘報告Ⅲ－2001~2007年 調査區域 百濟遺蹟篇－』.

국립부여문화재연구소, 2009, 『陵寺 : 부여 능산리사지 10차 발굴조사보고서』.

忠淸文化財硏究院, 2009, 『扶餘 雙北里 현내들·北浦 遺蹟』.

부여군문화재보존센터, 2012, 『부여 구아리 319 부여중앙성결교회 유적 발굴조사 보고서』.

이용현, 2006, 『韓國木簡基礎硏究』, 신서원.

윤선태, 2007, 『목간이 들려주는 백제 이야기』, 주류성.

朴仲煥, 2007, 「百濟 金石文 硏究」, 전남대 사학과 박사학위논문.

洪承佑, 2011, 「韓國 古代 律令의 性格」, 서울대 국사학과 박사학위논문.

박현숙, 1996, 「宮南池 出土 百濟 木簡과 王都 5部制」, 『韓國史硏究』92.

朴仲煥, 2002, 「扶餘 陵山里發掘 木簡 豫報」, 『韓國古代史硏究』28.

近藤浩一, 2004, 「扶餘 陵山里 羅城築造 木簡의 硏究」, 『百濟硏究』39.

李成市, 2005, 「古代朝鮮의 文字文化」, 『古代日本 文字의 來た道』, 大修館書店.

김영심, 2007, 「백제의 지방통치에 관한 몇 가지 재검토－木簡, 銘文瓦 등의 문자자료를 통하여－」, 『한 국고대사연구48』.

최연식, 2007, 「백제 찬술문헌으로서의 ≪大乘四論玄義記≫」, 『韓國史硏究』136.

三上喜孝, 2008, 「일본 고대 목간의 계보－한국 출토 목간과의 비교검토를 통하여」, 『木簡과 文字』創刊號.

近藤浩一, 2008, 「扶餘 陵山里 羅城築造 木簡 再論」, 『韓國古代史硏究』49.

金永旭, 2008, 「西河原森ノ內 遺蹟址의 '京直' 木簡에 對한 語學的 考察」, 『木簡과 文字』創刊號.

李炳鎬, 2008, 「扶餘 陵山里 出土 木簡의 性格」, 『木簡과 文字』創刊號.

李鎔賢, 2008, 「佐官貸食記와 百濟貸食制」, 『백제목간』, 국립부여박물관.

이판섭·윤선태, 2008, 「扶餘 雙北里 현내들·北浦유적의 조사 성과－현내들유적 출토 百濟木簡의 소개

ー」,『木簡과 文字』創刊號.

강종원, 2009, 「扶餘 東南里와 錦山 栢嶺山城 出土 文字資料」, 『木簡과 文字』3.

김영심, 2009, 「扶餘 陵山里 출토 '六卩五方' 목간과 백제의 術數學」, 『木簡과 文字』3.

박민경, 2009, 「百濟 宮南池 木簡에 대한 재검토」, 『木簡과 文字』4.

朴泰祐, 2009, 「木簡資料를 통해 본 泗沘都城의 空間構造−"外椋部"銘 木簡을 中心으로」, 『百濟學報』
　　창간호.

三上喜孝, 2009, 「古代東アジア出挙制度試論」, 『東アジア古代出土文字資料の研究』, 雄山閣.

서길수, 2009, 「백제의 「좌관대식기(佐官貸食記)」와 이자(利子)」, 『백제 "좌관대식기"의 세계(학술세
　　미나 발표문)』, 국립부여박물관.

李成市, 2009, 「韓國木簡과 韓國史研究」, 『학술심포지엄 발표문 고대의 목간, 그리고 산성』.

이용현, 2009, 「부여 관북리 출토 목간 분석」, 『扶餘 官北里百濟遺蹟 發掘報告Ⅲ−2001∼2007年 調査
　　區域 百濟遺蹟篇−』.

정동준, 2009, 「「佐官貸食記」 목간의 제도사적 의미」, 『木簡과 文字』4.

平川南, 2009, 「韓國木簡이 들려주는 것−古代日本에 전한 政治와 文化−」, 『학술심포지엄 발표문 고대
　　의 목간, 그리고 산성』.

이경섭, 2010, 「宮南池 출토 木簡과 百濟社會」, 『韓國古代史研究』57.

平川南, 2010a, 「日本古代の地方木簡と羅州木簡」, 『6∼7세기 영산강유역과 백제(국립나주문화재연구
　　소 개소 5주년 기념 국제학술대회)』.

平川南, 2010b, 「正倉院佐波理加盤付属文書の再検討−韓国木簡調査から−」, 『日本歴史』750.

심상육·이미현·이효중, 2011, 「부여 '중앙성결교회유적' 및 '뒷개유적' 출토 목간 보고」, 『木簡과 文字』7.

金聖範, 2010, 「羅州 伏岩里 木簡의 判讀과 釋讀」, 『木簡과 文字』5.

尹善泰, 2010, 「新出木簡からみた百濟の文書行政」, 『朝鮮学報』215.

윤선태, 2010, 「나주 복암리 출토 백제목간의 용도」, 『6∼7세기 영산강유역과 백제(국립나주문화재연
　　구소 개소 5주년 기념 국제학술대회)』.

김창석, 2011, 「7세기 초 榮山江 유역의 戶口와 農作−羅州 伏岩里 木簡의 분석−」, 『百濟學報』6.

渡辺晃宏, 2010, 「日本古代の都城木簡と羅州木簡」, 『6∼7세기 영산강유역과 백제(국립나주문화재연구
　　소 개소 5주년 기념 국제학술대회)』.

馬場基, 2011, 「木簡の作法と100年の理由」, 『日韓文化財論集』Ⅱ, 奈良文化財研究所·國立文化財研究所.

손호성, 2011, 「부여 쌍북리 119안전센터부지 출토 목간의 내용과 판독」, 『木簡과 文字』7.

張榮強, 2011, 「孫吳簡 중 戶籍文書에 대한 再論−結計簡을 중심으로−」, 『木簡과 文字』8.

浅野啓介, 2009, 「百濟の地方制度と日本」, 『日韓文化財論集』Ⅱ, 奈良文化財研究所·國立文化財研究所.

심상육, 2013, 「부여 출토 문자자료 신출 보고−북나성명문석과 쌍북리184−11유적 목간을 중심으로
　　−」, 『한국목간학회 제15회 정기발표회 발표문』.

〈Abstract〉

Trends and Prospects of Studies on Puyeo area excavated Baekje wooden strips

Hong, Sueng-woo

Baekje wooden strip was found in Puyeo(扶餘) Gwanbukri(官北里) in 1983, for the first time. Since then, Baekje wooden strips have been found continuously in Puyeo area, which was the capital at the end of the Baekje dynasty. Gungnamji(宮南池) ruins, Ssangbukri(雙北里), Neungsanri(陵山里) temple ruins, Dongnamri(東南里), and Guari(舊衙里) are major findspot.

Until now, a number of Puyeo area excavated Baekje wooden strips that we can recognize characters on it is about 62. It is not a large number. But They are very valuable historical materials in the study of Baekje history. So many studies have been performed on them. And there have been many achievements. Research of structure of Sabi(泗沘) Capital city, Restoration of Baekje system, such as Yul-Ryeong(律令) and local ruling system, and understanding of the international exchange through comparison with Japan wooden strips are major achievements.

This article is created to organize the contents of Puyeo area excavated Baekje wooden strips and summarize studies about them so far. It would be useful for future studies.

▶ Key words : Baeje wooden strip, Puyeo(扶餘), Gwanbukri(官北里), Gungnamji(宮南池) ruins, Ssangbukri(雙北里), Neungsanri(陵山里) temple ruins, Dongnamri(東南里), Guari(舊衙里), Japan wooden strip

나주 복암리 목간 연구 현황과 전망

이용현*

Ⅰ. 머리말

Ⅱ. 나주문화재연구소의 조사 연구

Ⅲ. 본격 연구의 진행

Ⅳ. 경오년=610년 여부

Ⅴ. 5호 목간에 대한 논의

Ⅵ. 2호 목간에 대한 논의

Ⅶ. 4호 목간에 대한 논의

Ⅷ. 1호 목간에 대한 논의

Ⅸ. 3호 목간에 대한 논의

Ⅹ. 기타목간에 대한 논의

ⅩⅠ. 복합적 논의와 파생적인 논의

ⅩⅡ. 맺음말을 대신하여 -과제와 提言-

〈국문 초록〉

7세기 백제 특히 남방의 문서행정을 미크로하게 보여주는 복암리 목간을 통해 역사복원을 전개해 나가는 것은 백제사뿐만 아니라 동아시아 고대사에서 매우 중요하다. 백제 촌락에 관한 문서, 인력관리 등 호적을 엿볼 수 있는 문서, 국내에서는 최초로 확인된 定의 감검표기 등 그 가치는 대단히 높다. 이같은 자료에 대한 히라카와의 선행 연구는 매우 시사성이 높다. 그 외 여러 논자들에 의해 중요한 연구가 진행되었다. 다만 불확실한 사진자료에 입각하여 추측성 가설이 선행하는 경향도 짙다. 여기에는 보고자 측에서 양질의 사진자료를 공개하지 못한 데서 기인하는 바가 크다. 복암리목간의 경우는 이처럼

---

* 국립춘천박물관

기초판독이 무엇보다도 중요하다. 아울러 발굴기관에서도 양호한 사진을 다른 형태로 재공개해주어야 할 것이다.

▶ 핵심어 : 나주복암리 목간, 백제촌락문서, 감검, 호적, 인력관리, 경오년(610년), 히라카와 미나미

Ⅰ. 머리말

나주 복암리 제철유구는 2006-2008년 국립나주문화재연구소(이하 본고에서 '나연'으로 약칭)에 의해 발굴조사되었고, 여기서 삼국시대목간 65점이 출토되었는데 그중 글자가 확인되는 것이 13점이 보고되었다. 이는

  1. 백제지역에서 지방에서 초출된 목간이라는 점
  2. 문서목간을 비롯, 다양한 종류의 목간이 출토되었다는 점

에서 의의가 크다. 이에 관해서는 보고서가 출간되었으며 나연 주관 국제심포지엄이 열리면서 기초연구가 진행되었다. 아울러 김창석에 의해 전체 리뷰가 이뤄지기도 하였다. 연구는 지금까지 아래와 같이 3단계에 거쳐 진행되며 진화하였다.

  1단계 : 김성범 혹은 나연에 의한 목간 정리와 공개
      (나연은 김성범에 의해 학계에 총5회 유사하거나 중복된 내용을, 점차 진화된
      내용으로 발표)
  2단계 : 나연 주최 국제심포지엄에서 발주된 연구들의 발표
      (히라카와 미나미 등의 연구가 발표되어 공표됨)
  3단계 : 보고서 발간과 보완 연구 전개
      (김창석,윤선태)

원래는 보고서가 간행되고 연구가 진행되어야 하지만, 복암리목간(이하 본고에서는 "복목"으로 약칭)에서는 연구가 진행되고 나서 보고서가 간행되었다. 또 문자판독의 중요 요소인 사진공개가 만족스럽게 이뤄지지 못하고 있는 점이다. 보고서에 제시된 사진으로는 문자를 판독하기 어렵다. 본 발표에서는 13점을 중심으로 그 연구 현황과 과제를 중심으로 정리하고자 한다.

Ⅱ. 나주문화재연구소의 조사 연구

최초 목간이 발굴된 것은 2008년이었다. 당시는 최초 1,2,3호의 3점의 목간이 우선적으로 출토되었다. 자문에 나선 필자는 3호 하단에서 최초로 "定"자를 비롯, 중앙부에서 "－丁" 등을 판독해내고 이것이 문서 목간이라는 소견을 나주문화재연구소에 제출하였다.[1] 이후 해당 유적에서 목간의 추가발굴이 이뤄지고 두 차례 더 목간에 대한 자문이 이뤄졌다.[2] 자문에 대한 내용이 이후 공표되지는 않았지만, 이 후, 국립나주문화재연구소에서의 여러 차례의 보고 속에 그 내용이 녹아들어가게 되었다. 연구논문의 형태로 최초로 발표된 것은 김성범에 의해서였다. 이는 발굴조사자 측을 대변한 것이어서, 이에 의해 학계에서 목간에 대한 정보가 공표되게 되었다. 공표 방식은 개인 논고를 학회에서 발표하면서 슬라이드로 사진을 보여주는 방식이었다. 최초 한국목간학회에서의 발표를 필두로 해서 한국목간학회 발표 2회, 국립부여박물관 및 국립가야문화재연구소 주최 국제심포지엄 발표, 백제학회 발표, 나연 주최 국제심포지엄 각 1회 등 총 5회의 발표가 이뤄졌고, 이들 논고는 미묘한 부분에 대해 일부 수정가필이 더해져 다시 아래와 같이 공간되었다.

> 김성범, 2009년, 「나주 복암리 유적 출토 백제목간과 기타 문자 관련 유물」, 『백제학보』 창간호
> 김성범, 2009년, 「나주 복암리 유적 출토 백제목간」, 『고대의 목간, 그리고 산성』, 국립 가야문화재연구소/국립부여박물관
> 김성범, 2009년, 「나주 복암리 유적 출토 백제목간과 기타 문자 관련자료」, 『목간과 문자』3
> 김성범, 2010년, 「나주 복암리 목간의 판독과 석독」, 『목간과 문자』5
> 김성범, 2010년, 「나주 복암리 유적 출토 목간의 판독과 의미」, 『진단학보』109
> 김성범, 2010년, 「나주 복암리 유적 출토 목간의 판독과 의미」, 『6-7세기 영산강 유역과 백제』국립나주문화재연구소 → (가)
> 김혜정,2010년, 「나주 복암리 유적 목간의 출토 맥락과 유적의 의의」, 『6-7세기 영산강 유역과 백제』국립나주문화재연구소 → (나)
> 나주문화재연구소,2010년,『나주 복암리 유적1 -1-3차 발굴조사보고서-』 → (다)

김성범의 상기 논고들은 판독에 중요한 진화가 이뤄진 점, 논지 전개에도 상당한 변화가 있었던 점

---

1) 1-3호가 최초 발견되었을 때, 국립나주문화재연구소 소장은 심영섭 씨, 업무관련 담당자는 심혜정 학예연구사였다. 이때 필자는 단독으로 소견을 제출하였다. 2008년, 보도자료 「나주 복암리 유적 출토 백제목간」, 국립나주문화재연구소.
2) 4호 이후 다수의 목간에 대한 기초판독과 소견은 이용현, 손환일에 의해 이뤄졌었다. 이때 국립나주문화재연구소 소장은 김성범 씨, 담당자는 심혜정 학예연구사였다.

에 따라 엄밀하게는 각각의 논고를 분석해야 하지만, 최종 견해는 (가)다. 아울러 발굴 담당자였던 김혜정 논고는 출토상황과 유적의 성격을 이해하는데 있어 발굴보고서와 함께 중요하다. (다)는 발굴보고서로서 연구소측의 최종 공식견해이지만, (가)를 저본으로 하고 있다. 즉 나주 복암리 목간을 이해하는 데 있어서 발굴보고자 측의 (가)(나)(다)논고가 연구사상 중요하다.

    단 보고서를 비롯해서 이들의 보고에 실린 목간의 사진으로는 보고서 이용자가 판독할 수 없는 조악한 사진만이 게재되었다.[3] 추후 국립가야문화연구소에서 한국 목간 자전을 간행한 바, 이 쪽의 사진이 보고서보다 조금 나은 편이다. 특히 종이서적보다 나연 홈페이지에서 다운로드받을 수 있는 pdf파일이 보기에 좋은데, 복암리 목간을 판독하는 데 있어 지금으로서는 제한적이긴 하지만 이것이 최선의 자료다.

        손환일, 『목간자전』2011년, 국립가야문화재연구소

    한편, 조사발표 초동기와 최초 목간 3점(1호,2호,3호)만 공개되었을 때, 이와 관련된 자료가 아래 도록에 공개되었는데, 지금까지의 공개사진 가운데는 이것이 가장 양호하다.

        국립부여박물관, 『(특별전도록)나무 속 암호, 목간』2009년(예맥출판사)

    단, 도록의 출판특성상 절판된 상태여서, 도록이 비치된 국공립도서관에서 열람가능하다.

Ⅲ. 본격 연구의 진행

    나주문화재연구소는 2010년 보고서 간행에 앞서 혹은 동시에 복암리 목간 관련 국제심포지엄을 개최하였다. 여기에서는 앞서 열거한 김성범과 김혜정의 논고와 함께 아래 5개의 논고가 발표되었다.

        『6~7세기 영산강유역과 백제』, 국립나주문화재연구소, 2010년
        平川南, 「日本古代の地方木簡と羅州木簡」
        李成市, 「韓日古代社會における羅州伏岩里木簡の位置」
        渡辺晃広, 「日本古代の都城木簡と羅州木簡」
        윤선태, 「나주 복암리 출토 백제목간의 용도」

---

3) 보고서 본래의 목적은 간행된 사진을 토대로 학계 일반이 연구할 수 있어야 하는데, 해당 보고서 즉 (다)는 그러한 책무를 다하지 못하였다. 금후 다른 형태로 보완이 이뤄져야 할 대목임을 지적해두고 싶다.

김성범, 「나주 복암리 유적 출토 목간의 판독과 의미」
김창석, 「나주 복암리 목간의 작성시기와 대방주의 성격」

이것은 주최 측 이외의 학계에서 개진된 최초의 연구라는 점, 또 본격 연구란 점에서 의미가 깊다. 히라카와(平川南)와 이성시의 논고는 히라카와를 비롯한 7인의 그룹 연구를 통한 공동석문과 이를 바탕으로 한 공동연구의 산물이었다. 판독 등에서 최초의 판독들(연구소의 보도자료, 연구소의 초기 발표 자료 등)을 수정하고 보완한 중요한 지적이 많아, 연구사상 지표가 될 대목이 많다. 히라카와는 목간을 다음과 같이 규정하였다.

1호 도망자 檢括(검찰 체포) 기록
2호 戸별 신고와 감검 장부
3호 노동 월별 보고 장부
4호 쌀 공진 명령 문서
5호 곡물재배 노동 월별 보고 장부
6호 봉함목간일듯
7호 승려이름을 열거한 부찰
8호 지난해 납입 공진물 하찰(짐꼬리표)
9호 삼(麻) 부찰
10호 "郡得分" 부찰
11호 기년있는 "庚午年"(610년)부찰
12호 인명만 기록된 부찰
13호 습서

와타나베(渡辺晃広)는 서체, 내용을 일본 평성경 목간과 비교하여 백제목간이 1세기나 빠르며 호적 작성 등 율령국가 형성에 백제가 일본에 영향을 주었음을 강조하였다. 윤선태는 5호 목간이 호별호구 손익장으로 보고 이를 중심으로 백제호적 양식을 복원 제시하였다. 김창석은 목간의 중심연대를 670년 으로 보고 웅진도독부 시기의 역사상 속에서 논하였다. 파격적인 논의였다.

이상의 논고들을 통해 복암리 목간에 대한 대체적이고 기초적인 논의가 성립되게 되었다.

심포지움 이후, 보완되거나 진전된 논고가 2편 발표되었다. 김창석은 연구와 쟁점에 대해서는 정리한 다음 논고를 공간하였다.

김창석, 「나주 복암리 출토 목간 연구의 쟁점과 과제」, 『백제문화』45, 2011년

이 논고에서는 작성시기, 목간의 내용과 용도에 대한 기왕의 설을 논하였는데, 특히 2호 목간에 대해 집중적으로 정리하였다. 이 논고는 연구사 정리이기도 하면서 전고에 대한 자기수정의 글이기도 하여서 새로운 주장을 많이 담은 글이기도 하다. 동시에 앞서 히라카와,이성시,윤선태 논고에 대한 비판도 들어있다. 특징적인 것은 앞서 670년의 자설을 폐기한 점이다. 따라서 670년을 전제로 구성된 이전 논고의 주장 역시 자기부정되게 되었다.

마지막으로 윤선태의 두 번째 논고가 있다.

윤선태, 「나주 복암리 출토 백제목간의 판독과 용도분석-7세기 초 백제의 지방지배와 관련하여-」, 『백제연구』56, 2011년

이 논고가 관련연구 중 가장 최근의 것이다. 이전 논고를 부분수정하고, 나아가 6세기에서 7세기에 걸쳐 관련 지역의 지방 편제에 대해 논하였다. 이상의 논고들을 중심으로 리뷰해나가고자 한다.

Ⅳ. 경오년=610년 여부

3호 목간에는 간지년 "경오년"이 나오는데 이에 대해서는, 백제시대의 것이라고 보는 점에서 610년으로 보는 것이 대세다. 다만, 김창석 구설에서는 1주갑 높여 670년으로 본 적이 있다. 이는 상당한 문제점을 갖는다. 이어 김창석 신설에서는 자진철회되었다. 따라서 현재로서는 610년 이외에 다른 연대를 비정하는 견해는 없다. 자가폐기권 김창석 구설에서 문제제기는 君那 등 지명이 웅진도독부 시기의 지명과 일치한다는 점이 주요착안점이었다. 그러나 이것은 필요충분 조건은 되지 못하므로, 610년을 부정할 적극적 근거가 되기는 어렵다.

다음, 경오년 목간 이외의 다른 목간들도 610년 혹 그에 전후하는 시기로 볼 수 있는가 이다. 이 점에 대해서는 목간들이 모두 한 구덩이에서 출토되었고, 구덩이 안에 토층에서 시기적인 선후를 추출해내는 것은 무리라는 점에서 대체로 일괄목간으로 볼 수 있다는 점에서 7세기 초반 전후로 정리되어 좋을 듯 하다.[4] 한걸음 나아가 목간 전체 중 경오년 목간은 3호에 그치지 않는다. 11호는 상단 파손으로 "□年"은 판독되었지만 남아 있는 획의 모습으로 보아 "午年"임이 확실해보이며 이에 "庚午年"으로 추독될 가능성이 농후하다. 610년이 중심연대임은 부동의 사실로 굳건하다.

---

4) 심포지엄 토론에서 수혈의 토층이 시기차를 두고 퇴적되었다는 주장이 되었다고는 하지만, 발굴조사 측의 공식견해에는 미치지 못한다. 한편, 방사성탄소연대 측정에서 6세기 말 7세기 전반을 얻었다(김혜정 논고).

V. 5호 목간에 대한 논의

[히라카와의 견해]

丁一　　中口□

표면: 大祀村 主弥山　□□四

傭丁一　牛一

□水田二形得七十二石　　在月三十日者

이면:　　畠一形得六十二石

得耕麥田一形半

위와 같은 석독 하에 곡물 재배의 노동 월별 보고 장부로 보았다.

연희식의 主稅式에 "公田에서 稻를 획득함은, 上田에서 500속, 中田에서 400속, 下田에서 300속, 下下田에서 150속이다. 地子(땅을 빌려주고 받는 소작료)는 각각 田의 品質에 따라 5분의 1을 보내게 한다. ..."는 자료를 예시하였다.

5호 목간에서 水田 1형에 36석 수확한 것이 되며, 畠(白田) 1형에서 62석 수확하였으므로 밭의 면적에 따른 수확고는 논보다 밭의 수확량이 높다. 좌파리가반문서를 근거로 하여 백제의 경우는 1석=18두가 되므로 이를 근거로 석을 환산하여, 수확고 기준이라면 1형은 약 2町이라고 추정하였다. 또 면적 기준이라면 수전은 하전 내지 하하전, 백전은 중전 내지 하전이 되는 것으로 추정하였다. 한편 得耕麥田一形半은 2모작으로 보리밭 1형반(1.5형)을 갈아 수확한 것으로 해석하였다. 在月三十日者은 "한달을 30일로 할 때"로 해석하였다.

이 논증은 유력하고 대단히 시사성 풍부한 해석이다. 다만 왜 백제에서 1석=18두여야 하는가가 의문이다. 좌관대식기의 경우는 1석=10두여야 하는 것으로 보여지기 때문이다.

[이성시]

히라카와와 같은 판독문에 입각하여, 이로써 形은 토지면적임이 확실하게 되었다고 하였다. 보리밭 麥田은 水田과 畠 수확 후 2모작하였으며, 표면에는 노동력을 기록하고, 이면에는 노동의 결과를 기록한 장부라고 파악하였다. 구멍은 장부를 결속하기 위한 것임을 지적하였다.

[김성범]

대사촌의 미수산이란 인물에 관한 것으로, 일종의 촌락문서로 규정하였다.

논농사와 밭농사로 구분하여 곡물과 경작방식에 따라 표기하였으며, 또 이 목간은 그에 따른 소출량 등 농업생산 관련 사항 기록 목간으로 파악하였다. 形은 백제토지 단위임이 확실하게 되었다고 지적하였다. 논농사는 밭농사에 비해 수확량이 4~5배가 넘는데, 대사촌은 오히려 1/2에 불과하여, 논과 밭의 비율이 44:56로 신라촌락문서에서의 비율 45:55과 비슷함을 지적하였다. 한편, 畠과 麥田의 차이가 무엇인지 알 수 없다고 하고, 畠에는 쌀보다는 덜 중요하고 보리보다는 중요한 작물을 심었을 것으로 추정하였다. 구멍은 묵서하기 전에 이미 뚫어 놓은 것으로 보았다. 표면은 촌락 대표 가호의 노동력과 재산을 적은 것이고, 이면은 노동 결과와 앞으로의 계획을 적었다고 하였다.

[윤선태]
히라카와 발표 이후, 이전 발표문의 일부를 수정 보완하여 아래와 같은 석문을 제시하였다.

```
                丁一        中口一
표면:  大祀村  主戶弥首上  作□四
                傭丁一      牛一


        涇水田二形得七十二石        右月三十日者
이면:        畠一形得六十二石
        得耕麥田一形半
```

첫 번째 논고에서는 5호 목간은 호적 중 호별로 발췌된 것이며, 촌별로 작성된 것이며, "호주이름+가족구성원+소유 牛+전답소유현황과 수확량"을 적은 것임을 지적하였다. 得耕麥田一形半는 새롭게 개간한 토지이며, 右月三十日者로 판독하고 목간작성일자로 규정하였다. 唐 전기에 작성된 9등호 관련 장부를 예시하고, 호등산정이 되지 않은 점이 복암리목간은 다르지만 이는 호등산정을 위한 자료라고 볼 수 있다고 강조하였다.

두 번째 논고에서는 첫 번째 논고에서의 자기판독 수정을 수정하여 戶, 上, 傭 등을 읽어내었다. 또다시 김창석의 반박에 대하여 이 목간이 호등산정을 위한 기초문서임을 재강조하였다. 傭과 관련하여 예속인이라고 해석하고, 得耕은 "새롭게 개간한" 것이라고 하였다.

결국 목간은 호주 소유 토지와 수확 현황 기록한 것인데, 고려전기 1결의 수전에서의 수확량이 "18~7석"이니까, 평균 12.5석이 되고, 목간에서 백제 1형에서 36석을 수확하였으므로, 1형은 고려 전기 기준으로는 3결 미만이 된다고 추정하였다.

윤 논문에는 중요한 주장들이 많다. 그런데 고려 전기 수전과의 비교 계산에서 백제 1형은 2결에서 5결 사이가 되지 않고 3결 미만이라고 계산한 점은 의문시된다.

[김창석]

보완 논문에서 아래와 같은 판독안을 제시하였다.

丁一　　中口一
표면: 大祀村 □弥山 作中口四
偶丁一　　牛一

湮水田二形得七十二石　　　在月三十 日者
이면:　白田一形得六十二石
得耕麥田一形半□

"在月三十 日者"로 하여 十과 日자 사이에 공백을 강조한 것, "得耕麥田一形半□"으로 보아 一形半 뒤에 □를 더 상정한 것, 畠가 아니라 白田로 판독한 것이 특징적이다. 偶丁一라고 읽어내고 호주에 예속되는 존재임을 지적하였다. 예속인을 지적한 최초의 지적으로 연구사상 중요한 위치를 선점하였다. 2모작설에 대한 히라카와, 이성시의 주장에 대해 이앙법의 시작이 신라말이나 고려후기라는 기존설을 원용하여 동의하지 않았다. 대안으로 得耕麥田에는 보리가 아닌 다른 곡물로 조와 같은 것을 심었을 것임을 제시하였다. 이 주장은 一形半□처럼 마지막 □ 즉 곡물량을 읽어낼 수 있는가가 중요한 판별기준이 될 수 있다.

이같은 몇 갈래 주장의 중요 근거는 상기 제시한 바와 같이, 논자 각각의 독창적인 판독에 있다. 따라서 금후 정치한 사진 자료가 공개되고, 좀더 의견의 일치를 보는 판독안이 모아진다면, 논의 역시 수정될 개연성이 크다. 이같은 점에서도 사진자료의 재공개 공표가 시급하다.

Ⅵ. 2호 목간에 대한 논의

[히라카와]

兄將除公丁 婦 中口二 小口四
定
□兄定文丁 妹 中口一
前□□□
**定은 추기

위와 같은 판독 아래 신라촌락문서에 비응되는 백제촌락문서로 간주하였다. 가장 두드러지는 공적은 종전 乙로 판독되던 글자를 公으로 보고 "除公丁"에 착안한 점이다. 또 높이 평가해야 할 판독은 婦를 읽어내고 이에 연동하여 종래 부여 궁남지 목간에서 歸로 읽던 글자를 婦로 정정한 부분이다. 나아가 백제 丁-中-小의 나이를 각각 21-59세, 16-20세, 4-15세로 비정하였다. 일본 다가죠성 호적목간이 있음을 들어 이를 백제호적목간으로 보았다. 定의 의미는 호적 原장부와 대조하여 이상없음을 표시한 것이라 하였다. 이 목간을 제출하고, 관청에서 호적 원장부와 대조한 것이라고 하였다. 야마가타현 고마자와시 코시타히가시 유적 목간에 "-丁 몇人, 小 몇人, 男 몇人-"을 소개하고 그와 같은 목간임을 지적하다. 이 부분은 금후 연구사상에 획을 긋는 중요한 지적이다.

[이성시]

목간은 丁-中口-小口의 연령구분 순으로 열거하였다고 하였다. 신라촌락문서에 除公이 6개의 연령구분 중 하나이므로, 이 목간의 除公도 연령구분이라고 하였다. 除公丁은 中口위에 위치, 除公丁-中口-小口의 순이어서, 丁-除公丁-中口-小口의 순을 상정할 수 있다고 하였다. 中口에는 각각 婦와 妹가 기록되었는데, 6세기 울주천전리서석의 신라자료에도 婦와 妹가 친족호칭으로 쓰인 점에 주목하고 싶다고 하였다. 다만 婦와 妹가 어떤 구분인지가 문제로 남겨두었다. 아울러 궁남지 목간도 같은 구성을 가진다고 하였다. 이에 궁남지 목간은 매라성에 동원된 사람들이고 2호 목간도 그러한 목적의 장부라고 보았다.

[김성범]

> 兄將除乙丁 歸 中口二 小口四
> 　　　　　　　　　　　定
> 　　　　背 中口一
> □兄定文丁　　　　前□□□□

로 판독하고, 연령등급 별로 쓴 호구 관리 내지는 노동력 파악이나 징발상황을 기록한 문서로 보았다. "乙丁을 제외하고"로 파악하였으며, 歸와 背의 대구로 보아, 歸는 다시 돌아오게 된 인력을 지칭하고, 背는 도망친 인력을 나타낸다고 보고, 이들이 특수임무를 수행한 것으로 보인다고 하였다.

[김창석]

```
          □□□       兄將除正丁  婦中口二  小口四
(상부파손) □□□□□  □兄定文丁  妹中口一              定
                          益中□□
```

之,云,公으로 논의되던 것을 正으로 새롭게 읽어낸 것, 益으로 본 판독에 동조한 것, 定이 兄定文丁 妹中口一 아래 행에 속한다고 본 판독이 인상적이다. 한편 益을 증가한다고 해석하고 어떤 戶의 호구 내역과 변동 상황을 조사한 문서라고 결론내렸다.

[윤선태]

```
---兄將除云丁    婦  中口二   小口四
                         定
-----兄定文丁  妹  中口一
            益中口--
```

자신의 첫 논고에서의 판독을 수정하였다. 즉 之를 云으로, [女+妻]를 婦와 妹로 수정하였다. 윤논 문에서 의 최대의 특징은 益中口를 읽어낸 점이다. 호주와 가족 기록이며, 兄은 호주의 유고로 인해 교 체된 호주여서, "호주+직계가족+친족" 순의 복합세대 구성으로 기술되었는데, 이 지역 관청에서 호별 로 호구손익을 총계하기 위해 만든 기초작업용 문서목간이라고 하였다. 이를 근거로 백제 호적 호구부 서식을 아래와 같이 복원하였다.

    호주, 호주의 처, 호주의 자녀
    호주의 형제, 호주 형제의 처, 호주 형제의 자녀

아마도 西魏 호적 서식과 유사하다고 하였다. 한편, 출토지 제철유구는 두힐성의 관아시설이 있었을 가능성이 있으며, 제철유구는 관아 내 제철공방일 수 있다고 하였다. 두 번째 논고에서는 김창석의 자 신에 대한 비판을 반박하기도 하였다. 定은 기존 호적과 대조, 재확인 혹은 확정한 것이라 하였다. 한 편 丁 앞은 인명이라고 하였는데 이 점은 궁남지 목간과의 비교적 관점에서 중요하다.

2호 목간은 궁남지 목간의 재해석과 함께, 백제국가의 호구 파악에 있어 중요하다. 판독에 있어서 除 云丁이냐 除公丁인가가 해석의 갈림길이 될 수 있어 이 부분에 대한 객관적인 공동 판독 혹은 판독확인이 필요해 보인다. 왜냐하면 제공정으로 확정된다면, 신라촌락문서의 除公이란 용어는 백제에서 비롯된 것이 되는데 이같은 사실의 확정 여부는 대단히 중요하다. 다만 궁남지 목간을 참조하면, 이 부분은 인명으로 보아야 하지 않을까 한다. 또 妹에 대한 규정도 금후 풀어야 할 과제다.

Ⅶ. 4호 목간에 대한 논의

[히라카와]

앞면: 郡佐□□□   □文」
뒷면: 受米之及八月八日高嵯支□記遺□之好□□□又及告日□□
       賣之   □□□□   八月六日   」

郡佐를 주어로 보고, 受, 遺, 賣란 동사에 주목하였다. 郡佐가 받고受, 남겨주고遺, 주고賣...遺다는 것이다. 가나가와 현 치요지인 터 목간을 참고로 하여, "언제 遺米얼마"="언제 쌀 얼마를 남기다"의 형식을 가진 곡물 쌀 공진 명령 문서라고 규정하였다.

[이성시]

郡佐는 郡의 副官 즉 2인자로 보았다. 方領이 있고 다음에 方佐가 있다는 수서 백제전 인용

같은 자료에는 郡將이 3인있다는 것을 근거로 郡에 將이 1, 佐가 2였다고 하였다. 受米 작업을 "8월 8일"까지 "賣之가져오"도록 명한 명령서이며, 郡에서 수하의 책임자에게 하달한 문서로, 재지사회에서 권위를 가시화하기 위해 크게 만들었던 고대 일본의 예와 공통된다고 하였다.

[김성범]

表面「郡佐□□   文」
裏面「受米之及八月八日高嵯支□記遺□之好二□□又及告日□□
       賣之□□   一   □□□ □八月六日   」

판독문의 대체로 히라카와와 같다. 方佐는 方領을 보좌하는 역할을 하였으므로, 군좌는 군장을 보좌하던 관직이 된다. 佐는 중앙뿐만 아니라 지방에도 존재하는 실무책임자라고 하였다. 8월 8일까지 미곡 수급 등을 완료하라는 명령을 8월 6일에 내린 것이며, 상급관청과 하급관청사이의 행정문서로, 수신자는 출토지인 복암리 일원의 관청이었다고 하였다.

[윤선태]

앞면: 郡佐□□謹[　　]　　　　　　　　　　　[　　　]文
　　　　　　　　　[　]記[　]
뒷면: 受米之及八月八日高嵯支□記□□之好二□□又及告日□□
　　　貢之[　　]　　　　　　　　□□□□　　□八月六日

앞면에 謹, 文, 記를 새롭게 판독하였다. 앞의 논고에서는 군좌 아래의 하위관료가 군좌에게 보고한 문서라고 하였다. 뒤의 논고에서는 군부목간과의 연관성을 약간 논의하고, 군에서 예하 재지사회에 내린 하행문서라고 수정하였다. 한편, 군좌는 군장 예하관리로 보았다.

이 목간은 명실상부한 국내 최초 발견된 郡付목간이다. 일본의 사례에서 보듯, 군에서 하급관청 혹 관인, 백성을 호출하고, 이에 응한 것과 관련된 문서목간이다. 크기도 커서, 일본 고대의 그것과 흡사한데, 나아가 일본 군부 목간의 기원도 백제에 있었을 가능성이 커보인다. 지방통치 시스템 역시 백제의 통치기술이 건너갔던 셈이 된다.

VIII. 1호 목간에 대한 논의

[히라카와]

앞면: (상부 결실) 年三月中監數肆人
　　　　　　出背者得捉得安城
뒷면: (상부 결실)(하부 묵흔 없음)

得安城을 최초로 읽어낸 것은 중요하다. 長登銅山출토 목간과 비교하고, "逃+숫자" 즉 "몇명이 도망하였다." "도망한 사람이 몇" 패턴에 시사받아, 도망자에 대한 추포 목간이라고 이해하였다. 이전 省으로 읽은 것을 이에 입각하여 背로 하였다. 이 판독이 역시 대단히 중요하다. 또 이전 長을 肆로 읽었는데, 안압지 목간 182호(목간도록)의 예를 들었다.

[이성시]
出背者는 도망자이며, 得捉은 捕捉으로 監數肆人이 주체가 되고, 得捉에 관련된 監이 4인이었다고 정리하였다. 得安城은 5방 중 하나로 동방 지금의 논산시 은진면에 비정되는데 출토지와 득안성은 직

선거리로 약130㎞나 떨어진 곳이어서, 출토지의 기능과 관련된 문제로서 주목되어야 한다고 하였다.

[와타나베]

판독에 있어 몇 가지 의견을 제시하였다. 背가 有일 가능성이 있으며, 監은 置일 가능성도 있고, 髮에 가까우나 의미가 통하지 않고 肆가 좋을 듯하다고 하였다. 일본 8세기초두 목간의 이미지가 있고, 목간 가공법이 유사한데, 비교할 때 폭이 좁다, 두께가 두껍다고 하였다.

[김성범]

최종적으로는 히라카와와 같은 판독문을 작성하고 "－년 3월에 감독자 4인이 출배자를 득안성에서 잡을 수 있었다."고 하였다. 매월 정례적으로 작성한 것은 아니고, 특별한 사실로서 기록된 것이며, 복암리 주변의 행정기관에서 복암리로 보고한 것이라고 하였다. 백제 지방통치 시스템이 유기적으로 기능하고 있었고, 호적제가 완비되어 지방간 국가 인력 통제와 관리가 원활하게 이뤄지고 있었던 것이라고 해석하였다.

[윤선태]

×年三月中監數長人
×出背者得捉得安城

으로 판독하고, "감독하던 수명의 장인"이 예속노비를 추포한 것이라 하였다. 갑자만을 사용하는 것은 백제 고유의 연호표기 방식인 점도 지적하였다.

[김창석]

출배자보다 監의 숫자가 중시되었다고 하였으며 "복암리에서 사역당하던 노동자들이 득안성과 무엇인가 연고를 맺고 있었을 가능성이 있다"고 하였다.

일본서기 繼體紀 "任那日本縣邑에서 이탈된 지 3－4代나 되는 백제 백성들을 括하여 貫에 부쳤다"는 기사에 현실성이 있다면, 늦어도 6세기 초반 백제에 호적 혹은 주민등록증 같은 것이 있었으며, 본적에서 이탈된 백성을 본적으로 돌렸던 사실도 것이 된다. 6세기 초반의 사례였는데, 7세기 초의 사례도 별반 다르지 않았음을 보여준다. 이 목간에 대한 연구는 앞 연구에 의해 대체적으로 정리된 듯하다. 앞서 지적했지만, 남은 획으로 볼 때 庚午年일 가능성이 높다. 長인가 肆인가 남은 논의의 초점이 되겠다. 판독으로는 와타나베는 髮인 듯하다고 하였다. 와타다베의 선입견없는 판독 정신이 필요한데, 이 부분이 남은 과제가 되겠다. 공동판독이 필요하다.

Ⅸ. 3호 목간에 대한 논의

[히라카와]

앞면: □年自七月十七日至八月廿三日
　　　　　　　[　　]毛羅[
　　　半那比高墻人等若□□

뒷면: □戸智次　　前巷奈率鳥胡留
　　　夜之間徒　　領非頭扞率麻進
　　　□將法戸匊次　又德率□

刻線을 지적하였으며, 7월 17일에서 8월 23일까지라는 기간과 열거된 인물, 徒에 착안하여, 월별 노동보고장부로 판단하였다. 그러한 판단의 근거로 단자와 성터 43호 옷칠종이 문서를 예시하였다.

[이성시]

牟羅는 毛良夫里縣 즉 고창군 고창읍 혹은 탐라이고, 半那는 半那夫里縣 즉 나주시 반남면이어서, 모량부리는 출토지에서 북으로 40㎞쯤이고, 반나부리는 출토지 인근이라는 점을 환기시켰다. 이 점은 연구사상 중요했다. 표면은 7월 17일에서 8월 23일의 한달 남짓이고, 이면은 인명을 열거하였는데,

　　　-戸+인명, 지명+관위+인명

의 기재양식이고, 領非頭는 관직일 가능성이 있다고 주장하였다. 관등은 낮은 관직에서 높은순으로 기재하였음을 간취하였다. 이에 상단은 반나의 재지인, 하단은 중앙에서 파견된 사람들로, 상단의 사람들을 하단의 사람들이 감독하였다고 추정하였다.

[김성범]

앞면:　　　□午年自七月十七日至八月卄三日 [ ]

　　　　　　　　　　　　　　　　　中[ ]毛羅」

　　　　半那比高墻人等若－－

뒷면: (상부 결실) 尤戸智次　　　[4자] 前巷奈率烏胡留

　　　(상부 결실) 夜之間徒　　　[4자] 釖非頭扞率麻進

　　　(상부 결실) □將法戸匊次　[6자] 又德率□[ ]

領이 아니라 釖으로 판독한 것이 특징적이다. 목간으로서 용도가 폐기된 후 주걱같은 다른 용도로 재활용되었으며, 제주도로 여겨지는 毛羅라는 지역에서 인력 징발하였는데, 이는 매우 엄중한 일이라고 평가하였다. 37일만에 업무가 완수되고 복암리에 보고된 것이며, "墻人"으로 보아 모라 지역 관청의 담장을 신축, 보수한 것을 보고한 것으로 규정하였다. 검비두는 지명, 釰이란 글자로 보아 철과 관련, 나주시 남평읍 일대인 "實於山縣"(경덕왕 때 鐵冶縣)에 비정하고, 인근 지역인 반나와 검비두 지역에서 인력동원을 협력받았다고 하였다.

[윤선태]

앞면: ×[午]年自七月十七日至八月卄三日[ ]

　　　　　　　　　　　　　　中[　　]毛羅×

　　　×[半]邪比高墻人等若×

뒷면: ×[　]戸智次　　　前巷奈率烏胡留 ×

　　　×夜之間徒　　　釖非頭扞率麻進×

　　　×[　]將法戸匊次　又德率[　]×

7월 17일부터 8월 23일까지 반나비고장인과 관련된 인력배분 기록 문서목간으로 파악하였다. 釖非頭는 "지명+(관등+)인명"의 서식으로 볼 때 지명이어야 한다고 하였다. 前巷은 도성이 아니라 출토지 인근 지방 지명이라는 설(발굴자측)에 동의하면서, 그곳이 두힐성이라고 하였다. 戸는 戸主의 약칭이며, 徒는 인력편성 단위, 작업조로, 하단 마지막에 그룹을 동원,통제했던 책임자를 기재한 것이라고 해석하였다. 결국

표면: 작업조+ 호주

이면: 책임자

가 되는 셈이다. 상부중앙에 천공 편철한 목간으로는 궁남지목간 315, 쌍북리 280-5번지 좌관대식기 목간이 있는데, 규격으로 볼 때 비록 복암리 3호목간도 같은 외형을 지녔을 것으로 추정하고, 대체로 길이 29-29.4㎝, 폭 4.2-4.5의 목간군을 상정하였다.

Ⅹ. 기타목간에 대한 논의

1. 10호 목간에 관한 논의

[히라카와와 이성시]

앞면　　郡得分

[布?常?]
뒷면　　□子□州久門米付

히라카와는 부찰로, 郡得分은 得의 용례는 수확, 획득이며 分은 몫이어서 군이 수확한 것으로 보았다. 米 즉 쌀에 붙은 공진물 하찰로, 郡 소유의 땅에서 수확된 米나 郡에 배당된 쌀 하찰로 보았다. 이성시는 "군이 얻은 몫"이며, 分은 관북리 목간 285호에 "中方向分"예 사례가 있다고 지적하였다. 이점은 연구사상 중요하다. 출토지에서 폐기된 것이라면, 복암리에 郡衙가 있었던 것이고, 나주시내에 군아가 있었고, 폐기된 곳은 두힐현이라 하였다. □子□州久門에서 郡에 공진할 쌀이 豆肹縣 즉 출토지 복암리로 모아지고, □子□州久門뿐만 아니라 다른 곳(혹 다른 이)의 것도 수합해서, 그것을 다시 재포장해서 郡에 보냈을 것이라고 복원하였다. 김성범은 군이 얻은 분량=군으로 납부된 물량에 대한 보고인데 주구천이란 사람이 송부 또는 "납부함(한 상황을 증명)"한 것이라 하였다. 한편 윤선태는 뒷면에서

[驛]子□州久川米付

으로 驛을 새롭게 읽어내었다.

2. 7호 목간 관련 논의

[히라카와]

앞면	竹悅
	竹遠竹□
	竹麻
	[ ]
뒷면	幷五

이전 之를 읽던 것을 五로 수정하였다. 월성해자에서 五자의 서체를 예시하고 2획에서 3획으로 연결한 필운을 지적하여 之가 아니라 五임을 주장하다. 평성경 右京7條1坊동북평의 우물 출토 목간에서 불교 경전의 암송을 분담한 승려의 명단 문서 목간 예시하고, 7호목간도 그와 같이 승려의 명단 부찰로 판단하였다. 또 정창원문서 중 미노노쿠니 하뉴리 호적에서 사람수 집계에 "幷 숫자"를 사용한 예, 오체서류의 幷자의 예를 들어 근거로 하였다.

[김성범]

竹이란 공통어가 있는 것으로 보아 특수신분 장인집단이나 승려라고 보았다. 竹遠이 대표자이며, 특수집단의 물품임을 표시하는 부찰로, 다수가 모였을 때 물품의 소유자를 구분하기 위해 쓴 것이라고 풀이하였다.

竹이 관칭된 것이 공통적인데, 출토지인 두힐현과 관련된 지명으로 竹軍縣이 있다. 그 "竹軍"과 관련된 것으로 보고 싶어진다.

3. 8호 목간 관련 논의

上去三石

판독에는 이견이 없다. 히라카와는 곡물 작년분 납입 공진물 하찰로 규정하였다. 야마가카 현 도덴 유적 목간 "지난 7년의 료 去七年料" 문서목간의 예가 그 근거가 되었다. 김성범도 이와 같은 의견 즉 "작년분 3석을 진상"하였다고 하였다. 다만 백제목간에서 上의 용례 즉 부여 좌관대식기의 예를 보면 "진상"이란 용어는 타당하지 않다. 윤선태는 上去를 인명이나 지명으로 보았다.

4. 12호 목간에 관한 논의

軍那德率至安

판독에 이견이 없다. 히라카와는 인명만 기록한 부찰로 보았고, 부여 능산리 목간, 299호에 인명만 기록한 사례 예시하였다. 이성시는 軍那가 삼국사기 지리지 대방주 관하 6현 중 하나인 屈奈縣으로, 신라의 무안군 함풍현 즉 지금의 함평군 함평읍이니, 복암리에서 서북으로 약 15㎞인 점을 지적하였다. 이에 軍那에서 출토지인 豆肹에 가져온 것이라 하였다. 윤선태는 통행을 보증했던 휴대용 부찰로 파악하였다.

5. 9호 목간에 관한 논의

麻中練六四斤

판독에 이견이 없다. 히라카와는 삼 부찰로 練은 生의 반대어로 잠사에서 세리신이란 엷은 황색의 膠着 부착물을 녹여 제거한 것이 絁이었음을 고증하였다. 麻中練六이란 식물섬유 삼麻에 "中練" 즉 표백 공적을 한 6번한 것이고, 그것이 4斤이라고 해석하였다. 김성범은 여섯묶음 다발의 麻의 中練 4근이라고 하였고, 中練은 마의 가공과정에서 생산되는 제품으로 재가공이 가능한 중간단계의 마제품이라 하였다. 윤선태는 麻中練은 麻中에서 練처럼 고운 제품을 의미하는 백제어휘이며, 六四斤은 64근이라 하였다.

六四斤을 64근으로 보는 것이나, 4다발 보다는 4번한 것이라는 주장에 끌리는데, 麻中練六四斤은 麻에(中)練을 六한 四斤이라면 백제에서도 종래 고구려나 신라자료에 보이던 中의 용법의 초출이 되고 이 것은 국어학상 매우 중요한 자료가 된다.

6. 13호 목간

德德德德德
한쪽면　　×衣　　衣衣衣 ×
道道道道道

道　衣率
다른쪽면　×道道　　率率率 ×
率

습서라는 데 이견은 없다. 이성시는 한 걸음 더 나아가 "德率"의 습서라고 하였다. 그것은 안압지 목간 韓舍를 습서한 것에서 시사받은 것이었다. "德"과 "率"이 서로 다른 면에 있고, "德"이 "道"와 같은 면에 있는 점에 의미를 부여하자면, 또 하나의 가능성으로는 "道德"을 들 수 있다. 같은 사례가 능산리 목간에서도 지적된다.

XI. 복합적 논의와 파생적인 논의

1. 일본 목간과의 영향관계

와타나베는 제목이나 시작은 1행, 내역 부분은 행을 나누어 쓰는 양식, 1행목간이어도 폭이 넓은 것들이 두드러진다는 점, 상부를 둥글게 가공한 양상 등 복암리 목간의 외형과 기재양식 관찰과 서체의 비교를 통해, 복암리 목간이 일본 8세기 목간의 특징과 유사하다고 지적하였다. 나아가 망명백제인이 가져온 높은 통치기술이 일본고대 율령제에 바탕을 둔 국가체제 확립과정에서 이식되어 목간사용이 정착하였다고 힘주어 강조하였다. 추기를 거듭하여 정리하여 명령을 전달하려하는 것은 상대에게 남게하려는 것이며, 2행목간은 7세기 초두 백제가 음성세계를 결별하고 문서주의로 나아갔음을 의미한다고 하여, 종래 일본 고대도성목간 연구에서의 지견을 나주 복암리 목간에 투영하였다.

한편 윤선태 역시 호적 양식의 복원과 지적을 통해 종래 신라촌락문서를 통한 자설, 서위가 한반도에 영향을 주었으며, 한반도의 호적은 일본 서해도계 호적에 영향을 주었다는 설을, 복암리 목간을 통해 재차 강조하였다.

2. 복암리 지역의 지배 관계

앞서, 이성시의 지리 관계를 통한 복암리 목간 지역 간의 상호 관계가 조망되었는데, 윤선태를 이를 구체화하였다. 복암리는 5방 중 南方 관할하의 어떤 郡이 소속된 반나, 군나, 두힐 지역 등을 통괄했을 것이며, 이는 삼국사기 지리지4의 대방주 관하 6현과 일치한다고 지적하였다. "豆肹" "官門 □"이란 문자자료를 통해 출토지 부근이 관아소재지였을 것임을 추정하고 郡의 人丁파악을 위해서는 戸籍이 존재했을 것이며, 이에 "丁-除公丁-中口-小口"이 확인, 除公丁은 次丁에 조응되므로 次丁일 가능성이 있다고 하였다. 더불어 신라촌락문서의 앞 단계와 미노美濃 호적의 관련성이 강조되고 있었는데, 신라촌락문서의 앞 단계에 백제호적을 상정할 수 있게 되었다고 하였다. 김성범은 복암리지역이 7세기대 지방통치의 중심지로 변모하였음을 지적하였다. 6세기 중엽 이전 반남지역이 중심이다가, 6세기 후엽 이후는 복암리지역이 중심이 되었으며, 竹軍城은 方城 중 하나였다고 하였다. 윤선태는 웅진도독부 시기에도 7세기대 백제 행정관계가 지속되다가 신라에 의해 완전 재편되었음을 지적하였다.

XII. 맺음말을 대신하여 −과제와 提言−

7세기 백제 특히 남방의 문서행정을 미크로하게 보여주는 복암리 목간을 통해 역사복원을 전개해 나가는 것은 백제사뿐만 아니라 동아시아 고대사에서 매우 중요하다. 히라카와와 李成市 발표에서 시사적인 것은 판독안이 상기 2인과 더불어 三上喜孝, 田中史生, 橋本繁, 武井紀子, 高木理에 의해 공동연구 작성되었다는 점이다. 사진자료가 제공되지 못한 점도 탓할 수 있지만, 복암리목간의 경우는 이처럼 기초판독이 무엇보다도 중요하다. 아울러 관계기관에서도 양호한 사진을 다른 형태로 공개해주어야 할 것이다.

[부기] 작성에 있어 성과 정리과 자료 수집에 이장웅 씨(고려대학교 대학원 박사수료)의 도움이 있었다.

투고일 : 2013. 4. 29   심사개시일 : 2013. 5. 3   심사완료일 : 2013. 5. 24

참/고/문/헌

김성범, 2009, 「나주 복암리 유적 출토 백제목간과 기타 문자 관련 유물」, 『백제학보』창간호.

김성범, 2009, 「나주 복암리 유적 출토 백제목간」, 『고대의 목간, 그리고 산성』, 국립가야문화재연구소·국립부여박물관.

김성범, 2009, 「나주 복암리 유적 출토 백제목간과 기타 문자 관련자료」, 『목간과 문자』3.

김성범, 2010, 「나주 복암리 목간의 판독과 석독」, 『목간과 문자』5.

김성범, 2010, 「나주 복암리 유적 출토 목간의 판독과 의미」, 『진단학보』109.

김성범, 2010, 「나주 복암리 유적 출토 목간의 판독과 의미」, 『6-7세기 영산강 유역과 백제』, 국립나주문화재연구소.

김혜정, 2010, 「나주 복암리 유적 목간의 출토 맥락과 유적의 의의」, 『6-7세기 영산강 유역과 백제』, 국립나주문화재연구소.

나주문화재연구소, 2010, 『나주 복암리 유적1 -1-3차 발굴조사보고서-』, 6-7세기 영산강유역과 백제』, 국립나주문화재연구소.

平川南, 2010, 「日本古代の地方木簡と羅州木簡」, 『6-7세기 영산강 유역과 백제』, 국립나주문화재연구소.

李成市, 2010, 「韓日古代社會における羅州伏岩里木簡の位置」, 『6-7세기 영산강 유역과 백제』, 국립나주문화재연구소.

渡辺晃広, 2010, 「日本古代の都城木簡と羅州木簡」, 『6-7세기 영산강 유역과 백제』, 국립나주문화재연구소.

윤선태, 2010, 「나주 복암리 출토 백제목간의 용도」, 『6-7세기 영산강 유역과 백제』, 국립나주문화재연구소.

김창석, 2010, 「나주 복암리 목간의 작성시기와 대방주의 성격」, 『6-7세기 영산강 유역과 백제』, 국립나주문화재연구소.

손환일, 2011, 『목간자전』, 국립가야문화재연구소.

국립부여박물관, 2009, 『(특별전도록)나무 속 암호, 목간』, 예맥출판사.

⟨Abstract⟩

The Studies and Perspective about wooden tablets on Naju Bogamri

Lee, Yong-hyeon

Wooden tablets excavated from Bogamri are very important to study about history of not only Baegje but also East Asia. Bogamri wooden tablets are documents of Baegje villages, census registration, inspection sign. Main study were written by Mimami Hirakawa and otherwise. But part of studies on read to letters must advance.

▶ Key words : Naju Bogamri, Document on village of Baegje, Gyeong-O year(庚午年:AD610), Minami Hirakawa

함안 城山山城 출토 新羅木簡 연구의 흐름과 전망

이경섭*

Ⅰ. 머리말
Ⅱ. 목간의 용도와 城山山城
Ⅲ. 목간에 나타나는 村落
Ⅳ. 짐꼬리표 목간과 收取
Ⅴ. 맺음말

〈국문 초록〉

성산산성 출토 목간은 한국 목간 연구에서 중요한 지위를 차지하고 있다. 목간이라는 출토문자자료에 대한 새로운 관심을 불러일으켰을 뿐만 아니라, 목간 연구의 방법론에서부터 성산산성 목간이 지닌 역사상의 복원에 이르기까지 목간 연구를 주도해 왔기 때문이다. 지금까지 성산산성목간에 대한 연구는 목간의 연대와 용도, 製作地와 村의 성격 문제를 둘러싸고 진행되어 왔다. 이를 통하여 목간에 내재된 역사상이 어느 정도 복원될 수 있었지만, 정작 짐꼬리표[荷札]목간의 핵심이라고 할 수 있는 수취의 문제가 심도있게 다루어지지 못했음을 살펴볼 수 있었다. 나아가 수취가 이루어지는 현장이라고 할 수 있는 당시 촌락의 내부 구조에 대한 문제도 만족할 만한 수준에 도달하지 못하였다고 생각된다. 한가지 더 지적하고 싶은 점은 목간의 폐기처였던 성산산성이 신라의 가야 복속과 지배에서 차지했던 위상과 역할에 대한 문제도 보다 적극적으로 해명할 필요가 있다고 여겨진다.

▶ 핵심어 : 木簡, 城山山城, 村落, 城山山城 木簡, 짐꼬리표목간[荷札], 新羅, 加耶

* 동국대학교 강사

Ⅰ. 머리말

함안 성산산성에서는 14차에 걸친 발굴조사를 통하여 281점의 신라 목간이 출토되었는데,[1] 이 과정에서 목간 연구의 획기는 먼저 1998년 27점의 목간이 공개된 후[2][1차 목간]와 2004년 『韓國의 古代木簡』[3]을 간행하면서 116점의 목간을 중간·보고한 시기[2차 목간], 마지막으로 2006·2007년에서 2009년까지 매년 현장설명회자료 형식으로 152점이 추가로 공개되는[4] 시기[3차 목간]로 나뉘어진다. 마지막 시기의 자료들은 『함안 성산산성 발굴조사 보고서Ⅳ』에 수록되었고, 이와 함께 『韓國木簡字典』을 통하여 문자가 확인되는 전체 224점의 성산산성 목간이 정리되면서[5] 연구의 환경은 보다 확장되었다고 할 수 있다. 이같은 자료·연구 환경의 변화는 목간 크기와 형태, 서식, 필체 등의 비교 분석을 밀도있게 진행할 수 있는 여건을 제공하게 되었고, 목간에 기재된 내용에 있어서도 보다 세밀하고 분명한 知見들을 얻을 수 있는 계기가 되었다.

성산산성 목간의 연구는 1999년 11월 '함안 성산산성 출토목간의 내용과 성격'이라는 제목으로 국제학술회의[6]가 열린 이후 12년이 경과하였다. 특히 세 차례에 걸친 목간 자료의 추가 발굴 및 공개 과정에서 연구 내용이 순탄하게 진행되었던 것만은 아니지만 많은 연구들이 꾸준히 전개되어 왔다. 이러한 과정은 두 번에 걸친 성산산성 목간 연구사의 정리로 이어졌고,[7] 최근 전덕재의 글은 그동안의 연구와 쟁점들을 세밀하게 정리하여 후속 연구에 커다란 도움을 주었다고 생각된다. 수 년이 지났다고는 하나 현재까지도 당시에 정리했던 연구사적 흐름과 쟁점들은 여전히 유효하다고 여겨진다. 그렇기 때문에 연구의 경과를 처음부터 현재까지 정리할 필요는 없다고 생각되지만, 그동안 성산산성 목간의 연구에

---

1) 국립가야문화재연구소, 2011, 『함안 성산산성 발굴조사 보고서Ⅳ』에서는 목간이 2차(1992) 조사에서 6점, 4차(1994) 21점, 5차(2000) 2점, 7차(2002) 92점, 8~9차(2003~4) 1점, 10~12차(2005~2007) 119점, 13차(2008) 5점, 14차(2009) 35점이 출토되었다고 정리하였다. 이에 따르면 전체 목간은 281점에 이른다.

2) 국립창원문화재연구소, 1998, 『咸安 城山山城Ⅰ』.

3) 국립창원문화재연구소, 2004, 『韓國의 古代木簡』(이하『고대목간』).

4) 국립가야문화재연구소, 2007, 「함안 성산산성 2007년 12차 발굴조사현장설명회 자료」, 「함안 성산산성 출토목간 의의」. 여기에서는 2006년 40점, 2007년 76점이 출토되었다고 보고되었다. 또한 국립가야문화재연구소, 2008, 「함안 성산산성 2008년 13차 발굴조사현장설명회 자료」 및 2009, 「함안 성산산성 2009년 14차 발굴조사현장설명회 자료」에 의하면 2008년에 5점, 2009년에 31점의 목간이 추가로 발굴되었다. 다만, 2006~2007년 자료들은 1차 판독문이 모두 공개되었으나, 2009년의 목간자료는 31점 가운데 6점만 판독문이 공개되었다.

5) 국립가야문화재연구소에서는 2011년 11월에 현재까지 발굴된 모든 묵서목간을 망라하여 적외선사진과 판독문을 게재한 『韓國木簡字典』(이하『자전』)을 간행하였다. 다만 판독은 편저자인 손환일의 것으로 생각되며, 이 글에서 제시하는 목간의 판독은 선행 연구들과 적외선 사진을 참고하여 필자의 판독안을 제시하도록 하겠다. 그리고 목간번호는 『자전』을 따르도록 하겠다.

6) 한국고대사학회, 1999, 「함안 성산산성 출토목간의 내용과 성격」(국제학술회의 발표요지). 여기에 실린 글들은 2000년 6월에 간행된 『한국고대사연구』19집에 게재되었다.

7) 이경섭, 2004, 「함안 성산산성 목간의 연구현황과 과제」『신라문화』23; 전덕재, 2008, 「함안 성산산성 목간의 연구현황과 쟁점」, 『신라문화』31.

참여하면서 지니게 되었던 생각들을 중심으로 향후의 전망을 간단하게 언급하는 것으로 필자의 책임을 다하고 싶다.

Ⅱ. 목간의 용도와 城山山城

목간의 용도에 대한 논의는 처음 목간이 학계에 보고될 때부터 활발하게 진행되었으며, 이후 2차 목간이 공개되면서 어느 정도 일단락된 것으로 보인다. 초기의 연구에서는 1차 목간 27점에 보이는 稗, 稗一, 稗石을 외위인 彼日의 異稱으로 본 견해가 제기된 이후,[8] 이를 외위와 연관시켜 목간의 용도를 산성의 축조에 동원되었던 사람들의 인명을 기록한 名籍으로 보았다.[9] 그러나 목간의 기재내용과 형태가 일본의 荷札과 비슷하고, 稗는 곡물인 피로 생각하여 여러 지역에서 공진되었던 물품에 부착되었던 꼬리표로 간주한 견해도 제기되었다.[10] 이외에도 27점의 목간을 분류하여 稗가 기재된 목간은 하찰로, 홈이나 구멍이 없는 단책형 목간들은 축성이나 병역과 관련된 役人의 名籍으로 보아야 한다는 입장이 제기된 바 있다.[11] 이후 2차 목간에서 一伐稗(69)·伐稗(70)가 확인되면서 稗는 곡물이며, 외위 소지자들도 稗를 납부하였음이 인정되었다.[12] 이러한 과정을 거치면서 대부분의 목간 용도가 짐꼬리표였음이 보다 분명해졌으며, 패 이외의 공진물로 麥·稗麥·鐵 등이 알려지기도 하였다.

그런데 꾸준히 새로운 목간 자료가 증가하면서 '負'가 쓰여진 목간이 알려지고 주목을 받았다. 負는 주로 인명 다음에 마지막으로 쓰여진 경우가 많았는데, 「지명+인명+물품명+수량」이라는 원형적인 기재내용과 비교하면 물품명과 수량이 생략된 채 「지명+인명+負」[13]의 구조로 이루어진 것이다.

이에 대하여 負가 짐을 가리키는 개념으로 사용되었을 것이라는 간단한 지적이 있었고,[14] 負의 의미를 '다른 곳으로 옮기려고 챙기거나 꾸려 놓은 물건(荷物)', 즉 '짐'을 가리키는 것으로 상세히 언급한 연구가 발표되었다.[15] 이러한 연구들은 목간의 용도가 짐꼬리표라는 사실을 보다 분명히 하였다고 생각

---

8) 김창호, 1998, 「咸安 城山山城 出土 木簡에 대하여」『咸安 城山山城』 I
9) 김창호, 1998, 위의 글; 주보돈, 2000, 「咸安 城山山城 出土 木簡의 基礎的 檢討」, 『한국고대사연구』19.
10) 平川南, 2000, 「日本古代木簡 研究의 現狀과 新視點」, 『한국고대사연구』19.
11) 윤선태, 1999, 「咸安 城山山城 出土 新羅木簡의 用途」, 『진단학보』88.
12) 이용현, 2005, 「함안 성산산성 출토 목간의 성격론−2차 목간을 중심으로−」, 『고고학지』14. 이에 대해서는 一伐의 一자가 丠자의 일부로 보았던 견해도 있으나(전덕재, 2008, 앞의 글, p.8), 서사방식 등으로 보아 一伐로 읽는 것이 옳을 듯하다(윤선태, 2012, 「함안 성산산성 출토 신라 荷札의 재검토」, 『사림』41, p.167).
13) 負가 기재된 목간 중에는 奴人과 함께 기재된 것들이 다수인데, 이럴 경우 '지명+인명+奴人+인명+負'의 내용으로 기재되었다. 이러한 기재내용은 노인에 대한 해석과 그에 따른 수취의 문제와 관련이 있다. 이 문제는 4장에서 자세히 다루도록 하겠다.
14) 이용현, 2004, 「咸安 城山山城 出土 木簡」, 『한국의 고대목간』.
15) 이수훈, 2004, 「咸安 城山山城 出土 木簡의 稗石과 負」, 『지역과 역사』15.

된다. 그런데 負를 '등에 지고 운반하였음'으로 해석하고, 이들 목간이 輸役에 동원된 사람들과 관계가 있다는 견해가 제기되기도 하였다.[16] 이러한 입장에서는 결과적으로 목간의 용도가 공진물을 운반하는 사람을 알리는 附札의 성격이었다고 이해할 수밖에 없다.[17]

　용도에 따른 목간의 분류는 크게 문서목간, 꼬리표목간, 기타 용도의 목간으로 이루어진다. 이 가운데 꼬리표목간은 짐과 물품 꼬리표로 나눌 수 있다. 이같은 구분의 기준은 꼬리표목간이 부착되는 물품의 移動性 여부이다. 세금 등의 공진물과 같은 짐은 납부자로부터 수취처로 이동하는 속성을 지니는데 이 과정에서 짐꼬리표목간[荷札]에는 납부자(혹은 납부의 단위)와 짐의 내역 등이 일반적으로 기재된다. 물품꼬리표[物品附札]는 해당 물품이 창고 등의 보관처로 납입되어 소비되기 전에 그 물품의 내역을 파악하기 위한 내용이 중심이 된다.[18]

　이러한 관점에서 지금까지 알려진 대부분의 성산산성 목간은 짐꼬리표목간이라고 생각할 수밖에 없다. 기본적으로 꼬리표목간은 물품과 그것을 납부한 사람을 확인하기 위해서 제작되었기 때문이다. 그럼에도 불구하고 負의 字意와 奴人의 해석에 집착하여 성산산성 목간 당시에는 납세자를 기록한 짐꼬리표와 그것을 운반하는 사람에 관한 정보가 기재된 목간들이 동시에 부착되어 있었다는[19] 해석이 제기되고 있다. 만약 두 종류의 꼬리표가 제작되었다면 전체 꼬리표 목간에서도 두 종류의 목간이 비슷한 비율로 발굴되었어야 하지만, 負명 목간은 대부분 구리벌 목간이거나 몇몇 특정한 목간에서만 확인되기 때문에 두 종류의 목간이 존재했을 것이라는 가정은 성립하기 어려울 듯하다. 또한 상식적으로 물품의 운송자들과 그 책임자가 물품과 함께 성산산성에 도착했을 것이기 때문에 물품운송자들을 확인하는 꼬리표목간을 제작할 필요는 없었을 것이다. 수많은 목간 자료가 발굴된 고대 일본의 목간에서도 운반자를 기록한 荷札이 현재까지 거의 알려지지 않은 점도 참고가 된다.[20]

　지금까지 負가 기록된 목간도 짐꼬리표목간이라는 관점에서 바라보아야 한다는 점을 언급하였는데, 최근에 공개된 219호 목간의 「此負刀寧負盜人有」를 "이 負(짐)는 刀寧(인명)의 負이다. 盜人이 있었다"로 해석한 연구에 의해서도 負가 짐(세금꾸러미)이었음이 보다 분명해졌다.[21] 이 목간의 형태는 다른

---

16) 전덕재, 2007, 「함안 성산산성 목간의 내용과 중고기 신라의 수취체계」, 『역사와 현실』65. 奴人에 대한 이해가 다르기는 하지만 김창석도 負가 쓰여진 목간을 輸役이 부과된 운송자를 표기한 목간으로 이해하고 있다(2009, 「신라 中古期의 奴人과 奴婢」, 『한국고대사연구』54).

17) 전덕재, 2008, 앞의 글, pp.7~10.

18) 이경섭, 2010, 「'백제목간'의 가능성에 대한 예비적 고찰-목간의 형태 및 내용 분류를 중심으로-」, 『백제논총』9, p.291.

19) 전덕재, 2007, 앞의 글, p.245.

20) 고대 일본에서는 進上·進 등의 표현이 기재된 進上狀 목간에서 수송자를 기록하는 경우가 확인된다. 진상장 목간은 짐꼬리표[荷札]과 유사한 측면도 있으나 文書적인 요소를 지니고 있고, 진상되는 물품과 진상 주체 등에서도 調庸物의 그것과는 차이점이 존재한다. 극히 예외적으로 調荷札에도 공납 행위를 나타내는 輸·進 문구가 기록된 목간도 확인되지만 여기서의 輸는 수송자를 의미하기 보다는 「輸調」라는 납입 행위를 표현한 것으로 보인다. 이에 견주어 성산산성 목간의 「負」도 부담하는 짐(물건)으로 부담하는 행위 자체가 내재된 표현이었을 가능성도 없지 않을 듯하다. 고대 일본의 荷札과 進上狀에 대해서는 馬場基, 2008, 「荷札と荷物のかたるもの」, 『木簡研究』30, 日本木簡學會 및 2008, 「古代日本의 荷札」, 『木簡과 文字』2, 한국목간학회 참조.

것들과 달리 상단에 홈이 새겨졌으며, 내용으로 보아 도령이 납부한 負가 운반 도중 盜人에 의해 문제가 생기자 운반 책임자가 다시 제작한 것으로 추정된다.

〈표 1〉 성산산성에서 출토된 새로운 유형의 목간

127	**1**「　　　　　　　□□丁十一　　村　×	208×13×7
	2「　　　　　　□廿二盆丁四　村　×	
218	**앞**「　正月中比思□古尸沙阿尺夷喙　　　∨」	208×13×7
	뒤「　羅兮□及伐尺并作前□酒四□瓮　　∧」	
219	**앞**「　∨ 方□日七村冠　　　　　　」	209×27×4
	뒤「　∧ 此負刀寧負盜人有　　　」	
221	**1**「　六月十日孟□本□□阿主敬」之兩□□成行之　∨」	250×34×28
	2「　□□來昏□□也爲六語大城從人□六十日　　∨」	
	3「　□云走石日來□□□□金有干□□　　　　∨」	
	4「　卒日治之人此人烏□伐置不行遣乙白　　　∨」	
223	**1**「　二月□奇□□□□□□耳耳□□□□□□□　」	293×12×18
	2「　□　　□　　　　　　　　　　　　　」	
	3「　□　　□　　　　　　　　　　　　　」	
	4「　□□□□□□十月廿月十一三又　　　　」	

219호 목간은 다른 목간들과는 기재내용에서 차이가 있지만, 형태나 기입된 내용에서 짐꼬리표였을 가능성이 크다. 그런데 최근 새롭게 알려진 목간 가운데 기재내용으로 보아 짐꼬리표가 아닌 목간들이 확인되고 있다. 먼저 218호 목간은 대부분의 짐꼬리표목간과 같은 홈형 목간이지만 물품꼬리표[物品附札]로 사용되었던 것으로 보인다. 「正月中比思□古尸沙阿尺夷喙/羅兮□及伐尺并作前□酒四□瓮」를 "정월에 比思□의 古尸沙 阿尺과 夷喙의 羅兮□ 及伐尺이 함께 만든(并作) 前□酒 四□의 항아리(瓮)"로 해석하고, 축성 노역에 동원되었던 사람들이 여가에 술을 담고 표시해 두었던 술항아리에 매달았던 꼬리표로 보았던 견해가 있다.[22] 목간의 판독에 따른 지명과 인명이 불분명하기도 하지만 날짜와 술·항아리 등이 표기된 것에서 안압지에서 출토된 물품꼬리표와 유사한 용도의 목간이었을 것이다. 다만 이는 개인적인 행위의 산물이라기 보다는 성산산성의 公的 창고에 납입되어 보관되던 물품의 꼬리표일 가능성이 크다고 생각된다. 이외에 4면의 다면목간이 3점 알려졌는데, 127호 목간은 축성과 관련하여 촌마다 노동력을 차출하고 그 증감을 기록한 문서목간이었을 것으로 추정된다.[23] 221·223호 목간 역시 다면목간으로 4면에 묵서가 확인되는 점에서 문서목간으로 사용되었던 것으로 보이지만 현재 공개된 『자

---

21) 윤선태, 2012, 「咸安 城山山城 出土 新羅 荷札의 再檢討」, 『史林』41, pp.164~165.

22) 윤선태, 2012, 위의 글, p.164.

23) 윤선태, 2012, 위의 글, p.163.

전』의 적외선 사진으로는 판독상의 어려움이 있기 때문에 정확한 내용을 추정하는 데 어려움이 있다.

이처럼 기왕의 짐꼬리표목간과는 다른 장면과 용도에서 제작되었다고 보이는 목간들이 확인되는 사실에서 加耶故地의 지배거점으로서 성산산성의 역할과 위상이 새삼 주목된다. 짐꼬리표목간은 신라가 안라국을 중심으로 가야고지를 지배하는데 필요한 군자의 조달이라는 非日常的 財政 운영의 산물이었다고 생각되는데,[24] 이 새로운 목간들은 바로 성산산성을 중심으로 이루어지던 행정의 과정에서 제작되었던 것으로 보이기 때문이다. 특히 4면 묵서의 문서목간에는 날짜가 6월(221)·2월(223)로 확인되고 있는데, 이는 성산산성을 거점으로 이 지역에 대한 지배가 일정한 기간 동안 지속적으로 유지되었던 사실을 암시한다고 여겨진다. 이는 신라가 안라국을 중심으로 한 가야고지를 지배하는 거점으로 성산산성을 축성하는 무렵부터[25] 진흥왕 26년(565) 大耶州를 설치할 때까지의 시기에 해당하며, 짐꼬리표목간을 포함하여 다른 용도의 목간들도 이 시기를 중점으로 사용되었을 것이다. 향후 성산산성의 발굴조사가 진행된다면 이러한 성격의 목간들도 증가할 것으로 기대된다.

지금까지의 성산산성목간 연구는 목간의 연대와 용도, 제작지, 목간에 기재된 村(城)의 성격 등을 중심으로 진행되었는데, 짐꼬리표목간의 제작과 폐기라는 목간의 일생을 고려할 때 의외로 목간의 최종 집결지이자 폐기처였던 〈城山山城〉에 대한 관심은 소홀하였다. 최근의 발굴을 통하여 새로운 유형의 목간들이 알려지고 있는 것으로 보아도 새롭게 복속된 안라국의 지배거점(城)으로서 성산산성의 역할을 세밀히 복원할 필요성이 제기되고 있다고 여겨진다. 이같은 작업은 성산산성이라는 유적에 대한 전체적인 시야를 지니고서 출토유물들도 함께 검토되어야 하리라 본다. 나아가 신라의 大耶州 경영의 시각에서 성산산성과 성산산성목간이 어떠한 의미를 지니는 지에 대해서도 생각해 볼 필요가 있다.

Ⅲ. 목간에 나타나는 村落

성산산성 짐꼬리표목간의 내용은 기본적으로 「지명+인명+물품명+수량」으로 이루어졌으며, 물품명과 수량이 생략되는 경우는 있더라도 지명과 인명은 빠지지 않고 기재되었다. 특히 지명에서는 州와 郡은 표기되지 않은 채 村 혹은 城만이 확인되고 있다. 그 결과 성산산성 목간은 村과 城에 관한 다수

---

24) 이경섭, 2005, 「성산산성 출토 荷札木簡의 제작지와 기능」, 『한국고대사연구』37, pp.143~146.

25) 목간이 출토된 성산산성은 발굴조사를 통하여 대체로 신라가 안라를 복속한 후 축성하였던 산성으로 이해되고 있다. 그 정확한 축성연대는 분명하지 않으나, 『日本書紀』의 기록에 참고가 되는 내용이 기록되어 있다. 이에 따르면 신라는 561년(진흥왕 22) 阿羅[安羅國]의 파사산에 築城하였음이 확인된다. 이것이 지금의 성산산성인지는 분명하지 않지만 신라가 안라국을 복속시키고 이 지역으로 진출한 후 축성과 같은 통치행위가 전개되었을 것이다. 『日本書紀』권19 欽明天皇 22년(561), "新羅遣久礼叱及伐干貢調賦 司賓饗遇礼数減常 及伐干忿恨而罷 是歳 復遣奴氏大舍 献前調賦 於難波大郡 次序諸蕃 掌客額田部連·葛城直等 使列于百済之下而引導 大舍怒還 不入館舍 乗船帰至穴門 於是 脩治穴門舘 大舍問曰 為誰客造 工匠河内馬飼首押勝欺給曰 遣問西方無禮使者之所停宿処也 大舍還国告其所言 故新羅築城於阿羅波斯山 以備日本."

의 용례를 확보하는 데 기여하였으며, 이로써 신라 중고기의 촌·성 연구에서 중요한 자료적 위치를 차지하게 되었다. 더구나 기왕의 중고기 村의 성격에 대한 이해[26]와 맞물리면서 논의가 전개되었다.[27] 현재로서는 목간의 '지명+지명(村)' 형식으로 기재되어 있는 경우, 전자는 행정촌(성)으로, 후자는 자연촌으로 보는 것이 보다 합리적이라고 생각된다.[28]

이 장에서는 이러한 전제에서 그동안 간과되었던 촌락의 구조와 관련된 문제를 살펴보고 싶다. 이와 관련하여 주목되는 것이 本波, 阿那, 末那, 前那의 해석이다. 전덕재는 本은 '본래'의 의미이며, 波(彼)는 들이나 평야를 가리키는 지명어미로 풀이하고서 本波를 어떤 읍락의 발원이 되는 원 마을(취락)을 가리키는 개념(이른바 '本洞'의 의미)으로 보았으며, 阿那는 일반적으로 川邊의 평야에 위치한 자연촌보다 작은 규모의 취락을 가리키는 용어이지만 아나 취락 중 일부는 여러 요인에 의하여 자연촌으로 편제되는 경우도 있었다고 추정하였다. 末那의 경우는 정확하지는 않으나 阿那와 유사한 어떤 취락을 의미한다고 보았다.[29] 이는 결국 本波·阿那·末那(·前那)=취락(마을)說이라고 할 수 있다. 이에 대하여 이용현은 本波를 신라 때의 비교적 흔한 지명이었지만, 어떤 의미인지는 알 수 없으며 音借字일 가능성이 크다고 보았다. 그러나 阿那에 대해서는 인명에 관칭된 것으로 보고서 지명과 관련된 본파와는 성격이 다른 것으로 이해하였다.[30] 이후 국어학적인 방법론으로 이를 보완한 연구에서는 本波를 지명형태소로 보고 '本原'의 의미를 지닌 '*本볼'(또는 '*밑볼')로 설명할 수 있다고 하였다.[31]

이렇듯 本波를 비롯한 阿那·末那 등에 대한 해석은 지명과 관련된 용어이며 (소규모) 취락의 의미로 사용되었을 것이라는 추정이 조금씩 설득력을 얻었던 것으로 보이지만,[32] 최근에는 本波·阿那·末那가 유사한 성격과 동일한 목적으로 표기된 것으로 보면서도 이를 職名으로 보고 '어떤 물품의 발송책임자'로 간주한 연구가 제기되기도 하였다.[33]

필자 또한 이들 용어에 대한 의견을 개진한 바 있는데,[34] 먼저 양면목간의 書式으로 볼 때 本波·阿

26) 전덕재, 2008, 앞의 글, pp.15~17. 중고기 촌의 성격에 대해서는 주보돈, 2000, 「新羅 中古期 村의 性格」, 『경북사학』 23 참조.
27) 주보돈, 2000, 「함안 성산산성 출토 목간의 기초적 검토」, 『한국고대사연구』19, pp.71~73; 이수훈, 2007, 「신라 중고기 행정촌·자연촌 문제의 검토－성산산성 목간과 '냉수리비'를 중심으로－」, 『한국고대사연구』48.
28) 윤선태, 2002, 「新羅 中古期의 村과 徒」, 『한국고대사연구』25; 전덕재, 2007, 「중고기 신라의 지방행정체계와 郡의 성격」, 『한국고대사연구』48.
29) 전덕재, 2007, 「함안 성산산성 목간의 내용과 중고기 신라의 수취체계」, 『역사와 현실』65; 2007, 「중고기 신라의 지방행정체계와 郡의 성격」, 『한국고대사연구』48; 2008 앞의 글.
30) 이용현, 2007, 「함안성산산성 출토 목간의 負, 本波, 奴人 시론」, 신라사학회 제67차 학술발표회 발표문, pp.5~7.
31) 권인한, 2008, 「고대 지명형태소 '本波/本彼'에 대하여」, 『목간과 문자』2.
32) 홍기승은 전덕재의 연구에 근거해 이들을 자연취락을 가리키는 일반명사로 이해하고 성산산성 목간의 村을 분석한 연구를 제출한 바 있다(2009, 「6세기 신라 지방지배 방식의 변화와 '村'」, 『한국고대사연구』55).
33) 이수훈, 2010, 「城山山城 木簡의 本波와 阿那·末那」, 『역사와 세계』38.
34) 이하의 내용은 이경섭, 2011, 「성산산성 출토 신라 짐꼬리표 목간의 지명 문제와 제작단위」, 『신라사학보』23, pp.546~557의 내용을 정리한 것이다.

那·末那가 지명에 붙어서 사용된 것들이 확인되므로 이들은 지명과 관계된 용어라는 점을 언급하였다. 그리고 지명과 관련된 용례에서 那를 어떤 지역(구역)을 의미하는 것으로, 前那의 용례에서 阿·末은 방향이나 위치[方位]를 표현한 것으로 보았다.[35) 本波는 王京의 本彼部에서 기원한 '本原'(본래의 들)의 뜻이며, 이 용어가 阿那·末那·前那와 같이 방향이나 위치를 표현하는 용법으로 사용되는 경우에는 그 해당 지역에서의 중심지역을 의미한다고 이해하였다.

그렇다면 목간에서 本波·阿那·末那·前那와 같은 용어가 사용된 이유에 대하여 고민해 볼 필요가 있다. 먼저 이들 용어는 성산산성목간 가운데 특정한 지역에서만 사용되었다. 목간에 등장하는 지명은 전체 30곳 정도인데, 本波·阿那·末那·前那가 묵서된 목간은 甘文(城), 古阤, 夷津(支城), 仇伐, 鄒文(村), 須伐, 阿利支村 등 7군데이다. 목간의 기재내용을 보면 阿利支村을 제외하고는[36) 대부분 예하에 자연촌을 거느리고 있어 모두 행정촌(성)으로 판단되는 지역이다.[37) 甘文과 須伐(沙伐)은 州治級이었으며, 鄒文은 〈赤城碑〉에서 幢主가 파견되었던 주요 거점이었다. 仇伐 또한 소지마립간 때 築城한 기록이 확인되므로 행정성(촌)이었음이 분명하다. 古阤와 夷津(支城)은 목간의 기재내용에서 다수의 자연촌을 예하에 두었음을 알 수 있으며, 또한 甘文國과 沙伐國, 召文國 등의 존재에서 이 지역들이 오래 전부터 邑落을 형성해 왔던 해당 지역의 중심지였던 사실이 확인된다.

이러한 정황은 이들 지역이 당시 上州의 권역 내에서 인구나 경제력의 측면에서 이른 시기부터 선진지대였다는 사실을 반영하며, 이같은 추세는 신라 중고기 지방의 거점 城·村으로 자리매김하고서도 지속적으로 유지되었을 것이다. 지방 촌락사회의 구조는 4~6세기 농업생산력의 증대에 따라[38) 이러한 거점 城·村을 중심으로 인구의 증가와 집중이 이루어졌을 것이며, 이것은 필연적으로 村落 外緣의 확대와 그에 따른 구조적 중층화로 귀결되었다고 생각된다. 그리고 국가권력은 이와 같은 촌락사회의 현상을 끊임없이 파악하고 편제하려고 노력하였다. 本波·阿那·末那·前那와 같은 용어는 村落사회의 성장과 분화가 국가권력에 의해 편제되고 파악되던 현실의 場─수취의 현장─에서 도입되어 사용되었던 것이라고 생각된다.

---

35) 前那와 阿那의 경우는 의미상으로 거의 같은 표현이었을 것이라고 생각된다. 그러나 현재로서는 前那가 표기된 목간이 1 점밖에 알려지지 않았기 때문에 가능성만을 언급해 두도록 하겠다.

36) 阿利支村은 그 지명의 비정이 불확실한데, 지리지에는 확인되지 않으나 ≪삼국사기≫ 祭祀志 小祀조에 보이는 波只谷原岳이 있었던 阿支縣일 가능성이 있다. 이 波只縣(阿支縣)은 嘉阿岳(三年山郡)과 非藥岳(退火郡) 사이에 서술된 것에서 경북(북부)지역에 있었을 것으로 생각된다.

37) 이경섭, 2011, 앞의 글, pp.539~546.

38) 전덕재, 2006, 『한국고대사회경제사』, 태학사, pp.85~180.

本波 (7점)	2	앞「甘文城下麦甘文本波□□ 」 뒤「□村利□兮□ 」	·甘文(城) ·古阤 ·夷津 ·須伐
	10	「甘文本波居□利村伊竹伊」	
	6-1	앞「甘文城下麦本波大村毛利只 ∨ 」 뒤「一石 ∧ 」	
	7-57	앞「古阤本破豆□村□□□ ∨ 」 뒤「勿大兮 ∧ 」	
	9-1	앞 × 古阤一古利村本波 ∨ 」 뒤 × □兮支稗麥 ∧ 」	
	6-4	「 ∨ 夷津本波只那公末㳽稗 ×	
	77	× 須伐本波居須知 ×	
阿那 (8점)	28	앞「古阤伊骨利村阿那衆智卜利古支○」 뒤「稗麥 ○」	·古阤 ·夷津支 ·仇伐 ·阿利只村 ·ㄱ阿那
	6-30	앞 × 古阤伊骨村阿那 ∨ 」 뒤 × 仇利伐伐支稗 ∧ 」	
	7-25	앞「古阤一古利村阿那弥伊□□ ∨ 」 뒤「稗石 ∧ 」	
	30	앞「夷津支阿那□□豆支 ∨ 」 뒤「 稗 ∧ 」	
	52	「仇伐阿那舌只稗石 ×	
	7-37	앞「 ∨ 仇伐阿那内欣買子 × 」 뒤「 ∧ 一万買稗石 × 」	
	6-3	앞「阿利只村阿那□□ × 」 뒤「古十□□刀□□門 × 」	
	45	× □阿那休智稗 ∨ 」	
末那 (7점)	31	앞「古阤一古利村末那 ∨ 」 뒤「毛眉次尸智稗石 ∧ 」	·古阤 ·仇伐 ·夷津支
	7-11	앞「古阤一古利村末那 × 」 뒤「弥利夫稗石 × 」	
	7-14	앞「古阤一古利村末那仇□□ × 」 뒤「稗石 × 」	
	7-17	앞「古阤一古利村末那 × 」 뒤「乃兮支 稗石 × 」	
	7-33	앞「古阤一古利村末那沙見 ∨ × 」 뒤「日糸利稗石 ∧ × 」	
	7-6	앞 × 仇伐末那□小奴 ∨ 」 뒤 × 你□□稗石 ∧ 」	
	7-30	앞「夷津支末那石村末支下仇 ∨ 」 뒤「麦 ∧ 」	
前那 (1점)	7-52	앞「鄒文前那牟只村 ∨ 」 뒤「伊利眉 ∧ 」	·鄒文

Ⅳ. 짐꼬리표 목간과 收取

성산산성 짐꼬리표목간은 당시 신라국가의 수취 실상을 생생하게 전하는 자료라고 할 수 있다. 그런데 정작 목간 전체를 대상으로 수취의 문제를 본격적으로 다룬 연구는 많지 않다.[39] 이것은 어쩌면 당시의 수취와 관련된 구체적인 자료가 성산산성목간 밖에 없기 때문이라는 생각이 들기도 한다. 최근 3차 목간이 공개되면서 이와 관련한 구체적인 논의들이 제기되고 있는데, 윤선태[40]와 이수훈[41]의 연구가 대표적이라고 할 수 있으므로 아래에서는 이들의 연구를 소개하면서 몇 가지 문제들을 거론하는 것으로 하겠다.

윤선태는 그동안의 성산산성 목간 연구가 荷札이라는 지적에만 그치고 있는 점을 들어 신라의 수취방식을 구체화하려는 의도에서 전체 목간의 판독안을 제시하고서 수취와 관련된 문제들을 언급하였다. 먼저 負를 219호 목간의 해석을 기반으로 기왕에 제출되었던 견해인 '荷物=짐'이 분명해졌음을 강조하였으며, 나아가 20·28호 목간의 「지명+인명+稗+發」에서 發이 負와 비슷한 의미로 사용된 것으로 보고 '바리'의 의미인 신라식 이두표기일 것으로 추정하였다. 그러나 發은 麥으로 판독될 소지도 있으며,[42] 發로 보더라도 그 용례가 4점 정도의 古阤목간에서만 보이기 때문에 지역적 특성이라는 관점에서 접근할 필요가 있다고 생각된다.

이어서 外位 소지자도 세금을 납부하였다는 점을 지적하고서 奴人(奴)의 하찰을 거론하였다.

25	「仇利伐 仇阤智一伐 尒利□支 」
133	× 仇阤□一伐 奴人 毛利支 負 ∨ 」
156	「仇利伐 仇阤知一伐奴人 毛利支 負 ∨ 」

133호와 156호 목간은 쌍둥이 목간으로 여기에 기재된 仇阤知 一伐이 25호 목간의 仇阤智一伐과 같은 인물로 보고 仇阤知一伐은 奴人이 아니라는 것이다. 그렇기 때문에 「仇利伐 仇阤知一伐奴人 毛利支 負」를 "구타지일벌의 노비, 모리지의 負"라고 해석하였다. 이럴 경우 당시 신라에서 노비가 납세의 의무를 지닌 수취의 대상이 되기 때문에 이것을 증명하기 위하여 「촌락문서」의 노비 수의 정리 양식으로 볼 때 일반인과 대등한 상태로 합산되었다고 추정하고서 중국 西魏의 노비처럼 수취의 대상이었을 가능성이 높다고 하였다. 그러나 25호 목간의 仇阤智는 판독을 확정짓기 곤란한 상태이며, 노비도 수취

---

39) 전덕재, 2007, 「함안 성산산성 목간의 내용과 중고기 신라의 수취체계」, 『역사와 현실』65이 대표적인 연구라고 할 수 있다.

40) 윤선태, 2012, 「함안 성산산성 출토 신라 하찰의 재검토」, 『사림』41.

41) 이수훈, 2012, 「성산산성 목간의 '城下麥'과 輸送體系」, 『지역과 역사』30.

42) 전덕재의 경우 稗麥을 쌀보리로 이해한 바 있다.

의 대상이었는지를 검토한 연구에 따르면 均田制를 전제로 했던 노비의 수취를 신라에 적용시키는 것은 무리라는 지적이 있었다.[43]

```
「仇利伐     郝豆智 奴人              ∨ 」    • 152호 목간
            □支 負
```

그리고 무엇보다도 위 목간의 서식에서 확인되듯이 노인은 앞의 인명 郝豆智의 속성을 나타내는 것으로 다른 노인 목간에서도 노인은 앞의 인명 속성을 표현하는 것으로 이해된다.[44] 그렇다면 노인은 일반인과 함께 구리벌에 거주하면서 일반민과 함께 공동납의 형태로 세금을 바치고 있었음을 알 수 있다. 또한 1인 목간에도 負라는 荷物=짐으로 표기된 것에서 2인의 공동납부자들은 결과적으로 세금 감면의 혜택을 받게 되었음을 알 수 있었다. 이러한 시각에서 보면 구리벌의 노인들은 「봉평비」의 男弥只村 노인들과는 다르게 촌락 내부에서 일반민들과 함께 거주하며 戶를 단위로 국가에 의해 個別的 人身支配를 받으며 신라의 公民으로 변모해가던 모습임을 알 수 있다.

仇利伐 목간 (16점)   ※ 음영은 奴人 목간

1	「仇利伐	上彡者村 波婁	×	(236)×44×7		1인
13	「仇利伐 「乞利	上彡者村	×	(237)×30×9		1인
25	「仇利伐	□阤□一伐 尒利□□	」	228×33~38×6~9	一伐	2인
26	「仇利伐	□德知一伐奴人 塩 ×		(203)×31×6	奴人 一伐	2인
33	「仇利伐	防谷村 仇礼支 負	∨ 」	293×35×7	負	1인
34	「仇利伐	上彡者村 波婁	∨ 」	290×31×10		1인
36	「仇利伐	只卽□奴 於□支 負	∨ 」	296×38×7	奴 負	2인
116	× 仇利伐	今你 負	∨ 」	(297)×45×9	負	1인

---

43) 전덕재, 2007, 앞의 글, pp.244~245. 노인=노비설은 이외에도 노비의 인구 비율 등을 언급하면서 비판되기도 하였다 (김창석, 2009, 「新羅 中古期의 奴人과 奴婢」, 『한국고대사연구』54, pp.47~56).

44) 이 점을 처음 지적한 연구자는 이용현(2007, 앞의 글, p.10)이며, 필자도 최근 이러한 관점에서 노인 관련 목간을 정리한 바 있다(2012, 「신라의 노인」, 『한국고대사연구』68).

번호	내용	크기			
121	× 仇利伐 比夕須 奴 先能支 負　○」	(323)×32×6	奴	負	2인
143	「仇利伐 □□只奴 □伐支圓　　　　∨ ×	(248)×28×6	奴	負	2인
152	「仇利伐 䣌豆智 奴人 □支 負　　　∨」	220×39×7	奴人	負	2인
156	「仇利伐 仇阤知一伐奴人 毛利支 負 ∨」	243×30×6	奴人 一伐	負	2인
178	「仇利伐 智服村 牟利之 負　　∨」	286×32×7		負	1인
180	× 仇利伐 今你次負　　　∨」	252×37×10		負	1인
203	「仇利伐 詩本礼兮 負 ∨」	243×38×4		負	1인
208	「仇利伐　　　　∨」 「□□谷村 伊酉比支 負　∧」	285×46×7		負	1인

추정 구리벌 목간 (10점)

번호	내용	크기			
15	× 前谷村 阿足只圓　　∨ ×	(167)×34×5		負	1인
35	「內恩知奴人 居助支 負 ∨」	276×33×6	奴人	負	2인
37	× 內只次奴 須礼支圓　　∨」	(244)×35×8	奴	負	2인
38	× 比夕須奴 尒先利支圓　　×	(267)×47×7	奴	負	2인
104	「仇□□　　□□奴 □□□支 負 ∨」	221×27×5	奴	負	2인
109	× 末甘村 借刀利支 負　　○」	(180)×36×7		負	1인
111	× 仇利伐 □□　　∨」 × 吉西支 負　　∧」	(243)×30×7	奴人 (?)	負	2인 (?)
133	× 仇阤□一伐 奴人 毛利支 負 ∨」	(261)×32×4	奴人 一伐	負	2인
145	「仇利伐 □□　　　　○」	320×41×7			
212	「仇利伐 □　　　　∨」	218×25×6			

　　윤선태는 이어서 복수 인명의 하찰을 거론하며 一尺 외위소지자가 일반인과 함께 稗一石을 부담하였다는 점에서 외위소지자나 연령등급에 따른 세금 감면의 혜택이 있었을 것으로 보았다.[45]

---

45) 이러한 관점은 구리벌의 노인 목간에게도 그대로 적용될 수 있다.

29	앞「古阤新村智利知一尺那□ 」 뒤「豆兮利智稗石 」	209×19×8

또한 세금으로 납부하는 품목과 세액이 각각 쌀, 보리, 피 일석의 차이가 있고, 1인의 하찰과 세액이 동일한 복수 인명의 하찰이 존재하는 것 등은 신라에서 연령등급별, 호등별 차등수조가 실시되었을 것으로 보았다. 그리고 지명과 인명이 하찰목간의 가장 중요한 확인요소임에도 불구하고 인명은 없고 지명만 기록된 것들은 지역 공동납의 가능성이 있는 것으로 추정하였다.

'城下' 목간

번 호	판 독	크 기
2	앞「甘文城下麦甘文本波□□ 」 뒤「□村利□分□ 」	197×20×6
60	앞「巴珎兮城下□ ×」 뒤「巴珎兮村 ×」	(87)×29×7
100	앞「甘文城下麦本波大村毛利只 ∨」 뒤「一石 ∧」	251×27×4
169	앞「夷津支城下麦王智巴珎兮村 ∨」 뒤「珎次二石 ∧」	328×30×9
197	앞「夷津支城下麥烏比支□ ∨」 뒤「□□□石 ∧」	230×24×10
170	「甘文城下□米十一斗石□大村卜只次 ∨」	350×30×6

위의 목간들은 짐꼬리표이지만 독특한 표기법으로 묵서된 것들로, 이른바 '城下(麥)'목간이라고 할 수 있다. 이들 목간의 표기를 일종의 도치형목간으로 보고서, 이는 최상단위의 행정단위명과 품목명을 강조한 기재라는 지적이 있었다.[46] 여기에서 '城下'는 "어느 城 아래(의)"로 해석하였다.

최근 이 유형의 목간을 집중적으로 분석한 이수훈은 '城下麥'을 "□□城에서 下送한 麥" 또는 "□□城에서 下한 麥", "□□城에서 下(行)하는 麥"으로 해석하고, "내리다"의 의미가 있다는 점을 지적하였다. 그런데 60호 목간의 巴珎兮村을 169호 목간의 巴珎兮村과 같은 촌으로 이해하고서 감문성을 비롯한 몇몇 거점지역(□□城=夷津支城 포함)이 중심축으로 기능하면서 분산·운용되었을 가능성이 높다고 하였다. 마지막으로 공진물과 담당인물의 관계를 170호 목간에서 卜只次의 뒷부분을 持去로 판독하고서 '가지고 감'으로 해석하여 卜只次를 輸送者로 파악하였다.

---

46) 이용현, 2007, 앞의 글, pp.4~5.

먼저 위의 견해에서 60호 목간의 巴珎兮村을 169호 목간의 巴珎兮村과 같은 촌으로 보기는 어려울 듯 싶다. 169호의 村名은 王智巴珎兮村일 가능성이 크다. 이수훈은 王智를 인명으로 보았으나, 위의 표에서처럼 城下麥목간의 패턴은 「城下+곡물명+지명+인명+수량」으로 서사되고 있기 때문이다. 170호 목간에서 輸送者를 추론한 持去도 판독상의 어려움이 있고 城下목간의 양식으로 보아 인명이거나 그 일부일 가능성이 크다.

필자는 城下목간의 패턴을 도치형목간으로 보고서 최상단위의 행정단위명과 품목명을 강조한 기재방식이라는 이용현의 지적이 현재로서는 가장 합리적인 해석이라고 생각하고 있다. 그리고 本波를 필자의 견해(3장 참조)대로 본다면, 100호 목간은 '甘文城 아래(下)의 麥. (감문)本波(중심)지역에 있는 大村의 毛利只가 바친 1석'으로 해석되어 다른 짐꼬리표의 「지명(행정촌)+지명(자연촌)+인명+물품명+수량(단위)」의 구조와 동일한 형태임을 확인할 수 있다.

Ⅴ. 맺음말

성산산성 목간을 둘러싼 연구는 세 차례에 걸친 목간의 보고 과정을 거치면서 제법 세밀한 내용들까지 다루어지고 있는 것으로 보이지만, 정작 짐꼬리표 목간의 핵심이라고 할 수 있는 촌락과 수취의 실상에까지는 도달하지 못한 느낌을 지울 수 없다. 이 글은 이러한 문제의식과 향후 새로운 종류의 목간이 기대되는 점에서 초기 연구의 중요한 성과였던 목간의 용도를 되돌아보고, 촌락의 구조에 대한 문제와 수취의 구체적인 실상들을 언급하였던 최신의 연구들을 살펴본 것이다. 그러나 이미 중요한 문제들은 기왕의 연구사 정리에서 세밀하게 언급되고 있기 때문에 이 글은 발표자의 관심사를 위주로 간단하게 정리하는 것으로 끝나고 말았다.

부족한 연구사 검토이지만 성산산성 목간을 포함하여 전체 목간 연구에서 몇 가지 지적해 두고 싶은 점이 있다. 이미 여러 번 이야기된 바 있지만 목간 자료의 활용을 위한 판독 작업이 연구자 개인이나 학회 차원에서 충실히 진행되어야 할 것 같다. 발표자 또한 이러한 부분에서 자유롭지 못하지만, 새로운 판독보다는 보다 많은 연구자들이 공감할 수 있는 판독이 필요하다고 생각된다. 다음으로는 6세기 금석문과 성산산성 목간을 비교 검토하려는 노력이 꾸준히 진행되어야 함을 지적해두고 싶다. 그리고 그 과정에서 시간의 흐름에 따른 역사상의 공통점과 차이를 함께 인정할 수 있는 자세가 필요하다. 마지막으로 자료상의 제약이 있으나, 고대 일본 목간과의 비교라는 視點을 가진다면 성산산성 목간을 포함하여 목간 연구를 활성화시키는 데 도움이 될 것으로 기대된다.

| 투고일 : 2013. 3. 30 | 심사개시일 : 2013. 4. 5 | 심사완료일 : 2013. 4. 16 |

참/고/문/헌

국립창원문화재연구소, 1998, 『咸安 城山山城 I 』.

국립창원문화재연구소, 2004, 『韓國의 古代木簡』.

국립가야문화재연구소, 2007, 『함안 성산산성 출토목간 의의』.

국립가야문화재연구소, 2011, 『함안 성산산성 발굴조사 보고서 IV』.

국립가야문화재연구소, 2011, 『韓國木簡字典』.

권인한, 2008, 「고대 지명형태소 '本波/本彼'에 대하여」, 『목간과 문자』2.

김창석, 2009, 「신라 中古期의 奴人과 奴婢」, 『한국고대사연구』54.

김창호, 1998, 「咸安 城山山城 出土 木簡에 대하여」, 『咸安 城山山城』 I .

馬場基, 2008, 「荷札と荷物のかたるもの」, 『木簡研究』30, 日本木簡學會.

馬場基, 2008, 「古代日本의 荷札」, 『木簡과 文字』2.

윤선태, 1999, 「咸安 城山山城 出土 新羅木簡의 用途」, 『진단학보』88.

윤선태, 2002, 「新羅 中古期의 村과 徒」, 『한국고대사연구』25.

윤선태, 2012, 「함안 성산산성 출토 신라 荷札의 재검토」, 『사림』41.

이경섭, 2004, 「함안 성산산성 목간의 연구현황과 과제」, 『신라문화』23.

이경섭, 2005, 「성산산성 출토 荷札木簡의 제작지와 기능」, 『한국고대사연구』37.

이경섭, 2010, 「'백제목간'의 가능성에 대한 예비적 고찰—목간의 형태 및 내용 분류를 중심으로—」, 『백제논총』9.

이경섭, 2011, 「성산산성 출토 신라 짐꼬리표 목간의 지명 문제와 제작단위」, 『신라사학보』23.

이경섭, 2012, 「신라의 노인」, 『한국고대사연구』68.

이수훈, 2004, 「咸安 城山山城 出土 木簡의 稗石과 負」, 『지역과 역사』15.

이수훈, 2007, 「신라 중고기 행정촌·자연촌 문제의 검토—성산산성 목간과 '냉수리비'를 중심으로—」, 『한국고대사연구』48.

이수훈, 2010, 「城山山城 木簡의 本波와 阿那·末那」, 『역사와 세계』38.

이수훈, 2012, 「성산산성 목간의 '城下麥'과 輸送體系」, 『지역과 역사』30.

이용현, 2004, 「咸安 城山山城 出土 木簡」, 『한국의 고대목간』.

이용현, 2006, 『한국목간기초연구』, 신서원.

이용현, 2007, 「함안성산산성 출토 목간의 負, 本波, 奴人 시론」, 신라사학회 제67차 학술발표회 발표문.

전덕재, 2006, 『한국고대사회경제사』, 태학사.

전덕재, 2007, 「함안 성산산성 목간의 내용과 중고기 신라의 수취체계」, 『역사와 현실』65.

전덕재, 2007, 「중고기 신라의 지방행정체계와 郡의 성격」, 『한국고대사연구』48.

전덕재, 2008, 「함안 성산산성 목간의 연구현황과 쟁점」, 『신라문화』31.

주보돈, 2000, 「咸安 城山山城 出土 木簡의 基礎的 檢討」, 『한국고대사연구』 19.

주보돈, 2000, 「新羅 中古期 村의 性格」, 『경북사학』 23.

平川南, 2000, 「日本古代木簡 硏究의 現狀과 新視點」, 『한국고대사연구』 19.

홍기승, 2009, 「6세기 신라 지방지배 방식의 변화와 '村'」, 『한국고대사연구』 55.

〈Abstract〉

A Study on the Flows and Prospects of Researches on Silla's Wooden Tablets Excavated
in the Sungsan Mountain Fortress

Lee, Kyoung-sup

The wooden tablets excavated in the Sungsan Mountain Fortress hold an important position in the research on Korean wooden tablets. Not only did they stimulate new interest in excavated materials in letters in the form of wooden tablet, but they also took a leading role in wooden tablets research from the methodologies to the restoration of their historical image. The previous studies on the wooden tablets excavated in the Sungsan Mountain Fortress addressed the date and purposes of the wooden tablets and the nature of their manufacture site and village. The research findings contributed to the restoration of the historical image inherent in them to some degree, but they failed to deal with the issue of acquisition, the core of the wooden tablets for the name list of supplies, in-depth. Furthermore, the researches on the internal structure of villages, where the acquisition took place, those days did not reach a satisfying level. It is also needed to elucidate more actively the status and roles of the Sungsan Mountain Fortress where wooden tablets were disposed of in Silla's subjugation and rule of Gaya.

▶ Key words : wooden tablets(木簡), Sungsan Mountain Fortress(城山山城), villages(村落), The wooden tablets excavated in the Sungsan Mountain Fortress(城山山城木簡), the wooden tablets for the name list of supplies(荷札), Silla(新羅), Gaya(加耶)

경주 월성해자·안압지 출토 신라목간의 연구 동향

홍기승*

Ⅰ. 머리말
Ⅱ. 목간의 정리 과정과 기초 정보
Ⅲ. 신라의 문서행정과 문서목간
Ⅳ. 고대 동아시아의 언어와 문자
Ⅴ. 신라 宮廷의 운영과 일상
Ⅵ. 맺음말

〈국문 초록〉

이 글은 최근까지 경주 월성해자와 안압지에서 출토된 신라목간을 활용한 연구의 동향을 몇 가지 주제를 중심으로 정리한 것이다. 이 목간들은 2000년대 들어 정밀한 재판독이 이루어지고 『한국의 고대 목간』, 『목간자전』 등으로 정리·간행되면서 다양한 측면에서 연구가 진전되었다.

먼저 신라의 문서행정 양상을 보여줄 수 있는 여러 유형의 문서목간에 대한 연구가 활발히 전개되었다. 특히 월성해자 출토 149번 四面木簡은 판독 방향과 문서의 형식 및 성격을 둘러싸고 여러 견해들이 제기되었다. 이 과정에서 일본 문서목간이나 안압지 목간과의 비교가 이루어짐으로써 신라 문서행정의 특성과 변화상을 유추할 수 있었다.

다음으로 목간을 활용한 한국 고대의 문자문화에 대한 검토가 활발히 이루어졌다. 그 결과 신라 문자문화의 발전 단계를 설정할 수 있게 되었다. 또한 이를 토대로 신라의 문자문화가 독자적인 요소를 가졌으며, 고구려·백제와 달리 한국어 문장을 완전히 표기할 수 있는 단계까지 나아갔다고 보았다. 그리고 동아시아 문자문화의 교류 가운데 신라가 중국식 문자문화를 선택적으로 수용했으며 이후 일본에 영향을 미쳤다는 점이 지적되었다.

* 서울대학교 국사학과

한편 주로 안압지 목간을 바탕으로 동궁을 비롯한 신라 宮廷의 운영과 일상을 추정하기도 했다. 특히 내정 관부와 관련해 목간에 등장하는 '洗宅'이 일찍부터 주목받았다. 그리고 몇몇 목간에 보이는 '辛審(番)'의 해석과 성격을 두고 여러 견해가 제기되었다. 그밖에 목간 내용을 바탕으로 여러 관부들의 존재와 기능을 유추하거나, 목간의 각종 식품명을 토대로 당시 신라 궁정의 음식문화를 파악하려는 연구들이 있었다.

▶ 핵심어 : 월성해자, 안압지, 신라 궁정, 문서행정

Ⅰ. 머리말

경주 월성해자와 안압지[1]는 신라 왕경 가운데서도 가장 핵심적인 공간이라 할 수 있는 王宮과 東宮에 해당되는 곳이다. 자연히 이곳에서 출토된 목간들은 신라의 지배체제를 비롯해 왕실의 모습을 파악하는 데 좋은 자료라 할 수 있다. 그래서 그동안 이를 활용한 연구가 활발하게 이루어졌다.[2]

본고에서는 월성해자와 안압지 출토 목간과 관련된 기왕의 연구 성과를 정리해보고자 한다. 해당 목간들이 워낙 다양한 내용을 담고 있는데다 연구 또한 다방면에서 산발적으로 이루어졌기에 이를 전부 다루기는 어렵다. 따라서 몇 가지 주요한 주제를 중심으로 논지를 전개하고자 한다. 평소 해당 목간에 대한 별다른 知見이 없는데다 관련 분야에 대한 전문 지식마저 부족한 까닭에 혹여 누락하거나 곡해한 경우가 있을까 많이 염려된다.

Ⅱ. 목간의 정리 과정과 기초 정보

월성해자와 안압지 출토 목간은 한국 고대 목간 가운데서도 상당히 이른 시기에 출토된 목간들이다. 특히 안압지 목간은 해방 이후 처음으로 수습된 목간이라는 점에서 중요한 의의가 있다. 그럼에도 목간에 대한 인식 부족과 기술상의 한계, 발굴 관련 자료의 미비 등으로 제대로 된 목간의 판독과 정리가 오랫동안 이루어지지 못했다. 다행히 2000년대 들어 적외선 촬영을 통한 재판독이 가능해지고 목간에 대한 관심이 높아지면서 목간의 이해에 큰 진전이 있었지만, 해당 목간을 좀 더 제대로 파악하기 위해서

---

1) 현재 문화재청에 등록된 안압지 일대의 정식 명칭은 '경주 동궁과 월지'이나 본고에서는 그동안 통용되어 온 '안압지'로 칭하겠다.

2) 전반적인 연구사 정리는 주보돈, 2009, 「한국의 木簡研究 30년, 그 成果와 展望」, 『고대의 목간 그리고 산성』; 이성시, 2009, 「韓国木簡과 韓国史研究」, 『고대의 목간 그리고 산성』; 전덕재, 2012, 「한국의 고대목간과 연구동향」, 『목간과 문자』9, pp.25~26 등을 참조.

는 목간의 정리 과정과 기초 정보를 먼저 짚고 넘어갈 필요가 있다.

우선 안압지 유적은 1975년 3월 25일부터 1976년 12월 30일까지 약 2년 동안 발굴조사되었다.[3] 조사 결과 연못의 전체 면적은 15,658㎡, 연못을 둘러싸는 護岸石築 길이는 총 1,005m이며 연못 내부에 3개의 인공섬이 있음이 밝혀졌다. 이 연못은 문무왕 14년(674) 조영했다는 '月池' 즉 안압지로, 축조연대는 『삼국사기』의 기록을 근거로 7세기 후반으로 추정된다. 또한 연못 서쪽과 남쪽에서 臨海殿址, 回廊址 등 건물지 26개소, 담장지 8개소, 배수로시설 2개소, 입수구 시설 1개소 등이 확인되었다. 최근 안압지 동편 왕경유적 조사 과정에서 동궁 관련 시설들이 확인되어[4] 앞으로 동궁의 규모와 변천에 대해 좀 더 세밀한 검토가 필요할 것으로 보인다.

안압지에서 출토된 유물은 보고서의 출토유물 목록에 따르면 完形만 15,023점이고 片까지 포함하면 약 33,000여 점에 달한다. 이 가운데 목간은 '木簡類 86點'으로 기록되어 있다. 그러나 목간을 정리한 李基東의 글에서는 총 목간이 51점으로 완형에 가까운 것이 40점, 절반 정도 떨어져나간 것이 7점, 복원 불가능한 파편 4점이라고 보고했다. 이 가운데 '한 字라도 읽을 수 있는 것'을 '30여 점'이라고 밝혔으며 실제로 판독문을 실은 것은 31점이었다.[5]

보고서가 간행된 이후 새로운 판독과 해석을 시도한 연구들이 간헐적으로 이어졌지만 자료의 한계 때문에 연구가 활성화되지는 못했다. 그러던 와중에 2004년 『한국의 고대목간』[6]이 발간되면서 안압지 목간 연구는 큰 획기를 맞았다. 이 자료집은 안압지 목간 97점(182~278번)의 도판을 소개했으며 이 가운데 61점(182~242번)의 판독안을 제시했다.[7] 그동안 판독하지 못했던 약 30점 가량의 목간의 묵서를 새롭게 읽어내면서 목간을 활용한 연구가 활발히 이루어지게 되었다. 또한 2년 뒤에는 국립경주박물관 소장 안압지 목간에 대한 조사가 다시 진행되어 국립박물관·한국목간학회·일본목간연구자들의 판독문을 정리한 연구가 2007년 12월 발표되었다.[8] 이 글에서는 『고대목간』에서 소개하지 않았던 안1484(3-1)번 목간(안압지 1호 목간)의 적외선 사진과 판독문을 공개했으며, 기존에 개별 목간으로 보았던 잔편들을 새롭게 접합했다.[9] 위의 두 차례 작업을 통해 안압지 출토 목간은 어느 정도 정리가 되고 연구도

---

3) 文化公報部 文化財管理局, 1978, 『雁鴨池』.

4) 안압지 동편 왕경유적은 크게 4개 지구로 나눠지는데 현재까지 가지구는 발굴조사가, 나지구는 시굴조사만 이루어졌다. 대략적인 조사 내용은 李熙濬, 2012, 「'동궁과 월지' 동편 신라왕경 유적의 조성 시기 및 성격 검토」, 『韓國古代史探究』11 참조. 가지구의 발굴조사 결과는 최근 『慶州 東宮과 月池 I』(국립경주문화재연구소, 2012b)로 간행되었다.

5) 文化公報部 文化財管理局, 1978, 앞의 책, pp.285~291.

6) 이하 『고대목간』으로 표기한다. 그리고 논의의 편의상 목간 번호는 가장 많은 목간이 수록된 『고대목간』을 기준으로 하며 『木簡字典』 번호는 ( )로 병기하겠다.

7) 그런데 『고대목간』, p.359에서는 2004년까지 목간의 출토 상황을 정리하면서 안압지 목간이 총 107점이고 이 가운데 69점에서 묵흔을 확인할 수 있다고 했다. 일단 여기서는 도판을 기준으로 삼겠다.

8) 함순섭, 2007, 「국립경주박물관 소장 안압지 목간의 새로운 판독」, 『新羅文物研究』 創刊號.

9) 『고대목간』 도판을 기준으로 『新羅文物研究』의 재정리 결과를 반영해 안압지 목간의 수량을 다시 계산해보면 최대 88점이고 묵서가 확인되는 것은 최대 57점이 된다. 물론 『新羅文物研究』가 당시 국립경주박물관 소장본만을 대상으로 검토한 만큼, 앞으로 새롭게 접합 또는 분리되거나 묵흔이 발견될 수 있으므로 이 수치는 유동적이다.

크게 진전될 수 있었다. 한편 최근 간행된 『木簡字典』도 총 49점의 적외선 사진을 수록했는데 이 가운데 10점은 '글자는 있는데 몇 자인지 확인할 수 없는 경우'로 분류했다.

그러나 아쉽게도 목간의 출토 과정에 대한 기록이 매우 부실하여 출토 지점이나 층위에 대한 검토가 거의 불가능하다. 보고서는 51점 가운데 2, 3점을 제외한 나머지가 모두 안압지 서북쪽의 臨海殿址 제4建物址에서 제5건물지로 통하는 二重 護岸石築 아래 갯벌층에서 발견되었다고 서술했을 뿐이다.[10] 이후 보고서의 발굴경과 기록과 보존처리 관련 기록, 그리고 圖版篇에 출토지점을 명기한 사진 등을 토대로 41점의 출토지점을 찾으려는 시도가 있었는데[11] 부실한 기록 때문에 4점만 출토지점을 특정할 수 있었다. 그럼에도 목간이 한 곳에 집중되지 않고 10여 곳에서 출토되었음을 밝힌 것은 중요한 성과라 할 수 있다.

목간의 연대는 年號와 干支가 기록된 일부 목간을 근거로 8세기 중후반으로 보는 견해가 일찍부터 제기되었다.[12] 여기에 따르면 年號와 干支가 확인되는 목간들은 경덕왕 10년(751)에서 혜공왕 9년(774)에 제작된 것으로, 다른 목간들 역시 대체로 같은 시기의 일괄자료로 추정할 수 있다. 그리고 이 목간들은 경덕왕 19년(760) 2월 안압지의 重修, 확장과 관련된 것으로 설명했다. 이 견해는 지금까지도 대체로 받아들여지고 있다. 다만 상당수 목간의 출토 상황이나 연대를 추적할 수 없으므로 연대를 설명할 때 좀 더 신중할 필요가 있을 것이다.[13]

다음으로 월성해자 출토 목간에 대해 살펴보자. 월성해자는 1984년 9월부터 1985년 2월에 걸친 시굴조사를 통해 해자의 대체적인 규모와 성격이 파악되었고, 1985년 9월부터 1989년 12월까지 발굴조사가 이루어져 '나'구역 석축해자와 '다'구역 1~3호 해자 및 해자 주변의 여러 건물지들이 확인되었다. 이후에도 4, 5호 해자와 월성 북편, 계림 북편의 건물지까지 조사가 최근까지 계속되었다.[14] 조사 결과 월성의 '수혈해자(일명 연못식 해자)'는 5세기 후반 처음 조영되어 7세기 후반 신라 왕경의 대대적인 정비 과정에서 폐기되었음이 밝혀졌다.[15]

목간은 시굴조사 과정에서 1점이 발견되었고 발굴조사에서도 다수 확인되었다. 하지만 보존처리 관

---

10) 文化公報部 文化財管理局, 1978, 앞의 책, p.288.

11) 李鎔賢, 2003, 「경주 안압지(月池) 출토 목간의 기초적 검토 —보고서 분석과 넘버링을 중심으로—」, 『國史館論叢』101, pp.89~94 및 p.133 도면 참조.

12) 李基東, 1979, 「雁鴨池에서 出土된 新羅木簡에 대하여」, 『慶北史學』1, pp.125~128.

13) 약간 극단적이지만 안압지 목간이 장기간에 걸쳐 제작, 폐기되었을 가능성도 있으므로 안압지 창건 시기를 상한으로, 신라 멸망을 하한으로 봐야 한다는 견해도 있다(橋本 繁, 2007a, 「慶州雁鴨池木簡と新羅內廷」, 『韓国出土木簡の世界』, 雄山閣).

14) 기왕의 월성해자 조사 경과는 國立慶州文化財研究所, 2011, 『月城垓子 發掘調査報告書 Ⅲ(4號 垓子)-本文-』, pp.43~49 참고. 최근 5호 해자의 발굴보고서가 간행되었는데(國立慶州文化財研究所, 2012a, 『月城垓子 發掘調査報告書 Ⅳ(5號 垓子)』) 목간은 출토되지 않았다.

15) 李相俊, 1997, 「慶州 月城의 變遷過程에 대한 小考」, 『嶺南考古學』21, pp.151~162; 金洛中, 1998 「新羅 月城의 性格과 變遷」, 『韓國上古史學報』27, pp.232~235; 國立慶州文化財研究所, 2011, 앞의 책, pp.509~512.

계로 1990년에 간행된 보고서에서 목간에 대한 정리가 이루어지지 못하면서 출토 목간의 정확한 수량이나 구체적인 내용과 성격이 제대로 검토되지 못했다. 단지 월성 관련 연구 논문이나 전시 도록을 통해 일부 목간이 소개되는 정도에 머물렀다. 다행히 2004년『고대목간』이 간행되면서 월성해자 출토 목간이 소개되었고, 1989년까지 출토된 목간을 상세하게 정리한 발굴보고서가 2006년 간행되어 월성해자 목간에 대한 구체적인 정보를 얻을 수 있게 되었다.[16]

　　2006년 보고서는 묵흔이 확인되는 목간 25점에 미확인 목간 79점을 합쳐서 모두 104점을 출토 목간으로 제시했다.[17] 여기에 최근 공개된 1999~2006년 월성해자 4호 조사 과정에서 확인된 1점[18]을 더한다면 현재까지 월성해자 출토 목간은 총 105점이 되는 셈이다. 반면 보고서 이전에 간행된『고대목간』은 전체 목간을 34점으로 보았으므로, 이를 기준으로 삼는다면 전체 목간은 35점이 된다. 이러한 차이는 목제 유물 가운데 어디까지를 '목간(류)'로 볼 수 있는가에 대한 견해차에서 비롯된 것이다.

　　목간의 전체 수량 외에도 묵흔이 확인되는 목간의 수 산정 역시 약간 차이가 있다.『고대목간』은 34점 중 29점을 묵서가 있는 목간으로 분류했다. 반면 2006년 보고서는 묵흔이 확인되는 목간 25점을 선별하고 그 중 23점을 판독 가능으로 보았다.『고대목간』에서 판독문을 제시했던 162번(보고서 번호 24), 165번(27), 166번(28), 170번(58)을 묵흔이 확인되지 않는다고 판단한 것이다. 한편『木簡字典』은 31점으로 소개했는데 보고서의 25점에 보고서가 묵흔이 없다고 판정한 3점(보고서 번호 30, 55, 81번)과, 『고대목간』에서 묵

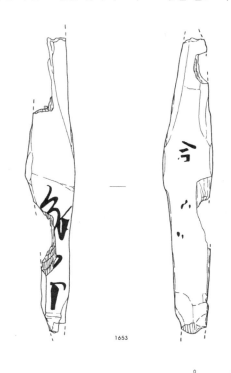

월성해자 4호 출토 목간(보고서 유물번호 1653)

---

16) 이용현, 2006a, 「목간류」, 『月城垓子 發掘調査報告書 Ⅱ-고찰-』, 國立慶州文化財研究所(2006b, 「경주 월성해자 목간」, 『韓國木簡基礎研究』, 신서원 재수록).

17) 이용현은 묵흔이 확인되지 않는 목제품들도 발굴 초기부터 목간류로 관리되어 왔으며 형태상 목간을 가능성이 높다는 점, 적외선 촬영을 통한 묵흔 확인 여부가 절대 기준이 될 수 없다는 점을 근거로 모두 목간으로 분류했다(이용현, 2006a, 위의 책).
　한편 보고서(이용현, 2006a)는 50번이 결번으로 처리했는데 이용현, 2006b 앞의 책에서는 50번을 묵흔이 확인되지 않는 목간으로 처리되어 있다(p.104). 50번이 부여된 목간이 실제 존재한다면 2006년 보고서의 목간은 총 105점이 된다.

18) 4호 해자의 조사 성과를 정리한 에는 목간 한 점이 소개되어 있다. 이 목간은 4호 해자 서편 외부의 다210.0 배수갱 교란토에서 수습되었으며 잔존길이 15.8㎝, 너비 2.5㎝ 두께 2.3㎝라고 한다. 3면과 4면에서 묵서가 확인되었는데 4면의 명문은 '슴'과 유사하다고 보았는데 아쉽게도 보고서에 적외선 사진은 실려 있지 않다.

흔이 있다고 보았지만 보고서가 제외했던 162번(24), 166번(28), 170번(58)을 더했다. 추가된 6점은 모두 '글자는 있는데 몇 자인지 확인할 수 없는 경우'로 분류했다.

목간의 연대는 '수혈해자'의 존속 시기와 연관 지어 6~7세기로 보는 견해가 일반적이다.[19] 연구자마다 약간의 차이가 있지만 8세기를 넘지 않는다고 보는 점은 동일하다. 그런데 묵흔이 확인되는 19점의 유물채집카드를 활용해 출토 위치를 추정한 연구들에 따르면 19점 가운데 대부분이 '다'구역 1호 해자 내의 다480N20트렌치에서 출토되었음을 알 수 있다.[20] 특히 다480N20트렌치 내에서도 동서 740㎝, 남북 620㎝ 지점을 중심으로 반경 10㎝ 내에서 집중되어 있다. 또한 층위도 크게 두 그룹으로 나눠지는데 동일한 목간편이 두 그룹에서 각각 확인되는 경우가 있어 층위는 동일한 시간성을 갖는다고 한다.[21] 따라서 출토 위치가 파악되는 목간 중 대부분은 동시에 폐기되었을 가능성이 상당히 높다는 지적은 타당하다고 생각된다.

Ⅲ. 신라의 문서행정과 문서목간

'문서행정'은 국가의 政務가 口頭가 아닌 文書로 처리하는 국가행정시스템을 의미한다. 국가의 지배체제 정비 과정에서 문서행정체계의 확립은 필수적인 요소인 만큼, 신라 역시 6세기를 거치면서 문서행정 시스템을 구축해나갔을 것이다. 하지만 문서행정에서 요구되는 書式을 비롯한 제반 과정들이 중국과 일본에서는 公式令으로 확인되는 반면 신라에서는 구체적으로 확인되지 않는다. 다행히 월성해자와 안압지에서 신라의 문서행정 양상을 엿볼 수 있는 귀중한 문서목간[22]이 여러 점이 출토되면서 이를 활용한 연구가 활발히 전개되었다.

문서목간 가운데 문서의 수신자와 발신자가 상대적으로 명확한 '수발문서목간'부터 살펴보자. 문서형식의 측면에서 목간을 시론적으로 검토한 이성시는 안압지 출토 '策事'명 목간(182번(1)·213번(27))에 주목, 이를 국왕이나 태자의 명령을 전하던 신라의 문서형식일 가능성을 제기했다. '책사'를 중국 천자의 명령서나 명령을 가리키던 '策'과 신라에서 왕명의 정형적인 표현으로 쓰이던 '敎事'의 '事'를 더한

19) 윤선태, 2005, 「월성해자 출토 신라 문서목간」, 『역사와 현실』56, pp.116~119.
20) 이용현, 2006a, 앞의 글; 李京燮, 2008, 「新羅 月城垓子 木簡의 출토상황과 月城 周邊의 景觀 변화」, 『韓國古代史硏究』49, pp.153~156.
21) 이동주, 2009, 「월성해자 출토 목간의 제작기법」, 『목간과 문자』4, pp.83~86.
22) 윤선태의 분류에 따르면 문서목간에는 ① 문서수발자가 명확한 '수발문서목간', ② '장부목간', ③ 전표나 각종 행정처리를 위한 메모, 발췌용으로 사용된 '기록간' 등이 있다(윤선태, 2007b, 「한국고대목간의 형태와 종류」, 『역사와 현실』65, pp.178-179). 본고에서도 이 분류를 따르고자 한다.
한편 이성시는 문서의 수수관계가 분명한 '협의의 문서(a)'와 그렇지 않고 물자의 출납 등에 관해 기록한 문서(b)로 나누었다. 그리고 (b)는 장부와 전표로 세분했다(이성시, 2011, 「한국목간연구의 현재─신라목간연구의 성과를 중심으로─」, 『죽간 목간에 담긴 고대 동아시아』, 성균관대학교출판부, p.48).

것으로 보고, 신라에서 중국의 策書를 의식하여 '策事'로 시작하는 문서형식을 만들었을 가능성까지 제기했다.[23] 또한 월성해자 출토 153번(11) 목간의 '典太等教事'를 執事部 典大等이 발급한 문서목간으로 이해했다.[24]

이후 개별 목간의 내용을 세밀하게 분석하고 문서형식을 추출함으로써 신라의 문서행정을 복원하려는 시도가 이어졌다. 가장 먼저 주목받은 것은 안압지 출토 185번(4) 목간이다.[25] 이 목간에 처음 주목한 이성시는 185번 목간을 '□遣急使牒高城壅□[走?]'로 새롭게 읽으면서 만일 '走'가 타당하다면 漢代 문서봉함용 목간인 檢과 같이 문서(牒)를 운반하는 방법을 지정한 遞送 관련 목간으로 볼 수도 있다는 견해를 내놓았다.[26] 이를 토대로 좀 더 세밀한 분석을 시도하여 목간의 성격을 검토한 연구에서는 이 목간을 急使가 高城(壅)으로 牒을 운반할 때 사용된 檢으로 규정하면서 안압지 출토 212번('本□史走 / 庚子年五月十六日') 역시 檢 형식으로 분류할 수 있다고 주장했다.[27] 반면 목간의 life cycle에 주목하여 檢이 아니라 內省機構가 符券과 遞牒의 발급신청과 더불어 작성한 '發信目錄'으로 추정한 연구도 있었다.[28]

안압지 185번 목간을 활용한 초기 연구는 '牒'이나 '走(또는 驢一疋)' 등 한두 字에 크게 의존한 측면이 컸다. 그런 까닭에 『고대목간』이 발간되고 새로운 판독이 가능해지자 그 근거를 상실하고 말았다. 그럼에도 목간에서 특정 문서양식을 추출하고 이를 토대로 신라 문서행정의 구체적인 모습을 그리려 했다는 점에서 큰 의미를 가진다. 그리고 이러한 시도는 월성해자 출토 149번(2) 四面木簡의 연구를 통해 심화되었다. 아래는 기왕의 판독안을 간단하게 정리한 것이다.[29]

---

23) 李成市, 1997, 앞의 논문, p.233.

24) 李成市, 2000, 「韓國木簡연구의 현황과 咸安城山山城출토의 木簡」, 『韓國古代史硏究』19, p.86.

25) 그동안 여러 연구자들이 제시한 판독안들은 李文基, 2012, 「안압지 출토 木簡으로 본 新羅의 洗宅」, 『한국고대사연구』 65, p.170에 정리되어 있다.

26) 李成市, 1997, 「韓国出土の木簡について」, 『木簡研究』19, 木簡學會學會, p.234; 李成市, 2000, 앞의 논문, p.82. 1997년 논문에서는 '□送急使牒高城壅[疋]'로 판독했지만 2000년 논문에서 위와 같이 수정했다.

27) 李鎔賢, 1999, 「統一新羅の傳達體系と「北海通」-韓國慶州雁鴨池出土の15号木簡の解釋-」, 『朝鮮學報』171(2006b, 앞의 책에 재수록).

28) 尹善泰, 2002, 「新羅의 文書行政과 木簡 - 牒式文書를 중심으로」, 『강좌 한국고대사 5-문자생활과 역사서의 편찬』, 가락국사적개발연구원, pp.87~100.

29) 월성해자 149호 목간에 대한 여러 판독안과 해석의 비교는 다음 연구들에 잘 정리되어 있다. 鄭在永, 2008, 「月城垓子 149號 木簡에 나타나는 吏讀에 대하여」, 『목간과 문자』창간호, pp.99~101; 李京燮, 2009, 「新羅 月城垓子에서 출토한 '2호 木簡'에 대하여」, 『한국 고대사 연구의 현단계』, 석문이기동교수정년기념 논총간행위원회, p.403; 권인한, 2010, 「목간을 통해서 본 고대 동아시아의 문자문화」, 『목간과 문자』6, pp.77~79.

〈월성해자 출토 149번 목간〉

　　1 大 [烏/鳥] 知郎足下万 [拜/引/行] 白 [丨/之/了/々]

　　2 經中入用思買白不 [躂/雖] 紙一二 [斤/个/彳]

　　3 牒垂賜敎在之 後事者命盡

　　4 使內　　　　　　　　　　　　　　　　　* [ ]는 판독상 이견이 있는 글자

　149번 목간은 묵서의 상태가 양호한 편으로 일찍부터 많은 연구자들의 관심을 받았으며 그만큼 연구도 집중적으로 이루어졌다. 목간이 寫經用 종이 구입과 관련되었으며 대조지랑에게 上申하는 형식이란 점에는 이견이 없어 보인다. 그럼에도 기본적인 핵심 사항에 대한 판독이 다르고 문장 해석에서도 차이가 있어 목간의 전체적인 이해에서 상당한 편차를 보인다.

　먼저 판독상의 이견부터 살펴보면, 1면 제2자는 '烏'와 '鳥'로 견해가 팽팽하게 나뉘는데 '鳥'가 더 지지를 받는 것 같다. '烏'로 읽는 경우에는 신라 관등인 大烏와 연결 지어 이해하여 뒤에 붙는 '知'가 탈락되는 시점을 근거로 이 목간의 제작 연대를 6세기 중반으로 추정하기도 했다. 또한 1면 '足下' 뒤의 2字를 '万拜', '万引', '万行' 등 다양하게 읽는데 최근에는 '万拜'로 읽고 "萬拜하여"로 해석하는 경향이 강하다. 반면 '万引'으로 보는 연구자들은 이를 人名으로 보고 목간의 발신자로 이해하는 경우가 많다. 그리고 2면 제9자는 '雖'나 '躂'로 읽는데 후자로 판독하고 '白不躂紙'[30]라는 종이를 가리킨다고 보는 견해가 우세하다. 2면 마지막 자는 구입 종이의 수량과 관련된 것으로 추정되는데 최근에는 '个' 또는 종이 세는 단위에 쓰였던 口訣字 '彳(마)'로 읽는 경우가 많은 것 같다.

　다음으로 일본 문서목간의 형식과의 비교를 통해 목간의 문서형식을 모색하는 연구들이 있었다. 우선 목간에 보이는 '牒'字에 착안하여 公式令에 보이는 牒式 문서와 연관 지어 설명하려는 견해가 있었다. 여기에서는 4면 혹은 3면을 제1면으로 설정하고 훈독방향을 반시계 방향으로 설정하는데[31] 처음 '牒'에 주목한 李成市는 이 목간을 '官府 간에 오간 牒'이라 규정했다. 이후 본격적으로 牒式 문서목간의 시각에서 149번 목간을 검토한 三上喜孝는 이성시가 "대오지랑의 足下에 있는 만인"으로 해석한 부분을 "대오지랑 족하께 만인이 아룁니다"로 해석함으로써 万引(발신인)이 상급자 大烏知郎(수취인) 개인에게 보낸 牒 양식의 문서 목간으로 규정했다. 특히 그는 6세기 후반 이미 신라에서 개인 간의 上申文

---

30) 최근 '도침 과정을 거치지 않은 흰 종이'라는 추정이 제기되었다. 權仁瀚, 2012, 「韓·日 初期 木簡을 통해서 본 한문 어법의 선택적 수용과 변용」, 『日本研究』13, pp.89~90.

31) 4면을 제1면으로 보고 4-3-2-1 순서로 읽는 견해는 李成市, 2000, 앞의 논문, pp.86~87; 深津行德, 2006, 「古代東アジアの書体·書風」, 『文字と古代日本 5-文字表現の獲得』, 吉川弘文館, pp.246~247. 반면 3면을 제1면으로 삼아 3-2-1-4의 순서로 해석하는 연구들은 李成市, 2005, 「朝鮮の文書行政」, 『文字と古代日本 2-文字による交流』, 吉川弘文館, p.172; 三上喜孝, 2006, 「文書様式「牒」の受容をめぐる一考察」, 『山形大學歷史史·地理·人類學論集』7, 山形大學人文學部, p.106; 三上喜孝, 2008, 「일본 고대 목간의 계보 -한국 출토 목간과의 비교검토를 통하여-」, 『목간과 문자』창간호. 한편 이용현은 '牒'으로 시작하는 3면을 제1면으로 상정하는 쪽에 무게를 두면서 이 경우 시계방향(3-4-1-2)과 반시계방향(3-2-1-4) 모두 가능하다고 보았다(이용현, 2006b, 앞의 책, pp.162~165).

書에 牒의 문서양식이 사용되었다는 사실에서 일본의 7세기 牒式 목간과 8세기 公式令의 제정에 신라의 영향을 상정할 수 있다고 주장했다.[32]

하지만 대체로 '大鳥知郎'으로 시작되는 면을 제1면으로 해서 시계방향으로 읽어야 한다는 견해가 널리 받아들여지고 있다.[33] 이 경우 목간은 수신자 大鳥知郎에게 내용을 보고한다는 의미의 '某足下白' 문투로 시작하게 된다. 이러한 冒頭 형식에 주목하여 飛鳥, 藤原에서 출토된 고대 일본의 '某前白(申)' 형식 문서목간(일명 '前白木簡')과 비교 검토한 연구들이 있었다.[34] 그동안 일본의 前白木簡이 중국 六朝時代의 書狀이나 문서 형식의 영향을 받았으며 한반도를 경유해 유입된 것으로 추정되어왔다. 이전에도 二聖山城 출토 '戊辰年木簡'을 근거로 신라에 前白木簡이 존재했을 가능성이 제기된 바 있는데[35] 149번 목간의 발견으로 신라 '某足下白' 목간이 日本 前白木簡의 직접적인 기원일 확률이 훨씬 높아지게 되었다고 주장했다.

이러한 문서형식에 대한 견해차는 3면의 해석 차이와 맞물려 목간에 보이는 牒과 敎의 관계, 나아가 문서행정의 절차에 대한 다른 이해를 낳았다. 반시계방향으로 읽는 연구들은 3면의 '牒垂賜敎在之'를 "牒함. 내리신 敎가 있었다"로 해석했는데 아마 일본 첩식목간의 형식을 의식한 결과라 생각된다. 이 경우 149번 목간 자체가 牒이 된다.

한편 149번 목간을 시계방향으로 읽고 前白木簡으로 파악하면서도, 3면을 "牒을 내리라는 명령(敎)이 있었습니다"로 해석하여 牒과 敎를 분리시킨 견해도 있다.[36] 여기에 따르면 ① 목간작성자는 사경용 종이를 준비하라는 '敎'를 받은 후, ② 이 내용을 대오지랑에게 알리기 위해 목간을 작성했으며, ③ 목간에는 敎를 대오지랑에 전하면서 종이 구입에 관한 牒을 발급해줄 것을 상신하는 내용이 담기게 된다. 즉 敎를 담은 149번 목간은 牒을 발급받기 위한 일종의 上申木簡인 것이다. 이처럼 敎를 받아 牒을 발한다는 형식은 唐·일본에서 확인되므로 당시 신라의 문서행정도 마찬가지였을 것이라 추정했다.

반면 시계방향으로 읽는 연구 가운데 대부분은 3면을 우리말 어순에 따라 "牒을 내리시어 敎하셨다"로 해석한다. 그럴 경우 종이를 구입하라는 명령(敎)이 牒으로 下達되었으며, 목간작성자는 일을 처리한 후 그 경과를 149번 목간으로 보고한 셈이 된다. 현재로서는 이러한 해석이 널리 받아들여지는 것 같다.

앞으로 새로운 해석의 여지가 있겠지만, 여하튼 149번 목간은 6~7세기 신라 중앙 官府 간에 행정 업

---

32) 三上喜孝, 2006, 위의 논문, pp.107~108.

33) 윤선태, 2005, 앞의 논문, pp.133~135.
   서사방향이 확인되는 다면목간 수가 적으므로 반시계 방향의 가능성도 열어둬야 한다는 지적도 있다(이용현, 2007a, 「목간으로 본 신라의 문자·언어 생활」, 『口訣硏究』18, pp.111~113).

34) 윤선태, 2005, 앞의 논문, pp.137~138; 市 大樹, 2007, 「慶州 月城垓字 출토 西面墨書木簡」, 『韓日文化財論集 Ⅰ』, 국립문화재연구소, pp.426~428.

35) 李成市, 1997, 앞의 논문, p.244.

36) 市 大樹, 2007, 앞의 논문, pp.428~433.

무를 처리하는 과정에서 문서 왕래가 있었음을 잘 보여주고 있다. 이는 당시 신라의 국가운영이 문서행정 시스템에 입각했음을 의미할 것이다. 그런데 149번 목간을 검토한 윤선태는 이 목간이 제작된 6∼7세기 신라에서는 행정명령이 문자로 표현되고 있지만 아직까지 口頭形式的 측면을 강하게 띄고 있으며, 시간이 지나면서 점차 율령에 규정된 文書式으로 진전되어 갔을 것이라 지적했다.[37] 그는 이러한 관점을 안압지 목간을 재조사하는 과정에서 확인된 1호 목간을 통해 더욱 구체화시켰다.

〈안압지 1호 목간〉
1 洗宅白之　二典前　四□子頭身浴□□木松茵
2 　□迎□入日□□
3 　　　　　　　十一月卄七日典□　思林

안압지 1호는 다면목간으로 3면에 묵서가 있다. 윤선태는 이 목간의 내용을 발신자(洗宅), 수신자(二典), 1면 중간부터 2면까지의 본문, 문서작성 시점(一月卄七日)과 담당자(典□ 思林)로 구성되어 있다고 파악했다. 이러한 이해를 바탕으로 149번 목간과 비교해보면 발신자가 기록되어 있으며 수신자보다 먼저 기록된 점, 문서작성 시점과 담당자를 명기한 점에서 큰 차이가 있다. 이같은 서식은 당의 公式令이나 일본 養老令의 서식과 상통하지만, 한편으로는 공식령의 명칭을 쓰지 않고 '白丨'라는 借字表記가 사용된 점에서 8세기 신라가 당의 영향을 받으면서 독자적인 새로운 문서양식을 정립했다고 보았다.[38]

이처럼 시기가 다른 문서목간을 비교함으로써 변모를 유추해나가는 작업은 신라 문서행정 시스템의 정비와 발전을 미시적으로 파악할 수 있는 중요한 계기가 될 것이다. 최근 이성산성 출토 '戊辰年木簡'을 통해 7세기 전반부터 이러한 변화상을 확인된다는 주장이 제기된 바 있는데[39] 앞으로 사례가 축적된다면 좀 더 명확하게 단계별 변화양상을 그려나갈 수 있을 것이다.

위에서 살펴본 '수발문서목간' 외에도 월성해자와 안압지에서는 '장부목간' 또는 '기록간'으로 분류할 수 있는 문서목간이 여러 점 확인된다. 이 중 안압지 출토 186번(5) 목간은 여러 차례 專論된 바 있다.

---

37) 윤선태, 2005, 앞의 논문, pp.136∼137. 후술하겠지만 윤선태는 기존에 확립되어 있던 신라의 구두전달체계가 한자, 한문에 기초한 문서행정 체계를 수용하는 과정에서 큰 영향을 미쳤다고 본다.
38) 윤선태, 2008a, 「新羅의 文字資料에 보이는 符號와 空白」, 『口訣研究』21, pp.288∼290.
39) 이경섭, 2011, 「이성산성(二聖山城) 출토 문자유물을 통해서 본 신라 지방사회의 문서행정(文書行政)」, 『역사와 현실』 81, pp.81∼84.

〈안압지 출토 186번(5) 목간〉

1 隅宮北門迶　[向/阿] [召/■] [■]　　[同/閣/阿閣]宮[西門/別/衛]迶　元方 [左/右/在]
　　　　　　才者 [左/在/■]　　　　　　　　　　　　　　　　　　馬叱下 [左/在]

2 [東/大]門迶　三[巴/毛/豆][左/在]　　開義門迶　　　　　　　　小巴乞 [左/在]
　　　　　　　　　　　　　　　　　　　　　　　　　　　　　　金[老/者] [左/右/在]

* [ ]는 판독상 이견이 있는 글자

　186번 목간은 단책형의 양면 목간으로 한 면을 상단부와 하단부로 나누고 큰 글자로 1행을 쓴 다음 아래에 작은 글자로 2행의 割註를 붙였다. 처음 186번 목간의 판독을 시도한 李成市는 平城宮 출토 목간 가운데 兵衛가 西宮의 문으로 출근한 당일 食料 청구를 위해 제출한 목간과 서식이 흡사하다고 지적하면서 이 목간을 '兵衛關係木簡'으로 규정했다.[40]

　이후 본 목간을 면밀히 분석한 이문기는 兵衛와 관련된 목간임에 동의하면서도, 門 뒤에 '迶'가 온다는 손환일의 판독을 따라 이를 '守'와 같은 것으로 새롭게 이해했다. 또한 割註 아래 인명 뒤에 左 또는 右가 붙는다는 보고 이를 각 문을 지키는 문지기들의 위치를 지정해준 것이라는 해석을 내놓았다. 그러므로 이 목간은 宮門과 殿閣 경비 업무를 관장한 黑鎧監 소속 관원이 작성한 것으로 궁정 경비상황을 점검하기 위해 휴대했으리라 추정했다.[41]

　186번 목간이 門號 경비 점검용으로 제작되었다는 이러한 관점은 대체로 수용되고 있다. 다만 인명 뒤에 오는 글자를 어떻게 읽고 해석할 것인가를 두고 조금씩 차이가 있다. 橋本 繁은 '左'로 읽고 당시 문지기 소속이 左右 혹은 左中右로 나눠져 있어 그 중 좌번에 소속되었음을 의미한다고 보았다.[42] 반면 윤선태는 인명 뒤의 글자들을 모두 초서체 '在'로 읽고 이를 일본의 門號木簡에서 勘檢者가 근무 상태를 확인할 때 사용한 '合點'과 같은 기능을 했다고 파악한 점에서 차별성을 가진다.[43] 또한 점검이 끝난 후 경비원의 食米 청구 등에 사용되었을 가능성도 열어 두고 있다.

　이밖에 151번(8) 사면목간은 왕경 6부의 里名들이 확인되어 주목을 받았다. 里名마다 우측 아래에 '受' 또는 '不' 등이 작게 적혀 있는 점으로 미루어 이 목간은 里別 물품 수취 또는 역역징발 내용을 점검하고 기록하기 위해 제작된 것으로 추정된다.[44] 151번 목간은 신라 왕경 내의 里制가 시행되었음을 보

40) 李成市, 1997, 앞의 논문, p.224.

41) 李文基, 2005, 「雁鴨池 출토 木簡으로 본 新羅의 宮廷業務 −宮中雜役의 遂行과 宮廷警備 관련 木簡을 중심으로−」, 『韓國古代史硏究』39, pp.193~200.

42) 橋本 繁, 2007a, 앞의 논문, pp.172~173. 이경섭 역시 '左'로 읽고 경비 군사의 소속이 좌우로 나눠졌을 가능성에 동의하고 있다(李京燮, 2010, 「안압지 목간과 신라 宮廷의 日常」, 『新羅文化』35, pp.41~42).

43) 윤선태, 2006, 「雁鴨池 出土 '門號木簡'과 新羅 東宮의 警備」, 『韓國古代史硏究』44, pp.275~281.

44) 윤선태, 2005, 앞의 논문, pp.130~131; 이용현, 2006b, 앞의 책, pp.125~132.

여주는 1차 사료로서 중요한 의미를 가지는데, 한 발 더 나아가 목간의 里名을 통해 6부 취락의 편제 방식을 분석한 경우도 있다.[45]

또한 월성해자 167번(21), 안압지 198번(16) 등 약재명과 수량이 기록된 의약 관련 목간도 있는데[46] 이들의 서식이 일본의 약재목간이나 正倉院 「雜物出入繼文」과 유사한 점에서 처방전의 하나로 파악된다.[47] 이 목간들과 관련해 약품명을 근거로 韓日 의약문화의 교류가 활발했음이 지적되었으며,[48] 특히 한의학의 관점에서 개별 약물의 효능을 분석한 연구도 있다.[49]

마지막으로 문서행정 관련 목간의 형태와 기원에 관한 논의를 간략하게 짚고 넘어가겠다. 윤선태는 월성해자와 안압지 목간을 비교 검토하면서 圓柱形이나 3각 혹은 4각의 多面木簡을 한국 고대 목간의 특징 중 하나로 지적하면서 한국 고대 목간문화를 '多面木簡文化'로 특징지을 수 있다고 주장했다. 특히 다면목간은 많은 분량을 담을 수 있다는 점에서 문서행정에 주로 사용된 것으로 보이는데, 6~7세기 월성해자 단계에서는 많이 확인되나 종이가 널리 보급되는 안압지 단계에는 종이문서로 대체된다고 설명했다.[50] 또한 다면목간은 漢代 簡牘文化에서 기원하며 고구려·백제를 거친 뒤에 신라로 유입된 것으로 추정되는데 이는 附札도 마찬가지였던 것으로 보았다.[51]

문서행정 관련 목간의 형태와 기원에 대한 검토는 문서행정의 기원과도 직결되는 문제인 만큼 중요한 의미를 가진다. 하지만 다면목간의 활용에 신중한 접근이 필요하다는 지적이 있고[52] 다면목간과는 구별되는 월성해자 출토 원주형 목간의 특수성을 지적한 연구도 있는 만큼[53] 다양한 각도에서 살펴볼 필요가 있다고 생각된다.

---

45) 全德在, 2005, 「新羅 里坊制의 施行과 그 性格」, 『新羅文化祭學術發表會論文集』26, p.124; 윤선태, 2005, 앞의 논문, p.132
46) 이 외에도 월성해자 152번(10), 안압지 208번(22)에도 약물명이 보인다는 견해도 있다(이용현, 2006b, 앞의 책, pp.185~186; 三上喜孝, 2007, 「慶州·雁鴨池出土の薬物名木簡について」, 『韓国出土木簡の世界』, 雄山閣, pp.315~316).
47) 윤선태, 2005, 앞의 논문, pp.126~128; 이용현, 2006b, 앞의 책, pp.174~186; 三上喜孝, 2007, 앞의 논문, pp.311~315.
48) 三上喜孝, 2007, 앞의 논문, pp.316~317; 이덕호, 2010, 「안압지 출토 木簡 處方箋에 관한 연구」, 경희대학교 대학원 기초한의학과 석사학위논문, pp.31~32.
49) 이덕호·이선아·김남일, 2009, 「안압지 출토 木簡 처방전의 釋讀에 대한 연구」, 『韓國韓醫學研究院論文集』15(2); 이덕호, 2010, 앞의 논문.
50) 윤선태, 2005, 앞의 논문, pp.120~123.
51) 윤선태, 2008b, 「목간으로 본 한자문화의 수용과 변용」, 『新羅文化』32, pp.181~188.
52) 주보돈, 2009, 앞의 논문, pp.23~24.
53) 馬場 基, 2010, 「木簡 作法과 100년의 理由」, 『韓日文化財論集 Ⅱ』, 국립문화재연구소, pp.342~347.

Ⅳ. 고대 동아시아의 언어와 문자

목간은 역사학적 자료로서 중요한 가치를 가지지만, 동시에 금석문과 함께 당대인의 언어와 문자의 사정을 잘 반영하고 있다는 점에서 국어학 자료로서도 중요한 의미를 지닌다. 2000년대 들어 출토 목간의 수가 늘어나면서 이를 활용한 吏讀, 口訣 등 한국 고대의 다양한 借字表記法과 문자생활에 대한 연구가 집중적으로 이루어졌다.

우선 안압지 목간과 관련해, 목간에서 신라 고유의 造字나 이두식으로 훈차, 음차하는 모습을 찾는 연구들이 있었다. 예컨대 안압지 출토 철제 자물쇠에 새겨진 '鎰'字가 본래 한자의 의미가 아니라 일본 과 같이 '鍵(カギ)'으로 해석되며 그 연원이 신라에 있다는 지적이 있었다.[54] 하지만 자물쇠에 새겨진 만큼 '鎰'은 말 그대로 자물쇠를 뜻하며, 213번(27) 목간 "策事門思易門金"의 '金'을 열쇠로 해석하면서 이 목간을 策事門과 思易門의 자물쇠에 공통으로 사용되던 열쇠의 부찰로 추정하는 견해가 제기되었 다.[55] 또한 186번의 앞면과 뒷면의 門號 다음에 공통적으로 붙는 '迎'가 우리나라에서만 사용한 글자로, '守'의 의미를 가진 것으로 추정되며 그 기원은 고구려에서 찾을 수 있다고 보았다.[56] 그밖에 안압지 188(8)과 221번(35)의 '加火魚'에서 '火'가 釋讀이 되었다거나[57] 부찰목간에 등장하는 '助史'를 音讀하여 '젓갈'로 파악한 연구[58] 등은 8세기 신라의 언어와 문자생활을 이해하는 데 큰 도움을 주었다.

이와 함께 그동안 주의를 기울이지 않았던 符號나 空白의 기능과 의미에 대한 관심도 높아졌다. 예를 들어 앞서 언급했던 186번 목간의 경우 각 문호마다 아래에 인명을 2행의 割註 형식으로 작게 쓰고 인명 뒤에 '在'를 붙였는데, 이를 일본 문호목간에 보이는 合點과 같은 역할을 했던 이두식 표기로 추정한 견해도 있다.[59] 合點은 처방전으로 추정되는 안압지 198번 목간에서는 각 약재명 상단과 우측을 '了'자와 같이 감싸는 형태로도 확인된다.

하지만 관련 목간 가운데 국어학계의 가장 많은 관심을 받은 것은 월성해자 149번이었다.[60] 처음에는 한국고대사 연구자들을 중심으로 본 목간이 가지는 吏讀的 요소가 지적되었다. 이성시는 4면의 '使

---

54) 이성시, 1997, 앞의 논문, p.235; 犬飼 隆, 2006 「日本語を文字で書く」, 『列島の古代史 6-言語と文字』, 岩波書店, pp.38~42.

55) 윤선태, 2007a, 「木簡으로 본 新羅 王京人의 文字生活」, 『新羅文化祭學術論文集』28, pp.128~135; 윤선태, 2007c, 「雁鴨池 出土 '門號木簡'과 新羅 東宮의 警備 -國立慶州博物館 촬영 赤外線 善本寫眞을 중심으로-」, 『新羅文物研究』創刊號.

56) 李文基, 2005, 「雁鴨池 출토 木簡으로 본 新羅의 宮廷業務 -宮中雜役의 遂行과 宮廷警備 관련 木簡을 중심으로-」, 『韓國古代史研究』39, pp.197~199.

57) 이용현, 2007a, 앞의 논문, pp.128~129; 金永旭, 2007, 앞의 논문, pp.174~176.

58) 이용현, 2007c, 「안압지와 東宮 庖典」, 『新羅文物研究』創刊號; 橋本 繁, 2007a, 앞의 논문, p.170.

59) 윤선태, 2008a, 앞의 논문, pp.301~303. 여기에 대해 안압지 198번(16)에서 '了'자를 흘려 쓴 부호가 있는 만큼 '在'를 합점으로 간주하기 어렵다는 비판이 있다(이성시, 2011, 앞의 논문, pp.57~58).

60) 149번 목간을 활용한 국어학계의 연구사 정리는 權仁瀚, 2010, 「금석문·목간 자료를 활용한 국어학계의 연구동향과 과제」, 『한국고대사연구』57, pp.268~269 참고.

內'가 조선시대 문서에서는 '사용하다, 처리하다'는 의미를 가진다고 언급했다.[61] 윤선태는 "시켰습니다"로 해석하면서 695년에 작성된 「신라촌락문서」의 이두와 비슷하거나 더 발달된 것으로 추정했다.[62] 좀 더 이두적 요소에 주목한 이용현은 '白'·'中'·'在'·'耆' 등의 용법을 다른 자료의 사례들과 함께 설명했다.[63]

이러한 기초적 검토 위에 국어학계의 연구 성과가 더해지면서 149번 목간의 새로운 판독과 이해가 가능해졌다. 149번 목간을 국어학적 측면에서 본격적으로 분석한 김영욱은 기왕에 '了'로 판독하거나 '白'의 마지막 획을 변형시킨 것으로 추정해왔던 1면 마지막 글자를 口訣字로 종결어미 '-다'의 뜻을 가지는 'ㅣ'로 읽었다. 그리고 이 'ㅣ' 앞에 있는 '白'은 '솗' 또는 '스로-'로 釋讀되었다고 보았다.[64] 이후 구결자 'ㅣ'가 '之'의 草書體에서 기원했다는 점, '…白ㅣ(之)'가 문두 말미의 투식으로서 상용화되었으며 그 용례가 안압지 출토 1호 목간의 '洗宅白之'에서 확인되는 점도 지적되었다.[65] 이밖에도 149번 목간에서 선어말 어미 '在'[66]와 '內', 처격조사 '中' 등이 확인되었으며 다른 월성해자 목간에서도 비슷한 양상이 확인되었다.[67]

이처럼 다방면에서 목간에 대한 세밀한 분석이 진행되면서 이전에 미처 알 수 없었던 신라인의 언어와 문자생활의 실상을 구체적으로 파악할 수 있게 되었다. 그리고 이러한 노력은 개별 목간의 해석이나 문법적 요소를 추출해내는 차원에 머무르지 않고, 吏讀를 비롯한 신라 문자문화 전반의 발전 단계를 설정하고 의미를 부여하는 데 이르렀다.

먼저 149번 목간을 활용해 7세기 신라에서 한국 문자문화의 질적 전환이 일어났음을 강조했다. 예컨대 149번 목간은 薛聰이 활동하던 7세기 후반의 것으로, 그동안 최초로 吐가 등장한다고 여겨졌던 甘山寺 阿彌陀如來造像記(720년)보다 앞서 우리말의 吐까지 표기할 수 있는 완벽한 이두문을 담고 있다고 평가한 연구가 있다. 여기에서는 이두의 발전 단계에서 국어의 조사나 어미 등의 형태부가 문장 표기에 반영되는 2단계에 속한다고 보았다.[68] 또한 월성해자 목간 후반부에는 차자표기법이 성숙하면서 차자표기 자체를 간략화, 부호화하는 단계로 나아갔는데, 특히 앞서 언급했던 쉼표 또는 終止符 기능을 하는 빈 칸을 의도적으로 설정한 것은 '訓主音從'의 이두 표기 체계나 口訣이 등장하는 계기로서 의미 부여할 수 있다는 견해도 제시되었다.[69]

---

61) 李成市, 2000, 앞의 논문, p.86.

62) 윤선태, 2005, 앞의 논문, pp.135~136. 이후 2008a, 앞의 논문에서는 "시킨 대로 처리함"으로 수정했다.

63) 이용현, 2006b, 앞의 책, pp.204~206.

64) 金永旭, 2007, 「古代 韓國木簡에 보이는 釋讀表記」, 『口訣研究』19, pp.180~181.

65) 윤선태, 2008b, 앞의 논문, p.196; 鄭在永, 2008, 앞의 논문, pp.96~97.

66) '在'를 존경법 선어말어미가 아니라 동사어간 '있-'에 대응하는 것으로 보는 견해도 있다(이승재, 2009, 「木簡과 國語學」, 『고대의 목간 그리고 산성』, p.177).

67) 朴盛鍾, 2007, 「吏讀字 '內'의 讀法」, 『口訣研究』19; 이승재, 2009, 앞의 논문.

68) 鄭在永, 2008, 앞의 논문, pp.101~107.

69) 윤선태, 2008a, 앞의 논문; 윤선태, 2011, 「백제와 신라의 한자·한문 수용과 변용」, 『동아시아의 문자교류와 소통』, 동

이러한 평가를 토대로 신라 문자문화의 특징 또는 고구려·백제와의 비교 검토가 이어졌다. 그동안은 신라가 고구려 또는 백제의 영향을 받아들인 측면만이 언급되었지만, 목간 자료가 출토되면서 신라 문자문화의 독자적인 요소를 발견할 수 있게 되었다. 우선 149번 목간에 보이는 양상을 토대로 신라의 이두는 한문적 요소가 강하게 남은 고구려나 백제 이두와는 달리 한국어 문장을 완전히 표기할 수 있는 단계까지 진전된 점에서 큰 의미를 가지며, 중국어 문법에는 없는 선어말어미 '在'의 등장이야말로 그 근거라는 견해가 제기되었다.[70] 그리고 신라에서 그러한 변화가 고구려나 백제보다 먼저 가능할 수 있었던 배경으로 신라의 구두명령체계가 거론되었다.[71] 즉 한자·한문에 기초한 문서행정이 신라에 수용되기 이전에 확립된 구두명령 전달 시스템이 문서의 표현 방식을 결정하는 구조적 요인으로 작용하면서 문서의 내용 전달이 구어체를 재현하는 방향으로 발전하였고 그로 인해 이두가 탄생했다는 것이다.

여기서 한 발 더 나아가 신라 목간의 위상을 동아시아 문자의 교류라는 큰 흐름 속에서 파악하려는 시도가 이어졌다. 먼저 신라와 일본 문자문화의 상호 관련성을 분석했는데, 주로 149번 목간과 일본 滋賀縣 西河原森ノ內 유적의 2호 목간 비교를 통해 이루어졌다. 西河原森ノ內 유적은 渡來人들이 정착했던 近江 지역에 위치하는 만큼 한국의 영향을 받았다는 견해가 일찍부터 제기되었는데, 149번 목간이 발견되면서 신라의 직접적인 영향을 상정할 수 있게 된 것이다.[72] 그리고 구체적인 근거로 종결어미 '之'의 용법이나 空白의 사용 등이 제시되었다.

또한 목간에 보이는 신라 문자문화의 기원과 관련해, 그동안 신라의 처격조사 '中'이나 종결어미 '之' 용법의 기원을 고구려 또는 北魏에서 찾았다. 하지만 최근 秦漢의 簡牘을 검토한 연구는 이러한 용법들이 중국 內地의 公文書에서 확인되는 만큼 한반도에서 자체적으로 변용한 것이 아니라 중국의 용법을 수용한 것으로 이해해야 한다는 주장이 나왔다.[73] 그리고 전파의 중간기점으로 낙랑군을 주목하여, 낙랑군의 문서행정을 경험하는 과정에서 중국의 용법 가운데 우리의 어법환경에 적합한 것들을 선택적으로 수용했을 것이라 추정했다. 따라서 동아시아의 문자문화의 흐름은 '중국 秦·漢⇒고구려⇒백제·신라⇒일본'으로 상정할 수 있는데, 신라에서는 선택적으로 수용된 중국식 문자문화가 6세기 이후 변형을 겪으면서 7세기에 완전히 정착했다고 파악했다.[74]

이상의 연구들은 신라의 언어와 문자생활은 물론이거니와 고대 한반도의 문자문화를 동아시아라는 큰 흐름 속에서 파악하려 했다는 점에서 큰 의미가 있다. 앞으로 더 많은 사례가 축적된다면 통시적이

북아역사재단.

70) 金永旭, 2011, 「三國時代 吏讀에 대한 基礎的 論議」, 『口訣研究』27, pp.77~79.

71) 윤선태, 2011, 앞의 논문, pp.151~158.

72) 金永旭, 2008, 「西河原森ノ內 遺跡址의 '椋直' 木簡에 對한 語學的 考察」, 『목간과 문자』창간호; 三上喜孝, 2008, 앞의 논문, pp.201~203; 권인한, 2010, 「목간을 통해서 본 고대 동아시아의 문자문화」, 『목간과 문자』6; 정재영, 2011, 「한국 고대 문자자료에 나타나는 종결어미 '之'」, 『동아시아의 문자교류와 소통』, 동북아역사재단; 權仁瀚, 2012, 앞의 논문.

73) 김병준, 2011, 「낙랑군의 한자 사용과 변용 고대 동아시아의 문자교류와 소통」, 동북아역사재단, pp.65~81.

74) 권인한, 2010, 「목간을 통해서 본 고대 동아시아의 문자문화」, 『목간과 문자』6, pp.82~84; 金永旭, 2011, 「木簡에 보이는 古代國語 表記法」, 『口訣研究』26, pp.184~187.

고 거시적인 측면에서 연구가 활성화될 수 있으리라 기대해본다.

Ⅴ. 신라 宮廷의 운영과 일상

머리말에서 언급했듯이 월성해자와 안압지는 신라 王宮 및 東宮과 밀접한 관련이 있는 유적이다. 따라서 이곳에서 출토되는 각종 유물들은 당시 신라 宮廷의 모습을 잘 보여줄 수 있는 자료들이다. 마찬가지로 목간에서도 신라 宮廷과 관련된 내용들이 확인된다. 특히 출토량이 많고 다양한 내용이 많이 남아 있는 안압지 목간을 중심으로 그동안 연구가 진행되었다.

초기 연구는 주로 목간에서 확인되는 내정 관부를 대상으로 이루어졌다. 그 가운데 일찍부터 주목을 받은 것은 '洗宅'이었다. 발굴보고서에서 안압지 목간을 정리한 이기동은 목간에 기재된 '洗宅'에 주목하여 그 성격을 검토했다.[75] 洗宅은 『三國史記』 職官志 中에 두 차례 등장하는데[76] 國王과 東宮 직속 기구로서 각각 별도로 존재했다. 세택의 역할에 대해서는 세택이 '中事省'으로 개명한 점과 9세기 중엽 이후의 기록으로 미루어 "국왕이나 왕태자에 대한 侍從의 임무뿐만 아니라 동시에 詔書를 專掌하는 등 文翰을 장악한 官府"라 규정할 수 있다고 주장했다.

세택의 기능을 이처럼 상정할 때 안압지 출토 목간에 세택이 기록된 배경에 대해서도 설명할 수 있다. '세택'명 목간의 연대는 750년대로 비정되는데[77] 이 무렵 중대 전제왕권을 뒷받침해오던 執事部는 왕권을 제약하는 존재로 변질되어가고 있었다. 이에 대처하고자 경덕왕은 近侍機構를 중심으로 정치개혁을 단행했을 가능성이 높은데, 洗宅도 그중 하나라는 것이다.

洗宅에 대한 이기동의 설명은 지금까지 거의 정설로 받아들여지고 있다. 그런데 최근 세택의 기능과 위상을 통시적 측면에서 검토해야 한다는 문제제기가 있었다.[78] 여기에 따르면 9세기 중후반의 중사성이 近侍·文翰機構의 성격을 가지는 것은 분명하나 그것을 8세기 중후반까지 소급 적용할 수는 없다고 보았다. 오히려 세택이 들어간 목간들을 새롭게 판독·해석한 결과 세택은 궁중의 雜役을 수행하거나 闕外에서 필요한 물품을 구매하는 주체로 나타나고 있다. 또한 세택은 舍知~奈麻 관등 소지자가 취임할 수 있는 大舍와 無官等者로 추정되는 從舍知로 구성되는 하급 관부였다. 따라서 8세기 중후반의 세택을 국왕 측근의 近侍·文翰機構로 보기는 어렵고 궁중 잡역을 수행하는 하급의 내정 관부로 봐야 한

---

75) 李基東, 1978, 「羅末麗初 近侍機構와 文翰機構의 擴張」, 『歷史學報』 77, pp. 19~26; 1979, 앞의 논문, pp. 128~131.

76) 『三國史記』 卷39 職官志 中 "洗宅 景德王改爲中事省 後復故 大舍八人 從舍知二人 (중략) 東宮官 ①東宮衛 景德王十一年 置 上大舍一人 次大舍一人 ②御龍省 大舍二人 稚省六人 ③洗宅 大舍四人 從舍知二人 ④給帳典[一云□典] 典四人 稚四人 ⑤月池典 [闕] ⑥僧房典 大舍二人 從舍知二人 ⑦庖典 大舍二人 史二人 從舍知二人 ⑧月池嶽典 大舍二人 水主一人 ⑨龍王 典 大舍二人 史二人."

77) 中事省에서 洗宅으로 復古된 혜공왕 12년(776) 직후로 보기도 한다(李成市, 1997, 앞의 논문).

78) 李文基, 2012, 앞의 논문, pp. 161~167.

다고 주장했다.[79]

통시적으로 세택의 위상을 분석하려는 시도는 신라 내정관부의 역사적 변천 가능성에 주목한 점에서 의미가 있다. 논의의 타당성에 대해서는 검토가 필요하겠지만, 그와는 별개로 세택에 대한 기왕의 논의가 국왕 직속과 동궁 직속의 세택을 동일한 성격의 것으로 전제하고 마치 후자가 전자의 축소판인 것처럼 이해한 부분은 재고의 여지가 있다고 생각한다. 동궁 예하 관부 가운데는 일상 생활이나 의례와 관련된 관부가 다수 있다. 특히 궁중 요리를 담당한 것으로 보이는 庖典이 동궁에만 설치된 점이 주목된다.[80] 이로 미루어 볼 때 동궁에 설치된 세택은 처음부터 국왕 직속의 그것과 설치 목적이나 기능에서 구별되었거나, 신라 하대까지도 궁정의 일상과 관련된 업무를 주로 담당했을 가능성도 배제할 수 없다.

다음으로 職官志 中의 가장 마지막에 기록된 龍王典은 안압지 출토 '辛審龍王', '龍王辛審'명 토기를 바탕으로 龍王에 대한 제의를 주관한 것으로 이해해왔다. 윤선태는 한 발 더 나아가 '辛'을 '추수한 新物'로 해석하고 '辛審'은 용왕에게 바치는 제물인 '辛'을 살피는 관직으로 추정했다.[81] 아울러 辛審은 토기에 묵서된 '本宮辛審'으로 보아 동궁 소속이었을 것이라는 의견을 제시했다.

그런데 안압지 목간을 재판독하는 과정에서 '辛審'이 아니라 '辛番'이 분명해지면서 다른 견해들이 나왔다. 재판독에 참여한 三上喜孝는 토기에 묵서된 글자들과 달리 목간에는 갓머리(宀)가 확인되지 않으므로 '番'으로 읽어야 하며, 183번(2) 목간의 '丙番'으로 보아 十干의 명칭으로 시작되는 番上 제도가 있었을 것이라 추정했다.[82] 한편 이문기는 '辛'을 '新'과 동의어로 보고 185번 목간의 '辛番洗宅'을 '새로 차례가 된(혹은 새로 순번을 맡은) 洗宅'으로 해석했다.[83] 반면 '辛番'과 '辛審'을 동일한 의미로 파악하고 여전히 祭儀와 관련된 내용으로 보는 경우도 있다.[84] 앞으로 관련 자료들 간의 비교와 면밀한 판독이 필요할 텐데, 최근 국립경주박물관 남측 확장부지 내 통일신라 유적에서 '辛番東宮洗宅'명 청동접시 1점이 출토되어 주목을 끈다.[85]

이밖에 목간에서 직접 확인되지는 않지만 안압지 부찰목간에 보이는 각종 식품류와 용기명을 토대로 궁중의 요리를 담당하는 庖典의 존재와 기능을 검토한 연구가 있다.[86] 또한 동궁 예하 관부는 아니

---

79) 李文基, 2012, 앞의 논문 pp.192~197.

80) 이용현, 2007c, 앞의 논문.

81) 尹善泰, 2000, 「新羅 統一期 王室의 村落支配 —新羅 古文書와 木簡의 分析을 中心으로—」, 서울大學校 大學院 國史學科 博士學位論文, pp.89~97.
　　'辛審'을 山神으로 파악하는 견해도 있다. 韓炳三, 1982, 「雁鴨池 名稱에 關하여」, 『考古美術』153; 高敬姬, 1993 「新羅 月池 出土 在銘遺物에 對한 銘文 研究」, 東亞大學校 大學院 史學科 碩士學位論文, p.67; 李成市, 1996, 「新羅と百済の木簡」, 『木簡が語る古代史 上』, 吉川弘文館, p.62.

82) 三上喜孝, 2007, 앞의 논문, p.112.

83) 李文基, 2012, 앞의 논문, pp.176~177.

84) 李京燮, 2010, 앞의 논문, pp.34~35.

85) 최순조, 2013, 「국립경주박물관 남측부지 유적 출토 신명문자료 —東宮衙銘 호 및 辛審(?)東宮洗宅銘 청동접시—」, 한국목간학회 제15회 정기발표회 발표문, pp.4~5. 발표자는 두 번째 字를 '審'으로 추독했지만 '番'이 분명하다.

86) 이용현, 2007c, 앞의 논문.

지만 '北廂典'(183번) '席典'(192번) '藥典(월성해자 167·안압지 198번)' '給帳典(안압지 1호)' 등의 존재를 유추하기도 한다.[87] 그리고 '策事'명 목간(182·213번)에 주목해 8세기 중후반 왕족과 귀족 자제들의 재능과 학문적 소양을 점검하는 '策事'라는 제도가 공식적으로 존재했다는 흥미로운 견해도 제기되었다.[88] 앞으로 세밀한 검토를 계속해간다면 신라 내정 관부의 성격과 구체적인 기능에 대해 새로운 사실들을 밝혀낼 수 있을 것이다.

한편 관부명 관련 목간 외에도 『고대목간』의 간행과 2007년 재판독 결과가 공개되면서 신라 왕궁의 식생활에 대한 관심이 높아졌다. 안압지 목간 가운데 加火魚, 獐, 猪, 鳥, 生鮑, 汁 등 각종 식품명이 기록된 것들이 상당한 비중을 차지함이 밝혀져 당시 東宮에서 소비한 식품들을 유추할 수 있게 되었다. 특히 橋本 繁은 식품명 목간 가운데 14점이 〈연월일+作(治)+동물+가공품명+容器 등〉의 형식을 갖추었으며 음식물을 보관하던 용기에 부착된 附札木簡이라는 사실을 밝혀냈다.[89] 이 형식에서 연원일은 제작일시, '作(治)'는 가공했음을 의미하며 동물명은 재료를 가리킨다. 또한 동물명 뒤에 오는 '醢(=醯)'이나 '助史'를 우리말 '젓갈'로 해석할 수 있다고 보았다.[90] 이밖에 식품명 목간과 함께 출토된 동물 유체나 식기류를 종합적으로 검토한 경우도 있다.[91] 이러한 연구들은 신라 궁정의 음식문화 전반을 이해하는 데 크게 기여했다.

VI. 맺음말

이상으로 거칠게나마 경주 월성해자와 안압지 출토 목간의 연구 동향을 몇 가지 주제를 중심으로 정리해보았다. 정리하면서, 월성해자와 안압지 목간을 활용한 연구가 한창 활발했던 2000년대 중후반에 비해 최근에는 조금 주춤하다는 인상을 강하게 받았다.

앞으로 연구가 진전되기 위해서는 우선 판독상의 문제로 제대로 분석하지 못했던 많은 목간들을 다

---

87) 三上喜孝, 2007, 앞의 논문, p.112; 李成市, 1997, 앞의 논문; 이용현, 2006b, 앞의 책, pp.186~188; 李京燮, 2010, 앞의 논문, p.47.

88) 뤼징(呂靜)·이하얀·장러(張樂), 2011, 「한국 경주 안압지 출토 '책사(策事)' 목간에 관한 시론」, 『죽간 목간에 담긴 고대 동아시아』, 성균관대학교출판부

89) 橋本 繁, 2007a, 앞의 논문.

90) 이용현, 2007c, 앞의 논문, p.66에서도 젓갈일 가능성이 높다고 언급했다.
한편 '助史'를 宮中雜役을 수행하는 말단관직이라 보고 그 앞의 명칭이 관련 업무를 가리킨다는 해석도 있다(李文基, 2005, 앞의 논문, pp.174~193). 다만 이 견해의 판독안이 너무 독창적이고 부찰목간의 형태를 전혀 고려하지 않아(이경섭, 2010, 앞의 논문, pp.30~31) 따르기 어렵다.
그 외에 '助(지)史'로 읽고 '음식(물)'의 뜻을 가진다고 보기도 한다(李承宰, 2011, 「목간에 나오는 먹을거리와 그 셈법」, 『문자, 그 이후』, 국립중앙박물관, pp.251~252).

91) 권주현, 2012, 「통일신라시대의 食文化 연구― 왕궁의 식문화를 중심으로 ―」, 『한국고대사연구』68.

시 한 번 꼼꼼히 살피는 노력이 필요할 것이다. 그동안 아무도 다루지 않았던 안압지 206번(20) 목간에서 신라 詩歌를 발굴하려는 최근의 시도[92]는 시사하는 바가 크다.

또한 그동안 많이 다루어진 목간이라도 중국이나 일본의 연구 성과를 꾸준히 검토, 비교하거나 학제 간의 연구를 통해 시야를 넓힌다면 새로운 논의가 가능할 수도 있을 것이다. 앞으로 월성해자와 안압지 목간을 바탕으로 한 연구가 다방면에서 활성화될 수 있기를 기대해본다.

투고일 : 2013. 4. 2   심사개시일 : 2013. 4. 13   심사완료일 : 2013. 5. 3

---

92) 李丞宰, 2012, 「木簡에서 찾은 新羅 詩歌 二首」, 구결학회 43회 전국학술대회 발표논문집, pp.19~27.

참/고/문/헌

1. 보고서

文化公報部 文化財管理局, 1978, 『雁鴨池』.

國立慶州文化財研究所, 2006, 『月城垓子 發掘調査報告書 II-고찰-』.

國立慶州文化財研究所, 2011, 『月城垓子 發掘調査報告書 III(4號 垓子)』.

國立慶州文化財研究所, 2012a, 『月城垓子 發掘調査報告書 IV(5號 垓子)』.

국립경주문화재연구소, 2012b, 『慶州 東宮과 月池 I』.

2. 자료집 및 도록

李基白 編著, 1987, 『韓國上代 古文書 資料集成』, 一志社(개정판 1993).

韓國古代社會研究所 編, 1992, 『譯註 韓國古代金石文 제3권(신라·발해 편)』, 駕洛國史蹟開發研究院.

國史編纂委員會, 1996, 『韓國古代金石文資料集 3(統一新羅·渤海篇)』.

國立淸州博物館, 1997, 『한국 고대의 문자와 기호유물』.

國立慶州博物館, 2002, 『文字로 본 新羅』.

國立昌原文化財研究所, 2004, 『韓國의 古代木簡』.

國立昌原文化財研究所, 2006, 『[개정판] 韓國의 古代木簡』.

국립부여박물관·국립가야문화재연구소, 2009, 『나무 속 암호 목간』.

국립중앙박물관, 2011, 『문자, 그 이후』.

손환일, 2011, 『한국 목간의 기록문화와 서체』, 서화미디어.

손환일 편저, 2011, 『(韓國) 木簡字典』, 국립가야문화재연구소.

3. 論著

李基東, 1979, 「雁鴨池에서 出土된 新羅木簡에 대하여」, 『慶北史學』1.

高敬姬, 1993, 「新羅 月池 出土 在銘遺物에 對한 銘文 研究」, 東亞大學校 大學院 史學科 碩士學位論文.

金昌鎬, 1995, 「古新羅 都城制 문제」, 『新羅文化祭學術發表論文集』16.

李成市, 1996, 「新羅と百済の木簡」, 『木簡が語る古代史 上』, 吉川弘文館.

李相俊, 1997, 「慶州 月城의 變遷過程에 대한 小考」, 『嶺南考古學』21.

李成市, 1997, 「韓国出土の木簡について」, 『木簡研究』19, 木簡學會.

李鎔賢, 1999, 「統一新羅の傳達體系と「北海通」-韓國慶州雁鴨池出土の15号木簡の解釋-」, 『朝鮮學報』171, 朝鮮學會(2006b, 『韓國木簡基礎研究』, 신서원 재수록).

尹善泰, 2000, 「新羅 統一期 王室의 村落支配 -新羅 古文書와 木簡의 分析을 中心으로-」, 서울大學校 大學院 國史學科 博士學位論文.

李成市 2000,「韓國木簡연구의 현황과 咸安城山山城출토의 木簡」,『韓國古代史研究』19.

尹善泰, 2002,「新羅의 文書行政과 木簡－牒式文書를 중심으로」,『강좌 한국고대사 5－문자생활과 역사서의 편찬』, 가락국사적개발연구원.

李鎔賢, 2003,「경주 안압지(月池) 출토 목간의 기초적 검토 －보고서 분석과 넘버링을 중심으로－」,『國史館論叢』101(2006b,『韓國木簡基礎研究』, 신서원 재수록).

全德在, 2005,「新羅 里坊制의 施行과 그 性格」,『新羅文化祭學術發表會論文集』26.

李成市, 2005,「朝鮮の文書行政」,『文字と古代日本 2－文字による交流』, 吉川弘文館.

윤선태, 2005,「월성해자 출토 신라 문서목간」,『역사와 현실』56(尹善泰, 2007,「月城垓字出土新羅木簡に対する基礎的検討について」,『韓国出土木簡の世界』, 雄山閣 재수록).

李文基, 2005,「雁鴨池 출토 木簡으로 본 新羅의 宮廷業務 －宮中雜役의 遂行과 宮廷警備 관련 木簡을 중심으로－」,『韓國古代史研究』39.

深津行德, 2006,「古代東アジアの書体·書風」,『文字と古代日本 5－文字表現の獲得』, 吉川弘文館.

犬飼 隆, 2006,「日本語を文字で書く」,『列島の古代史 6－言語と文字』, 岩波書店.

三上喜孝, 2006,「文書様式「牒」の受容をめぐる一考察」,『山形大學歷史史·地理·人類學論集』7, 山形大學人文學部.

윤선태, 2006,「雁鴨池 出土 '門號木簡'과 新羅 東宮의 警備」,『韓國古代史研究』44.

이용현, 2006a,「목간류」,『月城垓子 發掘調査報告書Ⅱ－고찰－』, 國立慶州文化財研究所(2006b,『韓國木簡基礎研究』, 신서원 재수록).

이용현, 2006b,『韓國木簡基礎研究』, 신서원.

權仁翰, 2007,「正倉院藏 '第二新羅文書'의 正解를 위하여－新羅 俗字 'ㅓ'의 正解 究明을 겸하여」,『口訣研究』18.

이용현, 2007a,「목간으로 본 신라의 문자·언어 생활」,『口訣研究』18.

윤선태, 2007a,「木簡으로 본 新羅 王京人의 文字生活」,『新羅文化祭學術論文集』28.

橋本 繁, 2007a,「慶州雁鴨池木簡と新羅內廷」,『韓国出土木簡の世界』, 雄山閣(하시모토 시게루, 2007b,「雁鴨池 木簡 判讀文의 再檢討」,『新羅文物研究』創刊號).

三上喜孝, 2007,「慶州·雁鴨池出土の藥物名木簡について」,『韓国出土木簡の世界』, 雄山閣.

金永旭, 2007,「古代 韓國木簡에 보이는 釋讀表記」,『口訣研究』19.

朴盛鍾, 2007,「吏讀字 '內'의 讀法」,『口訣研究』19.

윤선태, 2007b,「한국고대목간의 형태와 종류」,『역사와 현실』65.

이용현, 2007b,「안압지 목간과 동궁(東宮) 주변」,『역사와 현실』65.

윤선태, 2007c,「雁鴨池 出土 '門號木簡'과 新羅 東宮의 警備 －國立慶州博物館 촬영 赤外線 善本寫眞을 중심으로－」,『新羅文物研究』創刊號.

이용현, 2007c,「안압지와 東宮 庖典」,『新羅文物研究』創刊號.

함순섭, 2007, 「국립경주박물관 소장 안압지 목간의 새로운 판독」, 『新羅文物研究』創刊號.

市 大樹, 2007, 「慶州 月城垓字 출토 西面墨書木簡」, 『韓日文化財論集 Ⅰ』, 국립문화재연구소.

李京燮, 2008, 「新羅 月城垓子 木簡의 출토상황과 月城 周邊의 景觀 변화」, 『韓國古代史研究』49.

金永旭, 2008, 「西河原森ノ內 遺跡址의 '椋直' 木簡에 對한 語學的 考察」, 『목간과 문자』창간호.

鄭在永, 2008, 「月城垓子 149號 木簡에 나타나는 吏讀에 대하여」, 『목간과 문자』창간호.

三上喜孝, 2008, 「일본 고대 목간의 계보 ―한국 출토 목간과의 비교검토를 통하여―」, 『목간과 문자』 창간호.

윤선태, 2008a, 「新羅의 文字資料에 보이는 符號와 空白」, 『口訣研究』21.

윤선태, 2008b, 「목간으로 본 한자문화의 수용과 변용」, 『新羅文化』32.

李京燮, 2009, 「新羅 月城垓子에서 출토한 '2호 木簡'에 대하여」, 『한국 고대사 연구의 현단계』, 석문이 기동교수정년기념 논총간행위원회.

이현숙, 2009, 「신라 약재명 목간에 대한 분석」, 한국목간학회 제6회 정기발표회 발표문.

이덕호, 이선아, 김남일, 2009, 「안압지 출토 木簡 처방전의 釋讀에 대한 연구」, 『한국한의학연구원 논문집』15(2).

이동주, 2009, 「월성해자 출토 목간의 제작기법」, 『목간과 문자』4.

이성시, 2009, 「韓国木簡과 韓国史研究」, 『고대의 목간 그리고 산성』.

이승재, 2009, 「木簡과 國語學」, 『고대의 목간 그리고 산성』.

이용현, 2009, 「韓國의 木簡과 金石文의 相互交叉研究 ―「奴人」·「受」등―」, 『고대의 목간 그리고 산성』.

주보돈, 2009, 「한국의 木簡研究 30년, 그 成果와 展望」, 『고대의 목간 그리고 산성』.

李京燮, 2010, 「안압지 목간과 신라 宮廷의 日常」, 『新羅文化』35.

이덕호, 2010, 「안압지 출토 木簡 處方箋에 관한 연구」, 경희대학교 대학원 기초한의학과 석사학위논문.

權仁瀚, 2010a, 「금석문·목간 자료를 활용한 국어학계의 연구동향과 과제」, 『한국고대사연구』57.

金永旭, 2010, 「古代國語의 處所格 助詞에 對하여」, 『국어학』57.

권인한, 2010b, 「목간을 통해서 본 고대 동아시아의 문자문화」, 『목간과 문자』6.

馬場 基, 2010, 「木簡 作法과 100년의 理由」, 『韓日文化財論集 Ⅱ』, 국립문화재연구소.

이성시, 2011, 「한국목간연구의 현재 ―신라목간연구의 성과를 중심으로―」, 『죽간 목간에 담긴 고대 동아시아』, 성균관대학교출판부.

이용현, 2011, 「목간을 통해본 한국의 문자와 언어」, 『죽간 목간에 담긴 고대 동아시아』, 성균관대학 교출판부.

윤선태, 2011a, 「목간으로 본 한자문화의 수용과 변용」, 『죽간 목간에 담긴 고대 동아시아』, 성균관대 학교출판부.

뤼징(呂靜)·이하야·장러(張樂), 2011, 「한국 경주 안압지 출토 '책사(策事)' 목간에 관한 시론」, 『죽간 목간에 담긴 고대 동아시아』, 성균관대학교출판부.

金永旭, 2011a, 「木簡에 보이는 古代國語 表記法」, 『口訣硏究』26.

김병준, 2011, 「낙랑군의 한자 사용과 변용」, 『고대 동아시아의 문자교류와 소통』, 동북아역사재단.

윤선태, 2011b, 「백제와 신라의 한자·한문 수용과 변용」, 『동아시아의 문자교류와 소통』, 동북아역사 재단.

김영욱, 2011b, 「동아시아의 문자문화와 한문의 수용 양상」, 『동아시아의 문자교류와 소통』, 동북아역 사재단.

정재영, 2011, 「한국 고대 문자자료에 나타나는 종결어미 '之'」, 『동아시아의 문자교류와 소통』, 동북 아역사재단.

金永旭, 2011c, 「三國時代 吏讀에 대한 基礎的 論議」, 『口訣硏究』27.

이경섭, 2011, 「이성산성(二聖山城) 출토 문자유물을 통해서 본 신라 지방사회의 문서행정(文書行政)」, 『역사와 현실』81.

李承宰, 2011, 「목간에 나오는 먹을거리와 그 셈법」, 『문자, 그 이후』, 국립중앙박물관.

李丞宰, 2012, 「木簡에서 찾은 新羅 詩歌 二首」, 구결학회 43회 전국학술대회 발표논문집.

이문기, 2012, 「안압지 출토 木簡으로 본 新羅의 洗宅」, 『한국고대사연구』65.

權仁瀚, 2012, 「韓·日 初期 木簡을 통해서 본 한문 어법의 선택적 수용과 변용」, 『日本硏究』13, 부산대 학교 일본연구소.

李熙濬, 2012, 「'동궁과 월지' 동편 신라왕경 유적의 조성 시기 및 성격 검토」, 『韓國古代史探究』11.

전덕재, 2012, 「한국의 고대목간과 연구동향」, 『목간과 문자』9.

권주현, 2012, 「통일신라시대의 食文化 연구 − 왕궁의 식문화를 중심으로 −」, 『한국고대사연구』68.

최순조, 2013, 「국립경주박물관 남측부지 유적 출토 신명문자료 −東宮衙銘 호 및 辛審(?)東宮洗宅銘 청동접시−」, 한국목간학회 제15회 정기발표회 발표문.

⟨Abstract⟩

Trend in the study of Silla Wooden Slips of Moat of Wolseong Fortress and Anapji in Gyeongju

Hong, Ki-seung

This study examines the overall research trends using wooden slips excavated at Moat of Wolseong Fortress and Anapji in Gyeongju until recently, by focused on several main topics. Since the 2000s, these wooden slips can be read more correctly than before, and some reference books were published. As a result, research has been major developments in various aspects.

First, studies examining the document wooden slips that contain information about document administration of Silla have been conducted. Especially, wooden slip No.149 has received a great deal of attention to the problems associated with reading direction and the form and nature of the document. It was a good chance to infer the aspects and changes of Silla administrative documents, by comparing with japanese and Anapji document slips.

Secondly, discussion of Ancient Korean character culture that utilize wooden slips has been achieved. Some analysis allows us to set the stage of development of Silla character culture. Based on this, it can be emphasized the Silla character culture has the elements of its own, and had advanced to the stage that write the full text of Korean in Chinese characters. Furthermore, some researches pointed out that in the exchange of East Asian character culture, Silla selectively accepted Chinese character culture, and influenced Japan.

At last, we can catch a glimpse of everyday life and management of Silla court through the wooden slips of Anapji. In particular, administrative office "setaek(洗宅)" which appear in wooden strip was noted early. And many opinions have been raised about the interpretation and nature of "shinsim(辛審)" recorded in some wooden slips. In addition, there are studies that analogy the presence and function of the authorities by the contents of the wooden slips, and researches to try to understand the food culture of the Silla court at the time through names of food written in wooden slips.

▶ Key words : Moat of Wolseong Fortress, Anapji, Silla court, Document administration

한국 고대 '呪術木簡'의 연구 동향과 展望
-'呪術木簡'을 찾아서-

이재환*

Ⅰ. 머리말
Ⅱ. 무엇을 '呪術木簡'이라 불렀는가?
Ⅲ. 왜 '呪術木簡'인가?
Ⅳ. 맺음말
附. 판독안 대비표

〈국문 초록〉

　본고는 2012년 12월 1일 개최된 한국목간학회 제7회 정기학술대회에서의 발표를 토대로 작성되었다. 한국 고대 목간에 대한 그동안의 연구 성과를 출토 지역에 따라 나누어 정리한 이 학술대회에서, '呪術木簡'이 하나의 주제로 선정된 것은 흥미로운 일이다. 지금까지 '주술목간'이라는 개념 정의는 이루어진 적이 없기 때문에, 먼저 '주술'이라는 용어를 사용하여 목간을 설명한 사례를 모두 찾아보았다.

　그 결과 扶餘 陵山里寺址 출토 295호 목간·299호 男根形 목간·301호 목간·309호 목간·능7 새모양 목간을 비롯하여, 昌寧 花旺山城 蓮池 출토 人形 목간 및 목간1·2·3, 河南 二聖山城 A지구 2차 저수지 3차 발굴 출토 목간 3·4·5와 목간 7·8·9·10 및 4차 발굴 출토 목간 1~5, 慶州 傳仁容寺址 출토 목간, 慶州 國立慶州博物館 美術館敷地 출토 목간 등의 성격과 용도를 논하는 과정에서 '주술'이라는 용어가 사용된 바 있음을 확인할 수 있었다.

　'주술'이라는 용어를 사용한 맥락은 불분명한 경우도 보이지만, 대체로 형태나 서사 및 취급 방식에 있어서의 특이성에서 주술적인 의도를 유추하고 있다. 출토 목간을 설명하는 데 사용된 '주술'이라는 용어는 과학·종교·주술의 관계 속에서 과학과 주술을 정의하고 남은 '잔여 카테고리'로서의 '주술' 개념을 크게 벗어나지 않는다. 이는 현대인의 관념을 과거에 투영한 것이며, 서구 기독교를 모델로 성립한 종교 개념에 기반하여 다른 종교를 타자화하면서 부여한 '주술'의 이미지로부터도 영향을 받았다고 생각

* 서울대학교 국사학과 박사수료

된다.

　목간의 성격과 용도를 분류하는 범주 중 하나로서는, '잔여 카테고리'로서의 '주술' 개념보다, '祭祀木簡'·'儀禮木簡'·'儀式木簡' 등 행위를 직접 가리키는 용어를 사용하거나, 日本의 '呪符木簡' 개념을 받아들이는 것이 더 유용할 수 있다. 그러나 '주술목간'은 '주술'을 이야기하기 위한 좋은 재료가 된다. '주술'이라는 개념이 어떻게 이해되고 받아들여져 적용되었는지를 보여준다는 점에서 '주술목간'의 研究史는 흥미로우며, 따라서 '주술목간'이라는 범주의 설정은 유의미하다고 생각한다.

▶ 핵심어 : 呪術(magic), 呪術木簡, 呪符木簡, 陵山里寺址, 花旺山城, 二聖山城, 傳仁容寺址, 國立慶州博物館

Ⅰ. 머리말

　본고는 2012년 12월 1일 개최된 한국목간학회 제7회 정기학술대회에서 발표한 바를 토대로 작성되었다. 이 학술대회는 〈한국 고대 목간의 연구현황과 쟁점〉이라는 주제 하에, 지금까지 이루어진 한국 고대 목간에 대한 연구 성과를 6명의 연구자들에게 나누어 정리하고 검토하게 한 것이었다. 이 날 발표의 제목들을 나열해 보면 다음과 같다.

　　· 樂浪漢簡의 출토와 연구 동향
　　· 扶餘 지역 출토 백제 목간의 연구 현황과 전망
　　· 나주 복암리 목간 연구 현황과 전망
　　· 경주 월성해자·안압지 출토 신라목간의 연구 동향
　　· 城山山城 출토 新羅木簡 연구의 흐름과 전망
　　· 한국 고대 주술목간의 연구 동향과 전망

　6개의 발표 중 5개가 출토 지역을 기준으로 연구 대상의 범위를 설정하고 있는 가운데, '呪術木簡'만이 목간의 성격 혹은 용도에 기반한 분류 기준이라는 점이 눈길을 끈다. 한국 고대의 목간에 대한 연구사를 정리하는 범주 중 하나로, 다른 범주들과 성격을 전혀 달리하는 '주술목간'이 선정된 것은 매우 흥미로운 일이라 할 수 있다. 지금까지 성격이나 용도에 있어서 주술과의 연관성이 언급된 목간은 적지 않게 있었지만, 그러한 목간들을 총괄하여 지칭하는 데 '주술목간'이라는 용어는 거의 사용되지 않았다.[1] 때문에 우리 학계에서 통용될 만한 '주술목간'의 정의가 무엇인지, '주술목간'이라는 범주를 설정하는 것이 어떤 의미를 가지는지에 대해서 아직까지 전혀 논의가 이루어진 바 없었다. 연구사에 대한 정리에 앞서, 연구사 정리의 대상이 될 '주술목간'이라는 범주를 어떻게 설정할지에 대한 문제가 먼저 해결되어야 할 것이다.

그런데, 성격이나 용도에 따른 분류 기준 중에서도, '주술목간'이라고 범주화하는 것은 付札이나 荷札 등으로 목간을 구분하는 것과는 다른 의미를 가진다. 물품의 보관이나 운반이라는 행위는, 비록 표현하는 용어는 달랐을지라도 과거에도 기본적으로 물품의 보관이나 운반이라고 동일하게 인식되었을 것이다. 따라서 발견된 목간의 형태나 내용 및 출토 정황 등에서 그와 같은 행위의 흔적을 확인하기만 하면, 해당 목간을 부찰이나 하찰로 분류할 수 있다. 그러나 '주술'의 경우, 우리가 '주술적'이라고 간주하는 행위를 실제로 그것을 행했던 이들도 '주술적'이라고 인식했는지 확인하기 어렵다. 현재 우리가 가지고 있는 '주술'의 개념에 따라 과거의 특정한 행위를 '주술'이라고 규정할 수 있을 뿐이다. 나아가 기준이 될 '주술'이라는 개념을 어떻게 설정해야 하는지도 어려운 문제로 남는다. 역으로 형태나 내용 혹은 출토 정황 등에서 확연히 구분되는 특징을 보이는 一群의 목간들이 대상으로 정해져 있다면, 이들이 공유하는 특징에 기반하여 개념을 규정할 수 있을 것이다. 하지만 '주술목간'의 경우 개념과 대상이 모두 변수인 상태이다.

여기서 '주술목간'이라는 개념을 필자 임의로 미리 정의한 뒤 그에 해당하는 목간을 찾기 시작한다면, 다른 사람들이 생각했던 '주술' 개념을 포괄하지 못하게 될 가능성이 크다. '주술목간'의 범주 설정이 현재 우리가 가지고 있는 '주술' 개념에 의해서만 이루어질 수 있음을 감안할 때, 먼저 일부 목간들에서 '주술성'을 지적한 연구자들이 '주술'에 대해 어떠한 생각을 가지고 있었는지 살펴보아야 한다. 따라서 이제부터 우선 현재까지 발견된 한국 목간들 중 '주술'이라는 용어를 직·간접적으로 사용하여 설명한 사례들을 모두 찾아, 그에 관련된 견해들을 검토해 보겠다. 이를 통해 '주술목간'을 어떻게 규정할 수 있는지, 그러한 개념 정의는 유의미한 것인지 확인할 수 있을 것이다.

Ⅱ. 무엇을 '呪術木簡'이라 불렀는가?

1. 扶餘 陵山里寺址 출토 목간

능산리사지에서는 2000년부터 2002년에 걸친 6차~8차 발굴조사를 통해 32점에 달하는 목간이 출토되었는데, 이들에 대한 해석을 둘러싸고 많은 연구와 논쟁이 진행되었다. 특히 한반도에서 출토된 목간 중 '주술'적 성격이 처음으로 지적되었다는 점에서 의미가 있다. 목간의 전반적인 성격이나 작성 주체에 대해서는 여러 설이 있지만, 295호·299호·301호·309호·능7[2] 등에서 주술적인 성격을 확인할 수 있

---

1) 윤선태, 2007, 『목간이 들려주는 백제 이야기(백제문화개발연구원 역사문고 28)』, 주류성, p.88의 〈한국고대목간의 용도별 분류〉에서 '기타용도목간' 중 '주술·의례용 목간' 항목을 설정한 것과 김영욱, 2011, 「傳仁容寺址 木簡에 대한 어학적 접근」, 『木簡과 文字』第7號, pp.76~77에서 전인용사지 출토 목간의 성격을 '呪術木簡'으로 규정한 것 정도를 사례로 들 수 있겠다.

2) 본고에서 목간의 번호는 國立昌原文化財研究所, 2006, 『(개정판) 韓國의 古代木簡(학술조사보고 제32집)』에 수록된 경우 그 번호를 따랐으며, 해당 책에 누락되었거나 이후에 발견된 목간의 경우 발굴조사보고서나 처음 소개한 자료의 번호를

다는 점에는 동의하는 경우가 많았다. 한편 목간 이외에도 철제 칼·철제 못·철제 도끼·철제 화살촉·숫돌, 나막신·벼루편, 새모양 목제품·머리빗·원형 토제품·방추차·남근형 목제품·파수, 인면 토제품·칼형 목제품 등[3] 우물·연못의 제사와 관련하여 자주 발견되는 유물들[4]이 함께 출토된 점도 이 장소의 성격을 파악하는 데 참고할 필요가 있다. 이하 '주술'과 연관지어 해석된 바 있는 목간들에 대한 논의를 각각 살펴보도록 하겠다.

1) 299호 목간

299호는 능산리사지 목간 가운데 가장 먼저 '주술목간'으로 지목되었다. 朴仲煥은 능산리목간 중 주술적인 용도를 띤 것으로 볼 수 있는 목간들이 포함되어 있다고 하며 이 목간을 거론한 바 있다. 祈福的 성격의 표현이라고 생각되는 '貴'字가 '父'·'母'·'兄'·'女' 등 가족관계 명칭에 수반되어 반복 출현한다는 점에서, 吉祥을 추구하기 위해 행한 讖緯나 占卜的 성격을 갖는 목간일 것으로 추정하였다.[5] 그는 후면의 묵흔에 대해서는 묵서기록 이전 習字과정에서 쓰여진 漢字 劃의 反復書寫로 판단하였지만, 이 부분 또한 주술적 의미를 갖는 것으로 보아 이 목간이 呪符木簡일 가능성을 제시한 이용현의 견해도 소개하고 있다.[6]

近藤浩一는 299호 목간에 대해서 孝觀念과 같은 유교나 불교에 관련된 의식을 배우기 위해 기록한 習書일 가능성을 배제하지는 않으면서도, 기록관리 관계의 文書木簡으로 분류하고 人名을 列記한 내용으로 보아 사무적으로 작성된 記錄簡이라고 추정하였다.[7] 내용 중 반복되는 '貴'의 경우 祈福的 성격의 표현이 아니라, 『日本書紀』에 빈번히 등장하는 百濟人 이름의 語尾 표현과 같아서 인명 및 가족관계 명칭을 列記하는 것으로 보이며, 日本의 人名 記錄簡이나 戶籍과 기재 방식이 유사하므로 사람들을 파악·관리하기 위해 작성되었다고 짐작된다는 것이다.[8]

尹善泰는 299호 목간의 뒷면에 '乙'과 같은 형태의 반복적인 부호가 전면을 채우고 있는 점이 符籍·呪符의 木簡과 일맥상통한다고 보았다. 그는 圭頭 형태에 괘선을 긋고 인명을 나열하고 있다는 점에서 祭祀儀禮의 位牌로 사용되었을 가능성을 제기하며, 해당 목간 좌변의 의도적 폐기 행정은 백제가 제사에서 사용한 토기를 '毁棄'하였던 것과 유사한 의례의 마지막 절차였을 것으로 보았다.[9] 단, 목간의 용도와 관련해서 '주술'이라는 표현을 명시적으로 사용하지는 않았다.

　사용하였다.

3) 國立扶餘博物館, 2007, 『陵寺 ─부여 능산리사지 6~8차 발굴조사보고서』.

4) 이재환, 2011, 「傳仁容寺址 출토 '龍王' 목간과 우물·연못에서의 제사의식」, 『木簡과 文字』 第7號, pp.87~90 참조.

5) 朴仲煥, 2002 「扶餘 陵山里發掘 木簡 豫報」, 『한국고대사연구』28, pp.222~223.

6) 朴仲煥, 위의 논문, p.222의 각주 14.

7) 近藤浩一, 2004, 「扶餘 陵山里 羅城築造 木簡의 硏究」, 『百濟硏究』 第39輯, p.97.

8) 近藤浩一, 위의 논문, pp.103~104.

9) 尹善泰, 2004, 「扶餘 陵山里 百濟木簡의 再檢討」, 『東國史學』 第40輯, pp.65~66.

이 밖에도 이 목간에 대해서는 주술적인 성격을 인정하는 견해가 많다. 李炳鎬는 尹善泰의 해석을 받아들여 제사 의례의 位牌라고 해석하면서, 동시에 符籍이나 呪符목간일 가능성이 높다고 언급하여, 位牌를 呪符木簡의 범주에 포함시킴을 명확히 했다.[10] 이용현은 299호 목간에 대해서 그 얇기가 일본이나 중국의 祭祀에 쓰이는 인형모양 목제품과 유사하고, 뒷면의 기호에 주술적인 냄새가 있다는 점에서 주술적인 呪符木簡이었을 가능성을 재차 제기하였다.[11] 近藤浩一 역시 自說을 수정하여 함께 모인 사람들과 관계된 주술적 요소가 강한 목간임을 인정하였다.[12] 이와 달리 넓은 폭이나 圭頭 형태는 符籍이나 呪符가 아니어도 충분히 가능하며, 뒷면의 묵흔도 특별한 의미가 있는 것인지는 알 수 없다고 하여, 여전히 주술적·의례적인 해석을 거부하고 力役動員이나 稅金 收取에 관련하여 인명을 나열한 것일 가능성을 제기한 견해도 나왔다.[13]

한편, 方国花는 능산리사지 출토 목간들 중 299호 목간만을 면밀히 검토하여 그 성격을 재규정하였는데, 뒷면에 반복된 문자를 '水'의 이체자로 보고 물의 주술성과 연관시켰다. 형태에 있어서도 大祓儀式에 사용된 고대 日本의 人形이나 齋串과 유사하므로 물에 관련된 祓禊 행사에 사용되었을 가능성이 높다고 보았다.[14]

2) 295호 男根形 목간

남근 형상을 한 295호 목간은 연구자들의 '주술적' 상상력을 더욱 자극하였다. 이 목간을 소개한 朴仲煥은 모종의 토착적 신앙을 매개로 이루어진 祭祀儀禮에 사용된 것으로 규정하고 299호 목간과 함께 '祭儀·呪術的 성격을 갖는 목간' 항목으로 분류하였지만, 299호 목간에 대해서 '주술'이라는 표현을 명시적으로 사용하지는 않아, '주술적'이라는 표현이 299호 목간만을 가리키는 것인지 295호와 299호를 모두 '주술적'이라고 본 것인지는 명확하지 않다.[15] 近藤浩一는 295호 목간에 대해서 在來祭祀와의 관련성에 대한 지적을 받아들였고, 나아가 '呪符木簡'임을 명시하였다. 그 이용방법은 구멍이 뚫려 있는 것으로 보아 '天'字를 바르게 세운 상태로 어딘가에 매달 수 있도록 고안된 것이라 추정하였다.[16] 남근과 같은 형상이 日本 大阪府 西隆寺址 우물 출토의 齋串과 유사하다는 설 또한 소개하고 있다.[17]

尹善泰는 道饗祭 등 都城의 사방 경계지점에서 열렸던 국가의례와 연관지어 능산리사지 출토 목간의 성격을 재규정하면서 295호 목간에 특히 주목하였는데, 고대 日本의 道饗祭와 비교하여 사비도성

---

10) 李炳鎬, 2008, 「扶餘 陵山里 出土 木簡의 性格」, 『木簡과 文字』創刊號, pp.67~68.

11) 이용현, 2007, 「목간」, 『백제의 문화와 생활』(백제문화사대계 연구총서 12), 충청남도역사문화연구원, p.290.

12) 近藤浩一, 2008, 「扶餘 陵山里 羅城築造 木簡 再論」, 『한국고대사연구』49, p.356.

13) 橋本 繁, 2008, 「윤선태 著《목간이 들려주는 백제 이야기》(주류성, 2007년)에 대하여」, 『木簡과 文字』第2號, p.271.

14) 方国花, 2010, 「扶餘 陵山里 출토 299번 목간」, 『木簡과 文字』第6號.

15) 朴仲煥, 2002, 앞의 논문, pp.223~225.

16) 近藤浩一, 2004, 앞의 논문, p.94.

17) '忠南大學校百濟研究所 작성의 홈페이지 2000, 「陵山里사지 출토 刻字墨書銘 목제품에 대하여」'를 인용하였는데(近藤浩一, 2004, 앞의 논문, p.118), 원문은 확인하지 못하였다.

사방 외곽 도로에서 國家儀禮로 거행된 道祭에 사용되었다고 보았다. 남근의 형태를 취하고 '天'字가 거꾸로 서사된 것은 음양적 원리에 입각하여 사악한 鬼魅를 '追'하기 위한 의도로 해석하였으며, 안압지의 장승형 인형 및 조선의 장승으로 이어지는 道祭神主의 계보를 상정하였다. 아울러 고대일본의 道饗祭가 都城의 成立을 전제로 한 국가의례라는 점에서 道祭에 사용된 능산리 목간 또한 사비로 천도한 538년 이후부터 능사가 건립된 567년 이전에 작성된 것으로 추정하였다.[18] 논문에서는 299호 목간에 대해서와 마찬가지로 '주술'이라는 표현을 직접적으로 사용하지 않았으나, 단행본에서는 "无奉義"의 神을 무시하는 듯한 역설적 문투와 '天'을 거꾸로 새긴 것을 '주술적 표현'이라고 보고, 이 목간을 '주술·의례용 목간'의 대표적 사례로 들었다.[19]

마찬가지로 도로 제사와 연관지어 이 목간을 분석한 平川 南도 '주술'이라는 표현을 직·간접적으로 사용하여 목간의 성격을 규정하고 있다. 그는 고대 日本의 길 제사 사례와 비교하여 道祖神 信仰의 원류를 이 목간을 통해 추적하는 과정에서, 陽物形이 가지고 있는 辟邪의 呪具로서의 상징성에 주목하는 한편,[20] 道饗祭의 짐승 가죽 제공을 위협의 의도로 해석하는 등 백제로부터 전해진 주술적 요소를 강조하였다.[21]

이용현 또한 이 목간의 용도를 주술적인 것으로 파악하였다. 묵서 내용 중 '奉義'·'奉'이란 문구가 보이고, 후대이긴 하지만 사찰에 목제 남근이 봉헌된 사례가 있는 것으로 보아, 이 목간은 남근의 왕성한 생식력·생명력을 바탕으로 사악한 귀신과 기운을 위무하거나 혹 위협하여 이들이 聖域에 접근하지 못하게 하기 위해, 陵寺 건립을 전후하여 陵寺에 봉헌된 것이라 파악하였다. 이는 사악하고 魅惑된 屬를 제거하려는 呪嘍 행위에 해당하며, 聖王의 원혼을 달래기 위한 능사 건립의 목적을 감안하여 聖王을 비롯한 관산성 전투 전사자들의 魂을 달래고 새로운 생명력을 기억하기 위한 것이었다고 보았다.[22]

김영심은 이 목간이 주술적 행위에 사용되었다는 설을 받아들이면서, 그것이 도교적 方術과 연관될 수 있 수 있다고 보았다.[23] 나아가 295호 목간뿐 아니라 301호 목간, 309호 목간, 4호 목간, 305호 목간 등 다수의 목간이 죽은 자를 위한 다양한 종교의례 및 제사의례·주술과 관련된 목간이라는 점에서, 백제에서 불교 사찰이 도교 의례의 공간을 겸했을 가능성도 제기하였다.[24]

3) 309호 목간

이 목간은 상·하단이 결실되어 전체적인 내용을 파악하기 어렵지만, 尹善泰는 남아 있는 묵서 내용

---

18) 尹善泰, 2004, 앞의 논문.

19) 윤선태, 2007, 앞의 책, pp.130~131.

20) 平川 南, 2005, 「百済と古代日本における道の祭祀」, 『백제 사비시기 문화의 재조명』, p.226.

21) 平川 南, 2008, 「道祖神 신앙의 원류 - 고대 길의 제사와 양물형 목제품」, 『木簡과 文字』第2號, pp.67~68.

22) 이용현, 2007, 앞의 논문, pp.274~276.

23) 김영심, 2009, 「扶餘 陵山里 출토 '六卩五方' 목간과 백제의 數術學」, 『木簡과 文字』第3號, p.132.

24) 金英心, 2011a, 「百濟의 道敎 成立 問題에 대한 一考察」, 『百濟研究』第53輯, p.179.

중 확인되는 '死'·'再拜' 등을 통해 死者를 위한 儀禮와 관련된 목간으로 추정하였다.[25] 이후 295호 목간과 동일지점에서 출토되었고 '再拜'가 의례절차에 등장할 수 있는 어휘라는 점에서, 백제 道祭의 의례절차를 기록한 笏記이거나, '죽은 자'의 不淨을 京外로 내모는 大祓儀式과 관련되었을 가능성 또한 제기하였다.[26] '주술'이라는 표현을 직접 사용하고 있지는 않지만 의례의 주술성이 전제된 해석이라 할 수 있다.

李炳鎬는 死者를 위한 儀禮에 관련된 목간이라는 설명을 받아들여, 능산리사지 출토 목간들이 554년 聖王 사망 이후 567년 목탑 건립 공사 착수 이전까지 聖王陵 조영이나 조상신 제사 등의 기능을 담당했던 특수 시설물에서 사용되었다고 보는 근거 중 하나로 활용하였다.[27] 한편 상하가 파손되어 문맥을 알 수 없는 단편적인 내용만을 가지고 구체적인 용도를 추측하는 것은 무리라는 비판도 나와 있다.[28]

4) 301호 목간

近藤浩一는 佛法 의식을 가리키는 '從此法'이라는 표현으로 보아 이것이 불교 儀式에 사용된 呪符木簡으로서, '六部五方' 영역 사람들을 대상으로 한 服屬儀禮가 이루어진 흔적이라 추측하였다.[29] 그는 이들 목간의 용도를 佛法이나 在來祭祀에 입각한 誓事的 儀禮에서 찾고, 능산리사지 출토 목간들이 東羅城 축조 관련 시설에서 사용되었다는 주장의 근거로 활용하였다.[30]

이 목간의 용도를 주술적인 것으로 파악하지 않은 견해들도 많다. 朴仲煥은 판독안을 새로 제시하면서 '此法'을 전쟁에서 전사하여 신원 확인이 어려운 상태로 귀환한 전몰 병사들의 장송 절차를 규정한 律令의 일부로 보았다.[31] 尹善泰는 무언가를 쓰거나 만드는 방법을 조목별로 구체적으로 설명하고 있다고 이해하였다. 이에 불교와 관계된 것이라기보다는 관청기구나 능사의 건립주체에 의해 작성되었을 가능성에 무게를 두었다.[32] '形'과 '色'에서 불교적 분위기를 읽어내고, 法을 불법 또는 행정법령과 관련지어 해석하여, 佛法 시행에 관련된 문건이라고 파악한 견해도 있다.[33]

김영심은 묵서 내용 중 '作形'을 도교의 術數學과 연관지어 '형체의 보전'으로 해석하고, 전쟁 중 참혹한 죽음을 맞은 성왕과 전사자의 영혼을 달래기 위한 행한 장송의례 또는 제사의례와 연관된 주술·의례용 목간이라고 파악하였다.[34] 그는 이상의 295호·299호·309호·301호 목간 이외에도 능산리사지 출

25) 尹善泰, 2004, 앞의 논문, p.66.

26) 尹善泰, 2007, 앞의 책, p.132.

27) 李炳鎬, 2007, 앞의 논문, p.74~75.

28) 橋本 繁, 2008, 앞의 논문, pp.270~271.

29) 동시에 불교와 관련된 말을 기재한 習書木簡이라고 볼 여지도 남기고 있다(近藤浩一, 2004, 앞의 논문, p.94).

30) 近藤浩一, 2004, 앞의 논문, p.124.

31) 박중환, 2007, 「百濟 金石文 研究」, 전남대학교 대학원 박사학위논문, pp.121~129.

32) 尹善泰, 2007, 앞의 책, pp.155~156.

33) 국립부여박물관, 2008, 『백제목간 -소장품조사자료집』, p.15.

34) 김영심, 2009, 앞의 논문, pp.133~134.

토 목간 중 상당수가 제사의례·주술과 관련되어 있다고 보았다. 약초를 재배·공급하는 竹山·梨田의 존재를 보여주는 303호·296호 목간은 의약과 관련된 道敎書에 대한 이해도를 알게 해 준다고 하였고, '宿世結業'의 문구가 있는 305호 목간 또한 죽음을 당해 장례의 절차를 감당하면서 자신의 소회를 풀어낸 발원의식이라는 견해를 받아들여,[35] 죽은 자를 위한 의례와 관련된 목간으로 이해하였다.[36] 다만 주술·의례와의 '관련'을 언급할 뿐, 이 목간들의 성격을 '주술목간'으로 규정할 수 있을지에 대해서는 명확히 밝히고 있지 않다.

5) 능7 새모양 목간

이것은 발굴조사보고서에 수록되지 않은 목간으로서,[37] 독특한 형태의 목제품 4면에 묵흔이 확인된다. 이 목간에 대한 본격적인 분석은 아직 이루어지지 않았지만, 1면의 '覺'字가 불법과 관련이 있을 것으로 추정하여 주술적인 역할을 하였을 가능성이 언급되었다.[38] 그러나 이것은 목조 구조물의 부재에 묵서한 것으로서, 주술적인 의도 하에 새 모양으로 만들었다고는 볼 수 없다는 반론이 있다.[39]

2. 昌寧 花旺山城 蓮池 출토 목간

창녕 화왕산성 연지는 2002년부터 2005년까지 3차에 걸쳐 경남문화재연구원에 의해 발굴조사되었다. 연지 내부에서 다양한 통일신라시대 토기류·금속류 및 목제품과 목간이 출토되었는데, 원반형 토제품·금속제 방울·자루형 목제품·목제 방망이·남근형 목제품, 철제 대도·철제 가위·철제 작두·철제 도자·찰갑·철제 초두·철괴·철촉·호랑이 뼈·짚신틀·어망추, 목제인형·단경호 내부에 넣어진 목간·호형등자·철제 재갈 등 우물·연못에서의 제사와 관련된 유물들이 다량 포함되어 있는 점이 주목된다.[40]

1) 목간 4(유물번호 196) 인형목간

이 목간은 통나무를 다듬어 목과 몸통을 표현하고 여성의 몸과 얼굴을 그려 넣은 인형목간이다. 정

---

35) 조해숙, 2006, 「백제 목간기록 "宿世結業…"에 대하여」, 『관악어문연구』31, pp.166~171.
36) 김영심, 2009, 앞의 논문, p.133.
37) 국립부여박물관, 2008, 앞의 책, p.36 및 국립부여박물관·국립창원문화재연구소, 2009, 『나무 속 암호 목간』, p.38에 '능7'로, 국립부여박물관, 2010, 『백제 중흥을 꿈꾸다 – 능산리사지』, p.131에 '새모양 목간'으로 실려 있다.
38) 국립부여박물관, 2008, 앞의 책, p.36.
39) 2012년 12월 1일 한국목간학회 제7회 정기학술대회 종합토론 중, 국립중앙박물관 이병호 학예연구관의 지적이었다. 나아가 이것이 목조 부재이므로 목간이라고 볼 수 없다고까지 언급되었는데, 목간의 개념 규정에 따라 달라질 수 있는 문제이지만, 묵서가 있는 목제품을 모두 목간으로 간주하는 개념 정의를 따를 경우, 묵서의 흔적이 확실히 확인되므로 목조 구조물의 일부임이 분명하다 하더라도 이를 목간으로 분류하는 데는 무리가 없다고 판단된다. 향후 목간 판별이나 판독문 작성에 있어서의 혼란이 줄어들 수 있도록, 한국목간학회 차원에서 목간 개념 정의와 넘버링 및 판독안 작성 기준이 제정되기를 기대한다.
40) 김시환·구민정·이성호, 2009, 『昌寧 火旺山城內 蓮池』(學術調査研究叢書 第74輯), 昌寧郡·慶南文化財研究院.

수리·목·가슴 양쪽·손 양쪽에 총 6개의 쇠못을 꽂은 구멍이 있고 정수리·왼쪽 가슴·왼손에는 3개의 못이 꽂힌 채로 남아 있어, 발굴보고서 발간 이전부터 주술적 행위에 사용된 유물로 간주되어 주목을 받았다.[41] 발굴보고서에서도 역시 주술적 행위에 사용되었던 것으로 추정하였으며,[42] 이후 그 주술적인 성격에 대해서는 대체로 공감하는 가운데 구체적인 성격을 놓고 논의가 이어졌다.

사람의 형상에 못을 박았다는 점에서 가장 쉽게 떠올릴 수 있는 것은 詛呪 행위이다. 발굴자인 박성천·김시환은 사람의 급소에 해당하는 부분에 못(칼)이 꽂혀 출토되었다는 점에서, 목제 인형을 만들고 묵서한 뒤 죽기를 바라는 듯 급소에 못(칼)을 꽂은 것이 아닌가 하는 추정을 제시하였다.[43] 그러나 목간의 성격에 대해서는 결국 큰 물의 모양을 의미하는 '滇'과 '龍王'이라는 묵서가 있다고 판독한 데 근거하여, 龍王에게 祈雨祭를 지내는 데 사용된 것으로 판단하고 있다.[44]

김재홍 또한 '龍王開祭'와 '六月卄九日'이라는 날짜를 주목하여 기우제에 사용된 목간이라고 보았다. 구체적으로 기우제의 주체인 지방 유력자를 가리키는 '眞族'의 신체에 쇠못을 찌르는 행위를 통해 蓮池에 살고 있는 용을 자극하는 의미를 가졌거나, 유력자 또는 龍王을 빛과 열에 쬐이거나 태움으로써 주술적인 힘을 극대화하는 暴露儀禮을 인형으로 대신하였을 가능성을 제기하였다.[45] 또한 2면 상단의 "□古仰"은 符籙에 해당하는 문자라고 보았다.[46] 李成市는 이러한 판독과 해석에 기반하여 日本에 이 목간을 소개하였는데, 이 목간을 '呪符木簡'으로 분류하고 있음이 주목된다.[47]

한편 김창석은 지방 유력자나 龍王을 굳이 여성으로 표현한 까닭을 알 수 없다는 점에서 暴露儀禮에 사용되었다는 해석에 반대하였다. 아울러 '眞族'이라는 美稱이나 龍王의 역할을 감안하면 詛呪의 사례로 해석할 수도 없다고 하였다.[48] 龍은 疾病을 일으키거나 전염병을 물리치고 治病하는 존재로도 관념되었으며, 일제강점기에 인체와 患部를 침으로 찌르거나 상처를 내어 병마를 퇴치하는 주술적 행위인 刺傷法이 행해졌고, 종이나 땅에 그림을 그리거나 제웅과 같은 지푸라기 인형을 만들어 실제 인체를 대신하기도 하였음을 들어, 제사를 시행한 지방 유력자의 부인이나 여식의 治病을 위해 사용된 목간이라고 보는 새로운 해석을 제시하였다.[49]

---

41) 鄭義道, 2007, 「祭場으로서의 山城 研究 : 鎭山을 中心으로」, 『文物研究』제12호, 東아시아文物研究學術財團·韓國文物研究院, pp.56~57.

42) 김시환·구민정·이성호, 2009, 앞의 책, p.157.

43) 박성천·김시환, 2009, 「창녕 화왕산성 蓮池 출토 木簡」, 『木簡과 文字』第4號, p.206.

44) 박성천·김시환, 위의 논문, p.219.

45) 김재홍, 2009, 「창녕 화왕산성 龍池 출토 木簡과 祭儀」, 『木簡과文字』第4號, pp.119~120.
    三上喜孝도 '六月卄九日'이라는 날짜가 분명히 판독됨을 근거로 이에 동조하였다(三上喜孝 著/정애영 譯, 2011, 「「龍王」銘 목간과 고대 동아시아세계 –한일 출토 목간 연구의 신전개–」, 『특별전 문자, 그 이후 기념 심포지엄』, 국립중앙박물관, p.81).

46) 김재홍, 위의 논문, p.112.

47) 李成市, 2010, 「東アジアの木簡文化–伝播の過程を読みとく」, 『木簡から古代がみえる』, 木簡学会 編, 岩波書店, p.141.

48) 김창석, 2010, 「창녕 화왕산성 蓮池 출토 木簡의 내용과 용도」, 『木簡과文字』第5號, p.112.

49) 김창석, 위의 논문, p.111~112.

이재환은 특정 患部만이 아니라 전신의 급소마다 못이 찔려 있다는 점에서 治病用으로 파악하기는 어렵다고 보고, 인간 희생을 대신하여 龍王에게 공헌물로 바쳐진 것으로 추정하였다.[50] 유력자의 신분을 가리킨다고 보았던 '眞族'이라는 표현에 대해서는, 인형 이마 부분에 눈에 띄게 쓰여졌고, 뒷면에 나이 혹은 날짜와 함께 다시 등장함을 감안하면 인형의 이름으로 보는 것이 자연스러우며, 傳仁容寺址 출토 목간에 보이는 '所貴公'·'金候公'과 함께 단순히 귀한 사람임을 나타내고자 하는 작위적인 느낌을 주므로, 인형에 부여된 가상의 人格이 가진 이름일 가능성이 있다고 보았다.[51]

2) 목간 1(유물번호 164)

3점으로 구성된 이 목간은 유물번호 163번 단경호 내부에서 출토되었는데, 발굴보고서에서는 묵서명 목제품이라 이름붙이고, 주술적인 행위에 사용된 것으로 추정하였다.[52] 판재 양면에서 묵서가 확인되므로 목간으로 분류할 수 있다. 1매의 목간을 3점으로 자른 뒤 목제뚜껑으로 막혀있는 단경호 내부에 철제못으로 고정시킨 점이 인상적이다. 박성천·김시환은 이 목간 3점이 고정된 상태로 단경호 안에 들어갔으며, 나오지 못하게 목제 뚜껑으로 막았다고 유추하고, 일련의 儀式적인 과정을 반영한다고 보았다.[53]

김재홍도 목간에 적혀 있는 사악한 기운이나 대상이 밖으로 나와 활동하지 못하게 하는 의미를 지닌 것으로 파악하였다. 아울러 3점의 목간을 하나로 재구성하고 묵서를 재판독하여, 문자라기보다는 도교의 符籙과 같은 것으로, 제의에 사용되는 呪文과 관련하여 이해할 것을 주장하였다. 그리고 그 呪文은 祭文에 해당하며, 제의를 마친 뒤 항아리에 넣어 투기하는 행위는 제사를 마치고 제문을 불태우는 행위와 같은 의미를 가진다고 보았다.[54] 다만, 이것이 기우제와 관련된 것인지 다른 제의에 사용하였던 것인지에 대해서는 확실한 결론을 내리지 않았다.

김창석은 목간의 2면을 기준으로 할 때 세 조각의 경계 부분에 걸친 글자가 없는 것으로 보아 절단자가 내용을 의식하며 잘랐고, 항아리에 넣어 못을 박아 결속하고 아가리를 막은 것은 목간이 유실될 것을 우려하였기 때문이라고 추정하였다. 그 내용은 전체를 符籙이라고 보기보다는 일부 符籙이 포함되어 있다 하더라도 인민과 국가의 평안을 기원하는 祭文으로 이해하였다. 새롭게 제시한 판독안 중 '太王'이라는 단어가 있는 데 근거하여, 국왕이 간여했거나 국왕을 대신하여 치루어진 제사였으므로 그 조각들을 유실되지 않게 하기 위해서 신성한 연못에 던져 넣었다고 본 것이다.[55]

한편 이재환은 고대 일본의 齋串과 출토 맥락이 유사함을 근거로 하남 이성산성 A지구 2차 저수지

---

50) 이재환, 2011, 앞의 논문. p.92.
51) 이재환, 위의 논문, pp.99~100.
52) 김시환·구민정·이성호, 2009, 앞의 책, p.141
53) 박성천, 김시환, 2009, 앞의 논문, p.204.
54) 김재홍, 2009, 앞의 논문 pp.105~109.
55) 김창석, 2010, 앞의 논문, pp.116~119.

에서 병이나 호에 담겨 출토된 목간들과 함께 齋串과 같은 용도로 용왕을 위한 제사에 활용되었을 가능성을 제시하였다.[56]

이 목간의 묵서가 도교의 符籙이라는 견해를 받아들여 첫 글자가 '尸'로 시작하는 符籙 목간이라고 보고, 무령왕릉 왕 지석의 마지막 글자와 형태 상의 유사성을 지적하면서 지석의 해당 글자가 도교의 符籙에 쓰이는 부호라고 주장하는 근거로 활용한 견해도 나왔다.[57]

3) 목간 2(유물번호 173)

유물번호 172번 편병 내부에서 동물의 견갑골로 추정되는 수골과 함께 출토되었다. 발굴보고서에서 목제품으로 소개하였으나, 묵서가 확인되므로 목간으로 분류한다. 몸통에 금속제 못(칼)이 2점 박혀 있어, 목간 4(유물번호 196)와 마찬가지로 주술적 행위에 사용하였다고 추정하였다.[58] 박성천·김시환은 '주술'이라는 용어를 직접 사용하지는 않았고, 끝부분이 깎여 있는 것으로 보아 봉상의 목제를 어떠한 행위를 위해 꽂아 세워두었던 것으로 추정하였으며, 어떠한 儀式적인 과정에 사용된 것이라고만 언급하였다.[59]

김재홍은 이 목간이 남근형임을 지적하였다. 남근형 목간에 쇠칼을 꽂는 것은 陽氣인 남자의 성기를 자극하여 음기를 성하게 하고자 하는 의도로서 기우제에 사용되었다고 보았다. 2면에서 읽어낸 '龍(?)王'이 그 제사의 대상이 되겠다. 한편 목간 2가 남근의 형태이며 목간 4에 여자의 성기를 가진 사람이 묘사된 것으로 보아 성행위를 상징하며 비를 기원하는 의식과 관련하여 이해할 수 있다고 보았다.[60]

김창석은 이 목간을 형태상 남근 모양으로 파악할 수 없다고 하며, 대신 편병 속에서 함께 출토된 동물의 견갑골에 주목하였다. 이는 어떤 제사의 제수품으로 차려졌던 것이라고 보고, 같이 들어간 목간 역시 祭物로 바쳐진 犧牲의 부속물로서, 제수품이나 희생물과 관련된 내용이 적혀 있을 것으로 추정하였다. 목간에 칼을 찔러 넣은 것은 희생물을 죽인다는 의미로 보아, 제사 과정에서 목간에 칼을 찔러 희생을 죽이는 상황을 연출하고, 제수품으로 같이 올렸던 짐승의 고기와 함께 편병에 넣어서 기원 대상(龍)에게 바친다는 뜻으로 연못에 투척했다는 것이다. 목간 3과는 세트를 이루어 물과 관련된 내용을 기원하는 제사에 사용되었다고 이해하였다.[61]

4) 목간 3(유물번호 182)

이 목간은 판재 형태로 한 면에 여러 행의 묵서가 확인된다. 발굴자는 주술이나 제사와 연관지어 해

---

56) 이재환, 2011, 앞의 논문, p.97.
57) 김영심, 2012, 「무령왕릉에 구현된 도교적 세계관」, 『韓國思想史學』第40輯, p.223.
58) 김시환·구민정·이성호, 2009, 앞의 책 p.146.
59) 박성천·김시환, 2009, 앞의 논문, p.205.
60) 김재홍, 2009, 앞의 논문, p.110·120.
61) 김창석, 2010, 앞의 논문, pp.120~123.

석하지 않았으나,[62] 김재홍은 '龍(?)王'·'井' 등의 묵서 내용이 祭儀의 대상과 祭場을 나타낸다고 보아 다른 목간들과 마찬가지로 제사에 사용된 長文의 祭文일 가능성을 제시하였다.[63] 김창석 역시 祈雨祭 혹은 우물의 水量이 풍부하고 깨끗하기를 바라는 물과 관련된 祭祀에 사용된 祭文으로 이해하였고, 犧牲과 관련된 목간 2와 하나의 세트를 이루었을 가능성이 있다고 보았다. 아울러 목간 1과 달리 보존을 위한 조치 없이 폐기되었으므로 제사의 格이 상대적으로 낮았고, '无量' 등 불교적인 용어도 확인됨을 지적하였다.[64] 이재환은 이 목간의 4행 중 3행만은 나머지 행과 달리 위·아래를 거꾸로 썼다는 점에서 능산리사지 295호 목간이나 전인용사지 목간과 같이 제의 혹은 주술적 의도를 가진 것으로 파악한 바 있다.[65]

3. 河南 二聖山城 A지구 2차 저수지 출토 목간

하남 이성산성 A지구 2차 저수지에서는 병이나 호 내부에 목간 혹은 목간형 목제품이 넣어진 상태로 출토된 사례가 3건 있다. 이곳은 동경·원판형 토제품·방추차·목제 빗·골제 비녀·골각제 빗치개·동곳·청동방울·조형 목제품·남근형 목제품·목제 자루, 철부·유공부·쇠스랑·철촉·철제 송곳·어망추·숫돌·짚신·벼루편·돼지뼈·개뼈, 말뼈·소뼈·木釘을 박은 흔적이 있는 목제인물상·목조 인면 조각품·목제 소형배 등 우물·연못에서 이루어진 제사와 관련지을 수 있는 유물들이 종합적으로 출토된 바 있음이 눈길을 끈다.

이곳에 대한 3차 발굴에서 목간 3·4·5가 병8에, 목간 7·8·9·10이 대부장경병 내에 넣어진 채로 출토되었으며,[66] 4차 발굴에서도 목간 1~5가 단경호 안에서 수습되었다.[67] 3차 발굴 목간 3·4·5와 7·8·9·10은 묵흔이 확인되어 목간으로 볼 수 있으나, 판독이 어려워서인지 『한국의 고대목간』에 실리지 않았다. 발굴보고서는 목간 7·8·9·10의 용도에 대해서는 언급하지 않고, 3·4·5에 대해서만 놀이기구나 呪術기구의 하나였을 가능성을 제시하였다.[68] 4차 발굴 목간 1~5 중 목간2와 목간5는 묵서의 형태가 남아 있어 적외선 촬영이 이루어졌으며, 『문자로 본 신라』 도록에 소개되고,[69] 『한국의 고대목간』에 125번과 126번으로 넘버링되어 실렸으나,[70] 그 용도나 성격에 대해서는 언급된 바 없었다.

이성산성 출토 목간에 대한 관심은 1차저수지 출토 118호 목간과 C지구 저수지 출토 117호 목간에 집중되었기 때문에, 이 목간들은 출토 양상의 특이성에 비해 그다지 주목을 받지 못해 왔다. 그러던 중

---

62) 박성천·김시환, 2009, 앞의 논문, p.206.

63) 김재홍, 2009, 앞의 논문, p.111.

64) 김창석, 2010, 앞의 논문, pp.123~124.

65) 이재환, 2011, 앞의 논문, p.85.

66) 金秉模·沈光注, 1991, 『二聖山城 〈三次發掘調査報告〉』, 漢陽大學校·京畿道, p.164~166.

67) 金秉模·金娥官, 1992, 『二聖山城 〈四次發掘調査報告〉』, 漢陽大學校·河南市, p.145.

68) 金秉模·沈光注, 1991, 앞의 책, p.165.

69) 국립경주박물관, 2002a, 『文字로 본 新羅 – 新羅人의 記錄과 筆跡』, p.135.

70) 國立昌原文化財研究所, 2006, 앞의 책, p.102.

창녕 화왕산성 연지에서 항아리에 넣어진 목간이 발견되면서 그 유사성이 지적되었다. 김재홍은 이들의 유사성을 처음 언급하고, 목간을 끈으로 묶어 연결하기 위한 형태를 취한 점에서, 쇠못으로 목간을 연결한 화왕산성 목간 1과 여러 개의 목간을 연결한다는 의미로는 동일한 측면이 있다고 보았다.[71] 주술적인 성격을 가진 것인지에 대해서는 명확히 언급하지 않았지만, 화왕산성 목간 1을 呪文과 관련하여 이해하면서 그와 의미가 같다고 보았으므로, 이 목간에 대해서도 주술적인 의미를 염두에 두고 있었다고 이해할 수 있겠다.

김창석은 이들 중 4차 발굴 목간 1~5만 다루었는데, 물건에 매달기 위한 꼬리표 목간으로 보고, '門巴村'을 판독하여 특정 村에서 보낸 물자에 매달려 왔을 것이라 추정하였다. 이같은 꼬리표 목간을 굳이 항아리에 담아서 연못에 넣은 이유는 이 목간이 달려 있던 물품 대신 목간을 투척함으로써 제물 공헌의 의미와 함께 제물을 공급한 지역이나 인물을 제사의 대상에게 알린다는 효과를 기대했던 데 있었을 것으로 보았다.[72] 역시 '주술'이라는 용어를 직접 사용하지 않았고, 목간의 기본적인 성격을 꼬리표(荷札)로 파악하고 있으나, 동시에 그것이 제사에 사용되었음도 인정하는 견해이다.

이경섭은 3차 발굴 목간 3·4·5에 대해서는 呪術행위나 祭儀 등의 용도로 사용되었을 가능성에 동의하였지만, 3차 발굴 목간 7·8·9·10과 4차 발굴 목간 1·3·4의 경우는 사용된 목간의 표면을 깎아낸 뒤 재활용을 목적으로 토기에 담아 보관하고 있었다는 설명을 제시하였다. 묵서가 있는 목간 2점(4차 발굴 목간 2번과 5번)은 재활용할 때 표면을 깎아내어 사용할 예정이었다고 추정했다.[73]

이재환은 고대 일본의 齋串과 형태 및 출토 맥락이 유사함을 근거로, 실제 인간을 대신하여 용왕에게 희생물로서 공헌되었을 것이라고 보았다.[74] 우물·연못 제사와 관련된 많은 유물들과 함께 출토되었으며, 동일하게 토기에 담겨 있던 목간들의 성격을 주술적인 것과 재활용을 위한 보관으로 각각 구분하여 설명하기는 어렵다고 생각된다. 齋串에는 묵서가 없는 경우가 일반적이며, 다른 용도로 사용된 목간을 재활용하여 人形을 만든 사례가 보이므로, 이 목간들이 실제로 재활용된 것이라 할지라도 토기에 담아 물속에 투기될 당시에는 용왕제사와 관련된 주술적 의미를 가지고 있었다고 해석해야 할 것이다. 주술적 의미를 가진 유물들 가운데 기와나 토기를 재활용하여 원반형 와·토제품을 만들고, 방망이나 목제품 자루·파수 등으로 남근형을 만든 사례들도 참고가 된다.

4. 慶州 傳仁容寺址 출토 목간

경주 전인용사지는 국립경주문화재연구소에 의해 4차에 걸쳐 발굴조사가 진행되었는데, 우물⑩ 내

---

71) 김재홍, 2009, 앞의 논문, p.104.
72) 김창석, 2010, 앞의 논문, pp.115~116.
73) 이경섭, 2011, 「이성산성(二聖山城) 출토 문자유물을 통해서 본 신라 지방사회의 문서행정(文書行政)」, 『역사와 현실』 81, pp.73~74.
74) 이재환, 2011, 앞의 논문, p.97.

부에서 목간이 1점 발견되었다. 이 우물에서도 역시 원반형 토제품·복숭아씨·銅串·동물뼈 등 우물·연못 제사와 관련된 유물들이 다수 출토되었다. 이 목간을 처음 소개할 당시의 보도자료와 발굴 담당자 권택장의 발표문에서는 '大龍'을 인명으로 보고 인사 천거와 관련된 문서 목간으로 추정한 바 있다.[75] 이후 논문으로 공간되는 과정에서 우물⑩에서 출토된 제의행위 관련 유물들이 함께 발견된 점과 刀子形의 형태적 측면을 지적하면서, 문서 목간으로 보는 견해를 철회하고 우물제의와의 관계 속에서 해석되어야 할 것으로 전망하였다.[76]

이재환은 동일면의 상하를 뒤집어 서사한 점에서 일상적 용도가 아닌 주술적 의미를 가진다고 보았으며, 刀形으로 가공된 형태적 특징을 통해 일본의 刀形·齋串·人形 등 水邊祭祀用具와 비교 검토하였다. 그 결과 목간에 기록된 '所貴公'·'金[候]公'는 희생 제물로서 용왕에게 바쳐진 가상의 인격체에 부여된 이름일 가능성을 제시하였다.[77] 김영욱은 전인용사지 목간에 대해 어학적으로 접근하는 과정에서 묵서 내용의 의미는 다르게 해석하였지만, '交行尖尾'라는 형태상의 특징에 근거하여 마찬가지로 이 목간을 呪術木簡의 일종으로 파악하였다.[78]

三上喜孝는 일본에서 출토된 '龍王'銘 목간과 한국에서 출토된 '龍王'銘 문자자료를 비교하면서 이 목간을 다루었는데, 앞·뒷면의 문자열이 상하반대로 서사되고 뒷면의 뒤 행도 서로 상하 반대로 배열된 점이 日本의 呪符木簡이나 고려의 승려 世賢 매지권 등에서 확인되는 回文 형식과 일치하며, 이는 중국 매지권에서 유래한 주술적 의미를 부여하는 기재방법임을 지적하였다.[79] 다만 이 목간의 구체적인 용도에 대해서는, 우물이 막힌 뒤에 목간이 폐기된 정황으로 보아, 우물에 관련된 제사에 직접 관련된 것인지, 우물 바로 옆에 위치한 연못의 제사에 관련되어 사용된 뒤 우물에 폐기된 것인지 신중을 기할 필요가 있다고 보았다.[80]

5. 慶州 國立慶州博物館 출토 목간

경주 국립경주박물관부지 관내에서는 2개의 통일신라 우물이 발굴된 바 있는데, 연결통로부지의 우물1에서는 어린 아이의 뼈가 거의 완전히 출토되어, 발굴자가 모종의 제사를 위해 희생으로 바쳐졌을 가능성을 언급한 바 있으며,[81] 방추차·목제 빗·용도미상 청동제품·어망추·숫돌·목제 자루·소뼈 1/4마리분 등 우물제사와 관련된 유물들이 다량 출토된 점을 근거로 龍王에 인간을 제물로 바치는 제사가 실

---

75) 권택장, 2010a, 「경주 傳仁容寺址와 '大龍' 목간」, 한국목간학회 제9회 정기발표회 발표문.

76) 권택장, 2010b, 「경주 傳仁容寺址 유적 발굴조사와 木簡 출토」, 『木簡과 文字』第6號, p.144.

77) 이재환, 2011, 앞의 논문.

78) 김영욱, 2011, 앞의 논문, pp.76~77.

79) 三上喜孝, 2011, 앞의 논문, pp.82~83.

80) 三上喜孝, 위의 논문, p.83.

81) 國立慶州博物館, 2002, 『國立慶州博物館敷地內 發掘調査報告書 −美術館敷地 및 連結通路敷地−』(國立慶州博物館 學術調査報告 第15冊).

제로 이루어졌다고 본 견해도 나왔다.[82] 이 우물에 대한 국립경주박물관의 특별전에서는 귀족이나 왕족의 아이가 실수로 우물에 빠져 죽은 뒤 건져내어 제사를 지내고 다시 우물에 넣고 상석을 넣어 폐기했을 가능성과 서민층의 어린 아이를 국가적 제사의 과정에서 인신공양물로 우물에 넣었을 가능성을 모두 제시하였다.[83]

이 우물1 이외에 미술관부지 쪽의 우물2에서도 원반형 토제품, 방추차, 토구, 석부 및 각종 토기 등 제의에 관련된 유물이 많이 출토되었으며, 목간도 한 점 발견된 바 있다. 『한국의 고대목간』에서 279호로 넘버링된 목간인데, 중간 이하부터 묵흔이 희미하여 별다른 관심을 받지 못했다. 우물·연못에서의 용왕제사 관련 유물을 검토하는 과정에서 『나무속 암호 목간』 도록에 실린 적외선 사진을 통해 하단부에 '龍王'으로 읽을 수 있는 묵서가 존재한다는 언급이 나왔으나,[84] 본격적인 판독과 내용 분석까지는 나아가지 못했다. '주술'이라는 단어를 직접 사용하지는 않았지만, '용왕제사'와 관련된 주술적 행위들을 전제로 하고 있으므로, 이 목간이 주술적 성격을 가진 것으로 파악하였다고 할 수 있다.

국립경주박물관은 『우물에 빠진 통일신라 동물들』 특별 전시에 이 목간을 전시하면서 역시 이 목간 하단부에서 '龍王'이라는 문자를 읽어 내고, 우물에서 벌어진 제사와 깊은 관련을 보여준다고 판단했다. 기존의 판독문을 전면 재검토하여 새로운 판독안을 제시하고, "만본래신에게 관리(史)인 □□가 지금 아뢰기를, 용왕이 이 때 하신 시책을 베풀은 까닭에, 밝게……"라고 해석하였다.[85]

한편 李丞宰는 최근 이 목간의 1면을 "[万本來?身中有史音□今日□三時爲從?支?]", 2면을 "[財?叢?旀?放賜哉   ]"라고 판독하여 '龍王'이라는 문자가 있음을 부정하고, "君主는 본래 (당연히) 臣下나 百姓들에게 있다. 오늘 [기준] 삼으신 것을 따라, 재물을 모으면서 (동시에) 내 놓으시는구나."라고 의역하였다. 나아가 이를 10행체 향가의 8·9·10행에 해당한다고 보아, '万身歌'라고 이름붙였다.[86] 呪術이나 祭祀와는 관계가 없는 목간으로 파악한 것이다. 이에 관해서는 향후 국어학계에서 논의가 진행되기를 기대한다.

이 밖에 日本 最古의 呪符木簡으로 알려져 있는 大阪市 桑津遺跡 출토 목간에 대해서도, 묵서에서 확인되는 '白加'를 백제인명으로 파악하여 백제인이 남긴 도교 목간이라고 소개하였고,[87] 우물과 관련된 제사에 사용되었을 것으로 보면서 하단부를 뾰족하게 깎은 것이 주술적 상징일 가능성을 언급한 바 있

---

82) 이재환, 2011, 앞의 논문, p.94.
83) 國立慶州博物館, 2011, 『우물에 빠진 통일신라 동물들』, pp.122~123.
84) 이재환, 2011, 앞의 논문, p.101.
85) 국립경주박물관, 2011, 앞의 책, p.100.
86) 이승재, 2012, 「木簡에서 찾은 新羅 詩歌 二首」, 『제43회 구결학회 전국 학술 대회 발표논문집』, pp.27~43.
87) 權五榮, 2008, 「壁柱建物에 나타난 백제계 이주민의 일본 畿內지역 정착」, 『한국고대사연구』49, pp.17~18.
    이 목간을 처음 석독한 藤沢一夫도 '之'字의 사용을 근거로 한국인에 의해 작성된 것이 아닐까 추정한 바 있다고 한다(高橋 工, 1991, 「桑津遺跡から日本最古のまじない札」, 『葦火(大阪市文化財情報)』35号, 大阪市文化財協会, p.3).

다.[88] 다만 이 목간을 본고가 다루고 있는 '한국 고대' 주술목간의 범위에 포함시키기는 어렵다고 판단하여, 별도의 항목을 만들어 정리하지 않았다.

Ⅲ. 왜 '呪術木簡'인가?

지금까지 '주술'이라는 용어가 직·간접적으로 언급된 목간의 사례들을 검토하였다. 어떠한 맥락에서 '주술'이라는 용어를 사용하였는지 불분명한 경우도 많지만, 대체로 형태나 서사 및 취급 방식에 있어서의 특이성에서 주술적인 의도를 유추하고 있다. 일반적이지 않은 방식으로 목간을 만들거나 다룬다는 점에서 이는 신비롭고 이해할 수 없는 영역으로 간주되므로, '초자연'에 기반한 주술·종교의 정의와 상통되는 관점이라고 생각된다. 단, '초자연'이란 말은 구체성을 결여하고 있어, '非과학'이라는 말로 대체하는 편이 이해하기 용이하다.[89]

Frazer가 상정한 주술-종교-과학의 진화론적 도식에서 주술은 미성숙한 기술이며 疑似 과학으로서, 주술적 사고는 '과학 개념의 결여'로 간주된다.[90] '同種呪術' 혹은 '模倣呪術'의 근거가 되는 '類似의 법칙'과 '感染呪術'의 근거가 되는 '접촉의 법칙'이 공감주술의 기초가 되는 사유 원리로 제시되었는데,[91] 이는 David Hume이 '觀念聯合'設에서 제기한 '類似'·'隣接'·'因果' 세 관계 중 '인과'를 19세기 과학의 원리로 보아 제외한 뒤, 나머지 '유사'와 '인접'을 주술의 원리로 재구성한 것이다.[92] 즉, 과학을 제외함으로써, 과학을 뺀 나머지로서 주술이 정의되고 있는 것이다. 참되고 효과가 있는 주술이 있다면, 그것은 이미 주술이 아니라 과학이라고 간주해야 한다고 주장하기까지 했다.[93]

Frazer나 Tylor가 고민한 주술·종교·과학의 관계 중에서, 과학을 제외하면 주술과 종교의 관계가 남는다. 주술을 과학의 前단계나 疑似 과학으로 보지 않고, 聖/俗으로 과학과 범주를 달리하며 보편적 인간의 심리 상태를 안정시킨다는 독자적 기능을 가지고 공존하였다고 보거나,[94] 과학과 병행하는 지식 습득의 다른 방식이라고 본 견해에서도,[95] 주술과 종교의 구분은 여전히 문제가 된다. 과학과 구분을 위해 제시한 주술의 특징들은 대부분 종교와 공유되고 있기 때문이다.

때문에 Frazer는 주술을 규정하기 위해, 먼저 종교의 개념 정의를 시도한다. 그는 종교를 초인간적

---

88) 金昌錫, 2008, 「大阪 桑津 유적 출토 百濟系 木簡의 내용과 용도」, 『木簡과 文字』創刊號, pp.244~246.

89) 제프리 버튼 러셀 저/김은주 역, 2001, 『마녀의 문화사』, 다빈치, pp.18~19.

90) 제임스 조지 프레이저 저/박규태 역주, 2005, 『황금가지 제1권』, 을유문화사, p.71.

91) 제임스 조지 프레이저 저/박규태 역주, 위의 책, p.70.

92) 関 一敏, 2012, 「呪術は何か—実踐論的轉回のための覚書」, 『呪術の人類学』, 人文書院, p.98.

93) 제임스 조지 프레이저 저/박규태 역주, 2005, 앞의 책, p.152.

94) Bronislaw Malinowski, 1954, *Magic Science, and Religion: and Other Essays*, Garden City, N.Y.:Doubleday, pp.79~87.

95) 레비-스트로스 저/안정남 역, 1999, 『야생의 사고』, 한길사, p.66.

힘을 위무하거나 조정함으로써 그 힘과 화해하는 것으로 정의하고, 주술은 자연 운행이 인격적 존재의 기분·감정에 의해서가 아니라 기계적으로 작용하는 불변의 법칙에 따라 결정된다고 가정하여, 영적 존재와 화해하거나 위무하는 대신, 영적 존재를 협박하거나 강제한다는 점에서 종교와 차이를 보인다고 하였다.[96]

그러나 Marcel Mauss는 종교적 儀式에서도 강제의 방식이 사용될 수 있고, 대부분의 고대 종교에서 儀式의 집행 과정에 문제가 없다면 神도 그 목적의 달성을 막을 수 없는 것으로 상정된다면서, Frazer가 제시한 주술과 종교의 구분 기준을 부정하였다. 나아가 공감의 원리는 종교 儀式에서도 발견되며, 영혼이나 神 등 인격적 존재가 주술자의 간절한 애원을 통해 주술에 연루되기도 한다고 한다.[97] Durkheim은 주술에서 종교가 나왔다는 Frazer의 진화론적 도식을 뒤집어, 종교에서 주술이 나왔다고 보았으나, 주술에 대한 정의는 종교에 더욱 속박되어, 주술을 일종의 反종교로 규정하였다.[98]

주술을 종교와 확연히 구별지어 그 자체로서 개념을 확정지으려는 시도는 대체로 성공적이지 못했던 것으로 보인다.[99] 결국 주술은 그 자체로서 정의되기보다, 종교의 정의에 종속되어 그 나머지로 규정되어 왔다고 하겠다. 이는 주술의 개념화가 '잔여 카테고리'로서 기독교 교회에 의해 命名된 부정적인 범주의 설정에서 근원하였기 때문이다.[100] 주술은 기독교/이교라는 도식 속에서 타자화된 非기독교로서 배척되었으며,[101] 16세기 초 종교개혁기에 프로테스탄트가 중세 기독교의 의례주의를 '주술'이라 명명함으로써 비판하자, 카톨릭은 이를 받아들이면서도 '주술'의 표상을 외부의 '未開'와 내부의 '民俗'으로 돌렸다. 이러한 종교와 주술의 이분법은 16세기 초기 근대와 19세기 근대 학문의 성립을 겪으면서, 내부적으로는 도시·지식인과 非도시·농민을, 외부적으로는 서구·문명과 非서구·미개를 나누는 방식으로 고착화되었다.[102] 결국 종교의 자기 정의에 따라 생겨난 내·외부의 他者들에게 '주술'이라는 개념이 부여된 것이다.

출토 목간을 설명하는 데 사용된 '주술'이라는 용어도 과학·종교와의 관계 속에서 이루어진 이상과 같은 '주술' 개념 규정의 흐름에서 크게 벗어나지 않는 것으로 보인다. '과학목간'이라는 개념은 전혀 사용된 바 없는데, 현대인의 기준에서 '과학적 사고'는 '현실'과 '일상'의 근저에 자리하고 있다고 간주되므로, '과학목간'은 별도로 범주화될 필요가 없었다고 하겠다. 즉, 명시적으로 표현하지 않았더라도, 현실적이고 실용적인 용도에 사용되었다고 간주되는 대부분의 목간들은 과학의 영역에 귀속시킨 것이다. 다만, 이는 현대의 우리가 가지고 있는 주술·종교와 과학에 대한 관념에 의한 구분일 뿐이며, 당시인들이

---

96) 제임스 조지 프레이저 저/박규태 역주, 2005, 앞의 책, pp.153~.156.
97) Marcel Mauss(Translated by Robert Brain), 2001, *A General Theory of Magic*, Routledge, pp.25~26.
98) 에밀 뒤르케임 지음/노치준·민혜숙 옮김, 1990, 『종교생활의 원초적 형태』, 민영사, p.76.
99) 權龍蘭, 2001, 「근대 이후 서구의 주술 개념 형성에 관한 연구」, 서울대학교 대학원 종교학과 문학석사학위논문, p.39.
100) 関 一敏, 2012, 앞의 논문, p.84.
101) 權龍蘭, 2001, 앞의 논문, p.58.
102) 関 一敏, 2012, 앞의 논문, p.85.

같은 방식으로 과학 또는 현실과 주술을 구분하였는지는 알 수 없다. 트로비안드인들을 연구한 Mali-nowski는 토착민들이 실재 작업과 주술을 명확히 구분하고 있어 특정 행위에 대해 물어보기만 하면 곧바로 그것이 주술의 방식인지 경작의 방식인지 답을 들을 수 있었다고 하지만,[103] 우리는 남겨진 자료에만 의지할 수 있을 뿐으로 그러한 질문을 던질 대상이 없다.

한편 형태나 내용, 출토 정황을 통해 볼 때 이러한 '과학'의 범위를 넘어선다고 판단되는 목간들에 대해서, 그 의도나 목적을 설명하는 데 있어서는 '종교'보다 '주술'이라는 용어가 선호되었다. 도교나 불교 등 개별 종교와의 관련성은 일부 언급된 바 있으나, '종교목간'으로 총괄되지는 않았다. 불교·도교와 관련하여 '주술'이라는 표현이 사용된 점도 눈에 띈다.[104] 이는 서구 기독교에 근거하여 성립된 '종교' 개념에 의해 他者化된 불교나 도교에는 여전히 '잔여 카테고리'로서 '주술'의 이미지가 묻어 있는 것으로 느껴진 데 기인하였다고 판단된다. 아울러 불교나 도교 등의 종교들 가운데 어떤 것과 연관되어 이루어졌던 행위의 흔적인지 특정하기 어려운 대상에 대해서, '주술'이 포괄적인 용어로 선호되었던 것으로 보인다.

Ⅳ. 맺음말

이처럼 현대를 살고 있는 우리의 관념을 투영한 데 불과하며, 종교와 과학의 '잔여 카테고리'로서 이 둘과의 관계를 벗어나 자체적인 정의를 내리기 어려운 '주술'이라는 개념을, 목간의 성격과 용도를 분류하는 범주로서 활용하는 것은 유의미할까? '주술'이 가지는 개념적 모호함을 피하고자 한다면, '祭祀木簡'이나 '儀禮木簡'·'儀式木簡' 등 행위를 직접 가리키는 용어를 사용하는 것이 분류 기준으로 보다 명확하게 느껴질 수 있다. 다만, 이 경우에도 祭祀와 儀禮, 儀式 등의 행위를 확실히 변별할 수 있도록 명확한 개념의 定義가 선행되어야 할 것이다. '주술목간'의 범주를 사용할 때와는 포함되는 대상의 범위도 달라질 것임은 물론이다. 아울러 특정한 행위에 사용된 목간을 '祭祀木簡'·'儀禮木簡'·'儀式木簡' 등의 명칭으로 묶는다고 할 때, '사용된'이 지칭하는 바도 구체적으로 규정할 필요가 있다. 예를 들어 특정 儀式에 사용된 물품의 목록이나 참가자 명단 등을 '儀式木簡'에 포함시킬지 여부에 따라, '儀式木簡'으로 분류되는 대상의 범위는 큰 폭으로 변화할 것이다.

日本에서 사용하는 '呪符木簡'의 개념을 도입하는 것도 가능하다. 이미 한국 고대 목간 중에서도 능산리사지 출토 295호·299호·301호 목간 및 화왕산성 출토 목간4을 가리키는 데 '呪符木簡'이라는 용어

---

103) 브로니슬로 말리노프스키 지음/유기쁨 옮김, 2012, 『산호섬의 경작지와 주술 ① −트로브리안드 군도의 경작법과 농경의례에 관한 연구』, 아카넷, p.204.

104) 近藤浩一, 2004, 앞의 논문, p.94.
　　김영심, 2009, 앞의 논문, pp.132~134.
　　국립부여박물관, 2008, 앞의 책, p.36.

가 사용된 바 있다. 和田 萃는 呪符木簡을 "그 형상이나 기재 내용으로부터 어떠한 신앙에 기반하여 사용되었다고 추측되는 목간"이라고 定義하고, 이를 I'急急如律令' 등 呪句를 가지는 것, II符籙 또는 祭儀에 관련이 있는 그림을 그린 것, III神·佛의 名號를 기록한 것 등 세 가지로 분류하였다.[105] 定義 자체는 신앙이나 종교적 사고에 기반한 내용을 담은 모든 목간들을 포괄하는 듯 보이지만, 세 가지 분류를 살펴보면 주술이나 신앙에 입각한 구분이라기보다, 일상 언어·문자 생활을 넘어선 문자나 그림·부호의 사용 여부가 분류의 기준이 되었음을 알 수 있다. 이 기준을 따른다면, 능산리사지 299호 목간을 位牌로 볼 경우 III으로 분류할 수 있고, 그림이나 符籙이 그려진 화왕산성 출토 목간 1·4는 II에 포함시킬 수 있으나, 능산리사지 295호 및 화왕산성 목간 2 등은 남근형의 형상이 주술적인 사고를 연상시킴에도 呪句라고 볼 만한 부분이나 符籙이 없고, 그림이 아니며, 神·佛의 名號를 기록하고 있지 않다는 점에서 '呪符木簡'으로 분류할 수 없다.

남은 것은 선택의 문제이다. 반드시 '주술목간'으로 분류되어야만 하는 대상들이 존재하는 것은 아니다. 어떠한 범주를 사용할 것인지 결정하는 것은 當爲의 문제라기보다, 그러한 범주의 설정을 통해 얻을 수 있는 것이 무엇인가 하는 유용성의 문제라고 하겠다. 주술이 아니라 儀式·儀禮·祭祀 등의 개념에 기반하여 범주를 설정하는 것, '呪符木簡'이라는 범주를 사용하는 것 모두 목간의 성격이나 용도를 구분하는 기준으로서 나름의 유용성을 가지고 있다. '주술목간'도 '주술'을 다루기 위한 자료의 분류 범주 중 하나로 설정할 경우, 목간의 분류 기준으로 채택되었을 때의 위화감은 느껴지지 않을 수 있다.[106] 즉, '주술목간'은 '주술'을 이야기하기 위한 좋은 재료가 된다고 하겠다. '주술'이라는 개념이 어떻게 이해되고 받아들여져 적용되었는지를 보여준다는 점에서, '주술목간'의 연구사는 흥미로우며, 따라서 '주술목간'의 범주 설정은 유의미하다고 생각한다.

| 투고일 : 2013. 4. 27 | 심사개시일 : 2013. 5. 8 | 심사완료일 : 2013. 5. 24 |

---

105) 和田 萃, 1982, 「呪符木簡の系譜」, 『木簡研究』第四号; 1995, 『日本古代の儀礼と祭祀·信仰 中』, 塙書房, pp.153~154.
106) '주술목간'이라는 주제가 '주술 관련 문헌자료', '주술 관련 유물' 등을 더불어 논하는 자리에서 등장하였다면, '주술목간'을 찾아 헤맨 본고의 여정은 애초에 시작조차 하지 않았을지도 모른다.

附. 판독안 대비표

1-①. 능산리사지 299호 목간

1) 박중환 2002 ('女貴'銘 목간)

(上端部 → 下端部)

三(?)貴	至女	今母	兄(?)父
□幸(?)	至父	女貴	□文(?)
…	貴		…

〈그림 1〉 299호 목간
(國立昌原文化財研究所, p.217)

2) 국립부여박물관 2002 ('삼귀'먹글씨목간)

□	□	三
□	□	貴
大(?)	至	至
貴	父	女
□	女	今
□	貴	母
□	□	兄(?)
□	□	父

3) 近藤浩一 2004 (6)

(上端部 → 下端部)

三(?)貴	至女	今母	兄(?)父
□幸(?)	至父	女貴	□文(?)
□□	大(?)貴		□□

4) 尹善泰 2004·2007

	三貴	至丈	牟母	□久
	五幸	至久	女貴	□文
(앞)	□丁	因貴		

(뒤) 乙乙乙/乙乙乙/乙乙乙/乙乙乙/乙乙乙/乙乙乙/乙乙乙 /

5) 이용현 2007

三貴 □牟 □丁	至丈 至攵 大貴	今母 安貴	□□ □文

6) 近藤浩一 2008

(上端部 → 下端部)

三貴	至女	今母	
□牟	至文	安貴	只久
· □□	□貴		□文

·「乙乙乙乙乙乙乙

乙乙乙乙乙乙乙乙

乙乙乙乙乙乙乙 」

7) 方国花 2010

(앞면) 三貴 至丈 今母

五辛 至久 女貴 □久

□丁 [大]貴 □文

(뒷면) 〈'水'의 연서〉

8) 손환일 2011a

299-1 :「三貴 · 丑牟 · 阿[丁(可)]/至文 · 至夕 · 大貴/今(毋/無) · 安貴/次夕 · 奴文/□/□」

299-2 :「/巛巛巛巛巛巛巛巛巛」

9) 손환일 2011b

```
5            5
|            |
2            1
‥           ‥
坤          A三貴
  □五牟    B至丈
  丁至夕    C子母
  大安貴    D次夕
    貴
    奴文
```

1-②. 능산리사지 295호 남근형 목간

1) 국립부여박물관 2002 ('천…'새김·먹글씨목간)

```
无奉儀□道□立十二□       无奉          ⅄
```

2) 近藤浩一 2004 (1)

　　(앞) (男根모양)　无奉義□　道□立　十二□　(구멍)

　　(뒤) (男根모양)　无奉　　　　　　天　(구멍)

3) 尹善泰 2004

　　(1)　无奉義　道祸立立立

　　(2)　　　追□

　　(3)　无奉　　　天

　　(4)　　　　□□□十六

4) 平川 南 2005

                     (刻書)   (墨書)

제1면 「『无奉義』道緣立立 　○ 」

제2면 「　　　　　　●● 　　　」

                     (刻書)

제3면 「『 无奉 　　　● 』○ 」

제4면 「　　　□□□十六　　　 」

5) 平川 南 2008

제4면	제3면	제2면	제1면
┐	┐	┐	┐
	(각서)	(각서)	(각서)
	『无奉	无奉義』	无奉義
		『道緣立立	(묵서)
□ □ □ 十六	[立?]	糍濼	○
	¥	○	└
└	○	└	
	└		

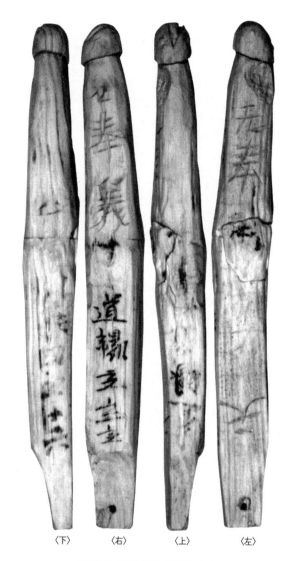

〈下〉　〈右〉　〈上〉　〈左〉

〈그림 2〉 295호 목간 적외선 사진
(국립부여박물관·국립창원문화재연구소, p.13)

6) 윤선태 2007

(1면) 〒奉義　　道禓立立　●

(2면) ●　　　　迠□

(3면) 无奉　　　『¥』　●

(4면) 　　　□徔□十六　●

7) 이용현 2007

우면　天 无奉義 道緣立立立

하면　　　　　□□□十六

좌면　天 无奉

상면　　　　　道緣 □

8) 김영심, 2009

  (1면) 无奉義 道禓立立立 // (3면) 无奉 天

9) 손환일 2011a

  295-1 :「天在奉義 十 道緣立立立」

  295-2 :「 …道緣其十」

  295-3 :「(无/無)奉 門 天」

  295-4 :「 …門徒日五十六」

10) 손환일 2011b

1-4	1-3	1-2	1-1
…□□徒日五十六	无奉用 天	道緣北	天在奉義 十 道緣立立立

1-③. 능산리사지 309호 목간

1) 윤선태 2004·2007

  · × □七□□死 ×

  · × □再拜□ ×

2) 손환일 2011a

  309-1 :「○ 七定便死」

  309-2 :「出再拜云」

〈그림 3〉 309호 목간
(國立昌原文化財硏究所, p.223)

3) 손환일 2011b

15-2 ...
□再拜云

15-1 ...
□七定井死□

1-④. 능산리사지 301호 목간

1) 박중환 2002 ('六部五方'銘 목간)

　　前面：…書(?)亦從此法之凡(?)六部五方

　　後面：…人行色(?)也凡(?)作形之中□具

2) 국립부여박물관 2002 ('육부오방'먹글씨목간)

　　書亦從此法爲之凡六卩五方

　　人行之也瓦作形之中□具

　　(?)

3) 近藤浩一 2004 (8)

　　(앞) (결실) 書(?)※亦從此法爲之凡六ア五方 (결실)

　　(뒤) (결실) 人行色(?)也凡作形之中□具 (결실)

　　※ "昔으로도 판독 가능하다."고 주석함(p.90 각주 12).

4) 윤선태 2007

　　· × 書亦從此法爲之凡六ア五方 ×

　　· × □行色也凡作形□中□具 ×

〈그림 4〉 301호 목간
(國立昌原文化財研究所, p.219)

5) 박중환, 2007

    (전면) (上端部 결손)… 人行色也, 凡作形之中尸具

    (후면) (上端部 결손)… 書亦從此法, 爲之凡六卩五方

6) 近藤浩一 2008

    · ×書亦從此法爲之凡六ア五方×

    · ×人行色也凡作形之中□具×

7) 국립부여박물관, 2007

    1면 : × 書亦從此法 爲之凡六卩五方 ×

    2면 : × 又行之也 凡作形々之中了其 ×

8) 손환일, 2011a

    301-1 :「書亦從此法爲之凡六(卩/部)五方」

    301-2 :「又行之也凡作形之中了其[界]」

9) 손환일, 2011b

7-1 ‥ 書亦從此法爲足凡六卩五方

7-2 ‥ 人行之也凡作形、‥中了其

1-⑤. 능산리사지 능7 새모양 목간

1) 국립부여박물관 2008

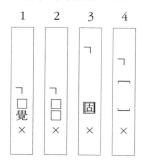

2) 국립부여박물관·국립가야문화재연구소 2009

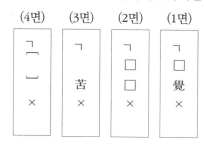

3) 손환일 2011a

7-1 : 「□□賞意」

7-2 : 「大近巾」

7-3 : 「谷」

7-4 : 「…」

4) 손환일 2011b

〈扶餘陵山里寺址出土木簡〉27

2
7
－
1
··
·
大

2
7
－
2
··
·
旨

2
7
－
3
··
·
□

2
7
－
4
··
·
□

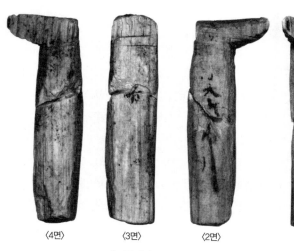

〈그림 5〉 능7 목간 적외선 사진
(국립부여박물관·국립창원문화재연구소, p.38)

2–①. 화왕산성 목간 4

1) 박성천·김시환 2009
　　　□□□仲□□□六□卄(卅?)九□滇(眞?)□
　　　　　　龍王□□

2) 김재홍 2009
　　(1면 정수리)
　　眞族
　　(2면)
　　□古仰□□年六月卄九日眞族
　　　　　龍王開祭

3) 李成市 2010
□□古仰□□年六月廿九日眞族
龍王開祭

〈그림 6〉 화왕산성 목간4 적외선 사진
(『木簡과 文字』第4號 화보)

4) 김창석 2010
　　앞면 : □(□)古□[1]仗□[2]剖六用[3]卄九歲[4]眞族
　　　　　　　　龍王開祭
　　뒷면 : 眞族 〈인물상〉
　　　1] "'郡' 또는 '鄕'일 가능성이 있다." (p.109 각주 19).
　　　2] "'女'의 변형자일 가능성이 있다." (p.109 각주 20)
　　　3] "'開'·'閞'일 가능성도 있다." (p.109 각주 21)
　　　4] "'日'일 가능성을 배제할 수 없다." (p.109 각주 22)

5) 손환일 2011a

　　1-1 : 「眞族」

　　1-2-1 : 「□辛卯陽□部六月十九日眞族」

　　1-2-2 : 「龍王爲祭」

6) 손환일 2011b

龍王爲祭　　□辛卯陽□部六月十九□眞族
1
|
1
..

2-②. 화왕산성 목간 1

1) 박성천·김시환 2009

목간	앞	뒤
1-1	□	廣□九□
2-1	□□□女	爲□□□
3-1	□□	□□

2) 김재홍 2009

　· (1면) 尸尸尸人六□夫(天?)□ 　□□ 安九九禾 　○○

　· (2면) 尸□□九九安 　　　　前天(无?) 　　　答王○

3) 김창석 2010

앞면 : 戸[1]口□北[2]擧安 □□ 太王□

뒷면 : 爲人[3]先[4]□□安九□[5]□□□

    1] "'广'일 가능성이 있다." (p.118 각주 60)

    2] "'此'일 가능성이 있다." (p.118 각주 61)

    3] "'天'·'久'·'无'일 가능성이 있다." (p.118 각주 62)

    4] "'失'의 가능성이 있다." (p.118 각주 63)

    5] "'燕'일 가능성이 있다." (p.118 각주 64)

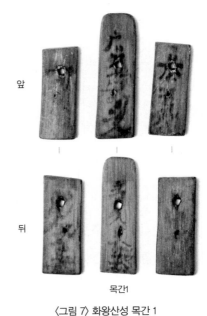

앞

뒤

목간1

〈그림 7〉 화왕산성 목간 1
(『木簡과 文字』第4號 화보)

4) 손환일 2011b

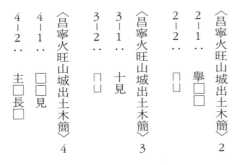

| 4-2 ‥ 主□長□ | 4-1 ‥ □□見 | 〈昌寧火旺山城出土木簡〉 4 | 3-2 ‥ □ | 3-1 ‥ 十見 | 〈昌寧火旺山城出土木簡〉 3 | 2-2 ‥ □□ | 2-1 ‥ 擧□□ | 〈昌寧火旺山城出土木簡〉 2 |

3. 이성산성 A지구 2차 저수지 출토 목간

1) 국립부여박물관·국립가야문화재연구소 2009

125호 목간 (앞)

```
┌
 ╳
 □
  ┘
```

(뒤)

```
┌
 ╳

  ┘
```

126호 목간 (앞)

```
┌
內
皀□
 ╳
```

(뒤)

```
┌

 ╳
```

2) 손환일 2011a

　126：「[沙](巴/邑)[行]…」

3) 손환일 2011b

6
-
1
‥

〈河南二城山城出土木簡〉6

□(巳)□

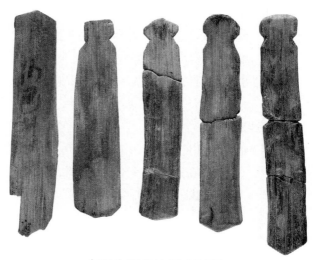

〈그림 8〉 이성산성 4차 출토 목간
(국립경주박물관, 2002a, p.135)

4. 전인용사지 출토 목간

1) 권택장 2010a

[A면] 大龍王中白主民渙次心阿多乎去亦在

[B면]

【左行】是二人者歲□□亦在如契与□(右如)

【右行】(名)者所貴公歲卅金(候)公歲卅五

2) 권택장 2010b

	1	2	3	4	5	6	7	8	9	10	11	12	13	14	15	16	17
A	大	龍	王	中	白	主	民	渙	次	心	阿	多	乎	去	亦	在	
B-①	(名)	者	所	貴	公	歲	卅	金	□	公	歲	卅	五				
B-②	是	二	人	者	歲	■	中	人	亦	在	如	契	与	□	□	右	□

3) 김영욱 2011

앞면 : 大龍王中白主民渙次心阿多乎去亦在

뒷면 첫째 줄 : 名者所貴公歲卅金□公歲卅五

뒷면 둘째 줄 : 是二人者歲□中人亦在如契与□□右如

4) 이재환 2011

전면 ： 大龍王中白主民渙次心阿多乎去亦在

후면 逆방향 ： [名]者所貴公歲卅金[候]公歲卅五

正방향 ： 是二人者歲中人亦在如□与□□右□

5) 손환일 2011a

1：「大龍王中白主民沒次心阿多乎去亦在[如]」

2-1：「(众/衆)者所貴公歲卅金[侯]公歲卅五」

2-2：「是二人者歲□[是]亦在如功夫(与/與)[日亦在如]」

6) 손환일 2011b

〈慶州仁容寺址出土木簡〉1

1
1
2
··

大龍王中白主民渙次心阿多乎去亦在

1
1
··

(衆)者所貴公歲卅金侯公歲卅五

是二人者歲□□亦在如契与

〈그림 9〉 전인용사지 출토 목간 적외선 사진
(『木簡과 文字』第6號 화보)

5. 국립경주박물관 미술관부지 출토 목간

1) 국립경주박물관 2002a

万
本
△
△
△
△
△
△
△
△
△
△
△
△
△

2) 국립창원문화재연구소 2006 - 손환일 판독안

(1면)「百本隶身中有叹五月□□□□主時南從□」

(2면)「□策□□□哉」

3) 국립부여박물관·국립가야문화재연구소 2009

「□本乘身中有史者□命曰□王時爲□□□」

「□策旅子□哉□」

〈그림 10〉 미술관부지 목간(국립부여박
물관·국립가야문화재연구소, p.192)

4) 국립경주박물관 2011

時策施故賜哉□□

万本來身中有史□□□今白龍王時爲□內

5) 손환일 2011a

279-1 : 「(万/萬)本來身中有口入五日□今日□壬時爲儀□□」

279-2 : 「時策旅欲□哉□」

6) 손환일 2011b

〈慶州博物館敷地出土木簡〉1

1-1·· 万本來身中有口入□□□今日□三時爲

1-2·· 時策施衣□咸

7) 이승재 2012

1면 : [万本來?身中有史音□今日□三時爲從?支?]

2면 : [財?叢?旀?放賜哉　　　　　　　　　　]

참/고/문/헌

국립경주박물관, 2002a, 『文字로 본 新羅 − 新羅人의 記錄과 筆跡』.

國立慶州博物館, 2002b, 『國立慶州博物館敷地內 發掘調查報告書 −美術館敷地 및 連結通路敷地−(國立慶州博物館 學術調查報告 第15冊)』.

국립경주박물관, 2011, 『우물에 빠진 통일신라 동물들』.

국립부여박물관, 2002, 『百濟의 文字』.

國立扶餘博物館, 2007, 『陵寺 −부여 능산리사지 6~8차 발굴조사보고서』.

국립부여박물관, 2008, 『백제목간 −소장품조사자료집』.

국립부여박물관, 2010, 『백제 중흥을 꿈꾸다 − 능산리사지』.

국립부여박물관·국립창원문화재연구소, 2009, 『나무 속 암호 목간』.

國立昌原文化財研究所, 2006, 『(개정판) 韓國의 古代木簡(학술조사보고 제32집)』.

金秉模·沈光注, 1991, 『二聖山城 〈三次發掘調查報告〉』, 漢陽大學校·京畿道.

金秉模·金娥官, 1992, 『二聖山城 〈四次發掘調查報告〉』, 漢陽大學校·河南市.

김시환·구민정·이성호, 2009, 『昌寧 火旺山城內 蓮池(學術調查研究叢書 第74輯)』, 昌寧郡·慶南文化財研究院.

브로니슬로 말리노프스키 지음/유기쁨 옮김, 2012, 『산호섬의 경작지와 주술 ① −트로브리안드 군도의 경작법과 농경 의례에 관한 연구』, 아카넷.

손환일, 2011a, 『한국 목간의 기록문화와 서체(한국서화문화총서 011)』, 서화미디어.

손환일, 2011b, 『韓國 木簡字典』, 국립가야문화재연구소.

윤선태, 2007, 『목간이 들려주는 백제 이야기(백제문화개발연구원 역사문고 28)』, 주류성.

레비−스트로스 저/안정남 역, 1999, 『야생의 사고』, 한길사.

에밀 뒤르케임 지음/노치준·민혜숙 옮김, 1990, 『종교생활의 원초적 형태』, 민영사.

제임스 조지 프레이저 저·박규태 역주, 2005, 『황금가지 제1권』, 을유문화사.

제프리 버튼 러셀 저·김은주 역, 2001, 『마녀의 문화사』, 다빈치.

Bronislaw Malinowski, 1954 *Magic, Science, and Religion; and Other Essays*, Garden City, N.Y. : Doubleday.

Marcel Mauss(Translated by Robert Brain), 2001 *A General Theory of Magic*, Routledge.

權五榮, 2008, 「壁柱建物에 나타난 백제계 이주민의 일본 畿內지역 정착」, 『한국고대사연구』49.

權龍蘭, 2001, 「근대 이후 서구의 주술 개념 형성에 관한 연구」, 서울대학교 대학원 종교학과 문학석사 학위논문.

권택장, 2010a, 「경주 傳仁容寺址와 '大龍' 목간」, 한국목간학회 제9회 정기발표회 발표문.

권택장, 2010b, 「경주 傳仁容寺址 유적 발굴조사와 木簡 출토」, 『木簡과 文字』第6號.

김영심, 2009, 「扶餘 陵山里 출토 '六卩五方' 목간과 백제의 數術學」, 『木簡과 文字』第3號.

金英心, 2011a, 「百濟의 道敎 成立 問題에 대한 一考察」, 『百濟研究』第53輯.

金英心, 2011b, 「백제문화의 도교적 요소」, 『한국고대사연구』64.

김영심, 2012, 「무령왕릉에 구현된 도교적 세계관」, 『韓國思想史學』第40輯.

김영욱, 2011, 「傳仁容寺址 木簡에 대한 어학적 접근」, 『木簡과 文字』第7號.

김재홍, 2009, 「창녕 화왕산성 龍池 출토 木簡과 祭儀」, 『木簡과 文字』第4號.

金昌錫, 2008, 「大阪 桑津 유적 출토 百濟系 木簡의 내용과 용도」, 『木簡과 文字』創刊號.

김창석, 2010, 「창녕 화왕산성 蓮池 출토 木簡의 내용과 용도」, 『木簡과文字』第5號.

박성천·김시환, 2009, 「창녕 화왕산성 蓮池 출토 木簡」, 『木簡과 文字』第4號.

朴仲煥, 2002, 「扶餘 陵山里發掘 木簡 豫報」, 『한국고대사연구』28.

박중환, 2007, 「百濟 金石文 研究」, 전남대학교 대학원 박사학위논문.

尹善泰, 2004, 「扶餘 陵山里 百濟木簡의 再檢討」, 『東國史學』第40輯.

이경섭, 2011, 「이성산성(二聖山城) 출토 문자유물을 통해서 본 신라 지방사회의 문서행정(文書行政)」, 『역사와 현실』81.

李炳鎬, 2008, 「扶餘 陵山里 出土 木簡의 性格」, 『木簡과 文字』創刊號.

李丞宰, 2012, 「木簡에서 찾은 新羅 詩歌 二首」, 『제43회 구결학회 전국 학술 대회 발표논문집』.

이용현, 2007, 「목간」, 『백제의 문화와 생활』(백제문화사대계 연구총서 12), 충청남도역사문화연구원.

이재환, 2011, 「傳仁容寺址 출토 '龍王' 목간과 우물·연못에서의 제사의식」, 『木簡과 文字』第7號.

鄭義道, 2007, 「祭場으로서의 山城 研究 : 鎭山을 中心으로」, 『文物研究』第12호, 東아시아文物研究學術財團·韓國文物研究院.

조해숙, 2006, 「백제 목간기록 "宿世結業…"에 대하여」, 『관악어문연구』31.

方国花, 2010, 「扶餘 陵山里 출토 299번 목간」, 『木簡과 文字』第6號.

高橋 工, 1991, 「桑津遺跡から日本最古のまじない札」, 『葦火(大阪市文化財情報)』35号, 大阪市文化財協会.

関 一敏, 2012, 「呪術は何か―実践論的転回のための覚書」, 『呪術の人類学』, 人文書院.

橋本 繁, 2008, 「윤선태 著《목간이 들려주는 백제 이야기》(주류성, 2007년)에 대하여」, 『木簡과 文字』第2號.

近藤浩一, 2004, 「扶餘 陵山里 羅城築造 木簡의 研究」, 『百濟研究』第39輯.

近藤浩一, 2008, 「扶餘 陵山里 羅城築造 木簡 再論」, 『한국고대사연구』49.

三上喜孝 著/정애영 譯, 2011, 「「龍王」銘 목간과 고대 동아시아세계 -한일 출토 목간 연구의 신전개
　-」, 『특별전 문자, 그 이후 기념 심포지엄』, 국립중앙박물관.

李 成市, 2010, 「東アジアの木簡文化-伝播の過程を読みとく」, 『木簡から古代がみえる』, 木簡学会
　編, 岩波書店.

平川 南, 2005, 「百済と古代日本における道の祭祀」, 『백제 사비시기 문화의 재조명』.

平川 南, 2008, 「道祖神 신앙의 원류 - 고대 길의 제사와 양물형 목제품」, 『木簡과 文字』第2號.

和田 萃, 1982, 「呪符木簡の系譜」, 『木簡研究』第四号; 1995 『日本古代の義礼と祭祀·信仰 中』, 塙書房.

〈日文要約〉

韓国古代'呪術木簡'の研究動向と展望
-'呪術木簡'を求めて-

李在晥

　本稿は2012年12月1日に開催された韓国木簡学会第7回定期学術大会での発表をもとに作成したものである。韓国古代木簡についての従来の研究成果を出土地域別に整理するというこの学術大会で、'呪術木簡'が1つのテーマとして選ばれたことは非常に興味深い。現在まで'呪術木簡'という概念が定義されたことがないため、まず'呪術'という用語を使用して木簡を説明した事例をすべて調査した。

　その結果扶余陵山里寺址出土295号木簡·299号男根形木簡·301号木簡·309号木簡陵7鳥形木簡をはじめとして、昌寧花旺山城蓮池出土人形木簡および木簡1·2·3、河南二聖山城A地区2次貯水池3次発掘出土木簡3·4·5と木簡7·8·9·10および4次発掘出土木簡1~5、慶州伝仁容寺址出土木簡、慶州国立慶州博物館内美術館敷地出土木簡などの性格と用途を論じる過程で'呪術'という用語が使われていたことを確認した。

　'呪術'という用語を使用した脈絡が明確ではない場合もあったが、大体、形態や書写および取扱方法での特異性から呪術的な意図を類推している。出土木簡の説明に使用される'呪術'という用語は、科学·宗教·呪術の関係の中で科学と呪術を定義し、残りの'残余カテゴリー'としての'呪術'概念を大きく越えるものではない。これは、現代人の観念を過去に投影したものであり、西欧キリスト教をモデルに成立した宗教概念に基づき他の宗教を他者化しつつ与えた'呪術'のイメージからも影響を受けたと思われる。

　木簡の性格と用途を分類するための範疇の中の1つとしては'残余カテゴリー'としての'呪術'概念よりは'祭祀木簡''儀礼木簡''儀式木簡'など行為を直接示す用語を使用したり、日本の'呪符木簡'の概念を受け入れて採用するほうがより有用である。しかし、'呪術木簡'は'呪術'を説明するのには良い材料となろう。'呪術'という概念がどのように理解、受容、適用されたのかを示すという点で'呪術木簡'の研究史は興味深いものであり、それゆえに'呪術木簡'という範疇の設定は意味のあるものと考える。

▶ キーワード : 呪術(magic)、呪術木簡、呪符木簡、陵山里寺址、花旺山城、二聖山城、伝仁容寺址、国立
　　　　　　 慶州博物館

신/출/토 목/간 및 문/자/자/료

평양 석암리 194호 출토 竹簡 고찰

부여 쌍북리 184-11 유적 목간 신출 보고

국립경주박물관 남측부지 유적 출토 신명문자료

경주 화곡 출토 在銘土器의 성격

禰軍 묘지 연구

일본 출토 고대목간 —정창원 傳世 목간—

평양 석암리 194호 출토 竹簡 고찰[*]

안경숙[**]

I. 머리말
II. 낙랑 죽간 선행연구 검토
III. 평양 석암리 194호 출토 죽간 고찰
IV. 맺음말

〈국문 초록〉

이 글은 평양 석암리 194호에서 출토된 죽간에 대한 보고를 목적으로 작성되었다. 이 유적은 1924년 발굴되었고, 1974년에 발간된 보고서인 『樂浪漢墓』第一冊에 194호 2호 목관에서 죽간 한 점이 출토된 것으로 보고된 바 있다. 이 죽간에 대한 자세한 검토를 위해 그 동안 선행 연구들에서 제기된 간독의 재료 선정과 용도에 따른 구분을 살펴보고, 이를 기반으로 석암리 194호 출토 죽간을 분석해 보았다.

이를 통해 석암리 194호 출토 죽간이 漢代 표준간의 규격과 일치됨을 밝혔다. 또한 정밀 조사 결과 표면에는 칠이 되어 있었고, 비록 문자는 발견되지 않았지만 위 아래로 구멍이 뚫려 있었으며, 2~3단 정도 끈으로 엮었던 흔적이 드러나 죽간의 겉장 부분으로 파악할 수 있었다. 이를 통해 평양 석암리 194호 출토 죽간이 최근 학계의 관심이 집중되었던 평양지역 정백리 364호에서 출토된 논어 죽간과 마찬가지로 편철된 죽간의 일부였음을 밝힐 수 있었다.

이는 미공개 자료의 보고라는 목적과 고대 문자 자료의 중요한 단서 중 하나인 죽간 자체의 검토를 통해 죽간의 용도 및 성격 등을 논의해 보고자 시도 되었다. 이 글이 향후 문자 자료 연구 및 관련 분야에 걸쳐 종합적인 연구로 나아가기 위한 기초 자료로 활용되게 될 것을 기대한다.

▶ 핵심어 : 죽간, 석암리 194호, 낙랑, 문자 자료

---

* 본고는 필자가 「국립중앙박물관 소장 석암리 194호 출토 竹簡 고찰」이라는 글을 『考古學誌』第18輯에 게재했던 것을 기본으로 2013년 1월 12일에 실시된 한국목간학회 제15회 정기발표회에서 발표시 학회의 여러 선생님들로부터 죽간의 재질 검토, 문자 유무, 사용흔 등에 관한 날카로운 질문 및 여러 가르침을 받았던 내용들을 본고의 본문 중에 반영시켜 수정·보완한 것이다.
** 국립중앙박물관 고고역사부 학예연구사

Ⅰ. 머리말

고대의 문자 자료로는 목간 외에 죽간도 있었다. 木簡과 竹簡을 합쳐서 簡牘이라고 하는데, 전국시대부터는 帛書와 더불어 죽간이 널리 사용되기 시작했다. 1951년 中國 湖南省 長沙 五里牌 406號墓에서 초나라 죽간 38매가 출토[1]된 이래 각지에서 대량으로 죽간이 출토되어 법률, 제도 등 당시의 사회상을 더욱 상세히 보여주고 있다. 중국 고대 전제국가는 간독이라는 서사 재료 위에 성립할 수 있었다는 주장도 이러한 상황과 일맥상통할 것이다.

최근 북한 낙랑구역 정백동貞柏洞 364호 무덤에서 論語 竹簡 및 '낙랑군 초원 4년 현별 호구樂浪郡初元四年縣別戶口 통계 문서' 목간이 출토되어 학계의 관심이 집중된 바 있다. 이처럼 낙랑·대방군 연구에 있어서 출토 문자 자료는 당대의 생생한 사실을 보여줄 뿐만 아니라 종종 문헌상의 오랜 논란을 단번에 정리해 주기도 했다. 때문에 낙랑 출토 문자 자료에 대한 이해는 낙랑군 연구만이 아니고, 한국 고대사 연구에 있어서도 매우 중요한 의미를 지니고 있다.[2]

현재까지 알려진 한반도지역 최고의 간독 자료는 역시나 위와 같은 낙랑군 출토품들이었다. 낙랑군을 비롯한 한사군의 존재는 고대 한반도에서 문자 문화가 확산되는 중요한 계기가 되었다. 이때 문자 문화를 담보했던 주된 서사 재료는 중국의 간독문화 영향을 받은 목간이었음 또한 주지의 사실일 것이다.[3] 비록 낙랑군 유적에서 출토된 漢簡은 소수에 불과하지만 실제로 낙랑군시대에 간독 사용이 성행했던 것은 낙랑구역 내 여러 유적에서 출토된 벼루(硯)와 붓 등의 출토로 미루어 짐작되어 왔다.

또한 당시 낙랑군과 다양한 방면으로 교역을 행하고 있던 한반도 남부 지역에도 간독이 보급되고 있었을 것이다. 기원전 1세기 무렵의 유적인 경남 창원의 다호리 유적에서 한사군과의 교역에 사용되었던 것으로 생각되는 도량형과 함께 붓 5자루, 삭도 등의 발견[4]이 대표적인 예라고 할 수 있다. 물론, 이 유물들은 한반도 남부의 정치체들이 한사군과의 교역에서 한자를 사용하였던 흔적으로, 이 당시의 한자 사용은 내부적인 목적이 아니라 중국 군현과의 교역 과정에서 간단한 물품명이나 수량 등을 표기하는 초보적인 수준이었을 것이며, 이것을 문화로서의 한자의 수용이라고 언급하기는 곤란하다는 견해들 또한 존재한다.[5] 즉, 고대 한국에서 문자사용의 기원과 확산 계기는 중국 고대국가와 한반도 북부의 한 군현과의 직접적인 접촉이었지만, 낙랑·대방과 같은 군현 지역 문자사용과 그 외 지역의 문자사용은 다른 차원의 문제라는 것이다.

---

1) 이하 간독의 출토 상황에 대해서는 이기동, 2011, 「고대 동아시아의 문자교류와 소통」, 『고대 동아시아의 문자교류와 소통』, 동북아역사재단 엮음.을 참고했다.
2) 윤용구, 2010a, 「낙랑·대방지역 신발견 문자자료와 연구동향」, 『한국고대사연구』57, 한국고대사연구회.
3) 李京燮, 2011, 「한국 고대 목간 문화의 기원에 대하여」, 『震檀學報』113, 震檀學會, p.10.
4) 이건무, 1992, 「다호리 유적 출토 붓(筆)에 대하여」, 『考古學誌』4, 韓國考古美術研究所.
5) 李京燮, 2011, 앞의 논문, p.11.

그렇다면 한반도 남부의 문자사용에 대한 이해를 위해서는 역시나 낙랑의 문자사용에 대한 이해가 우선적으로 이루어져야 할 것이다. 낙랑의 문자사용에 대한 이해는 앞서 언급한 바와 같이 낙랑 출토 벼루와 붓, 연호가 새겨진 명문 칠기 등의 자료들도 검토해 보아야겠지만 먼저 간독의 이해가 중심이 되어야 할 것이다. 그러나 낙랑 출토 자료의 경우 대부분이 일제강점기 발굴 자료이거나 해방 이후 북한 발굴 자료인지라 자료의 공개 및 보고가 원활하게 이루어지지 않았다. 이 글에서 살펴보려는 간독의 경우도 단편적으로 보고되었거나, 간략하게 출토 상황만 사진 등으로 기록되었을 뿐 자세한 자료를 찾기는 어려운 실정이었다.

이런 어려움에도 불구하고 문자 자료로서 중요하게 언급되는 목간에 대한 연구는 관련 연구자들의 노력에 힘입어 많은 진척을 보이고 있다. 그에 비해 죽간 관련 연구는 부족한 상황이다. 더구나 한반도에 전하는 죽간으로는 평양 정백동 출토 논어 죽간, 경주 구황동 삼층석탑 발견 사경 죽간, 태안 마도 해저 인양 죽간 등일 정도로 드물게 보고되었으므로, 이러한 출토 양상 또한 죽간 관련 연구 부족의 원인이었을 것이다. 또한 자료 접근의 제약성뿐만 아니라 시기적·제작기법상의 차이도 있어서 죽간 연구는 크게 진척을 보지 못했을 것이다.

따라서 이 글에서는 낙랑에서 출토된 간독 관련 선행 연구들을 살펴보고, 이를 바탕으로 최근에 공개된 국립중앙박물관 소장 평양 석암리 194호 출토 죽간을 검토해 보도록 하겠다. 이를 통해 기존에 지적된 바와 같이 과연 낙랑에는 죽간 문화가 없었던 것인지, 그렇다면 정백동 출토 논어 죽간은 단편적인 수입품이었는지 또는 편철 죽간의 존재는 없었던 것인지 등 선행연구들에서 제기한 문제들에 대해서도 검토해 보고 그 성격 및 의미에 대해서 살펴보도록 하겠다.

Ⅱ. 낙랑 죽간 선행연구 검토

1. 선행연구 검토

1931년에 발굴된 남정리 116호는 일명 '채협총彩篋塚'으로 불린다. 채협총의 전실 중앙부에서 칠기들과 함께 출토된 목독은 일본의 오바 오사무(大庭脩)가 樂浪 漢簡이라 이름 붙였는데, 이는 얼마 전까지도 학계에 보고된 한간의 유일한 예였다.[6] 이 목독은 잣나무를 이용하여 길이 23.7㎝, 폭 7.2㎝, 두께 0.6㎝로 만든 장방형의 얇은 목판이며, 표면 위쪽에 3행으로,

---

6) 大庭脩, 1979, 『木簡』, 學生社, p.62.

그림 1. 채협총 출토 목독

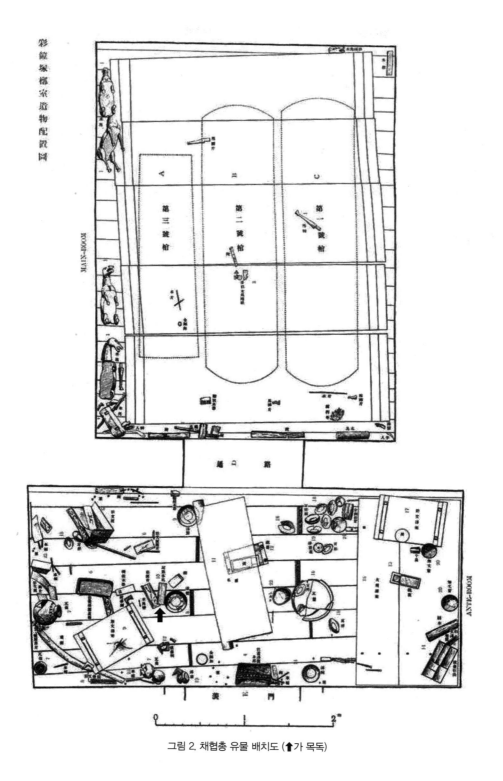

그림 2. 채협총 유물 배치도 (↑가 목독)

그림 3. 전실 중앙부 목독 출토 상황

縑三匹
故吏朝鮮丞田肱謹遣吏再拜奉
祭[7]

라는 글이 예서체로 적혀 있다. 피장자의 故吏였던 朝鮮縣丞 田肱이 삼가 아랫사람을 보내 피장자의 장례 예물로 비단 3필을 바친다는 내용인데, 이 목독은 내용에 근거해서 그 성격을 名謁이라고 간주되어 왔다.[8]

　　반면, 낙랑의 간독 중에서 죽간 자료로 알려진 것은 『논어』죽간이다. 이것은 평양 낙랑구역 통일거리건설장 구내 나무곽무덤(정백동 364호)에서 1992년 발굴되었다.[9] '참대 묶음'으로 표현된 것과 사진

7) 樂浪漢墓刊行委員會, 1974, 『樂浪漢墓』第一册, p.58.
　樂浪漢墓刊行委員會, 1974, 『樂浪漢墓』第一册, 도판 79.
8) 이성규, 2006, 「중국 군현으로서의 낙랑」, 『낙랑 문화 연구』, 동북아역사재단, p.60.
　윤용구, 2010b, 「낙랑군 초기의 군현 지배와 호구 파악」, 『낙랑군 호구부 연구』, 동북아역사재단, p.182.
9) 李成市·尹龍九·金慶浩, 2009, 「平壤 貞柏洞364號墳 출토 竹簡《論語》에 대하여」, 『木簡과 文字』4, 韓國木簡學會, pp.127~166.

표 1. 낙랑 출토 간독 일람[10]

유적명	발굴시기	유구	연대	내용	성격
남정리 116호 채협총	1931	귀틀무덤	3세기 전후	목독 1점	名謁
정백동 3호	1963	나무곽무덤	기원전 1세기 후반	목간 3점	미상
낙랑동 1호	1981~1984	귀틀무덤	1세기 전반	목간 6점	미상
정백동 364호	1990.2~1992	나무곽무덤	기원전 45년	죽간, 목독 일괄	논어 죽간(권11~12) 호구부 목독 외 공문서류 목간 일괄

자료를 통해 볼 때 죽간을 편철하여 서책으로 만든 것이다. 여기에는 20권본 『논어』의 권11 先進篇과 권12 顔淵篇의 전문이 실려 있다.[11] 그런데 이들 죽간은 중국 내지에서 발견된 논어 죽간과 형태와 규격 및 편철 방법, 그리고 서체, 문자 자료, 환두도자 등의 매장 풍습 등에서 별다른 차이가 없고, 재료의 생산지를 고려할 때 낙랑지역에서 제작된 것이 아니라 중국 내지에서 유입된 것이라는 해석이 있다.[12] 특히 낙랑 논어 죽간은 낙랑군의 군현지배와 관련된 문자수용 및 유학 보급의 측면에서도 주목할 자료라는 것이 학계의 의견이다.

이들을 통해 볼 때, 李京燮은 낙랑의 간독자료는 중국 漢代의 대표적인 간독의 유형이 반영된 것이라 주장하고 있다. 중국 고대의 예제와 관련되어 제작되고 분묘에 넣어졌던 書方 목독, 간독 위에 구현된 인민과 지역지배의 핵심인 호구부 목독, 서적 편철간의 전형이라고 할 만한 논어 죽간 등은 당시 중국 내지에서 사용되었던 간독들과 같고, 이러한 사실은 한사군 설치 시 간독이 사용될 때, 한의 간독 문화가 그대로 유입되었음을 말해준다는 것이다. 그렇지만, 낙랑군에서 간독과 한자의 사용이 확인되고, 이후 그것이 한국의 목간 문화에 영향을 끼쳤을 것이라는 점에는 이론이 없지만, 한국의 고대 목간에서 중국 간독의 근간이라고 할 수 있는 죽간과 정형화된 편철간의 존재를 확인할 수 없기에 중국의 간독문화는 온전히 고대 한국에 이식되지는 않았다고 결론짓고 있다.[13]

이와 관련해서 충남 태안 마도 인근 해역의 수중 발굴조사에서 고려시대의 대나무 짐 꼬리표가 발견

이기동, 2011, 앞의 논문.

10) 李京燮, 2011, 앞의 논문.
   이기동, 2011, 앞의 논문.
   윤용구, 2010a, 「낙랑·대방지역 신발견 문자자료와 연구동향」, 『한국고대사연구』57, 한국고대사연구회.에 언급된 표를 참조하여 작성하였다.

11) 류병흥, 1992, 「고고학분야에서 이룩한 성과」, 『조선고고연구』1992-2, p.2.

12) 윤재석, 2011, 「한국·중국·일본 출토 논어목간의 비교 연구」, 『동양사학연구』114, 동양사학회.

13) 李京燮, 2011, 앞의 논문.

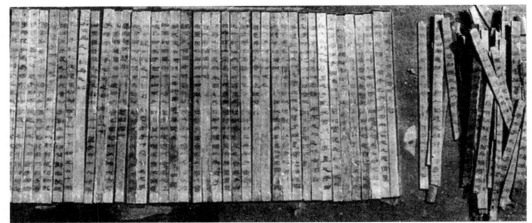
그림 4. 평양 정백동 364호 출토 논어 죽간

되기도 했지만 이들은 대나무를 쪼개서 안쪽 면에 글자를 쓴 것으로, 나무의 외피를 벗기고 殺靑[14]을 하는 漢代 죽간의 일반적인 제작 방식을 따른 것이 아니며, 이는 아마도 단순히 주변에서 구하기 쉬운 재료였던 대나무를 짐 꼬리표로 활용했던 것으로 보고 있다.[15] 결국 현재까지 알려져 있는 간독 자료의 현황과 추세에 따르면 고대 한국에는 죽간 문화가 거의 전개되지 않았다는 것이다.[16]

2. 간독 재료 선정과 용도

이는 죽간 문화가 배제된 한국의 목간 문화를 어떻게 설명해야 하는가라는 문제로 귀결된다. 이에 대해 도미야 이타루와 李京燮은 죽간 재료인 대나무 식생과 관련지어 해석하고 있다. 중국은 대나무가 山西省과 河南省의 경계 지역을 북한계선으로 하여 생식하므로 간독문화의 절정기였던 진과 漢代 중심 영역에서는 대나무를 손쉽게 입수하여 사용하였지만, 대나무를 구하기 어려웠던 서북 변경의 사막지대 나 북방에서는 죽간의 대용으로 목간을 편철하여 사용하기도 하였다는 것이다. 이를 적용하면 중국 군 현의 중심지가 설치된 한반도 서북부 지역은 대나무를 구하기 어려운 식생지대였기에, 낙랑군의 간독 수용은 죽간이 아닌 목간이 중심을 이루었다는 것이다. 즉, 목간 중심의 간독 문화는 낙랑의 간독 문화 에서 기원한다고 보고 있다.[17]

---

14) 죽간에 내구성을 주고 충해를 막기 위해, 간을 불로 구워 즙을 내고 기름기를 빼내는 공정을 의미한다. 도미야 이타루, 2005, 앞의 책.

15) 임경희·최연식, 2010, 「태안 마도 수중 출토 목간 판독과 내용」, 『木簡과 文字』5, 韓國木簡學會.

16) 李京燮, 2011, 앞의 논문, p.18.

17) 李京燮, 2011, 앞의 논문, pp.19~20.

일반적으로 漢代 간독의 표준형은 길이 1척(23㎝ 전후), 폭 1~2㎝, 두께 0.2~0.3㎝의 단책형이라고 한다.[18] 죽간의 길이는 문장의 내용에 따라서 달랐지만, 일단의 규정이 생긴 것은 그것을 편철해서 책서 형태를 한 후에 해당되는데, 이는 길이가 통일되지 않으면 편철하기가 무척 불편하기 때문이다. 길이만이 아니다. 폭과 두께, 특히 두께에 차이가 생기면 하나로 철하여 마는데 불편할 것이다. 그래서 편철과 책서에는 일정한 길이와 폭을 가진 규격이 필요했다. 규격품을 양산하는 작업은 나무보다는 역시 대나무쪽이 적합했을 것이기에 책서를 만드는 데는 죽간이 가장 적절했다는 해석이다.[19]

따라서 중국의 간독문화에서 대나무와 나무라는 서사 재료의 선택은 단순히 입수의 편의성에 의해 결정되었던 것이 아니라 원칙적으로 죽간과 목간은 사용방법이 다른 서사 재료라는 관점이 주목된다. 도미야 이타루에 의하면 즉, 죽간은 편철해서 책서의 형태로 사용하는 서사 재료이고, 목간은 단독간으로 사용되었다는 것이다. 죽간은 재질의 특성상 가늘고 길고 얇게 만들어도 탄력성이 있어 잘 부러지지 않고, 또 나무에 비해 상대적으로 부피도 크지 않았으며, 규격성이 있는 簡을 양산하는 데에도 유리하기에 서적이나 기록과 같은 비교적 많은 내용을 서사하고 끈으로 묶어 철하는 편철간으로 사용되었다. 그리고 주로 목간이 단독간으로 많이 사용되었음[20]과도 연관된다.

앞서 언급한 漢代의 일부 예와 같이 대나무를 구하기 어려운 식생지대였던 낙랑에서는 목간 중심의 문화를 선택할 수밖에 없었고, 죽간이 배제된 고대 한국 목간 문화의 기원적 요인이 여기에 있었다는 분석[21]이다.

도미야 이타루에 의하면 중국에서 간독 서적은 처음부터 완성된 형태가 아니라 오랜 동안 내용들이 집적되면서 책이 되는데, 선진시대의 사상과 역사를 담은 서적들은 여러 사람이 시대를 달리 하면서 덧붙이는 형태로 완성되어 갔다고 한다. 결국 이러한 서적의 성립은 간독이라는 서사재료의 파일적 성격이 편철책서화되면서 내용의 혼입과 이산이 이루어질 수 있는 여지를 제공하였던 것이다.[22]

李京燮은 고대 한국에서는 현재까지 중국의 편철간과 같은 형태의 자료는 확인되지 않으며, 주로 죽간을 이용하여 제작되었던 고대 중국의 편철간은 사상이나 역사를 담은 서적류, 행정과 사법의 영역에서 활용된 문서류, 의서나 점서와 같은 실용서적, 부장품 리스트인 유책류 등으로 만들어졌다. 한국의 목간 가운데 이들과 유사성을 엿볼 수 있는 것은 문서류의 목간 정도라고 정리하고 있다.[23]

---

18) 도미야 이타루 지음, 임병덕 옮김, 2005,『목간과 죽간으로 본 중국 고대 문화사』, 사계절.
   뭐슈바오 지음, 조현주 옮김, 2008, 『중국 책의 역사』, 다른생각.
19) 도미야 이타루 지음, 임병덕 옮김, 2005, 앞의 책.
20) 이승률, 2007, 「서사재료의 관점에서 본 간백(I)」, 『오늘의 동양사상』17.
21) 李京燮, 2011, 앞의 논문, p.20.
22) 李京燮, 2011, 앞의 논문, p.21.
23) 李京燮, 2011, 앞의 논문, p.21.

Ⅲ. 평양 석암리 194호 출토 죽간 고찰

위의 해석과 연계해서 생각해 볼 만한 유물이 최근 공개되었다. 2012년 국립중앙박물관 선사고대관 개편 전시의 일환으로 보존처리 과정을 거쳐 고대의 문자수용이라는 주제로 최초 공개된 것이다. 평양 석암리 194호는 1924년에 발굴되었고, 이후 1974년 낙랑한묘 간행위원회에서 뒤늦게 간행한 보고서에 간단하게 죽간으로 언급된 바 있는 것이 그것이다. 아래에서는 석암리 194호 출토 죽간 분석을 위해 우선, 194호의 무덤 구조 및 출토 유물을 살펴보고, 유물 조사와 고찰을 통해 기존에 언급된 낙랑 죽간 문화를 둘러싼 문제에 대해 살펴보도록 하겠다.

1. 평양 석암리 194호 출토 죽간

평양 석암리 194호는 평양시 낙랑구역 석암동에 위치한 귀틀무덤이다. 1924년 낙랑 유적을 관광자원화하기 위한 목적으로 조사한 석암리 200호(乙墳), 194호(丙墳), 20호(丁墳), 52호(戊墳)의 4기 고분 중 1기이며 일반적으로 丙墳으로 부르고 있다. 특히 이 무덤에서는 명문이 적힌 칠기들이 다수 출토되어 학계의 주목을 끈 바 있다.

무덤은 비교적 소형으로 분류되며, 귀틀곽 내 부장공간을 가진 동혈합장의 귀틀무덤이다. 목곽 내부에는 동남쪽 모서리에 3개의 목관이 연달아 남–북 방향으로 배치되어 있었고, 외부의 ㄴ자로 꺾인 형태의 부장공간을 활용하여 토기, 명문이 새겨진 칠기들 및 거마구 등이 부장되어 있었다. 1호 목관 내부에서는 긴 모발만이 출토 되었고, 2호 목관 중앙부에서는 은반지, 옥환, 대모환, 관모편, 칠기 칼집과 함께 죽간 1점이 출토되었다. 출토 유물을 통해 볼 때 2호 무덤의 피장자는 남자일 가능성이 높다. 반면, 마지막 3호 목관에서는 은반지, 옥 및 대모제 비녀와 빗 등이 출토되어 피장자가 여성이었을 가능성이 높다고 하겠다.

이 무덤은 출토된 다양한 명문 칠기 및 거울 등으로 볼 때 기원전 1세기경으로 편년된다. 특히 석암리 194호에서는 관 내부에서 출토된 죽간뿐만 아니라 다양한 명문이 새겨진 칠기 그릇, 벼루와 휴대용 벼루 케이스가 출토되었지만 연호가 새겨진 명문 칠기들에 가려져 그 중요도에 비해 그동안 주목받지 못해왔다. 이 글에서는 이러한 점에 주목하여 우선 당시 낙랑의 문자 환경을 대변해 줄 수 있는 다양한 유물이 출토된 석암리 194호 무덤 출토 죽간의 형태적 특성 및 용도에 대해 검토해 보도록 하겠다.

낙랑 지역에서는 석암리 194호 출토 죽간뿐만 아니라 채협총[24] 등 여러 무덤에서 간독의 가능성이 있는 유물의 출토가 보고 된 바 있지만 중국에서 보고된 예와 같이 여러 점이 편철된 상태 혹은 다수로 출토된 것이 아니라 한 점씩 출토되어 그다지 주목을 받지 못해왔다. 석암리 194호 죽간이 알려진 것은 일제강점기인 1924년 발굴된 후 1974년 樂浪漢墓刊行委員會에서 발표한 『樂浪漢墓』第一册을 통해서

---

24) 제 3호 목관에서 목제 봉상태의 유물이 보고 된 바 있는데, 채협총 보고서에는 笒와 유사한 것으로 언급하고 있다. 실물을 확인하기 전에는 파악이 쉽지 않아 보인다.

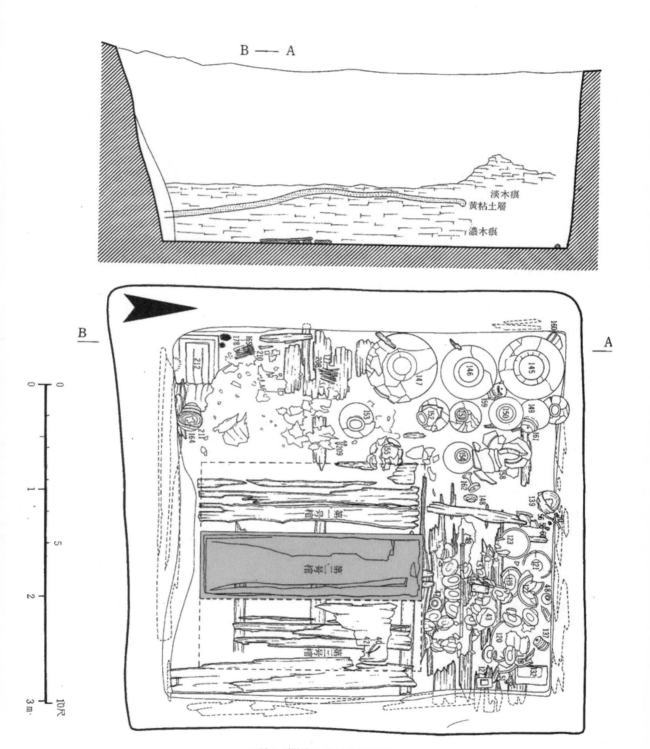

그림 5. 석암리 194호분 유물 배치도

그림 6. 석암리 194호 2호 목관

그림 7. 194호 2호 목관 내부 죽간 출토 상태 (↑가 죽간)

였다. 석암리 194호 죽간의 출토 상태 및 유물 사진은 보고서 및 국립중앙박물관 소장 유리 건판 자료에서도 확인 가능했다.[25]

2. 죽간의 조사와 검토

죽간의 초기 발견 상태에 대해 기술한 바에 따르면 제 2호 목관 내부 좌측에서 발견되었고, 길이는 18.2cm, 두께 0.2cm, 단면은 평평하고 전체의 약 1/3이 결실되었으며, 하단은 둥글게 남아 있다. 평평한 부분에는 구멍이 1개 뚫려 있고 전체적으로 칠이 되어 있었지만 지금은 거의 박락된 것으로 보고하고 있다.[26]

유물의 관찰 결과를 기술하기에 앞서 죽간의 부분 명칭에 대해 언급하자면 편의상 현재 잘 남아 있는 부분을 상단으로 일부 결실된 부분을 하단으로 하겠다. 또한 외피가 남아 있고 면이 정리된 부분을 바깥쪽, 글씨를 쓸 수 있게 평평하게 정리된 부분을 안쪽 면으로 하겠다.

죽간은 상단에서 하단으로 내려오면서 점차 얇아지고 있으며, 죽간 전체 길이의 1/4 정도가 유실되었다. 보통 죽간의 안쪽 면에는 글을 적기 위해 평평하게 다듬었지만 살펴 본 결과 문자는 확인되지 않았다. 반면, 외피가 남아 있는 바깥쪽에는 각을 세워 잘 정리한 흔적이 남아 있다. 이는 대나무의 겉에는 먹이 잘 묻지 않으므로 안쪽에 글을 썼는데, 각지에서 출토된 죽간을 살펴보면 대나무의 외피가 잘 보존되어 있었다[27]는 기록을 통해서도 확인되는 점이다. 이는 일반적인 죽간 제작 과정에서도 나타나는 특징이기도 하다. 이를 보면 죽간을 제작할 때 일반적으로 길고 얇은 대나무를 사용하였는데 먼저, 대나무를 적당한 길이로 토막을 낸 다음 다시 일정한 너비의 조각으로 쪼갠다. 안쪽 면은 평평하게 깎고 사방에 윤을 내 사용하였으며, 막 쪼갠 청죽은 불에 말려야 사용할 수 있는데, 대나무 조각을 불에 구워서 수분을 제거하면 죽간을 장기간 보존할 수 있었기 때문이라고 한다.[28] 석암리 출토 죽간은 외피 위에 칠이 되어 있었지만 현재는 거의 박락된 상태로 군데군데 칠 흔적만 남아 있을 뿐이다. 죽간 상단 중앙에 구멍이 확인되었고, 하단부의 둥글게 남아 있는 부분에도 구멍의 흔적이 일부 남아 있었다. 수축 때문인지 죽간의 상태가 많이 휘어진 상태였고, 하단부 결손 부분도 있어 최대한 원형에 가깝게 복원을 시도했다. 복원은 원 재료의 상태 및 소재를 최대한 반영하여 대나무에 칠을 한 편으로 보강하였고, 더 이상의 추가 손상이 없도록 유리 섬유로 취약 부분에 강화처리를 진행했다.

유물의 관찰 결과 앞 뒤 모두 문자를 확인 할 수 없었다. 보다 자세한 파악을 위해 적외선 촬영도 시도 했지만 문자는 확인되지 않았다. 다만 확대사진을 통해 편철흔을 관찰할 수 있었다.

---

25) 국립중앙박물관 건판-10222에 칠초와 함께 소개되어 있고(그림 6), 건판-10228에는 출토 상황의 세부 사진이 등록되어 있다(그림 7).

26) 樂浪漢墓刊行委員會, 1974, 앞의 책.

27) 뤄슈바오 지음, 조현주 옮김, 2008, 앞의 책, p.44.

28) 뤄슈바오 지음, 조현주 옮김, 2008, 앞의 책, p.43으로 고대인은 일반적으로 이러한 과정을 殺靑이라고 언급한다. 싱싱한 대나무는 즙이 있어 잘 썩고 좀이 생기기 때문에 모든 죽간은 불에 굽는 과정을 거친다.

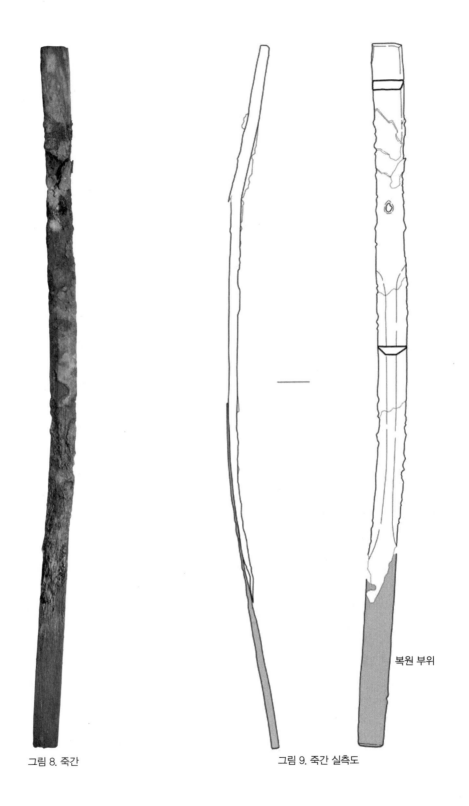

그림 8. 죽간   그림 9. 죽간 실측도

복원 부위

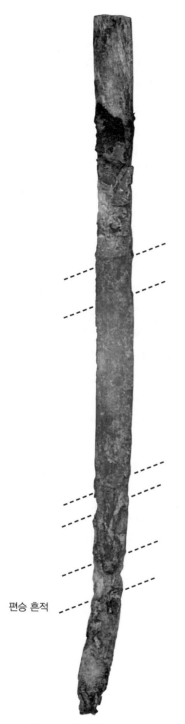

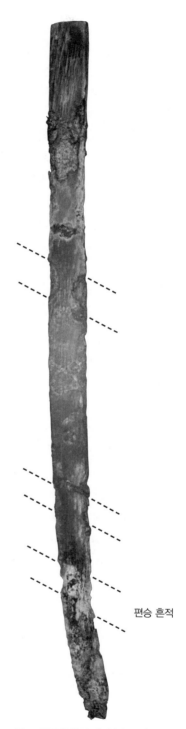

편승 흔적

편승 흔적

그림 10. 적외선 촬영 사진 (바깥쪽 면)   그림 11. 적외선 촬영 사진 (안쪽 면)

앞서 도미야 이타루가 제안한 간독의 형식분류에 따르면 좁고 긴 형태의 찰 위에 묵서하는 간독은 그 것을 묶어서 연결하고 합해서 사용하는 편철간이다. 편철간에 사용되는 간은 표준 길이가 1척(한대의 1척은 23㎝ 전후), 간의 폭은 1~2㎝로 정해져 있다.[29] 편철은 보통 간의 상하를 묶고 옆으로 나란히 철 하는데, 유적에서 출토된 편철간은 모두 새끼줄(대부분 絲나 麻)로 묶여 있었고, 가죽 끈은 하나도 없 는 상태였다고 한다. 서적은 편철해서 책서의 형태로 간을 묶는 전형적인 사례이다. 서적의 간에는 편 철의 끈을 걸기 쉽도록 간측에 각을 새기는 경우가 흔한데, 한쪽 또는 양쪽에 홈을 만들어 編繩이 움직 이지 못하도록 한다. 편승은 보통 2줄로 이루어지는데 경우에 따라 3~5줄 등 일정하지 않다는 것이다.

이 기준을 석암리 출토 죽간에 대입해 보면, 현존 길이 18.2㎝이지만 복원 길이는 23㎝, 너비 1㎝, 두께 0.2㎝로 표준간의 사이즈와 일치됨을 볼 수 있다. 특히 정백동 출토 논어 죽간은 위, 중앙, 그리고 아래 세 부분에 끈으로 엮인 흔적이 드러나 확실한 편철 죽간임이 밝혀졌다. 석암리 출토 죽간도 확대 사진 분석 결과 2~3곳에 끈을 묶었던 흔적이 관찰되었다. 특히, 끈을 묶었던 흔적은 안쪽 면과 바깥쪽 면 모두 일관되게 비스듬한 방향성을 나타냈는데, 이 방향에 약간 오목하게 패인 것처럼 나타나거나 혹 은 칠이 밀린 것 같은 흔적이 뚜렷하게 확인되었다. 필자는 이것을 편승의 흔적으로 파악하고 단독간이 아닌 옆으로 이어지는 편철간의 흔적으로 파악했다.[30] 학회 발표시에 제기된 바와 같이 단독간 혹은 죽 찰이라면 오히려 사선이 아니라 일직선상으로 매듭이 되는 것이 여타의 자료를 통해 확인 가능했기 때 문이다. 그렇다면 비교를 위해 대표적인 漢代의 편철간인 居延漢簡의 예를 살펴보자. 이 유물은 특히 편철된 편승이 잘 남아 있어 당시 편철간의 구조가 어떻게 이루어졌으며, 어떤 방식으로 편철 되었는지 를 확인 할 수 있다. 居延漢簡 역시 실이 위에서 아래로 꼬여서 진행되고 있음이 확인된다. 뿐만 아니 라 1976년도 발굴되어 학계의 이목을 집중시킨 이래로, 최근 발굴된 湖北省 雲夢 睡虎地 M-77호 출토 죽간들의 경우에서도 이러한 편승의 흔적은 명확하게 드러났다.[31]

위의 자료들에서 보는 바와 같이 대표적인 편철간인 居延漢簡과 비교 할 때 석암리 194호 출토 죽간 도 유사한 양상을 보이고 있음이 파악된다. 우선, 편철의 흔적이 남아 있는 것으로 볼 때, 석암리 194 호 죽간도 최소 2군데 정도 편승이 확인되었으며, 상·하의 구멍이 뚫려 있어 단독간이라기보다는 죽간 본연의 용도에 맞는 편철간이며, 겉의 표제를 적는 부분에 해당되는 것으로 추정된다. 맨 앞부분이라면 제목이라든지 문자가 적혀 있을 수 있었겠지만 현재 문자는 보이지 않고 있어 서적 내용을 보호하기 위 해 마지막에 표지에 해당되는 간을 삽입하는 용도쯤으로 제작된 것을 추정해 볼 수도 있겠다. 표면에 칠이 되어 있는 것으로 볼 때, 나머지 내용 부분에 해당되는 간들은 모두 흔적 없이 사라졌지만 칠이 발 라진 겉면만 남아 있었던 것은 아니었을까?

---

29) 표준간 외에 황제가 사용하는 간은 1척 1촌(25㎝ 전후)이고, 유교의 敎典인 경서는 2척 4촌(약 55㎝)의 간을 쓰도록 하고 있었다.

30) 학회 정기발표시 김병준 선생님은 편철간이 아닌 '죽찰'의 가능성을 언급한 바 있다.

31) 文物出版社編, 2007, 『中國重大考古發現』, 文物出版社.

이상의 조사 결과를 종합해보면 재질은 대나무이고, 2~3줄 정도의 사선방향 편승 흔적이 남아 있고, 끈을 묶을 수 있도록 상·하단에 구멍이 뚫려 있는 점으로 미루어 보아 단독간이 아닌 편철간의 일부이며, 아마도 가장 겉면에 해당되는 부분이었을 것으로 판단된다.

석암리 194호에서는 이 외에도 휴대용 벼루의 출토가 보고되었다. 이 유물은 북쪽의 부장품 칠기 중

그림 12. 편철된 목간 居延漢簡

그림 13. 居延漢簡 편철 부분 확대 사진

그림 14. 편철된 목간 傳車簿

그림 16. 湖北省 雲夢 睡虎地 M-77호 죽간
출토 상태

그림 15. 湖北省 雲夢 睡虎地 秦墓

그림 17. 湖北省 雲夢 睡虎地 M-77호 출토
죽간 세부

용운문칠갑 속에 들어 있던 복식 속에서 출토된 것으로 대소 2매의 점판암을 얇은 목심으로 흑칠제 용기에 넣어두었다[32]고 보고되고 있고, 이 외에도 명문이 새겨진 칠기가 상당수 출토된 바 있다. 이런 상황들로 볼 때, 간독이 물론 중요하지만 당시의 문자 환경은 비단 죽간 한두 편에 의해 파악되지 않는다는 것이다. 죽간을 비롯해 문자 생활을 담보할 수 있는 붓, 벼루, 명문이 새겨진 기물 등의 자료 또한 당시의 문자 환경을 적극적으로 증거해 주는 예일 것이다. 그렇게 보자면 붓과 벼루의 역사 또한 당시 문자사용의 역사와 궤를 같이 한다고 볼 수 있다. 붓은 경남 창원 다호리 출토 붓을 비롯하여, 평양 낙랑구역 정백동 왕광묘 출토 붓, 정백동 377호 출토 붓과 성산산성 출토 붓 등이 전해지고, 벼루의 경우 석암리 194호 외에도 1세기 낙랑 석암리 9호에서 출토된 원형 벼루, 채협총 출토 벼루, 정백동 377호 출토 벼루와 먹 등이 전해진다. 이러한 상황들로 미루어 볼 때, 기존에 파악하고 있는 것보다 당시의 문자 환경이 훨씬 적극적이었음을 추정해 볼 수 있을 것이므로, 향후에는 간독뿐만 아니라 이러한 여러 자료들의 상세한 검토를 통해 그 자료들의 광범위한 도움을 받아 당시의 문자 환경을 보다 상세하게 복원해 낼 수 있을 것이다.

그림 18. 석암리 194호 출토 벼루와 벼루 케이스

그림 19. 석암리 194호 출토 휴대용 벼루 케이스

---

32) 樂浪漢墓刊行委員會, 1974, 앞의 책.

그림 20. 석암리 194호 출토 명문 칠배

Ⅳ. 맺음말

이상으로 평양 석암리 194호에서 출토된 죽간을 개략적으로나마 파악해 보았다. 이를 정리하면 다음과 같다.

출토된 죽간은 복원 길이 23㎝, 너비 1㎝, 두께 0.2㎝로 표준간의 사이즈와 일치됨을 볼 수 있다. 이렇듯 일반적인 漢代의 표준형이었지만 문자가 없었다. 더욱이 표면에 칠이 된 흔적이 남아 있었다. 뿐만 아니라 무언가에 엮어서 묶었던 사선 편승 구조로 추정되는 흔적이 2~3줄 가량 남아 있었다. 그렇다면 이것은 어떤 용도였을까? 석암리 출토 죽간은 비록 문자는 없었지만 편철한 흔적이 남아 있다. 이것은 편철한 책서의 표제를 적는 부분에 해당되는 것으로 볼 수 있을 것이다. 그렇다면 왜 표면만 남아 있는가라는 문제가 제기될 수 있다. 이것은 칠이 된 점을 고려해야 할 것이다. 표면이기에 칠을 했고, 칠의 특성상 오래 남아 있을 수 있었을 것임을 추정해 볼 수 있을 것이다.

그렇다면 이렇게 중요한 문자 생활의 증거는 비단 간독을 통해서만이 아니라 산발적으로 출토되고 있는 벼루, 붓 등 문자 생활을 증거해주는 자료들을 종합적으로 고찰 할 때 비로소 상세히 파악될 수 있으리라 생각된다. 이를 위해 우선 자료 공개의 일환으로 석암리 출토 벼루와 벼루 케이스에 대한 제작 방법 및 추후 고찰 작업을 실시하고 이를 통해 석암리 9호, 채협총 출토 벼루와의 비교 및 안압지, 신안 출토품들과의 비교를 통해서 낙랑의 벼루에 대한 자세한 고찰을 시도해 보아야 할 것이다.

간독 및 문자 자료 해석에 문외한인 필자가 이 글을 진행함에 있어 논리적인 비약과 억측도 있었을 것이며 전문가 집단의 냉철한 평가와 가르침을 받아들고서도 제대로 수정 혹은 이해하지 못한 부분도 많았을 것이지만, 그간 알려지지 않았던 새로운 유물을 공개하고, 이를 보존처리하고 복원하는 작업을 지켜보면서 관찰했던 유물에 대한 생각들을 이렇게 글로 발표하고 또 많은 가르침을 받을 수 있게 된 점 기쁘게 생각한다.

향후 더 많은 자료가 확인되어 당시의 문자 생활에 대한 상세한 내용이 밝혀지기를 바란다. 특히 이를 통해 이 시기 진변한 지역에서 간헐적으로 출토되고 있는 명문 기물 및 문자사용 증거 자료들에 대한 새로운 시각의 해석도 기대된다. 모쪼록 이 글이 관련 연구자들에게 조그마한 보탬이 되기를 기대한다.

투고일 : 2013. 4. 15   심사개시일 : 2013. 4. 25   심사완료일 : 2013. 5. 7

樂浪漢墓刊行委員會, 1974, 『樂浪漢墓』第一冊.

大庭脩, 1979, 『木簡』, 學生社.

孫 机著, 1991, 『漢代物質文化資料圖說』, 文物出版社出版.

藤田亮策·梅原末治, 1959, 『朝鮮古文化綜鑑』3.

朝鮮古蹟研究會, 1934, 『彩篋塚』.

도미야 이타루 지음, 임병덕 옮김, 2005, 『목간과 죽간으로 본 중국 고대 문화사』, 사계절.

뤼슈바오 지음, 조현주 옮김, 2008, 『중국 책의 역사』, 다른생각.

文物出版社編, 2007, 『中國重大考古發現』, 文物出版社.

國家文物局, 2009, 『2008 中國重要考古發現』, 文物出版社.

김영욱, 2011, 「동아시아의 문자문화와 한문의 수용 양상」, 『고대 동아시아의 문자교류와 소통』, 동북
    아역사문화재단.

류병홍, 1992, 「고고학분야에서 이룩한 성과」, 『조선고고연구』1992-2.

馬場基, 2011, 「木簡研究 現場에서의 2가지 試圖」, 『木簡과 文字』제8호, 한국목간학회.

사토 마코토, 2011, 「일본 한자문화의 수용과 전개」, 『고대 동아시아의 문자교류와 소통』, 동북아역사
    문화재단.

손환일, 2011, 「한국 고대의 문자생활」 『문자, 그 이후 : 한국고대문자전』, 국립중앙박물관.

윤용구, 2010a, 「낙랑·대방지역 신발견 문자자료와 연구동향」, 『한국고대사연구』57, 한국고대사학회.

윤용구, 2010b, 「낙랑군 초기의 군현 지배와 호구 파악」, 『낙랑군 호구부 연구』, 동북아역사재단.

윤재석, 2011, 「한국·중국·일본 출토 논어목간의 비교 연구」, 『동양사학연구』114, 동양사학회

이건무, 1992, 「다호리 유적 출토 붓(筆)에 대하여」, 『考古學誌』4, 韓國考古美術研究所.

이경미, 1992, 「낙랑고분출토 칠기에 대한 일고찰」, 『한국상고사학보』제11호, 한국상고사학회, pp.
    7-95.

李京燮, 2011, 「한국 고대 목간문화의 기원에 대하여」, 『震檀學報』, 震檀學會.

이기동, 2011, 「고대 동아시아의 문자교류와 소통」, 『고대 동아시아의 문자교류와 소통』, 동북아역사
    재단 엮음.

이성규, 2006, 「중국 군현으로서의 낙랑」, 『낙랑 문화 연구』, 동북아역사재단.

李成市·尹龍九·金慶浩, 2009, 「平壤 貞柏洞364號墳 출토 竹簡《論語》에 대하여」, 『木簡과 文字』제4호,
    한국목간학회, pp.127~166.

이승률, 2007, 「서사재료의 관점에서 본 간백(I)」, 『오늘의 동양사상』17.

임경희·최연식, 2010, 「태안 마도 수중 출토 목간 판독과 내용」, 『木簡과 文字』제5호, 한국목간학회.

임경희, 2011, 「마도3호선 목간의 현황과 판독」, 『木簡과 文字』제8호, 한국목간학회.

정인성, 2011, 「일제강점기의 낙랑고고학」, 『한국상고사학보』제 71호, 한국상고사학회.

최국희, 2004, 『낙랑고분출토 금속공예품에 관한 연구 −석암리 9호분을 중심으로−』, 이화여자대학교 대학원 석사학위청구논문.

다카쿠 겐지(高久健二), 2000, 「낙랑 채협총(남정리116호분)의 매장 프로세스에 관한 연구 −그 복원적 연구와 제문제에 대한 고찰−」, 『동아대학교박물관 고고역사학지』제16집, 동아대학교박물관.

⟨Abstract⟩

Study on the bamboo slip from the Seogam-ri tomb No.194, Pyongyang

An, Kyung-suk

This study is for a report of the bamboo slip which had been excavated from the Seogam-ri tomb No.194, Pyongyang. This site was found in 1924, and the first volume of 『Lo-Lang Han Tombs』 reported that a bamboo slip was discovered from a wooden coffin No.2 of this site in 1974. This study plans to search materials and use of the Bamboo slips which have been suggested by preceding researchers in a bid to investigate them, furthermore based on this research analyzes the bamboo slip from the Seogam-ri tomb No.194.

This analysis represents the result that the bamboo slip from the Seogam-ri tomb No.194 is in accord with the standard of Han Dynasty. Detailed investigation says that it was painted on surface; though the character was not found on the bamboo slip, the holes were down, furthermore it is illustrated the cover of the bamboo slip such as the lacquered surface, two perforations and the trace of the binding with two or three strings. According to this, it was recently figured out that the bamboo slip was a part of a binder book, similar to a bamboo slip from the Jeongbaek-dong tomb No.364.

This study is to introduce the use and the characteristics of bamboo slip through the research of bamboo slip itself, one of the crucial clues of unpublished data report and ancient character materials. This study expects that it would be applied as a basis to move to a comprehensive study across the next character research and related fields.

▶ Key words : Bamboo slip, Seogam-ri tomb No.194, Lelang tomb, Documents

부여 쌍북리 184-11 유적 목간 신출 보고

심상육*

Ⅰ. 머리말
Ⅱ. 부여 쌍북리 184-11 유적 개요
Ⅲ. 출토 목간 보고

〈국문 초록〉

목간이 출토된 부여 쌍북리 184-11 유적은 백제의 마지막 서울인 사비도성지 내부에 위치하며, 소방파출소를 신축하기 위한 부지에서 2012년도에 발굴되었다. 유적에서는 백제시대의 노폭 6m 도로시설과 우물·공방시설·벽주건물 등 사비도성의 양호한 내부시설물이 확인되었으며, 목간을 비롯하여, 五銖錢·칠기·토기·와 등이 출토되었다.

쌍북리 184-11 유적에서는 목간 2점이 우물과 연결된 도로의 측구에서 출토되었는데 그중 1점에서 묵흔이 확인되었다. 문자는 '斤止受子'로 판독되며 人名과 관련된 것이 아닌가 한다.

▶ 핵심어 : 부여 쌍북리 184-11 유적, 백제, 목간

Ⅰ. 머리말

쌍북리 184-11 유적[1]이 위치한 곳은 부여에서 공주와 논산의 갈림길인 동문삼거리 부근으로 백제의 마지막 서울이었던 사비도성지 안에 속한다. 이곳은 소방파출소를 신축하기 위한 부지로서 2012년

---

* 부여군문화재보존센터 선임연구원
1) 부여군문화재보존센터, 2012. 11,『부여 사비119안전센터 신축부지 내 유적 발굴조사 약보고서』.

도면 1. 부여 쌍북리 184-11 유적의 위치

도에 구제발굴된 유적이다. 유적 주변으로는 부소산성을 비롯하여 백제시대의 고리대업을 기록한 佐官貸食記 목간이 출토된 쌍북리 280-5 유적,[2] 현내들 유적[3] 등이 위치하고 있다.

Ⅱ. 부여 쌍북리 184-11 유적 개요

유적은 해발 약 9m인 저평지에서 2011년과 2012년 말까지 조사되었으며, 백제시대의 흔적은 지표에서 약 2~3m 땅을 파내서야 확인되었다. 즉, 해발고도 6~7m인 현 지하수위에서 우물, 집터, 공방터 그리고 양쪽에 배수로를 갖춘 도로가 확인되었다.

우선 도로는 남북향으로, 그 폭이 6m에 달하며 도로가에는 너비가 2~3m 정도의 배수로가 설치되어 있다. 路面은 모래와 점토를 켜켜이 쌓아 단단하며, 수레의 흔적으로 보이는 평행선상의 수레바퀴자국이 노면과 나란하게 확인되었다. 노면가에 설치된 배수로의 양 변에는 말목을 박아 놓았다.

---

2) 정해준·윤지희, 2011, 『扶餘 雙北里 280-5 遺蹟』, 백제문화재연구원.
3) 李浩炯·李販燮, 2009, 『扶餘 雙北里 현내들·北浦 遺蹟』, 충청문화재연구원.

사진 1. 유적의 위치

사진 2. 유적 전경

사진 3. 도로시설

사진 4. 벽주건물

우물은 발굴조사로 확인된 도로의 가장자리에 위치하며 돌을 둥글게 쌓아 만든 원형우물이다. 우물의 크기는 너비가 90㎝, 깊이가 2.2m에 달한다. 우물 내에서는 나무손잡이가 달린 칼을 비롯하여 토기와 나무 등이 출토되었다.

집과 공방은 도로가에서 확인되었다. 집터는 하부구조만이 노출되었지만 벽체를 따라 촘촘히 박힌 기둥과 溝, 그리고 출입구(벽주건물) 등을 통하여 사람이 거주한 주거지임을 확인할 수 있었다. 집터의 크기가 25㎡로 약 7.5평 정도이다. 공방지는 철물 등을 녹였던 용기인 도가니가 확인되어 추측할 수 있었다.

유적에서는 유구 즉, 구조물뿐만 아니라 유물 또한 다수 확인되었다. 주요 출토유물로는 문자가 적혀 있는 목간을 비롯하여, 오수전(五銖錢), 옻칠 그릇, 토기, 기와 등이다.

Ⅲ. 출토 목간 보고

이곳에서는 목간이 모두 2점 출토되었다. 모두 남북도로1의 측구에서 확인되었으며 1점은 상단에 묶을 수 있게 '✕' 홈이 나 있으나 하단부가 결실되었고 묵흔 또한 확인되지 않았다.

묵흔이 확인된 목간은 우물에서 연결된 남북도로1의 서측구 시작부에서 모래에 뒤섞인 채 출토되었다. 목간의 형태는 판상형으로 상단은 반원상을 띠며 하단부는 결실된 상태였다.[4] 현재 잔존 길이는 10.1㎝, 폭은 2.45㎝, 두께는 0.3㎝ 이하이다.

글자는 모두 4자가 전면부에서만 확인된다. 글자의 크기는 0.8~1.2㎝이며 위쪽 두 글자와 아래쪽 두 글자가 짝을 이루며 두 사이는 0.3㎝의 간격을 두고 있다. 글자는 상단에서 1㎝ 아래부터 쓰여 있으며, '斤止 受子'로 판독된다. 세 번째 자는 대만의 이체자 사전의 受[5]자와 일치한다.

금번 확인된 목간의 문자가 무엇을 뜻하는지 정확히 알 수 없지만, 목간의 형태가 꼬리표 목간과 비슷한 점, 4자로 마무리된 점 등으로 미루어 人名과 관련된 것이 아닌가 한다.

투고일 : 2013. 4. 22   심사개시일 : 2013. 4. 26   심사완료일 : 2013. 5. 13

---

4) 하지만 하단부로 가면서 두께가 얇아지는 것으로 보아 결실된 부분은 그리 많아 보이지 않는다.

5) 목간의 문자 판독은 문헌과 문물(文文) 회원들에 의해 이루어졌으며, 中華民國 教育部 異體字字典 (http://dict2.vari-ants.moe.edu.tw)의 受 이체자 중《偏類碑別字. 又部. 受字》引〈周道民李元海兄弟造天尊象〉에 수록된 것과 일치한다.

사진 5. 유적 출토 목간

〈日文要約〉

扶余 雙北里 184-11 遺蹟 木簡 新出 報告

沈相六

　木簡が出土した扶餘雙北里184-11遺跡は百済の最後の首都であった泗沘城跡内に位置し、消防署を建設する敷地として2012年に発掘された。
　遺跡は、百済時代の幅6mの道路施設と井戸、工房設備、壁柱建物などの都城の良好な内部施設が確認され、木簡を含む五銖錢、漆器、陶器、瓦などの遺物が出土された。
　扶餘雙北里184-11遺跡は、木簡2点が井戸と接続されている道路の側溝で確認されており、そのうち1点で墨の痕を確認された。文字は"斤止受子"と判読されており、人名と関連があると思われる。

▶ キーワード：扶餘雙北里184-11遺跡、百済、木簡

국립경주박물관 남측부지 유적 출토 신명문자료
- 東宮衙銘 호 및 辛番(?)東宮洗宅銘 청동접시 -

최순조*

Ⅰ. 머리말
Ⅱ. 발굴조사 내용
Ⅲ. 명문용기와 목간
Ⅳ. 맺음말

〈국문 초록〉

현 국립경주박물관 남쪽에 위치한 '국립경주박물관 남측부지 유적'은 2011년 11월부터 2012년 10월까지 발굴조사가 실시된 유적이다. 유적은 신라정궁인 월성의 남쪽에 위치하고 있으며, 남궁으로 추정되는 '국립경주박물관부지 유적'과도 가까운 거리에 위치하여 입지적으로 중요한 곳이라 하겠다. 유적의 발굴조사에서는 8세기 중반 이후를 중심연대로 하는 도로, 건물지, 담장, 우물 등 생활유구가 조사되었는데, 도로를 중심으로 한 신라왕경 도시계획의 한 구획(坊)이 확인되었다. 또한 이보다 선행하는 6세기대의 토기와 7세기대의 기와가 하층에서 확인되고 있어 이 유적은 여러 시기에 걸쳐 유구가 조성되어 왔음을 알 수 있다.

특히 통일신라시대 '官府' 名이 새겨진 유물이 출토되어 유적의 성격과 조성시기를 추정할 수 있는 좋은 자료로 사료된다. 또한 출토유물의 편년이 8세기 중반이후 또는 9세기 이후로 파악되는 우물에서 목간이 출토되었는데, 일반나뭇가지의 바깥면을 다듬어 한쪽면에는 묵서가 다른 한쪽면에는 눈금이 그어져 있는 것과 목간의 아래 위 양쪽 가장자리를 'V'자형으로 절단하여 홈을 만든 것이 있다. 목간과 공반된 유물은 기왕의 연구에서 제의와 관련된 것으로 볼 수 있으며, 묵서가 판독된다면 목간과 우물제의와의 관련성을 파악할 수 있을 것이다.

---

* 신라문화유산연구원 연구원

이 글에서는 발굴조사 된 유적에 대한 간단한 소개와 유적에서 출토된 명문자료인 '辛番(?)東宮洗宅' 銘 청동접시, 우물에서 출토된 '東宮衙' 銘 호와 목간의 출토맥락을 살펴보고 목간의 묵서 자료 소개와 간단한 판독을 시도하고자 한다.

▶ 핵심어 : 辛番(?)東宮洗宅, 東宮衙, 木簡, 우물제의

Ⅰ. 머리말

국립경주박물관 남측부지 유적은 국립경주박물관에서 박물관 정문 및 수장고 이전을 계획하고, 사업 시행에 앞서 매장문화재 분포 유무 및 성격을 파악하기 위해 실시한 문화재 발굴조사이다. 조사지역은 경상북도 경주시 인왕동 98번지 일원으로 형산강이 남쪽에서 서쪽으로 돌아 북쪽으로 진행하는 동편 구릉에 위치한다.

유적(63,341㎡)은 발굴조사전에 지하물리탐사[1]와 시굴조사[2]로, 통일신라시대 왕경유적과 관련한 도로유구, 적심, 수혈, 석렬, 우물, 석축시설 등의 유구가 확인되었고, 중판타날 평기와편, 명문기와편, 연화문수막새편, 당초문암막새편, 연화문 전돌편, 단각고배편, 인화문토기, 대부완편, 동이편, 벼루 등이 출토되어 발굴조사의 필요성이 제기되었다. 또한 조사구역 주변으로 신라의 궁궐터로 알려진 월성, 일정교, 옥다리들사지, 국립경주박물관 미술관부지 유적 등 다수의 유적이 분포하고 있어, 발굴조사전부터 관련 학계의 주목을 받았던 유적이다.

발굴조사는 2011년 11월부터 2012년 10월까지 진행하였다.[3] 조사현황을 살펴보면 유적에서는 통일신라시대를 중심으로 하는 건물지, 담장, 우물, 배수시설, 도로 등의 유구와 이 유구의 아래층에 수혈, 굴립주건물지, 소성유구 등이 중첩되어 나타나고 있다. 이르게는 6세기대의 토기와 7세기대의 기와가 확인되고, 8세기 후반부터 통일신라 말기의 유물을 공반하는 건물지, 우물등이 확인되었다. 이것으로 보아 이 유적은 현재 확인되고 있는 통일신라시대를 중심년대로 하는 건물지, 우물 등의 생활유적이 들어서기 이전부터 유적이 존재하였음을 알 수 있다.[4] 유적에서 확인되는 유구 중 가장 많은 비중을 차지

---

1) 한국지질연구원, 2009, 『국립경주박물관 남측부지 물리탐사 연구』.
2) (재)계림문화재연구원, 2011, 「국립경주박물관 남측 확장부지 내 유적 발(시)굴조사 약보고서」.
3) 발굴조사 면적은 63,341㎡이며, 옥골을 기준으로 3개 부분으로 나누어 신라문화유산연구원, 고려문화재연구원, 한울문화재연구원이 각각 조사 진행하였다.
4) 조사결과 통일신라시대를 중심년대로 하는 적심건물지, 우물, 담장 등의 유구와 하부층에서 굴립주건물지 수혈등의 유구가 확인되어 유적은 여러시기에 걸쳐 존속한 것으로 확인되었다. 특히 도로를 중심으로하는 신라시대의 도시계획구조인 방의 구획이 확인되어 그 의미가 크다. 유적은 방의 구획을 중심으로 보존조치 되었다. 따라서 하층유구는 삭평이 심하게 이루어진 곳과 일부 구역에서 확인이 가능하다.

하는 것이 건물지인데, 특히 35호 건물지 조사 중 출토된 명문청동접시와, 카구역 우물에서 출토된 명문 호는 유물의 출토위치, 명문의 내용 등이 신라 동궁의 범위와 관련해서 학계에 지대한 관심을 불러 일으켰다. 또한 우물 내부에서는 토기, 복숭아씨, 동물뼈 등 제의와 관련된 유물이 출토되고 있으며, 목간으로 추정되는 유물이 있어 주목된다.

　여기서는 유적의 전체적인 조사개요와 명문유물의 출토위치를 소개하고 명문의 내용과 목간에 보이는 묵서의 초보적인 판독을 시도해 보고자 한다.

Ⅱ. 발굴조사 내용

　본 발굴조사를 통해 얻은 큰 성과는 월성이남에서의 왕경유적, 특히 도로를 중심으로 한 통일신라시대 완전한 1坊의 확인이라 할 수 있다. 조사된 유구는 신라왕경과 관련한 남북도로 2기, 동서도로 1기, 남북소로 1기, 건물지 50여 동, 담장, 우물 등 통일신라시대를 중심연대로하는 생활유적과 그 하부층에서 굴립주건물지, 수혈, 주혈 등의 유구가 조사되었다. 유구의 개략적인 설명은 다음과 같다.

1. 도로

1) 남북도로

　조사구역의 동쪽인 라·마·카 구역에서 경작층인 암갈색사질점토 제토 후 도로면이 노출되었다. 도로는 가운데에서 확인되는 배수구 양쪽으로 2개의 노면이 확인되는데, 도로의 잔존길이는 130m, 너비는 측구를 포함하여 11m 정도이다. 도로는 기반층인 역석층 상부에 5~10㎝ 크기의 잔자갈을 조밀하게 깔아 조성하였고, 유구의 삭평이 심한 곳은 기반층인 역석층이 노출되어 있다. 도로면에는 도로사용흔적인 바퀴자국이 확인되는데 바퀴의 너비는 10㎝, 양 바퀴의 폭은 120㎝ 정도이다. 측구는 도로의 동쪽에서만 확인이 되는데 수혈식 측구로 판단된다. 측구의 깊이는 10㎝ 정도로 얕게 남아있으며 내부에는 암갈색사질점토와 모래가 채워져 있다. 1차 도로의 상면에는 2차 도로면이 확인되는데, 노폭은 약 3m 정도 확인된다.

　동쪽의 남북도로에서 약 140m 서쪽에 남북도로가 확인되었는데 잔존너비는 5m 정도이고 잔존길이 20m 정도로 확인된다. 도로의 북쪽으로는 삭평으로 인해 노면이 확인되지 않는 구간이 많다. 도로의 노면은 잔자갈과 기와편을 섞어 깔았으며 도로의 동쪽으로 측구가 확인된다. 한편 동서도로의 북편인 사구역에는 坊내로 진입하는 남북소로가 확인되었다. 소로는 담장과 담장사이에서 확인되었으며, 노폭은 3m 정도이고 노면에 별다른 시설은 없다.

2) 동서도로

동쪽에 위치한 남북도로의 남쪽 부분에서 서쪽 방향으로 도로면이 확인되었으며, 도로의 남쪽과 북쪽에서 도로면과 평행한 동서담장이 확인되었다. 확인된 담장은 신라왕경의 최소행정단위인 1坊의 경계를 구획하는 坊담인 것으로 판단된다. 도로면은 5㎝ 미만의 잔자갈을 암갈색사질점토와 섞어 깔았는데, 서쪽으로 갈수록 도로면에서 잔자갈의 빈도가 극히 낮으며, 경사가 낮아지는 남서쪽으로는 기와편을 깔았다. 도로의 너비는 약 7~8m 정도이며, 도로의 북쪽 가장자리에는 너비 1m의 석축배수로가 확인되었고, 내부에는 기와편이 다량으로 노출되었다. 배수로 서편에는 배수로의 개석이 일부 확인되었다.

유적내에서 확인된 동서·남북도로는 신라왕경의 도시계획이 월성이북과 마찬가지로 월성 남쪽에서도 도로를 기준으로 하는 坊이 신라도시계획의 기본단위 임을 재확인하였다.

2. 건물지

조사구역에서 확인된 건물지는 총 50여동이다.[5] 건물지는 가옥의 구성요소인 초석과 적심, 기단석렬 등의 잔존여부를 기준으로 하였다. 대부분의 건물지가 후대 삭평으로 인하여 잔존상태가 양호하지 못하고, 유구 중복으로 인하여 단위 건물지를 파악하는데 어려움이 있다. 다만, 건물지 주변으로 확인되는 배수로와 담장은 각 건물군을 구획하는 경계역할을 하는 것으로 파악된다.

건물지는 대부분 초석식 건물지로 추정되는데 초석의 하부구조인 적심만 잔존하는 경우가 대부분이며, 드물게 온통기초 구조인 건물지도 1동 확인되었다.

확인된 건물지 중 바구역의 건물지는 조사구역에서 가장 큰 규모의 적심석으로 구성되어 있으며, 확인된 적심석을 기준으로 한 규모는 3칸×1칸, 2칸×2칸의 건물들로 복원이 가능하다. 적심의 직경은 180㎝ 내외이고, 주칸거리는 2.4m~5m의 장축방향이 동-서인 남향의 건물이 다수이다. 대형 적심들로 구성된 건물지는 일반 민가가옥이기보다는 관청이나 관아건물지일 가능성이 크다. 건물지는 적심 간의 중복이 확인되며, 일부 건물지의 내부에는 저장시설로 추정되는 대호가 매납되어 있다. 대호는 구연과 동체 일부분이 결실된 상태이다. 한편, 사구역내 건물지에서는 「辛審(?)東宮洗宅」銘 청동접시가 출토되었다. 청동접시는 적심석군 사이에서 정치된 상태로 확인되는데 진단구일 가능성이 높다.

조사구역 서북편인 '가'구역에서는 정면 3칸, 측면 3칸으로 추정되는 적심건물지와 계단 지대석이 노출되었다. 계단지대석의 구조로 보아 망덕사지, 사천왕사지, 감은사지 등에서 확인된 가구식계단과 축조수법이 동일한 것으로 파악된다. 건물지의 동편으로는 남북담장, 용도불명의 석군, 석렬 및 기와편을 깔아 다진 건물지 기초가 확인되었다. 주변으로 청동숟가락, 청자저부, 고려시대 기와편 등이 출토되는 것으로 미루어 보아 유적은 고려 후기까지 존속한 것으로 판단된다.

---

5) 여기에서 말하는 유구의 총 기수는 국립경주박물관 남측부지 유적 중 B구역 2차 발굴조사지역을 말한다.

3. 담장

조사구역에서 확인된 담장은 남북담장 9기, 동서담장 12기, 총 21기이다. 대부분 후대의 교란과 삭평으로 인하여 최하단석만 남아있다. 남북담장과 동서담장이 연결되어 꺾이는 부분은 일부분 확인되며 대부분 단순 일렬로 확인된다. 담장의 너비는 70~110㎝, 잔존길이는 3~30m이다. 담장은 크게 3가지 유형으로 확인되는데, 첫째는 조사구역 남쪽 대형적심건물지 주변에서 확인되는 것으로 지름 20~40㎝ 크기의 할석과 천석을 사용하여 양쪽면을 맞추고 그 내부에 작은 천석을 채운 것, 둘째는 20~40㎝ 크기의 할석만 사용하여 양쪽면을 맞추고 내부에 작은 천석을 채운 것, 셋째는 20㎝ 미만의 작은 천석만을 사용하여 양쪽면을 반듯하게 맞추고 내부에는 사질점토를 채운 형태로 너비는 80㎝ 정도로 비교적 작은 규모이다. 담장의 유형으로 미루어보아 담장의 기능은 방의 구획 및 가옥을 구획하거나 개별 단위 건물지의 내부를 구획했던 것으로 추정된다.

4. 우물

조사구역에서 확인된 우물은 총 11기이다. 우물은 벽시설의 재료에 따라 목조우물, 석조우물, 토기조우물로 구분되는데, 본 유적에서 확인된 우물은 모두 석조우물이다. 우물은 모두 건물지와 같은 층위에서 노출되었으며, 우물의 상부시설은 모두 결실되고 굴광선과 원형의 석축을 확인하였다. 내부조사 중 우물의 상부시설물로 추정되는 화강암을 치석한 '凸'자 모양의 석재가 확인되기도 하였다. 우물의 평면형태는 원형이며 우물의 내부 지름은 65~110㎝이고 할석과 천석을 이용하여 축조하였다. 우물벽석 최상단에는 벽석에 비해 크기가 큰 석재로 마무리 하고 석조부 외곽에 40㎝의 냇돌로 방형으로 구획한 석렬이 확인되기도 한다. 또한 우물 주변으로 잔자갈을 의도적으로 깔았는데 배수를 위한 시설인 것으로 추정된다. 카구역의 우물은 깊이가 9.6m이며, 지금까지 왕경지구 발굴조사에서 바닥을 확인한 우물 중 경주박물관 미술관부지 유적의 우물에 이어 두 번째로 깊다. 또한 내부에는 막새, 평기와편, 인화문완, 인화문병, 목제두레박, 소뼈, 사슴뿔, 복숭아씨, 밤 등 다양한 종류의 유물이 출토되었다. 그 가운데 '東宮衙'명 호가 출토되어 관심이 주목된다.

5. 기타

기타유구로는 건물지 기단, 배수로, 석조시설 등이 있다.

현재까지 확인된 건물지 기단은 총 3기로 대부분 교란과 삭평이 심하여 일부분만 확인된다. 잔존길이는 3~15m 정도이다.

배수로는 건물지관련 시설과 도로관련 시설로 크게 구분되며, 7기 정도가 확인되었다. 배수로의 축조양상은 양쪽면을 할석으로 쌓거나, 천석으로 쌓고 뚜껑돌을 덮는가 하면, 수혈하여 내부에 천석만 채운 것이 있다. 특히, 소형배수로는 아구역 내 건물지에서 동서도로의 배수로로 출수하는 상인방석을 놓은 배수구가 확인되었고, 바구역에서는 우물에서 동서도로의 배수로로 이어지는 소형배수로가 확인되었다. 이러한 배수로는 雨水 및 오수처리뿐만 아니라 도시 공간기능을 구분한다는 점에서 중요하다고 할 수 있다. 따라서 배수로의 방향과 규모를 통한 개개 건물에 대한 연구가 이루어진다면 단위가옥의 규모도 밝힐 수도 있을 것으로 생각된다.

석조시설은 조사구역의 북쪽, 남쪽, 서쪽에서 4기가 확인되었다. 유구의 평면 형태는 장방형 3기, 방형 1기이고, 10~30㎝의 천석과 할석으로 벽면을 축조하였다. 바닥은 별다른 시설없이 기반층을 그대로 사용하였다.

Ⅲ. 명문용기와 목간

1. 「辛番(?)東宮洗宅」銘 청동접시

35호 건물지 조사 중 확인되었다. 건물지는 적심만 잔존하는 상태이며 정면 2칸 측면 1칸의 남향한 건물로 추정되며, 건물지 주변으로 다른 적심석들이 확인되는 것으로 보아 건물의 증개축이 있었던 것으로 보인다. 청동접시는 적심과 적심 사이에서 정치된 상태로 출토되어 건물의 진단구[6]로 사용되어진 것으로 판단된다. 접시의 직경은 13㎝, 높이 1.0㎝이다.

청동제 접시 銘文은 '辛□[7]東宮洗宅'으로 모두 여섯 字로 판명된다. 두 번째 字를 제외하면 판독에 문제가 없을 정도로 자체가 뚜렷하다. 다만 '辛'자 다음의 '□' 글자는 '미(米?)'[8] 부분을 제외하고 지워져 있어 판별할 수 없다.

그런데 '신' 자 다음의 '□' 자체는 일부분 마모된 것이라기보다 일부러 지운 것이 아닌가 생각된다. 왜냐하면 '신' 자 다음의 '□' 자체 부분은 주변 면보다 들어간 부위여서 자연적인 마모로 명문이 지워질 수 없을 것으로 보이기 때문이다.

청동제 접시 명문의 훼손된(?) '□'자는 다른 예에 따르면 '審'자가 아닐까 추정되는데, 기존의 안압지 출토 토기 바닥의 명문 '辛審龍王'·'龍王辛審'·'本宮辛審'의 예, 『三國遺事』 卷2, 處容郎 望海寺條의 "(憲康王) 又幸鮑石亭, 南山神現舞於御前, 左右不見, 王獨見之. 有人現舞於前, 王自作舞, 以像示之. 神之名或曰祥審, 故至今國人傳此舞, 曰御舞祥審, 或曰御舞山神. 或云, 旣神出舞 審象其貌, 命工摹刻, 以示後代, 故云象審. 或云霜髯舞, 此乃以其形稱之"의 내용에 의하면 '審'자로 추정된다. 이러한 예를 통해서 보면 '辛□'는 '辛審'으로 추정할 수 있지 않을까 한다. 그렇지만 '審'(?)자 일부를 훼손한 이유는 알 수 없으며, 나중에 글자를 지우고 '夫'자를 새겼다.

---

6) 최은아, 2004, 『慶州地域 出土 鎭壇具에 대한 硏究』, 東亞大學校 碩士學位論文.
　진단구(鎭壇具)란 건물 축조 시 건물의 안전과 영속을 위해 지신에게 발원하는 의식에 사용되는 물품을 의미하며 토지 전체에 대해 지신에게 기원하는 행위를 지진, 건물이나 기단의 축성에 관한행위을 진단이라 구분하기도 한다
7) 이하 아래에서는 '□'로 표기한다.
8) 명문에 보이는 字體의 다른 출토 예(1975년 안압지 출토 유물 등)에서 보면 部首의 획을 생략하는 경우가 있다. 審 자의 경우 갓머리(宀)를 생략했던 것이다.

사진 1. 청동접시 출토상태

사진 2. 보존처리후(접시 뒷면)

사진 3. 명문

다음으로 청동제 접시 명문의 내용에 관한 것이다. '신심'은 안압지 출토 토기의 안쪽 바닥 명문에 보이는 '辛審龍王'·'龍王辛審'·'本宮申審' 등에서도 확인이 되고 있으며 앞의 사료에 "憲康王(875-886)이 포석정에 행차하였을 때 남산신이 임금 앞에 나타나 춤을 추었는데, 그 남산신의 이름을 혹은 '祥審'이라고 하였으므로 지금까지도 國人이 이 춤을 '御舞祥審', 또는 '御舞山神'이라고 한다."라는 내용으로 남산신인 '祥審'을 '辛審'으로 보는 견해도 있다.[9]

이상을 통해서 보면 『三國史記』 卷39, 職官志(中)에 東宮 소속의 관청으로 山川神의 제사를 담당하는 月池嶽典과 龍王神의 제사를 담당하는 龍王典이 있는데, '신심'을 상심'과 뜻이 통하는 용어로 본다면 청동제 접시는 동궁 관아 직속 관부인 세택의 산천신의 제사 의식에 쓰인 그릇이 아닐까 추정되기도 한다.

또 훼손된 글자를 '番'로 보는 견해도 있는데, '신번'이라는 용어는 삼국사기 직관지에 전혀 기록이 없

---

9) 韓炳三, 1982, 「雁鴨池 名稱에 대하여」 『考古美術』, p.153.

고, 안압지 출토 185호 목간 '辛番洗宅□□□瓮一品仲上'처럼 부찰 목간에 '신번'이 여러 개 확인된다. 본 유적의 '신번'과 안압지 185호 목간의 '신번'도 모두 관청이름의 앞뒤에 붙었다는 공통점이 있고, 이와 관련하여 안압지 출토 문자자료 중 '辛審龍王'·'龍王辛審'·'本宮辛審' 등에 '신심'이 기록된 사례가 더 많고, 갓머리가 있는 심이 분명하다는 점을 기준으로 한다면, '신번'에 갓머리가 없는 것은 신라에서 신심이라는 용어가 일상화되어, 번처럼 쓰게 된 관행화된 속기체일 가능성을 열어 두어서 '신번' 역시 '신심'과 동일한 것으로 보았다. 따라서 '龍王' '本宮' '洗宅' '東宮洗宅' 등 내성 예하의 관청이름 앞·뒤에 '신심(辛審)'이 기록된 유물은 용왕전, 본궁, 세택, 동궁세택 등에 할당된 재정원(財政源)에서 보낸 그 해의 신물(新物)인 '辛'을 담았던 용기로 추정할 수 있다.[10]

또한 청동제 접시 명문 중 '番'자를 의도적으로 지우고 그 위에 '夫'자를 새기고 있는데 이 '夫'는 日本 墨書土器에서 '奉'과 관련된 문자이므로 奉(奉獻하다, 받들다)으로 해석한 예도 있다.[11]

청동제 접시의 제작 연대는 '동궁세택'이라는 명문에서 어느 정도 범위를 좁혀서 추정할 수 있다. '동궁세택'은 안압지 출토의 '본궁세택'에 비교되는 동궁의 근시조직으로 동궁 관아가 752년(경덕왕 11)에 제정될 때 동궁세택도 설치되었을 것으로 보인다.

세택은 원래 御龍省에 소속되어 있던 近侍조직의 하나로서 국왕의 시종·문필·비서업무를 담당하였는데, 국왕과 동궁 직속 기구로서 각각 별도로 존재했는데, 설치연대가 확실하지 않다. 세택은 759년(경덕왕 18)에 中事省으로 고쳤다가 776년(혜공왕 12)에 다시 본래대로 바꾸고, 9세기 중엽에 또 다시 중사성으로 개칭되었다고 한다.

『三國史記』卷39, 職官志(中)에 따르면 세택의 관원조직은 국왕 직속 어룡성 소속일 경우 大舍 8인과 從舍知 2인을 두었으며, 동궁 직속의 경우 대사 4인과 종사지 2인을 두었다. 안압지에서 발굴된 신라시대의 木簡 중에는 세택과 관계있는 것이 몇 점 발견되었다.

청동제 접시는 752년(경덕왕 11) 동궁 관제가 설치된 이후부터 759년(경덕왕 18) 中事省으로 개칭되기 전까지 사이에 제작되었거나 또는 776년(혜공왕 12) 다시 세택으로 바뀐 이후 9세기 중엽 다시 중사성으로 개칭되기 이전의 어느 시기에 제작된 것으로 볼 수 있다.

2.「東宮衙」銘 壺

'東宮衙' 銘 壺는 우물에서 출토되었다. 조사구역[12]에서 확인된 우물은 총 11기이고, 이 중 내부조사를 실시한 우물은 조사구역 최남단 가운데에 위치한 우물 1기이다.

우물은 30~50㎝ 크기의 천석과 할석을 사용하여 깊이 9.6m, 직경 80~110㎝로 축조되었는데, 내부

---

10) 윤선태, 2012, 「『三國史記』와 新出土 신라의 문자자료」, 『제6회 신라학국제학술대회자료집−『삼국사기』정덕본간행의 역사적의미』, 경주시·(재)신라문화유산연구원, pp.81~83.

11) 김재홍, 2013, 「韓國古代呪術木簡의 最新資料와 「龍王」명 木簡」.

12) 신라문화유산연구원이 조사한 구역에서 확인된 우물을 의미하며, 유적 전체에서는 더 많은 수의 우물이 확인되었으나 내부조사를 실시하지는 않았다.

벽석을 보면 아주 정교하게 잘 짜여져 있다. 우물 내부의 퇴적양상은 내부토를 제거하는 과정에서 토층 및 토색 양상을 기록하였는데 개략적으로 언급하면 다음과 같다.

　우물의 내부토층은 총 4개의 층위가 확인되는데, 1층은 우물상부에서 지하 6m까지로 기와가 가득히 매몰되어 있었으며, 건물의 초석으로 사용되었던 석재가 매몰되어 있었다. 2층은 지하 6m~7.4m까지 이며 뻘층이다. 이 층위에서는 토기편, 나무, 복숭아씨, 뼈 등이 출토되었다. 6.1m지점에서는 도자1점 이 출토되었다. 3층은 7.4m~7.6m까지로 토기편이 다량 출토되었다. 4층은 7.6m~9.6m지점이 바닥 까지 인데 모래층과 자갈층 혹은 모래와 자갈이 섞인 층이 차례로 확인되었다. 8.2m에서 목제 두레박 1점이 출토되었으며, 비슷한 위치에서 목간이 확인되었다. 출토된 유물은 모두 물채질하였으며 목간편 등을 추가로 확인하였다. 두레박은 약 40㎝ 간격으로 각각 2점씩 더 출토되었고, 우물바닥에서 20㎝ 정 도 상부에서 목간으로 추정되는 유물이 확인되었으나, 육안으로 글자나 묵서의 흔적은 전혀 찾을 수 없 었다. 우물의 바닥은 아무런 시설없이 생토층을 그대로 사용하였다.

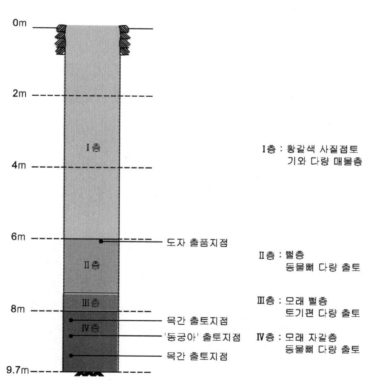

도면 1. 우물 내부 토층현황 모식도

사진 4. 우물내부

　　우물에서 출토된 '東宮衙' 명 호의 글자는 음각으로 새긴 글자를 토기의 표면에 압날 한 것으로 글자가 잘 찍히지 않은 부분은 예새로 다시 다듬었다. 호의 표면에 새겨진 '동궁아'는 삼국사기의 기록으로 보아 경덕왕 11년에(752년)에 설치된 관아로 판단된다.[13] 현재 신라시대 동궁으로 추정되고 있는 안압

사진 5. '東宮衙' 명 壺

사진 6 . 명문상세

지 발굴조사에서 많은 양의 묵서, 목간, 명문기와가 출토되었지만 '東宮衙'의 관아명이 찍힌 것은 이번이 처음이다. 따라서 '동궁아' 명 호가 출토된 박물관남측부지는 동궁의 관아가 있었던 곳일 가능성과 아울러 동궁의 영역을 확대 해석해 볼 근거가 마련되었다고 하겠다.

3. 목간

우물 내부조사 중 두 종류의 목간이 출토되었다.[14]

목간 1은 3등분으로 나누어져 확인이 되었고, 잔존길이는 24cm, 직경 1.2cm로 단면형태는 원형에 가깝다. 목간은 잔가지를 사용하였는데 치목상태를 보면 나뭇가지의 껍질을 길이방향으로 한번에 그어가며 다듬었다. 이러한 흔적은 대부분 봉형목간에서 관찰되며 생나무의 가공을 의미한다.[15] 묵서는 한쪽 면에서 확인되며, 묵서의 반대쪽에는 눈금이 그어져 있다. 묵서는 9字정도로 추정되나 3字 정도 판독이 가능하다.

글자는 '日房个□ □□□ □□' 9字 정도로 '□'는 墨痕이 남아있어서 글자가 있었던 것은 분명하나 판독이 불가능한 상태이다. 앞으로 정밀한 사진촬영과 목간에 대한 연구가 이루어진다면 정확한 글자의 확인과 함께 목간의 용도를 알 수 있을 것이라 판단된다.

묵서의 반대쪽에는 가로 방향으로 눈금이 그어져 있는데 열 번째 눈금은 길게 그어져 있어 그 모양이 자와 비슷하다. 그러나 현재까지 보고된 자는 단면이 대부분 장방형이고, 방형에 가까운 것이 있으며, 모양이 대부분 반듯하다. 만약 본 유적의 목간을 자로 사용하였다면 열 번째마다 그어진 긴 눈금 사이의 길이가 모두 같아야 하나, 2.4cm~3.2cm로 일정하지 않고, 형태가 반듯하지 않다는 점으로 보아 길이를 재는 자의 용도는 아닌 것으로 판단된다. 아마도 처음에는 목간으로 사용하다가 나중에 算數의 용도로 재사용한 것으로 판단된다.

목간 2는 2등분으로 확인되었다. 길이 9cm, 너비 1.2cm 정도이다. 목간의 상단과 하단 양쪽에 'V'자형으로 홈을 만들었는데 육안으로는 글자의 흔적은 찾을 수 없었다. 좀더 정밀한 조사와 연구가 있어야 하겠지만 글자가 없는 빈 목간일 수도 있다.[16] 용도는 형태로 봐서 稅 등로 보내어진 물건에 붙여졌던 荷札목간이거나 물품을 보관정리용 付札목간으로 추정된다.

---

13) 『三國史記』卷 39, 雜志 職官條 8 '東宮衙, 景德王十一年置, 上大舍一人, 次大舍一人'.

14) 이용현, 2006, 「월성해자 목간」, 『한국목간기초연구』, 신서원. 봉형과 홀형으로 구분하고 있으나, 본 유적의 목간2는 구분이 애매하여 목간 1,2라 명명한다.

15) 이동주, 2009, 「월성해자 출토 목간의 제작기법」, 『목간과 문자』4호, 한국목간학회, pp.11~12.

16) 이동주, 2009, 전게서, p.15. 당시 문서행정 환경에서 서사에 필요한 항시 대기된 목간들로 본 견해도 있다.

사진 7. 목간 1

사진 8. 목간 2

Ⅳ. 맺음말

이상으로 국립경주박물관 남측부지 발굴조사의 개략적인 내용과 명문용기와 목간의 출토에 대한 고고학적 맥락을 살펴보고, 명문용기의 내용과 묵서의 초보적인 판독을 시도해 보았다.

'辛番(?)東宮洗宅' 銘 청동접시는 건물의 안전과 영속을 위해 지신에게 발원하는 의식에 사용된 진단구로 매납된 것으로 추정되며, 명문에 보이는 '東宮洗宅'의 관부명으로 보아 용기의 용기의 제작시기 또는 사용시기, 유적의 존속시기 및 성격을 파악하는데 중요한 자료가 확보되었다 하겠다.

우물에서 출토된 유물은 토기일괄, 복숭아씨, 동곳, 소뼈, 쥐뼈, 사슴뿔 등으로 이러한 출토양상은 기왕의 연구에서 우물제사와 관련된 유물로 받아들여지고 있어서 본 유적의 우물에서도 제의행위가 있었음을 짐작해 볼 수 있다. 출토된 목간의 판독과 해석이 따른다면 우물제의와 관련한 정확한 자료를 얻을 수 있을 것으로 본다. 또한 '東宮衙' 銘 壺 역시 관부명이 새겨진 것으로 유적의 성격을 파악하는데 귀중한 자료이다. 한 유적에서 '東宮洗宅' '東宮衙' 관부명이 확인되었다는 것은 매우 큰 의미가 있는 것으로, 동궁의 관아가 있었던 곳일 수도 있고, 신라 동궁의 영역을 확대 해석할 수 있는 가능성도 있다.

투고일 : 2013. 4. 19   심사개시일 : 2013. 4. 23   심사완료일 : 2013. 5. 15

참/고/문/헌

국립창원문화재연구소, 2009, 『한국의 고대목간』.

국립경주박물관, 2002, 『국립경주박물관부지내 발굴조사보고서: 미술관부지및 연결통로부지』.

국립경주문화재연구소, 2009, 『전인용사지발굴조사 중간보고서』.

이동주, 2009, 「월성해자 출토 목간의 제작기법」, 『목간과 문자』4호, 한국목간학회.

이용현, 2006, 「월성해자 목간」, 『한국목간기초연구』, 신서원.

윤선태, 2012, 「『三國史記』와 新出土 신라의 문자자료」, 『제6회 신라학국제학술대회자료집-『三國史記』정덕본간행의 역사적의미』, 경주시·(재)신라문화유산연구원.

김재홍, 2013, 「韓國古代呪術木簡의 最新資料와 「龍王」명 木簡」.

(재)신라문화유산연구원, 2012, 「국립경주박물관 남측부지(B구역 2차)유적 약보고서」.

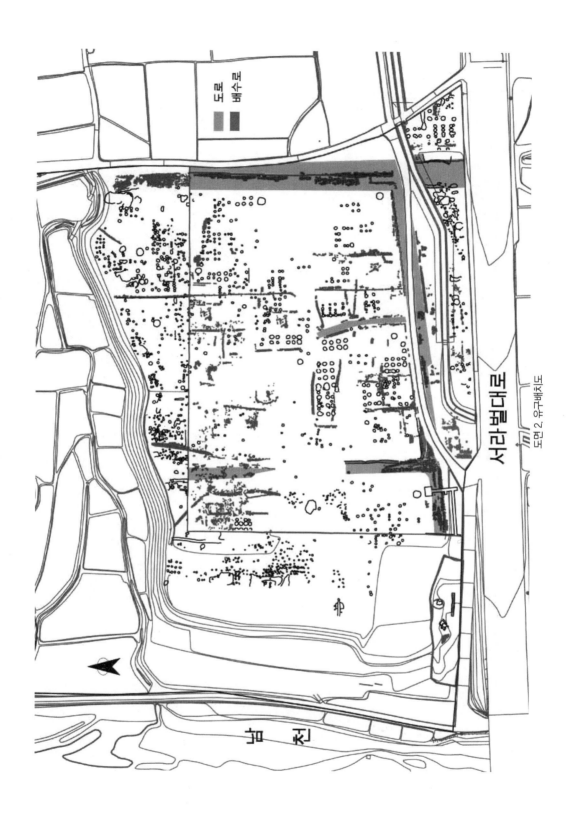

도로
배수로

도면 2. 유구배치도

서라벌대로

남 천

사진 9. 조사구역 원경

사진 10. 조사구역 전경

<日文要約>

国立慶州博物館南側敷地遺跡出土新銘文資料
-'東宮衙'銘 壷、及び'辛番(?)東宮洗宅'銘 青銅皿-

崔順祚

　現国立慶州博物館南側に位置している'国立慶州博物館南側敷地遺跡'は2011年11月から2012年10月まで発掘調査が実施された遺跡だ。遺跡は新羅正宮'月城'の南側に位置しており、南宮と推定される'国立慶州博物館敷地遺跡'とも近い距離であって立地的に重要な所である。遺跡の発掘調査では、8世紀中盤以後を中心年代とする道路、建物地、塀、井戸など生活遺構が調査されたが、道路を中心にした新羅王京都市計画の一区画(坊)が確認された。また、これより先行する6世紀代の土器と7世紀代の瓦が下層で確認されており、この遺跡は長い時間にかけて遺構が造成されて来た事が分かる。

　特に統一新羅時代'官府'名が刻まれている遺物が出土されて、遺跡の性格と造成時期を推定できるいい資料だと思われる。また、出土遺物の編年が8世紀中盤以後、もしくは9世紀以後と把握される井戸から木管が出土されたが、一般枝の外側を削って一面には墨書が、もう一面には目盛りが引かれているものと木簡の上、下両方の端を'V'字形で切断して溝を掘ったものがある。木簡と共伴した遺物は既往の研究から祭儀と関連があると見られており、墨書が判読されたら木簡と井戸祭儀との関連性を把握できるものだ。この文からは発掘調査された遺跡についての簡単な紹介と遺跡から出土脈絡を調べて銘文資料の辛番(?)東宮洗宅' 銘 青銅皿、井戸から出土された'東宮衙'銘 壷と木簡の出土脈絡を見て木簡の墨書資料の紹介と簡単な判読を試みようとする。

▶ キーワード：辛番(?)東宮洗宅, 東宮衙, 木簡, 井戸祭儀

경주 화곡 출토 在銘土器의 성격

이동주*

Ⅰ. 머리말
Ⅱ. 명문의 분석
Ⅲ. 재명토기의 성격
Ⅳ. 맺음말

〈국문 초록〉

　慶州 花谷遺蹟은 5세기 말부터 9세기까지 토기와 기와를 생산한 대단위의 工房遺蹟이다. 조업의 중심연대는 7~8세기이며, 여기서 생산된 물품은 月城과 雁鴨池에서 주로 소비되었다. 비록 木簡은 출토되지 않았지만, 토기에 명문이나 기호가 새겨진 소위 在銘土器가 확인되었다. 수량은 19종 43점이며 모두 短文이어서 의미는 명확히 알 수는 없다. 그러나 명문이나 기호를 써 넣는 행위는 토기의 사용과는 별개로 어떤 모종의 필요성이 감지된다.

　시문방법은 크게 대칼과 인장으로 구분된다. 토기의 제작과정상에서 시문단계를 고려하면 대칼의 경우 성형단계, 인장은 건조단계에 이루어졌다. 그러므로 성형단계는 주로 공인의 의지가 개입할 가능성이 크며, 건조단계에서는 검수자가 관여할 여지가 있다. 비록 후대의 문헌이지만 토기에 명문을 써넣는 행위는 관리주체의 명시, 부실납품의 예방, 출납의 폐단 척결, 도난 예방 등과 관련이 있다. 그리고 명문의 내용은 공인의 이름(제작자)과 관사의 명칭(소비처)을 명시하는 것이었다. 이러한 문헌기록을 화곡유적에서 출토된 재명토기와 類比시켜 보면 대칼로 쓴 단문은 주로 공인의 이름, 제품의 수량을 의미할 가능성이 높으며, 인장으로 찍은 단문은 소비처의 이니셜일 개연성이 크다고 생각된다. 사실 인장은 그 자체 율령국가의 표지적인 유물이다. 그러므로 토기에 인장을 찍는 행위를 통해 중앙정부의 엄격한 통제하에서 공방이 운영되던 모습이 감지된다. 아울러 기호의 경우 일본 쓰에무라 TK321호 가마의 사

---

* 경북대학교 사학과 강사

례가 참고되며, 덧붙여 기호가 의외로 간단한 점, 숫자의 형상을 하고 있는 점을 감안하여 공인이 제작 수량을 체크할 목적에서 새겨 넣을 가능성도 열어 두고자 한다. 그리고 주역의 팔괘, ♯ 등은 고대인의 사유체계를 이해할 수 있는 기호로 판단된다.

▶ 핵심어 : 경주 화곡유적, 공방유적, 재명토기, 기호, 인장, 대칼

Ⅰ. 머리말

경주 화곡유적은 5세기 말 처음 조업을 시작한 이래 9세기까지 생산이 이루어진 신라의 공방유적이다. 이곳에서는 각종 토기와 와전류를 포함하여 가마와 공방지, 태토저장시설, 폐기장까지 확인되어 생산에서 폐기까지의 전 과정을 가늠할 수 있는 자료들이 입체적으로 확인되었다. 조업의 중심연대는 7~8세기이며, 여기서 생산된 토기들과 유사한 기종이 월성과 안압지 등지에서 확인된다.[1] 이로보아 왕경의 핵심시설이라 할 수 있는 궁궐과 관련된 곳에 생산품을 납입한 관요로 판단된다. 특히 출토된 토기 가운데 일부에서 명문과 기호가 시문된 이른바 在銘土器[2]가 확인된다. 비록 단문에 불과하지만, 생산 유적에서 확인된 1차 자료라는 점에서 공방의 운영, 토기의 소용처와 관련하여 시사하는 바가 풍부하므로 사료로서의 가치도 겸하고 있다고 평가할 수 있다.

그간 신라왕경에서 출토된 명문자료는 이미 몇 차례에 걸쳐 집성된 바 있다.[3] 다만 집성된 자료의 대부분은 금석문이 차지하고 있으며, 일부 목간자료를 제외하면 재명토기에 대한 관심은 의외로 낮다고할 수 있다.[4] 어쩌면 토기에 새겨진 단문이라는 태생적 한계가 논의의 진전을 가로막았는지도 모르겠다. 하지만 분명한 것은 단편적인 토기의 명문도 역사복원에 유용하므로 엄연히 금석문의 한 부분으로 취급되어야 한다는 지적은 정당하다.[5]

---

1) 聖林文化財研究院, 2012, 『慶州 花谷里 生産遺蹟』學術調査報告 第73冊.
2) 본 유적에서는 문자뿐 아니라 기호가 새겨진 토기도 적지 않게 확인되었다. 그러므로 문자와 기호를 모두 아우를 수 있는 개념으로 '재명토기'라는 용어를 사용하였다.
3) 高敬姫, 1993, 「新羅 月池 出土 在銘遺物에 對한 銘文 研究」東亞大學校 史學科 大學院 碩士學位論文.
　부산광역시립박물관 복천분관, 1997, 『유물에 새겨진 古代文字』특별전도록.
　국립청주박물관, 2000, 『한국 고대의 문자와 기호유물』특별전도록.
　國立慶州博物館, 2002, 『文字로 본 新羅』특별전도록.
　國立中央博物館, 2011, 『文字, 그 이후』특별전도록.
4) 신라 왕경에서 출토된 문자자료의 전반적인 정리는 차순철, 2009, 「경주지역 명문자료에 대한 소고」, 『木簡과 文字』3호, 한국목간학회 및 李泳鎬, 2010, 「新羅의 新發見 文字資料와 研究動向」, 『韓國古代史研究』57호, 한국고대사학회 참조.
5) 朱甫暾, 1997, 「韓國 古代의 土器銘文」, 『유물에 새겨진 古代文字』특별전도록. p.57.

여기서는 이러한 점들을 염두에 두고 화곡유적에서 출토된 19종 43점(1종 1점은 지표 수습되어 旣報告됨[6])의 토기에 새겨진 短文에 주목해 보았다. 문자와 기호의 새김방식은 크게 대칼과 인장으로 대별할 수 있다. 인장은 다시 음각인장(인면에 문자만 파낸 경우)과 양각인장(인면에 문자 주위를 파낸 경우)으로 세분된다. 대칼과 인장에 의한 새김은 어떤 필요성에 의해 구분된 것 같다. 그래서 여기서는 기왕의 연구성과와 각종 문헌기록을 분석하여 단문에 불과한 문자가 가지는 의미를 음미해 보았다. 제현의 질정을 구한다.

Ⅱ. 명문의 분석

1. 유적의 현황

화곡유적은 왕경의 서쪽 외곽에 위치하여 토기와 기와를 주로 생산한 공방유적이다. 왕경에서 확인된 생산유적은 주로 도시계획이 이루어진 외곽에 자리잡고, 권역별로 토기나 기와·木炭·鐵器·銅器 등 수공업품을 特化하여 소비지로 공급하는 유통망을 가지고 있었다. 이러한 유통망은 『三國史記』地理志 三國有名未詳地分조에 보이는 五通이 연상된다. 다시 말해 왕경은 五通이라 불리는 다섯 갈래의 도로망을 통해 모든 정보나 물류가 집약되었던 것으로 추정된다. 따라서 권역별로 특화된 물품들, 이를테면 손곡·물천리 지역의 숯과 토기, 화산·동산리지역과 금장·하구지역, 망성·화곡지역에서 생산된 기와와 토기 등이 이 길을 통해 왕경내로 공급되었다.

이 공방은 기와와 토기를 하나의 가마에서 동시에 생산한 와도겸업체제였다. 비록 발굴조사면적에서는 8기의 가마만 검출되었지만, 勿자형으로 생긴 계곡부 상단에서도 가마의 벽체가 지표상에서 확인된다. 따라서 화곡유적을 에워싼 구릉전체가 생산공방이었음이 분명하다. 가마의 대부분은 등고선과 직교되게 火口가 남서향으로 구축되었다. 이는 조업시 계절풍을 이용하여 화력을 쉽게 올릴 수 있는 입지선정의 탁월함이 엿보인다.

한편 공방내에는 크게 2개의 자연수로가 형성되어 있다. 자연수로1은 전면조사가 이루어졌고, 토층은 10층까지 확인된다. 이 중 유물은 9층까지 집중적으로 퇴적되어 있고, 퇴적층의 형성시기는 유물로 볼 때 7세기 전반에서 9세기대에 이른다. 자연수로2는 현지보존조치로 인해 표본조사를 실시하게 되었다. 그래서 3곳에 탐색 Pit를 설정하게 되었고, C-Pit의 최하층에서 5세기 말에서 6세기 전반에 이르는 유물이 집중적으로 출토되었다. 수로는 다소 경사가 완만한 V자형으로 이루고 있는데 공방에서 소요되는 용수를 공급하면서 동시에 소성과정에서 발생하는 불량품도 버려지는 공간이었다. 그러므로 화곡유적에서 확인된 수로는 공방에 필요한 급수시설이자 폐기물을 처리하는 공간이라는 이중성을 지니

---

6) 國立慶州博物館, 2002, 『文字로 본 新羅』특별전도록. no.343.

고 있다. 여기서 다룰 재명토기의 대부분은 수로에서 출토되었다.

2. 명문의 현상

사실 토기에 명문이나 기호를 써 넣는 행위는 토기 본연의 기능과는 별개로 어떠한 목적을 담고 있다. 즉 문자나 기호는 단순히 어떤 뜻을 나타내면서도 그 자체가 특정 事像을 내포한 상징성을 가지기 때문이다. 특히 기호란 광의의 개념으로 특정 事象과 사물을 감각으로 다룬 信號이며, 협의의 개념으로 그 신호를 말의 형태로 받아들이고, 그 말에서 事象과 사물에 대해 정보를 전달하거나 그것을 도상화한 것으로 정의할 수 있다.[7]

비록 단문에 불과하지만 제작 당시에는 한 글자만으로도 의미가 통했을 것이다. 즉 토기라는 제한된 공간에 압축적인 단어를 사용함으로써 소기의 목적을 달성했을 가능성이 크다. 아울러 기호도 언어와 결합되어 통용된다는 사실을 유념한다면 본연의 기능은 문자와 다름없다고 생각된다. 한편 문양과 기호, 양자간의 궁극적인 차이는 그것이 나타내는 의미의 포괄성에서 찾을 수 있다. 발신자가 나타낸 기호를 수신자가 이해하지 못한다면 발신자의 의도는 크게 반감되는 것이며, 경우에 따라서 기호 자체가 무의미해지기 때문이다. 그러므로 문양과 기호의 가장 큰 차이점은 어느 특정의 의미를 나타내느냐, 그렇지 못하느냐인 것이다. 결국 기호도 문자와 동일한 표현력을 가지고 있다고 보아도 좋다.

토기에 문자를 써넣는 시기를 토기제작과정 속에서 파악해 본다면 성형과정·건조과정·사용과정 등으로 대별할 수 있다. 만약 문자 주변의 태토가 밀려있는 경우엔 성형과정에서 문자를 새겼을 것이며, 아무래도 건조과정에서는 수분의 증발로 인해 밀림 흔적은 확인되지 않는다. 그래서 건조과정에서 문자를 새겼다면 태토의 밀림없이 또렷하게 남아 있을 것이다. 이후 사용과정에서 문자를 새길 경우에는 날카로운 도구를 이용하여 기형에 선각하거나, 붓으로 묵서하는 경우를 상정할 수 있을 것이다. 정리하자면 토기에 문자를 기재하는 방법은 대칼(대칼, 손톱, 금속기 등)·묵서(朱, 墨)·인장(木, 陶, 金, 石, 角, 瓦) 등으로 나눠볼 수 있다. 화곡유적은 생산유적이기 때문에 성형과정과 건조과정에서 문자가 새겨졌으며, 확인되는 기재방법은 대칼(각서)과 인장으로 찍은 것 뿐이다. 대칼의 경우 상대적이긴 하지만 끝이 좁은 것과 넓은 것, 일부 금속으로 추정되는 것으로 구분할 수 있고, 인장의 경우 음각과 양각으로 구분할 수 있다. 특히 인장은 압인했을 때 방곽이나 테두리가 존재하는 것(방곽형·원형·타원형)과 글자체만 도드라지는 것(글자형)으로 세분할 수 있다. 이것을 도식화하면 〈표 1〉과 같다.

한편 이곳에서는 단 한 점의 묵서토기도 출토되지 않았다. 묵서토기가 주로 안압지, 월성해자 등 소비지에서 확인되는 점을 감안한다면, 묵서행위는 토기의 사용과정상에서 어떤 모종의 필요성에 따라 즉흥적으로 이루어졌음을 유추해 볼 수 있다. 따라서 화곡유적에서 묵서토기가 전무한 현상은 생산지란 특성을 고스란히 반영하고 있는 것으로 보인다.

---

7) 山田邦和, 2006, 「記号の役割」, 『文字と古代日本 5 −文字表現の獲得−』, 吉川弘文館. p.103.

〈표 1〉 시문도구의 분류

화곡유적에서 출토된 재명토기의 연대는 기대나 단각고배를 제외하고는 대부분 통일신라시대에 제작되었다. 삼국시대부터 생산을 개시하였지만 문자나 기호가 새겨진 토기들의 대부분이 통일신라시대의 것임은 공방의 운영과 관련하여 시사하는 바가 크다고 생각된다. 그러면 이제부터 화곡유적에서 출토된 명문자료를 시문방법의 차이에 따라 구분해서 일별해 보도록 한다.

1) 대칼로 쓴 경우

화곡 유적에서 대칼로 쓴 토기는 모두 11종 24점이 확인된다. 우선 각 문자와 기호를 일별하면 문자 4종, 기호 7종으로 寶·夫·泰?·地·卄·十·×·卄·卅·川·示 등이 있다. 여기서 寶자의 경우 대칼의 끝이 상대적으로 넓고 무딘 것을 사용했으며, 나머지는 금속기만큼은 아니지만 상대적으로 끝이 날카롭고 좁은 것을 사용하였다. 그리고 삼국시대 기대에 기호를 새긴 것은 거의 금속기로 추정될 만큼 날카로운 것을 사용하였다. 대칼로 쓴 토기의 경우 제작과정 가운데 성형과정에서 쓴 것이 대부분이다.

다음의 〈표 2〉와 〈표 3〉은 대칼로 쓴 명문과 기호의 관찰결과를 정리한 것이다.

<表 2> 대칼로 쓴 명문

사진	내용
	[寶]명 인화문 병 토기의 동체부 하단면, 인화문 문양이 없는 부분에 寶자 2자를 대칭되게 써넣었다. 토기의 기종은 병이며, 끝이 넓은 대칼로 寶자를 획의 순서에 맞게 과감하게 速筆하였다. 문자의 새김은 토기의 제작과정 중 성형단계에서 이루어진 것으로 판단된다. 서사는 토기의 제작과정 중 건조과정에서 이루어진 것으로 판단된다. 출토위치는 1번 수로 C둑 9층이다.
	[泰?]명 굽완 토기 저부의 대각안에 대칼로 泰자를 써넣었다. 토기의 기종은 호로 판단되며, 끝이 다소 날카로운 대칼로 상면에 점을 두 개 찍어 가획한 다음, 획의 순서에 맞게 글자를 그리듯 써넣었다. 문자의 새김은 토기의 제작과정 중 성형단계에서 이루어진 것으로 판단된다. 출토 위치는 1번 수로 D둑 9층이다.
	[地]명 인화문 개 인화문 개의 안쪽에 대칼로 地자를 써넣었다. 토기의 기종은 개이며, 마제형의 종장연속문을 V자로 반복시문하였다. 끝이 다소 날카로운 대칼로 부수 흙 土의 丨획을 먼저 긋고 二를 쓴다. 특히 아래의 一은 길게 그어 →획으로 긋고, 丨획을 쓴 후, ㄴ획을 길게 그으면서 마무리하였다. 문자의 새김은 토기의 제작과정 중 성형단계에서 이루어진 것으로 판단된다. 출토 위치는 수혈 33호이다.
	[夫]명 개 개의 꼭지 사방에 대칼로 夫자를 사방에 등간격으로 모두 4자를 써넣었다. 기종은 개이며, 끝이 무딘 대칼로 획의 순서에 맞게 글자의 머리 부분이 모두 꼭지 중앙으로 향하게 썼다. 일부 人자를 보면 그림을 그리듯 鈍筆하였다. 문자의 새김은 토기의 제작과정 중 성형단계에서 이루어진 것으로 판단된다. 출토 위치는 1번 수로 B둑 8층이다.
	[㐬]명 접시 토기의 저부의 대각 안에 대칼로 天혹은 文자를 써넣었다. 토기의 기종은 접시이며, 끝이 다소 날카로운 대칼로 글자를 그리듯 써넣었다. 우선 좌에서 우로 二를 쓰고, 丿획을 먼저 그은 후, 乀획을 그어 마무리하였다. 문자라기 보단 기호일 가능성도 염두에 둔다. 문자의 새김은 토기의 제작과정 중 성형단계에서 이루어진 것으로 판단된다. 출토 위치는 1번 수로 D둑 8층이다. 모두 5점이 출토되었다.
	[井]명 기대 원통형 기대이며, 외면에 井자를 날카로운 대칼로 써 넣었다. 일반적인 井자를 크게 과장해서 쓴 것이 특징이다. 명문은 우선 세로로 길게 ‖ 두 획을 내리 그은 다음, 가로획을 썼다. 문자의 새김은 토기의 제작과정 중 성형단계에서 이루어진 것으로 판단된다. 출토위치는 폐기수혈14호이다. 공반된 유물은 이단투창고배, 개, 단경호 등이 있다.
	[井]명 접시 접시이며 외면에 운문의 인화문이 시문되어 있다. 접시의 내면에 대칼로 井자를 쓴 다음 능형문을 사방에 찍었다. 명문은 우선 길게 ‖ 두 획을 내리 그은 다음, 가로획을 썼다.

사진	내용
	문자의 새김은 토기의 제작과정 중 성형단계에서 이루어진 것으로 판단된다. 출토위치는 1번 수로 C둑 8층이다.
	[井]명 고배 고배 대각편이며, 내면에 명문을 서사하였다. 내면이 원형이라 보는 방향에 따라 다르겠지만, 획의 형상을 고려하면 우선 대칼로 ∥두 획을 내리 그은 다음 기물을 90도 돌려 나머지 가로 =두 획을 그은 것으로 보인다. 문자의 새김은 토기의 제작과정 중 성형단계에서 이루어진 것으로 판단된다. 출토위치는 2번 수로 C둑 14층이다.
	[井]명 배 배의 신부 외면에 명문을 서사하였다. 명문은 우선 대칼로 길게 ∥두 획을 내리 그은 다음, 가로획을 썼다. 문자의 새김은 토기의 제작과정 중 성형단계에서 이루어진 것으로 판단된다. 출토위치는 수혈 24호이다.
	[卅]명 굽완 완의 동체부 외면에 기호를 써넣었다. 기호는 대칼로 세로획을 세 개 그은 다음 가로획을 썼다. 기호의 새김은 토기의 제작과정 중 성형단계에서 이루어진 것으로 판단된다. 출토위치는 1번 수로 D둑 7층이다.
	[Ⅲ]명 병 병의 굽 내면에 기호를 써넣었다. 기호는 단순하게 대칼로 세로획 세 개를 내리 그었다. 기호의 새김은 토기의 제작과정 중 성형단계에서 이루어진 것으로 판단된다. 출토위치는 1번 수로 D둑 9층이다.
	[卅]명 고배 고배의 동체부에 卅을 써넣었다. 명문은 대칼로 길게 ∥두 획을 내리 그은 다음, 가로획을 썼다. 문자의 새김은 토기의 제작과정 중 성형단계에서 이루어진 것으로 판단된다. 출토위치는 2번 수로 A둑 12층이다.
	[+]명 굽완 굽완의 동체부 하단에 +을 써넣었다. 외면에는 종장연속문이 1열씩 단순 압날되어 있다. 서사순서는 대칼로 세로획을 먼저 그은 다음, 가로획을 썼다. 새김은 토기의 제작과정 중 성형단계에서 이루어진 것으로 판단된다. 출토위치는 상부수습이다.
	[+]명 굽완 굽완의 저부 내부에 +을 써넣었다. 외면에는 문양이 없다. 서사순서는 대칼로 세로획을 먼저 그은 다음, 가로획을 썼다. 새김은 토기의 제작과정 중 성형단계에서 이루어진 것으로 판단된다. 출토위치는 1번 수로 D둑 9층이다.

사진	내용
	[×]명 개 뚜껑의 동체부에 ×를 써넣었다. 꼭지는 굽형이며, 개신은 반구형이다. 서사순서는 대칼로 위에서 아래로 길게 그은 다음, 사선방향에서 그었다. 새김은 토기의 제작과정 중 성형단계로 판단된다. 드림단부에 이기재흔이 확인된다. 출토위치는 폐기수혈 31호이며, 공반유물은 고배, 인화문개, 대부완, 병, 굽완 등이 있다.

〈표 3〉 대칼로 쓴 토기의 기종

[寶]명 인화문병	[泰]명 굽완	[地]명 인화문개
[夫]명 개	[天]명 접시	[井]명 기대
[井]명 접시	[井]명 배	[×]명 개
[井]명 굽완	[廿]명 고배	[+]명 굽완

2) 인장으로 압인한 경우

화곡유적에서 인장으로 압날한 토기는 모두 7종 19점이 확인된다. 인장은 크게 음각과 양각 2종을 사용하였다. 양각인장은 印面의 문자만 파내어 날인하면 글자가 도드라지게 드러내는 것이다. 쉽게 말해 양각인장은 封泥에 날인하게 되면 문자가 凸狀으로 나타나는 것과 같은 원리다. 이에 반해 음각인장은 인면의 문자 주위를 파내어 날인시 문자가 凹狀으로 드러난다. 이러한 음각과 양각인장은 다시 방곽이나 테두리의 유무를 기준으로 각각 3종류로 세분된다. 즉 양각이든 음각이든 방곽 혹은 테두리가 없는 인장은 새겨진 글자체의 외형이 인면의 외형이 된다. 정리하자면 화곡유적에서는 음각 방곽형, 음각 글자형, 음각 원형의 인장과 양각 방곽형, 양각 글자형, 양각 타원형 등의 모두 6종류의 인장을 사용하였음을 알 수 있다.

인장은 어떤 재질을 사용했는지는 단정하기 어렵다. 다만 음각 방곽형 泉명 굽완의 경우 나무테의 흔적이 희미하게 확인되므로 목인일 가능성이 높다. 주목되는 점은 인장의 압날 시점은 제작과정 가운데 건조과정에서 이루어졌다.

사실 인장의 기능은 歸屬印, 封印, 認證印, 檢證印 등 다양하며, 서체도 용도에 따라 선택되었을 가능성이 높다. 그 선상에서 토기에 압날된 인장의 성격은 문서에 압날된 것과 일맥상통하는 면이 있다고 생각된다.

(1) 음각 인장

음각인장은 3종 13점이 확인된다. 문자의 경우 둘 다 泉으로 판독되며, 기호의 경우 흡사 'Y'처럼 생겼다. 印面은 각각 글자형, 방곽형, 원형이다. 이 가운데 글자형 泉명 굽완은 모두 12점이 출토되어 수량적으로 가장 우위를 점하고 있다. 아래 〈표 4〉와 〈표 5〉는 음각인장으로 압날한 문자와 기호를 정리한 것이다.

〈표 4〉 음각 인장을 찍은 명문

사진	내용
	[泉]명 굽완 토기의 저부 대각안에 인장으로 泉자를 찍었다. 토기의 기종은 완이며, 泉자를 거꾸로 새긴 인각으로 압인하였다. 인각은 문자 주위의 방곽이 없이 단순히 글자만 양각으로 도드라지게 파낸 형태이다. 문자의 압인은 토기의 제작과정 중 건조과정에서 이루어진 것으로 판단된다. 현재까지 11점이 확인되었으며, 출토위치는 1번 수로 C둑 8층, 9층이다.
	[泉]명 굽완 토기의 저부 대각안에 인장으로 泉을 찍었다. 토기의 기종은 완이며, 泉자를 거꾸로 새긴 인각으로 압인하였다. 인각은 인면을 편평하게 다듬은 다음 문자만 양각으로 파낸 형태이다. 문자의 압인은 토기의 제작과정 중 건조과정에서 이루어졌다. 출토위치는 1번 수로 D둑 9층이다.

사진	내용
	[Y]명 호 토기의 동체부에 인장으로 기호를 찍었다. 토기의 기종은 호이며, 기호를 새긴 둥근 인장으로 압인하였다. 인면을 편평하게 다듬은 다음 기호만 양각으로 파낸 형태이다. 기호의 압인은 토기의 제작과정 중 건조과정에서 이루어졌다. 출토위치는 2번 수로 B둑 9층이다.

〈표 5〉음각인장으로 압인한 토기의 기종

[泉]명 굽완	[泉]명 굽완	[Y]명 호

(2) 양각 인장

양각인장은 5종 6점이 확인된다. 그중 문자를 새긴 것이 4종 4점이며, 나머지 1종 2점은 기호를 새긴 것이다. 이 중 타원형 漢명 굽완의 경우 지표수습되어 개인이 소장하고 있는 자료이다. 인면은 글자형과 방곽형, 타원형이 모두 확인된다. 명문은 惠·雲·黃, 漢이며, 기호의 경우 팔괘의 간으로 추정되는 '☰'을 찍었다. 아래 〈표 6〉과 〈표 7〉은 양각인장으로 찍은 문자와 기호를 정리한 것이다.

〈표 6〉양각 인장으로 찍은 명문

명문	내용
	[惠]명 굽완 토기의 저부 대각안에 인장으로 惠자를 찍었다. 토기의 기종은 완이며, 惠자를 거꾸로 새긴 인각으로 압인하였다. 인각은 문자 주위의 방곽이 없이 단순히 글자만 음각으로 도드라지게 파낸 후, 글자의 주위를 깎아낸 형태이다. 문자의 압인은 토기의 제작과정 중 건조과정에서 이루어진 것으로 판단된다. 출토위치는 1번 수로 C둑 8층이다.
	[雲]명 인화문 개 보주형 인화문 개의 내부 중앙에 인장으로 雲자를 찍었다. 토기의 기종은 개이며 雲자를 거꾸로 새긴 인각으로 압인하였다. 인각은 문자 주위의 방곽이 없이 단순히 글자만 음각으로 도드라지게 파낸 후, 글자의 주위를 깎아낸 형태이다. 문자의 압인은 토기의 제작과정 중 건조과정에서 이루어진 것으로 판단된다. 출토위치는 2번 수로 B둑 9층이다.

명문	내용
	**[黃]명 굽완** 토기의 저부 대각안에 인장으로 黃자를 찍었다. 토기의 기종은 굽완이며, 黃자를 거꾸로 새긴 인각으로 압인하였다. 인각은 인면을 편평하게 다듬은 다음 문자만 음각으로 파낸 형태이다. 문자의 압인은 토기의 제작과정 중 건조과정에서 이루어진 것으로 판단된다. 출토위치는 1번 수로 C둑 8층이다.
	[漢]명 굽완 토기의 저부 대각안에 인장으로 漢자를 찍었다. 토기의 기종은 굽완이며, 漢자를 거꾸로 새긴 인장으로 압인하였다. 인면을 타원형으로 다듬은 다음 문자만 음각으로 파낸 형태이다. 문자의 압인은 토기의 건조과정에서 이루어 진 것으로 판단된다. 지표 수습되었으며, 최용대씨 개인소장품이다.
	[☰] 파수호 및 인화문 개 토기뚜껑의 손잡이 안쪽과 파수부 호의 동체부에 인장으로 기호를 찍었다. 토기의 기종은 개와 호이며, 기호를 도드라기게 새긴 인각으로 압인하였다. 인각은 외곽을 방곽으로 파낸 다음, 기호 ☰를 양각으로 파낸 형태이다. 흡사 팔괘의 艮을 연상시킨다. ☰으로 판독한 이유는 다음과 같다. 우선 인화문 개의 경우 꼭지안에 찍었기 때문에 보는 방향에 따라 ☳로도 볼 여지가 있다. 다만 이와 동일한 기호가 파수부호의 동체부에 찍혀져 있다. 인장의 경우 토기의 위와 아래를 염두에 두고 찍었기 때문에 ☰로 볼 가능성이 가장 높은 것이다. 그러므로 여기서는 ☰와 같은 기호로 보게 되었다. 이와 유사한 기호가 경주 인왕동 556·566번지 1호 건물지에서도 출토되어 주목된다. 기호의 압인은 토기의 제작과정 중 건조과정에서 이루어진 것으로 판단된다. 출토위치는 1번 수로 D둑 9층이다.

〈표 7〉 양각인장으로 압인한 토기의 기종

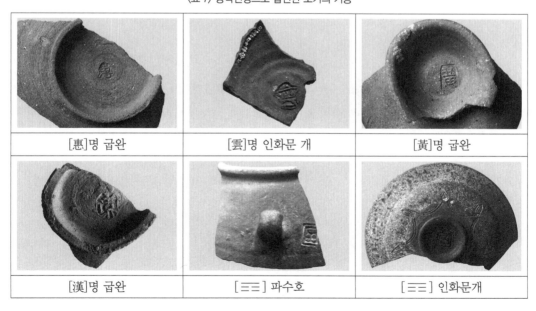

| [惠]명 굽완 | [雲]명 인화문 개 | [黃]명 굽완 |
| [漢]명 굽완 | [☰] 파수호 | [☰] 인화문개 |

Ⅲ. 재명토기의 성격

그렇다면 화곡유적에서 확인된 여러 기호와 문자들은 어떠한 성격을 가졌을까? 여기서 출토되어 정
식 보고된 유물은 5,456점이다. 그 가운데 명문과 기호가 새겨진 토기는 19종 43점(1종 1점은 지표수습
되어 旣報告됨)으로 전체수량에 1%도 미치지 않은 미미한 수량이다. 다만 수량적으로 적지만 그간 정
식조사된 공방유적에서는 재명토기가 확인된 바가 없다. 특히 주요 소비지가 왕실과 관련된 곳이라는
점에서 화곡유적의 태토분석 결과는 크게 주목된다. 이를테면 손곡·물천리, 화산리 등지에서 이루어진
태토분석은 유구가 위치한 토양과 토기의 화학성분이 유사하였다. 그리고 토기 태토내에서는 소성도
1,000°에서 용융되는 광물(mullite)이 검출되었다. 이에반해 화곡유적은 유구가 위치한 토양과 토기의
화학성분이 상이하였다. 다시 말해 화곡유적의 태토저장시설에서 확인된 태토는 여러 암석을 파쇄한 것
으로 분석되었고, 토기 태토내에서도 소성도 1,200° 이상에서 용융되는 광물(cristoballite)이 검출되었
다.[8] 정리하자면 화곡유적이 다른 생산유적보다 고온소성이 이루어졌으며, 태토도 외부에서 의도적으
로 반입하였음을 의미한다. 덧붙여 화곡유적에서 폐기된 유물은 크게 완전 불량품과 색조 불량품으로
구분할 수 있다. 우선 완전 불량품의 경우 고온으로 인해 기형이 찌그러지거나, 기벽이 갈라져 기물로
서 기능을 수행하지 못하는 것들이다. 하지만 색조 불량품의 경우 기형은 완전하여 기물로서 기능은 충
분히 수행할 수 있지만 폐기되었다. 이를 통해 화곡유적에서 생산된 물품들은 검수과정상 까다로움도
감지된다. 결국 이러한 고고학적 정황은 화곡유적이 국가의 통제하에 엄격하게 운용되었음을 방증한다.
그렇다면 화곡유적은 어느 관청에서 생산 전반이 통제되었을까? 이와 관련된 관청으로는 瓦器典이
유력하다.[9]

> 와기전, 경덕왕대 도등국으로 고쳤다. 뒤에 다시 복고되었다. (담당 관인은) 간 1인, 사
> 6인.

『三國史記』직관지는 상, 중, 하로 구분되어 있다. 이는 각 관청마다 고유의 업무를 크게 묶어 놓은
것인데, 직관지 상은 중앙관서이고, 직관지 중은 內省 산하 115개 관청에 관련된 내용이며, 직관지 하
는 무관조 일색이다. 주지하다시피 신라의 재정구조는 국가재정과 왕실재정으로 이분되어 있다. 그 가
운데 직관지 중은 내성 산하 왕실재정과 관련된 기구들이다.

와기전은 경덕왕대 도등국으로 고쳤다가 후에 다시 복고되었는데, 담당관원은 간 1인과 사 6인으로
구성되었다. 중국에서 이러한 업무를 전담한 관청으로 甄官署가 존재하지만[10] 신라에는 보이지 않는

---

8) 聖林文化財研究院, 2012, 『慶州 花谷里 生産遺蹟』學術調査報告 第73冊, 부록참조.

9) 『三國史記』卷39 雜志8 職官 中; 瓦器典 景德王改爲陶登局 後復故 干一人 史六人.

10) 견관서란 명칭은 晉대부터 보이며, 이후 계속 존속하였다. 수대에는 太府寺에, 당대에는 장작감에 소속되어 기와를 비롯

다. 관청의 이름인 瓦器는 그 자체 질그릇을 의미할 수 있지만, 기와와 토기 등을 담당하는 소위 점토로 성형한 기물 전반을 담당한 관청으로도 볼 수 있다. 와기전에 배속된 史는 관청의 말단관리인데 그 수가 6명인데 다른 내성 산하 관청과 비교하면 인원수가 월등히 높다. 다수의 말단관리의 존재를 통해 왕경 주변에 산재한 복수의 가마를 관리·운영하고 있던 모습이 포착된다. 아마 이들 실무관리들에 의해 토기의 검수/납품 등 일련의 과정들이 통제되었을 가능성이 크며, 문자는 그들에 의해 새겨졌을 개연성이 높다. 특히 유의되는 점은 대칼로 쓴 토기의 경우 성형과정에서 서사가 이루어졌고, 인장으로 찍은 토기는 건조과정에서 압날되었다는 점이다. 이 점 공방의 운영과 관련하여 시사하는 바가 크다고 생각된다.

다음은 문자와 기호를 새긴 토기의 성격을 이해하기 위해 문헌자료와 고고자료를 아울러 검토해 보고자 한다.

1. 문헌자료의 검토

그러면 토기에 새겨진 명문들은 어떠한 성격을 가지고 있는지를 가늠하기 위해 관련 문헌기록을 보자. 신라 당대의 기록은 전하지 않지만 문헌상에는 크게 관청명과 공인의 이름을 적기하도록 한 조치들이 확인된다. 우선 후대의 기록이긴 하지만 『朝鮮王朝實錄』 태종 17년 4월 20일 기사에는 그릇에 각 관청의 약자를 새기게 된 경위가 입전되어 있다.[11]

> 戶曹에서 器皿除弊의 事宜를 올려 말하기를,
> "長興庫의 呈文에 의거하면 外貢의 砂器·木器는 司饔房에 납부하여 시행하고, 장흥고는 捧納을 專掌하여, 內宴과 行幸때에 사옹방·司膳署·司醞所에 분납하는 까닭에 끝까지 고찰할 수 없는데다가 혹은 숨기고 혹은 깨어져 還納한 숫자는 겨우 5분의 1에 이르러 이를 逢受한 下典에게 징수함은 실로 여러 해 쌓인 큰 폐단이라 합니다. 원컨대, 이제부터는 장흥고에 납부하는 사기·목기의 外貢元數 안에 사옹방·사선서·禮賓寺·典祀寺·內資寺·內贍寺·恭安府·敬承府 등 各司의 것도 따로 정하여 上納하게 하고, 각기 그 司에서 출납을 고찰하게 함으로써 積弊를 혁파하게 하소서."
> 하고, 호조에서 또 아뢰기를,
> "장흥고의 貢案付 砂木器에 금후로는 '長興庫'라 三字를 새기고, 기타 各司에 납부하는 것도 또한 장흥고의 例에 의하여 각기 그 司號를 새겨서 제품을 만들어 상납하게 하고,

---

하여 석물, 금속공예까지 담당하였다. 『舊唐書』 志 第二十四 職官三: 甄官署, 令一人, 從八品下. 丞二人, 正九品下. 府五人, 史十人, 監作四人, 從九品下. 典事十八人. 甄官令掌供琢石陶土之事. 凡石磬碑碣, 石人獸馬, 碾磑瑚塼瓦, 瓶缶之器, 喪葬明器, 皆供之.

11) 『朝鮮王朝實錄』 太宗 17年 4月 20日.

윗항의 標가 있는 器皿을 私藏하다가 드러난 자는 官物을 훔친 죄를 받게 함으로써 큰 폐단을 끊게 하소서." 하니, 모두 그대로 따랐다.

戶曹上器皿除弊事宜. 啓曰: "據長興庫呈, 外貢砂木器, 以司饔房納施行, 而庫專掌捧納, 內宴及行幸時, 分納於司饔房, 司膳署, 司饔所, 故未得終始考察, 或匿或破, 還納之數, 僅至五分之一, 徵於逢受下典, 實爲積年巨弊. 願自今庫納砂木器外貢元數內, 司饔房, 司膳署, 禮賓, 典祀, 內資, 內贍寺, 恭安, 敬承府等各司, 分定上納, 各其司考察出納, 以革積弊." 戶曹又啓: "長興庫貢案付砂木器, 今後刻長興庫三字, 其他各司所納, 亦依長興庫例, 各刻司號, 造作上. 上項有標器皿, 私藏現露者, 以盜官物坐罪, 以絶巨弊." 皆從之.

위 기사는 궁중에 소용되는 用器들의 효율적인 관리, 부실납품의 폐단을 막기 위해 조선시대 장흥고 체제의 서막을 증언하고 있다. 아울러 각 관청에 납품되는 자기와 목기 등에 각 관청의 글자를 새기게 함으로서 출납의 폐단을 예방하고자 하는 조처를 취하고 있다. 각 관청의 글자를 그릇에 새기게 함으로서 관리주체를 분명히 하고자 하는 조정의 의지가 엿 보인다.

한편 당의 『大唐六典』과 일본의 『延喜式』, 『養老令』에는 비록 토기는 아니지만 기물에 장인의 이름을 새기게 된 경위를 엿볼 수 있는 대목이 있다.

A: 凡營軍器, 皆鐫題年月及工人姓名, 辨其名物, 而閱其虛實.[12]
B: 売物者 有行濫及橫刀, 鞍 等 不題鑿造者姓名之類.[13]
C: 凡出賣者. 勿爲行濫其橫刀, 槍, 鞍, 漆器之屬者. 各令題鑿造者姓名[14]

우선 사료A의 경우 軍器를 만들 때 제조연월과 공인의 이름을 새겨넣도록 하고, 공인의 이름과 기물을 변별하여 그 허실을 검열토록 하고 있다. 그리고 사료B·C의 경우 시장에서 판매자에 의해 불량품이 범람할 수 있으므로 칼, 안장, 창, 칠기 등의 물품에 제조자의 이름을 새겨넣도록 규제를 가한 것이다. 세 문헌 모두 불량품 유통을 미연에 방지하고, 혹 문제가 발생시 그 제작자에게 책임을 묻고자 한 조처로 이해된다. 이러한 정황과 유사한 것이 『朝鮮王朝實錄』世宗 3년 4월 16일 기사에도 보인다.[15]

공조에서 계하기를,
"진상하는 그릇은 대개 마음을 써서 튼튼하게 제조하지 아니하였기 때문에, 오래 가지

---

12) 『大唐六典』 卷23 將作監.
13) 『延喜式』 卷42 左右京 東西市條.
14) 『養老令』 關市令 出賣條.
15) 『朝鮮王朝實錄』 世宗 3年 4月 16日.

않아서 파손되니, 지금부터는 그릇 밑바닥에 만든 匠人의 이름을 써 넣어서 후일의 참고
로 삼고, 마음을 써서 만들지 않은 자에게는 그 그릇을 물어 넣게 하소서." 하니 따랐다.
工曹啓, "凡進上器皿, 不用心堅緻造作, 緣此不久破毁. 今後於器皿底, 書造作匠名, 以憑
後考, 其不用心者, 徵其器皿." 從之.

　궁중에 납품되는 용기들이 제작과정상에서 부실하게 제작되어 궁중에 빈번하게 납품되자, 이에 대
한 책임소재를 분명히 하기 위해 공인의 이름을 그릇에 새기게 된 경위를 증언하고 있다. 시공을 초월
하여 물품의 관리, 도난예방, 납품비리를 효율적으로 통제하기 위해 기물에 관사나 장인의 이름을 써넣
었음을 엿 볼 수 있다.

2. 고고자료의 검토

　최근 경주박물관 남측부지 우물에서는 동체부에 관청명이 큼직하게 압인된 호가 출토되었다.[16] 압
인된 명문은 '東宮衙'로서 이 관청은 경덕왕 11
년(752년)에 설치되었으므로 토기의 연대관은
적어도 8세기 중엽 이후가 된다. 이 토기의 출
현으로 인장으로 압날한 문자의 성격을 이해하
는데 유용한 정보를 획득할 수 있게 되었다. 그
선상에서 안압지에서 출토된 '東'명 토기 뚜껑
(유물번호 雁1280-3)의 성격도 명확해졌다고
생각된다(그림 1 참조). 그간 이 토기 뚜껑에 압
날된 '東'은 막연히 의례와 관련된 용어로 이해
되어 왔다. 즉 명문을 외부에 보이도록 의도적
으로 압인한 것에서 모종의 의식에 사용하기 위
한 용도로 제작되었다는 것이다.[17] 그러나 이번
출토를 계기로 동궁과 관련된 용어임이 분명해
졌다. 말하자면 양자 간 명문의 유사성에서 셋
트관계가 인정되며, 특히 둘 다 문자만 도드라
지게 새긴 글자형 양각인장을 사용하여 압인하
였다.[18] 안압지 출토품은 아마 이런 호류의 뚜

그림 1. 東宮衙 관련 유물 (축척부동)

---

16) 문화재청, 2012.12.13, 「통일신라 우물 안 동궁아(東宮衙) 항아리 발견」 보도자료.
17) 高敬姬, 1993, 앞의 논문, p.29.
18) 2013년 4월 11일 '東宮衙'명 호를 실견하였다. 실견한 결과 인장으로 압인한 다음 부분적으로 글자의 획을 대칼로 다듬었

껌으로 제작된 것이 분명하다. 그래서 이번 발견으로 인해 '東'자는 관청의 약자임이 명확해졌다.

한편 기호와 관련해서 일본측의 연구성과를 참조해 보면 고분시대 쓰에끼에 새겨진 대칼기호를 바라보는 관점은 크게 두 가지로 대별된다.[19] 첫째 공인집단에 의해 부여되었다는 설, 둘째 사용자들의 요구에 의해 부여되었다는 설로 대별된다. 전자는 다시 생산된 가마를 구별하기 위한 가마 번호, 가마 내 적재와 반출 단계에서 제품을 구분하기 위한 기호, 한 가마를 복수의 공인이 공동 이용할 경우 개개 제품을 구별하기 위한 기호, 생산 공정에서 약식의 수량, 혹은 품질 검사기호 등으로 세분될 수 있다. 그리고 후자인 사용자 요구설은 그 제품이 자기의 소유인 것을 나타내기 위해 사용자가 부여시킨 기호, 주술적 의미를 가진 기호 등으로 견해가 나뉜다. 전자의 내용을 구체적으로 부연하면 日本 陶邑 TK321호 토기 가마의 출토 상황은 시사하는 바가 크다고 생각된다. 쓰에무라는 일본의 大阪府 堺市·岸和田市·和泉市·南河內郡 狹山町 일대 등 오사카 남부에 넓은 泉北구릉상 남북 9km, 동서 15km에 달하는 범위에 500여기 이상이 군집하고 있는 일본 최대의 스에끼 가마유적이다. 그 가운데 가마의 번호부여는 구릉에 따라 나뉘는 계곡에 의해 동쪽에서부터 高藏寺(TK), 富藏(TM), 梅(TG), 光明池(KM), 大野池(ON), 谷小池(TN)의 여섯 지구로 구분된다.[20] 따라서 TK321호는 高藏寺 일대에 조영된 가마이다. 이 토기 가마의 최종 조업 연대는 8세기이며, 소성 중 천정이 함몰되면서 완성품이 취출되지 못한 채 그대로 방기되고 말았다. 이후 발굴조사 과정에서 가마의 내부에는 450여점의 토기들이 일정한 기호를 기초로 일정하게 배열된 상황임이 밝혀지게 되었다. 즉

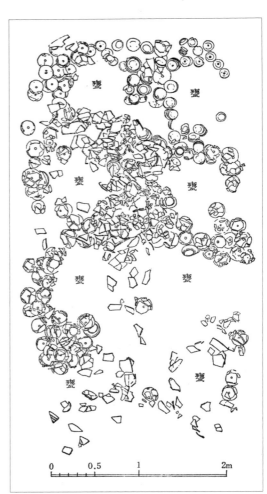

그림 2. 陶邑 TK321号 토기적재상태

음을 확인할 수 있었다. 아울러 인면에 세 글자를 새긴 인장이 아니라 한 글자씩 판 인장으로 각각 찍었을 가능성이 높다. 유물열람에 편의를 제공해 준 신라문화유산연구원의 조성윤·최순조 선생님께 지면을 빌려 감사의 말씀을 올린다.
19) 山田邦和, 2006, 「記号の役割」, 『文字と古代日本 5 −文字表現の獲得−』, 吉川弘文館. pp.119~121.

20) 中村浩, 1982, 『窯業遺跡入門』 考古學ライブラリ−13, ニューサイエンス社, p.45.

'–', '+', '×', 'ㅇ' 등의 간단한 기호를 고배의 개와 배신 저부에 새긴 다음 이 토기들을 중심으로 소형의 토기들이 대형용 사이 사이에 군집을 이루어 배열되어 있었다(그림 2 참조). 종래 이러한 기호를 窯印이나 발주자측의 요청으로 새겼다는 견해가 없지 않았다. 즉 각 가마마다 부여된 고유 기호라는 뜻인데, 기호가 새겨진 토기가 적고, 모든 기종에 적용되지 않는 것에서 요인설은 부정되고 있다. 아울러 발주자측의 요청이란 견해도 소비유적에서 좋은 사례를 찾기 어렵다. 때문에 일본 쓰에무라 TK321호의 정황은 여러 공인들이 하나의 가마를 동일하게 이용하는 과정에서 귀속관계를 분명하게 하기 위해 조처로 판단된다.[21] 사실 화곡유적도 토기의 폐기량과 확인된 가마의 수를 대비했을 때 가마가 8기에 지나지 않아 수량적으로 너무 빈약한 감이 적지 않다. 더구나 화곡유적에서 확인된 가마들이 주로 와도 겸업을 하였기 때문에 하나의 가마에 여러 공인들이 작업한 토제품들을 공동으로 소성했을 가능성은 높다고 생각된다. 그러므로 화곡유적에서 확인된 기호도 크게 보면 이러한 맥락과 크게 다르지 않을 것이라 추정된다.

3. 가설의 설정

지금까지 재명토기의 성격을 파악하기 위해 문헌자료와 고고자료를 아울러 살펴보았다. 문헌자료에 따르면 기물에 새겨지는 명문은 주로 관청명이나 공인의 이름이다. 주된 목적은 관리주체의 명시, 불량 납품방지·출납폐단 척결 등이었다. 한편 최근 보고된 통일신라시대 '東宮衙'명 호는 납품처를 명시했다는 점에서 의의가 있다. 이로 인해 안압지에서 출토된 '東'명 토기 뚜껑이 의미하는 바도 무엇인지 알게 되었다.

경주지역의 명문을 정리한 한 견해에 의하면, 문자의 내용은 주로 사용처, 관사, 제작자, 감독자, 제작처 등 사용목적을 알려주는 내용이 대부분이라고 한다.[22] 화곡유적에서 출토된 재명토기도 이 범주에서 크게 벗어나지 않는다고 생각된다. 다만 유념할 것은 어느 시점에 문자가 시문되었는가이다. 토기의 명문은 토기의 제작과정상에서 보면 대칼로 쓴 것은 주로 성형단계에서 이루어졌고, 인장으로 압날한 것은 건조단계에 이루어졌다. 단언하기는 어렵지만 성형단계에 이루어지는 시문행위는 공인의 의지가 개입될 가능성이 높으며, 건조단계에서는 검수자에 의해 문자가 새겨질 공산이 높다. 비록 후대의 일이긴 하지만 조선 전기 제작된 분청사기에는 관청명은 주로 인장으로 압날하였다. 반면 공인의 이름은 대칼로 새긴 경우가 있어 양자 간 새김방법에 차이가 확인된다. 이 점 화곡유적의 명문을 바라 볼 때 시사하는 바가 크다고 생각된다.

이미 서술하였다시피 화곡유적에서 확인된 명문은 대칼로 쓴 것은 '寶'·'夫'·'泰?'·'地'·卄·十·×·卅·卄·川·禾이며, 인장으로 압날한 것은 '泉'·'惠'·'雲'·'黃'·'漢'·丫·三 등이다. 우선 대칼은 성형단계에 썼기 때문에 공인이 관여하였을 가능성이 높다. 따라서 이 경우 漢字는 공인 자신의 이름일 공산이 크

---

21) 中村浩, 1982, 『須惠器』考古學ライブラリー5, ニューサイエンス社.
22) 차순철, 2009, 「경주지역 명문자료에 대한 소고」, 『木簡과 文字』3호, 한국목간학회.

지 않을까 싶다. 당시 토기 장인의 이름이 남아 있는 경우는 거의 없지만 서울 사당동에서 '—縣器村何支爲—'란 명문을 대칼로 새긴 통일신라시대 토기편이 발견되었다. 여기서 器村은 토기를 전문적으로 생산하는 마을이며, '何支'가 토기 장인의 이름이다.[23] 또한 870년 일본 陸奧國 修理府에 배치된 '潤淸'·'長焉'·'眞平'이란 신라와공의 이름도 확인된다.[24] 때문에 '寶'·'夫'·'泰'?·'地' 등은 장인의 이름일 가능성도 적지 않다고 생각된다. 다만 인화문병에 시문된 '寶'의 경우 사찰에 납품된다면 그 문자로 인해 寶甁으로 기능할 여지도 크다고 생각된다. 때문에 대칼로 쓴 문자는 부분적으로 길상구로서 기능할 여지도 전혀 없지는 않다.

한편 인장으로 압날한 '泉'·'惠'·'雲'·'黃', '漢' 등은 소비처의 이니셜일 가능성이 있을 것 같다. 이를테면 '泉'의 경우 夫泉宮典, '黃'은 內黃殿, '漢'[25]은 漢祇苩蒣典 등을 거론해 볼 수 있다. 앞서 다룬 '東宮衙'와 '東'의 관계를 고려하면 비록 단문이라 하더라도 해당 관사를 지칭하기에는 충분하다.

다음으로 기호의 경우 十·卅·卌·Ⅲ·丟 등은 일본 쓰에무라의 사례처럼 공인집단 간 구별 기호일 수도 있도 있지만 다른 가능성도 열어 놓을 필요가 있다. 다시 말해 기호가 지극히 단순한 점, 숫자를 표현할 수도 있다는 점을 고려하면 제작수량을 의미하는 숫자일 가능성도 있다고 생각된다. 공인들은 지정기한의 납품을 위해 일정 부분 할당량을 체크할 필요가 있었을 것이다. 이러한 이해의 선상에서 이러한 기호들은 십단위로 묶어서 체크하는 과정에서 발생했을 가능성도 열어 놓을 필요가 있을 것 같다.

한편 卄의 경우 우물을 의미하는 것이 아니라 제마기호로 통용된다. 특히 완전한 숫자를 의미하는 9(卅)를 略化한 것이다. 즉 9가 陽의 滿數이므로, 陰인 사악한 기운을 굴복시키고자 하는 발상에서 비롯된 것이라고 한다.[26] 이 기호의 의미가 음을 몰아내는 상징성을 지녔다고 한다면, 생산유적에서 발견되었으니 만큼 燔造의 안녕과 관련된 굴가마 제사의 용도도 고려해 봄 직하다. 특히 이 토기들을 가마 안에 재임함으로써 소성상 성공을 비는 공방에서의 제사는 충분히 상정된다. 또한 기호 ☰는 팔괘의 간을 의미할 가능성이 높다고 생각된다. 파수옹과 인화문개의 꼭지 내부에 압인되어 있다. 다른 두 기종에 동일 기호가 새겨져 있다는 점에서 모종의 필요성이 감지된다. 이와 유사한 양상의 부호가 경주 인왕동 556번지 5호 건물지에서 출토[27]되어 주목된다. 인왕동 유적에서는 개의 내·외부에 팔괘의 간이 찍혀져 있었다. 덧붙여 안압지에서 출토된 '十二支'朱書銘 骨壺(雁904)에도 子와 四掛가 희미하게 쓰여

23) 송기호, 1997, 「사당동 요지 출토 명문자료와 통일신라 지방사회」, 『한국사연구』99·100합집.

24) 『日本三代實錄』卷18 淸和天皇 貞觀 十二年 九月 十五日條; 前略 潤淸, 長焉, 眞平等. 才長於造瓦. 預陸奧國 修理府 料造瓦事.

25) 박방룡은 漢명 굽완을 통해 화곡유적을 漢只部와 관련된 것으로 보고 있다. 朴方龍, 2002, 「新羅의 文字活用과 性格」, 『文字로 본 新羅』, 國立慶州博物館, p.267. 그러나 통일기 한기부의 영역은 명활산성과 보문동 일대를 망라하였다. 전덕재, 2009, 「신라 6부 명칭의 어의와 그 위치」, 『신라 왕경의 역사』, 새문사, p.80. 그러므로 박방룡의 견해는 선뜻 수긍하기 어렵다.

26) 高島英之, 2000, 「付節三 群馬縣群馬町上野國分僧寺·尼寺中間地域出土の刻書土器」, 『古代出土文字資料の研究』, 東京堂出版. p.274.

27) 國立慶州文化財研究所, 2003, 『慶州 仁旺洞 556·566番地遺蹟』發掘調査報告書, 學術研究叢書 36.

져 있으며, 반대편에는 午와 四掛 가운데 ☰(리)가 확인된다.[28] 여기서 팔괘가 의미하는 것이 그저 방향만은 아닐 것이다. 때문에 이나 팔괘의 간 등은 고대인의 사유를 짐작할 수 있는 기호라 판단된다. 특히 팔괘의 간이나 제마기호를 토기의 사용시 눈에 바로 볼 수 있는 곳에 시문한 것도 어떤 의도성이 엿 보인다. 이러한 용기는 아무래도 제의에 소용되는 용기일 가능성이 있겠다.

Ⅳ. 맺음말

지금까지 논의한 바를 요약함으로써 맺음말에 대신하고자 한다. 경주 화곡유적은 5세기 말 처음 조업을 시작한 대단위의 생산유적이다. 생산의 주된 조업시기는 7~8세기이며, 왕경 가운데서도 왕실과 관련된 곳에 물품을 공급한 관요로 판단된다. 이곳에서는 18종 43점의 재명토기가 확인되었다. 토기에 문자나 기호를 써 넣는 행위는 사용과는 별개의 어떤 모종의 필요성에 의해 이루어졌다.

문자의 대부분은 단문이며, 비록 그 내용을 명확히는 알 수 없다. 하지만 생산유적에서 확인된 문자자료인 점을 감안한다면 1차사료로서의 가치도 겸한다고 할 수 있다. 화곡유적의 주요 소비처는 왕궁과 그 주변이다. 그점을 고려하면 화곡유적은 관요가 분명하다.

재명토기의 시문방법은 크게 대칼과 인장으로 구분된다. 대칼은 토기의 제작과정 중에 성형단계에 이루어졌고, 인장은 건조단계에 이루어졌다. 때문에 성형단계는 공인의 의지가 개입될 가능성이 크며, 건조단계는 검수자가 관여할 여지가 있다. 기물에 명문을 새겨넣는 조치는 문헌자료에도 확인된다. 문헌에 의하면 토기에 명문을 시문하는 목적으로 관리주체의 명시, 부실납품의 예방, 출납의 폐단 척결, 도난 예방 등이 있다. 그리고 주된 내용은 공인의 이름이나 관사의 명칭이었다. 화곡유적에서 확인된 명문 가운데 대칼로 새긴 한자는 공인의 이름일 가능성, 인장으로 압날한 한자의 경우 납품처의 이니셜일 가능성을 제기하였다. 사실 인장은 그 자체 율령국가의 표지적인 유물이다. 토기에 인장을 압날한 행위를 통해 그 이면에 깔린 신라 중앙정부의 통제하에 공방을 운영하고 있던 모습이 포착된다.

한편 기호는 일본 쓰에무라 TK321호 가마의 사례를 보면 재임시 복수의 공인이 하나의 가마를 동시에 사용함에 따라 혼란을 막기 위한 조치였다. 화곡 유적도 그 선상에서 이해될 여지는 크지만, 확인되는 기호가 의외로 간단한 점, 숫자의 형상을 하고 있는 점을 감안하여 공인이 제작수량을 체크할 목적에서 새겨 넣을 가능성도 열어 두고자 하였다. 또한 주역의 팔괘, ♯ 등은 고대인의 사유체계를 이해할 수 있는 기호이며, 제의와 관련된 용기는 아닐까 잠정 추정하였다.

투고일 : 2013. 4. 26   심사개시일 : 2013. 5. 1   심사완료일 : 2013. 5. 17

---

28) 高敬姫, 1993, 앞의 논문, p.34.

『三國史記』, 『朝鮮王朝實錄』, 『舊唐書』, 『大唐六典』, 『延喜式』, 『養老令』, 『日本三代實錄』

高敬姫, 1993, 「新羅 月池 出土 在銘遺物에 對한 銘文 研究」東亞大學校 史學科 大學院 碩士學位論文.

高島英之, 2000, 『古代出土文字資料の研究』, 東京堂出版.

國立慶州文化財研究所, 2003, 『慶州 仁旺洞 556·566番地遺蹟』發掘調査報告書, 學術研究叢書 36.

국립청주박물관, 2000, 『한국 고대의 문자와 기호유물』특별전도록.

國立慶州博物館, 2002, 『文字로 본 新羅』특별전도록.

國立中央博物館, 2011, 『文字, 그 이후』특별전도록.

문화재청, 2012.12.13, 「통일신라 우물 안 동궁아(東宮衙) 항아리 발견」보도자료.

朴方龍, 2002, 「新羅의 文字活用과 性格」, 『文字로 본 新羅』, 國立慶州博物館.

부산광역시립박물관 복천분관, 1997, 『유물에 새겨진 古代文字』특별전도록.

山田邦和, 2006, 「記号の役割」, 『文字と古代日本 5 −文字表現の獲得−』, 吉川弘文館.

聖林文化財研究院, 2012, 『慶州 花谷里 生産遺蹟』學術調査報告 第73冊. 부록참조.

송기호, 1997, 「사당동 요지 출토 명문자료와 통일신라 지방사회」, 『한국사연구』99·100합집.

李泳鎬, 2010, 「新羅의 新發見 文字資料와 研究動向」, 『韓國古代史研究』57호, 한국고대사학회.

朱甫暾, 1997, 「韓國 古代의 土器銘文」, 『유물에 새겨진 古代文字』특별전도록.

전덕재, 2009, 「신라 6부 명칭의 어의와 그 위치」, 『신라 왕경의 역사』, 새문사.

中村浩, 1982, 『窯業遺跡入門』考古學ライブラリー13, ニューサイエンス社.

中村浩, 1982, 『須惠器』考古學ライブラリー5, ニューサイエンス社.

차순철, 2009, 「경주지역 명문자료에 대한 소고」, 『木簡과 文字』3호, 한국목간학회.

그림 3. 주변유적 위치도

범 례

자연수로　　고상식건물지
가마　　살가마
회구　　폐기수혈
농수용수로　　교란
주혈; 수혈　　표본조사Pit

그림 4. 유구배치도

그림 5. 조사구역 전경 및 자연수로1 C둑 토층

그림 6. 화곡 출토 재명토기

그림 7. 자연수로 1내 유물노출상황

〈日文要約〉

慶州花谷出土 在銘土器の性格

李東柱

　慶州花谷遺跡は、五世紀末から九世紀にかけて、土器と瓦塼を生産した大単位の工房遺跡である。操業の中心年代は七～八世紀であり、ここで生産された製品は、主に月城と雁鴨池で消費された。当遺跡から木簡は出土しなかったとはいえ、土器に銘文や記号を刻んだ、いわゆる在銘土器が確認されてている。その数は19種43点にのぼり、全て短文のため正確な意味を知ることはできない。だが、銘文や記号を刻み込む行為は、土器の使用とは別に何らかの必要性が感じられる。

　施文方法は、大きく竹箆(ヘラ)と印章に分けられる。土器の製作過程において施文段階を考慮すると、竹箆(ヘラ)の場合は成形段階、印章は乾燥段階に行われた。そのため、成形段階では主に工人の意志が介入した可能性が高く、乾燥段階においては検査者が関与していた可能性がある。後代の文献ではあるものの、土器に銘文を刻む行為は、管理主体の明示、不良納品の予防、出納における弊害の剔抉、盗難予防等と関連がある。また、銘文の内容は、工人の氏名(製作者)ならびに官司(官庁)の名称(消費先)を明示するものであった。こうした記録について、花谷遺跡から出土した在銘土器との類比を行ったところ、大刀に用いられた銘文は、主に工人の氏名、製品の数量を意味する可能性が高く、印章に刻まれた短文は、消費先の頭文字(イニシャル)である蓋然性が高いものと思われる。実際、印章そのものが律令国家の標識となる遺物である。そのため、土器に印章を刻む行為を通して、中央政府の厳格な統制のもとで工房が運営されていた様子が窺われる。加えて、記号の場合、日本の陶邑TK321号瓦窯の事例が参考となり、さらに記号が意外と簡単な点、数字を象っている点を踏まえ、工人が製作数量を確認する目的で刻み込んだ可能性も否定しない。また、周易の八卦、卅等は、古代人の思惟体系を理解することのできる記号であると判断される。

▶ キーワード：慶州花谷遺跡, 工房遺跡, 在銘土器, 記号, 印章, 竹箆(ヘラ)

禰軍 묘지 연구
-禰軍의 외교상 사적을 중심으로-

李成市*

Ⅰ. 머리말
Ⅱ. 禰軍 묘지의 석문
Ⅲ. 묘지의 내용과 구성
Ⅳ. 禰軍 묘지에 보이는 사자로서의 사적
Ⅴ. 맺음말

〈국문 초록〉

2011년에 王連龍이 소개한 禰軍墓誌에 따르면, 禰軍은 백제 멸망 때에 唐에 투항한 백제 고관이고, 묘지에는 그의 일족의 유래나 백제에서의 역대 활약, 唐에서의 신하로서의 활동이 기록되어 있다. 묘지의 발견은 도굴에 의하기 때문에 상세한 출토 경위나 소재에 대해서는 밝혀지지 않았고, 최근에 이르기까지 묘지 자체의 실재를 확인할 수 없는 상태였다. 최신의 정보에 따르면, 묘지의 소재가 확인되었지만 현재에 이르기까지 미공개이다. 그래서 이 글은 王連龍이 논문 속에 소개한 지석 및 탁본사진에 기초하여, 묘지에 기록된 전문의 내용을 종합적으로 검토한 역주를 전제로, 禰軍의 외교활동을 중심으로 묘지에 기록된 사적을 고증하였다.

禰軍墓誌는 고전적을 구사하여 작성된 난삽한 문장이기 때문에, 지금까지 禰軍墓誌에 관한 연구는 자의적으로 묘지의 일부를 추려내어 논의하는 경향이 있어서, 禰軍의 사적이나 시대배경은 분명하지 않았다. 그러나 묘지 전문의 이해를 전제로 하면, 『日本書紀』·『三國史記』 등의 편찬사료에서 알려져 있었던 禰軍의 倭나 신라에의 외교활동을 뒷받침할 뿐만 아니라, 禰軍의 활동시기에 唐人의 동아시아 정세 인식을 알 수 있는 귀중한 동시대자료임을 이해할 수 있다.

특히 중요한 것은 묘지에 기록된 '日本'이어서, 지금까지 일본 국호의 최초 사례로서 주목을 모아 왔다. 그러나 '日本'은 禰軍墓誌 속에서 '扶桑'·'風谷'·'盤桃' 등 동방을 의미하는 어구와 함께 사용되고 있

---

* 와세다[早稻田]대학 文學學術院

어, 그 문맥상 '日本'이 백제를 지칭하고 있음은 틀림없다. 일본은 동방을 지칭하는 어구와 함께 사용되고 있는 것이고, 묘지에는 동시대에 사용된 국호는 하나도 사용되고 있지 않는 것에서 묘지가 제작된 678년에 '日本'이 국호로서 성립되지 않았음이 판명되었다. 종래, 일본 국호의 유래를 아마테라스라는 태양신을 조상신으로 제사하는 천황가와 밀접하게 관계된다고 하는 설이 유력하였지만, 일본 국호는 그러한 고대 일본신화와는 직접적 관계가 없고, 중국의 동방을 가리키는 보통명사가 7세기 말에 국호로 전화하였음이 밝혀졌다.

묘지 속에 기록된 祢軍의 활동시기에 唐人의 동아시아 인식으로서 중요한 것은 묘지 속에 '백제의 잔당은 倭에 의거하여 주벌을 피하고 있었지만, 고구려의 잔당은 신라를 거점으로 하여 막는 모습이 견고하였다'고 기록되어 있는 것이고, 이것은 『日本書紀』나 『三國史記』 등이 전하는 백제·고구려 멸망 후 각각의 왕족이 倭國이나 신라의 왕권에 의해 책봉된 사실과 부합하고 있어서, 말하자면 제3자인 唐側의 동시대인식이 묘지에 반영되어 있는 것으로서 주목된다.

▶ 핵심어 : 祢軍墓誌, 祢軍, 日本 국호, 日本, 扶桑, 風谷, 盤桃

Ⅰ. 머리말

祢軍 묘지는 2011년 『社會科學戰線』 7월호에 게재된 王連龍 「百濟人『祢軍墓誌』考論」에서 처음으로 공표되었다. 묘지에 따르면, 주인공 祢軍은 백제 출신으로 顯慶 5년(660)에 백제가 唐에 의해 멸망된 후, 唐에 출사하여 儀鳳 3년(678)에 죽은 인물이다.

지금까지 이 묘지는 해당시기에 활동한 인물의 사적 중에 '日本'이라는 글자가 새겨져 있기 때문에, 각별하게 주목되어 왔다. 王連龍은 祢軍 묘지의 탁본사진과 그 석문을 게재하여, 이 묘지가 일본 국호의 성립연대를 추정할 수 있는 새 사료임을 주장하였다. 이것을 받아서 게가사와 야스노리[氣賀澤保規]는 일본 국내에 그 의의를 소개하고,[1] 이듬해 2월에는 메이지[明治]대학에서 심포지움을 개최하여, 묘지에 기록된 '日本'의 해석을 중심으로 논의를 전개하였다.[2]

그러한 한편으로, 도노 하루유키[東野治之]나[3] 葛繼勇은[4] 묘지 속의 '日本'이라는 단어의 국호설을 부정하는 논고를 발표하고 있다. 특히 도노는 묘지 속의 '日本'이 백제를 함의하고 있는 것은 아닐까 하는 견해를 제기하고 있다. 어쨌든 이 묘지는 祢軍의 사적 중에 기록된 '日本'이 일본 국호인 것인가 아

---

1) 와타나베 노부유키[渡辺延志] 기자, 「『日本』の名稱最古の例か」, 『朝日新聞』, 2011년 10월23일(東京版).

2) 국제심포지움 「新發見百濟人『祢軍墓誌』と7世紀東アジアと日本」(明治大學, 2012년 2월25일).

3) 도노 하루유키[東野治之], 「百濟人祢軍墓誌の『日本』」, 『圖書』756, 2012년 2월.

4) 葛繼勇, 「『祢軍墓誌』についての覺書—附錄:唐代百濟人關連石刻の釋文—」, 『東アジア世界史研究センター年報』6, 2012년 3월.

닌가를 둘러싸고 논의가 계속되어 왔다고 할 수 있다.[5]

다른 방향에서 보건대, 이 묘지의 상세한 출토경위나 소재에 대해서는 밝혀져 있지 않아서, 현재에 이르기까지 묘지 자체의 실재를 확인할 수 없다.[6] 그 때문에 이 묘지의 검토는 王連龍이 공개한 탁본사진을 이용하여 행하지 않을 수 없다. 王連龍에 따르면, 묘지 덮개는 전서로 4행에 4글자씩 음각되고 사방에 기하무늬로 장식되어 있으며, 지석은 세로 59㎝, 가로 59㎝, 두께 10㎝이고, 사방의 측면에는 당초문양이 음각되어 있다고 한다. 또 탁본사진에 따르면, 글자는 전 31행으로 되어 합계 884자로 구성되어 있다.

이렇게 禰軍 묘지에 대해서는 王連龍이 공표한 데이터에 기대지 않을 수 없어서, 묘지 자체를 확인할 수 없기 때문에, 묘지의 진위에 대해서까지 의심을 가질 수가 있다. 이것에 대해서 葛繼勇은 공개된 지석의 사진에 기초하여 그 형상이나 형식을 분석하고, 지금까지 발견된 다른 백제인 묘지 등과의 비교 검토를 가하여 위작의 가능성은 낮다고 지적하고 있다.[7] 또 이 글의 전제가 되는 禰軍墓誌의 역주작업 과정에서 묘지의 내용을 종합적으로 검토한 바, 많은 고전적을 구사하여 작성한 난삽한 문장은 현대인의 고전적에 대한 교양으로는 근접할 수 없는 내용이어서, 그 문장내용으로는 위작의 가능성은 극히 낮다고 고찰하지 않을 수 없다. 그렇다고는 해도 묘지의 진위 문제에 대해서는 지석의 확인이 필수불가결하므로, 하루라도 빠른 공개와 그 학술적인 조사가 요망된다.

이 묘지가 주목되어온 또 하나의 이유는 묘주인 禰軍이 한국측, 일본측의 여러 사료에 등장하여, 전래문헌에 그 이름이 나타나는 것에 있다. 더구나 묘지의 내용과 전래문헌상 묘주의 족적이 대응하고 있는 부분이 확인된다.

즉 『삼국사기』권6, 신라본기 문무왕10년(670) 7월조에 熊津都督府 司馬로 그 이름이 보이고 있다. 이 당시 신라와 唐은 그 관계를 악화시킨 시기여서, 唐의 기미지배 거점으로서 백제 고지에 설치된 웅진도독부와 신라의 사이에 마찰이 있었다. 그러한 상황하에서 唐에 출사하고 있었던 禰軍은 웅진도독부에서 사자로서 신라에 파견되는데, 스파이 활동을 행하였다고 하여 신라에 억류된 사실이 같은 조에 기록되어 있다. 덧붙여 同 11년 7월26일조에 문무왕이 唐의 薛仁貴에게 보낸 서신 속에도 그 이름이 있고, 同 12년 9월조에는 신라가 唐에게 사죄사절을 파견하였을 때에 송환된 포로의 1인으로서 그 이름이 기록되어 있다.

한편, 일본측 사료에도 倭에 사자로서 2번 파견되고 있었던 것이 기록되어 있다. 즉 『日本書紀』卷27, 天智天皇 3년(664) 5월조에 백제에 있었던 唐의 鎭將 劉仁願이 郭務悰 등을 사자로 파견하는 기사가 있어서, 그것에 대응하는 『善隣國寶記』卷上, 天智天皇 3년조가 인용하는 『海外國記』에 따르면, 사

---

5) 바로 최근에도 禰軍 묘지를 일본의 국호 문제에 한정하여 논하는 연구가 발표되고 있다. 니시모토 마사히로[西本昌弘], 「禰軍墓誌の『日本』と『風谷』」, 『日本歷史』779, 2013년 4월.

6) 西安市 관계자로부터의 정보에 따르면, 올해 3월 말에 도굴단이 적발되어 그들이 소지하고 있었던 다수의 묘지 중에 禰軍 묘지가 확인되었다는 것이다.

7) 葛繼勇, 2012, 앞의 논문.

절단의 일원으로서 '百濟佐平禰軍'이 수행하고 있었다고 기록되어 있다. 또『日本書紀』同 4년 9월조에 唐이 劉德高를 파견한 기사가 있어, 그 주에 사절단의 일원으로서 '右戎衛郎將上柱國百濟禰軍'이라는 이름이 있다. 이렇게 禰軍은 唐의 외교, 특히 백제 고지의 점령지정책이나 신라, 倭와의 교섭에서 활약하고 있었음이 여러 사료에 전하고 있다.

또 주목해야 할 것은 禰軍의 동족 무덤과 묘지가 발견되어 있는 것이어서, 禰軍 묘지와 그것들의 관계도 중요한 검토과제이다. 2010년 봄에 陝西省 西安市 長安區 郭杜鎭에서 禰氏의 가족묘가 3기 발견되고 있어, 발굴을 담당한 張全民에 따르면, 그 3기는 禰寔進, 禰素士, 禰仁秀라는 백제에서 唐에 귀순한 부자 3대의 무덤이라고 한다.[8] 그중 禰寔進의 묘지에 대해서는, 2000년 즈음에 이미 출토되어 있었던 듯하고, 2007년에는 공표되어 그 존재가 알려져 있었다.[9]

주지하듯이 이들 禰氏 일족의 묘지 이외에도 의자왕(백제의 마지막 왕)의 아들 부여융이나『舊唐書』,『新唐書』에 열전이 있는 흑치상지 등, 복수의 백제 유민 묘지가 발견되어 있으므로,[10] 禰軍 묘지는 이들 묘지와 함께 비교대조하면서 검토를 진행해 갈 필요가 있다. 禰軍도 포함한 백제유민들이 唐에서 어떠한 입장에서 어떠한 활동을 한 것인가를 검토하는 것으로, 종래의 사료에서는 알 수 없는 7세기 후반 동아시아 국제정세의 변동을 지금까지와는 다른 시각에서 고찰할 수 있게 될 것이다.

이렇게 禰軍 묘지를 해독하는 일은 격동기를 살았던 한 인물의 사적에 그치지 않고, 7세기 당시의 동아시아 국제정세 해명에 이바지한다고 고찰된다. 그러나 지금까지 '日本'이라는 단어에 관심이 편중되었기 때문에, 禰軍 묘지 그 자체가 본래 어떠한 서술내용으로 되어 있는 것인가 하는 묘지 전체의 내용에 대한 충분한 검토가 행해지지 않았다.

확실히 묘지 속 禰軍의 사적에 관계되는 '日本'이라는 단어는 주목할 가치가 있음은 물론 그것이 무엇을 지칭하고 있는 것인가를 특정하는 일은 사료의 성격상 중요한 검토과제의 하나이다. 그렇지만 묘지의 문맥에서 떨어져서 '日本'이라는 단어를 해석한다는 자세는 자의적인 해석에 빠질 가능성이 있어서, 엄중히 삼가지 않으면 안 된다. 어디까지나 禰軍 묘지라는 텍스트 전체 속에서 '日本'이 무엇을 함의하고 있는 것인가를 우선은 끝까지 지켜보아야 할 것이다.

그래서 이 글에서는 먼저 禰軍 묘지 전체의 내용을 파악하는 일에 노력하여, 텍스트로서의 묘지의

---

8) 張全民, 「新出唐百濟移民禰氏家族墓誌考略」, 『唐史論叢』14, 2012년 4월. 이미 밝혀져 있듯이, 현재까지 중국에서 발표되어 있는 禰氏 일족의 묘지는 4점이고, 묘지의 고증에 따라 그들의 친족 계보는 다음과 같다.

禰軍(613~678) ─ 禰寔進(615~672)【河南省 洛陽理工學院 文物倉庫 2000년 출토】
│
禰素士(? ~708)【陝西省 西安市考古文物研究所 2010년 출토】
│
禰仁秀(675~727)【陝西省 西安市考古文物研究所 2010년 출토】

9) 金榮官, 2008, 「百濟遺民 禰寔進 墓誌 소개」, 『新羅史學報』10; 拜根興, 2008, 「百濟遺民『禰寔進墓誌銘』關連問題考釋」, 『東北史地』2; 趙振華, 『洛陽古代銘刻文獻研究』第四編唐代墓誌研究之─民族異域篇, 三秦出版社, 2009년 12월.

10) 趙振華, 2009, 위의 책.

구성과 내용의 파악에 주력하고, 묘지 전체의 문맥을 끝까지 지켜본 다음에 禰軍의 외교상 사적이나 논의의 대상이 된 묘지에 나타나는 동아시아 제국의 정세에 대해서 검토해 보고자 한다.

Ⅱ. 禰軍 묘지의 석문

앞서 서술한 대로, 禰軍 묘지 자체는 공개되지 않아서, 유일하게 王連龍 논문에 게재된 탁본사진이 있음을 불과하다. 王連龍에 따르면, 탁본은 2009년 즈음에 입수하였다는 것이고, 2012년 2월에 메이지[明治]대학의 심포지움에서 그 사진을 공개하였다. 이 글에서는 석문의 작성에 王連龍 논문에 게재된 탁본사진에 기초하고, 王連龍 논문 및 葛繼勇 논문의 석문을 참조하여 새롭게 석문을 작성하였다.

〈석문〉

01 大唐故右威衞將軍上柱國禰公墓誌銘 幷序

02 公諱軍, 字温, 熊津嵎夷人也. 其先与華同祖, 永嘉末, 避亂適東, 因遂家焉. 若夫

03 巍巍鯨山, 跨青丘以東峙. 淼淼熊水, 臨丹渚以南流. 浸煙雲以摛英, 降之於蕩

04 沃. 照日月而榳懸, 秀之於蕤虧. 靈文逸文, 高前芳於七子. 汗馬雄武, 擅後異於

05 三韓. 華構增輝, 英材継響. 綿圖不絶, 弈代有聲. 曽祖福, 祖譽, 父善, 皆是本藩一

06 品, 官号佐平. 並緝地義以光身, 佩天爵而勳國. 忠侔鐵石, 操埒松筠. 範物者, 道

07 德有成. 則士者, 文武不墜. 公狼輝襲祉, 鶚頷生姿. 涯濬澄陂, 裕光愛日. 干牛斗

08 之逸氣, 芒照星中. 搏羊角之英風, 影征雲外. 去顯慶五年, 官軍平本藩日, 見機

09 識變, 杖劔知歸, 似由余之出戎, 如金磾之入漢.　　聖上嘉歎, 擢以榮班, 授右

10 武衞滻川府折衝都尉. 于時日本餘噍, 據扶桑以逋誅. 風谷遺甿, 負盤桃而阻

11 固. 萬騎亘野, 与盖馬以驚塵, 千艘橫波, 援原虵而縱溺. 以公格謨海左, 龜鏡瀛

12 東, 特在簡帝, 往尸招慰. 公伺臣節而投命, 歌　　皇華以載馳. 飛汎海之蒼鷹,

13 翥淩山之赤雀. 決河眥而天吳静, 鑿風隧而雲路通. 驚鳬失侶, 濟不終夕. 遂能

14 説暢　　天威, 喩以禍福千秋. 僭帝一旦稱臣. 仍領大首望數十人, 將入朝謁.

15 特蒙　　恩詔授左戎衞郎将, 少選遷右領軍衞中郎将兼檢校熊津都督府

16 司馬. 材光千里之足, 仁副百城之心. 擧燭靈臺, 器標於瓦械. 懸月神府, 芳掩於

17 桂苻. 衣錦晝行, 冨貴無革. 雚蒲夜寝, 字育有方. 去咸亨三年十一月廿一日

18 詔授右威衞將軍. 局影　　形闕, 飾躬紫陛. 亟蒙榮晉, 驟歷便繁. 方謂克壯清

19 猷, 永綏多祐. 豈圖曦馳易往, 霜凋馬陵之樹, 川閱難留, 風驚龍驤之水. 以儀鳳

20 三年歲在戊寅二月朔戊子十九日景午遘疾, 薨於雍州長安縣之延壽里第.

21 春秋六十有六.　　皇情念功惟舊, 傷悼者久之. 贈絹布三百段, 粟三百斛, 葬

22　事所須, 並令官給, 仍使弘文舘學士兼檢校本衞長史王行本監護. 惟公雅識

23　淹通, 溫儀韶峻, 明珠不類, 白珪無玷. 十步之芳, 蘭室欽其曼味. 四鄰之彩, 桂嶺

24　尚其英華. 奄墜扶搖之翼, 遽報連春之景. 粤以其年十月甲申朔二日乙酉葬

25　於雍州乾封縣之高陽里. 礼也. 駟馬悲鳴, 九原長往. 月輪夕駕, 星精夜上. 日落

26　山兮草色寒, 風度原兮松聲響. 陟文榭兮可通, 随武山兮安仰. 愴清風之歇滅,

27　樹芳名於壽像. 其詞曰

28　胄胤青丘, 芳基華麗. 脈遠遐邈, 會逢時濟. 茂族淳秀, 弈葉相継. 獻款夙彰, 隆恩

29　無替. 其一 惟公苗裔, 桂馥蘭芬. 緖榮七貴, 乃子傳孫. 流芳後代, 播美来昆. 英聲雖

30　歇, 令範猶存. 其二 牖箭驚秋, 隙駒遄暮. 名将日遠, 德随年故. 慘松吟於夜風, 悲薤

31　哥於朝露. 霊輀兮遽轉, 嘶驂兮踟顧. 嗟陵谷之貿遷, 覬音徽之靡蠹. 其三

Ⅲ. 묘지의 내용과 구성

이 묘지는 맨처음에 지적했듯이 묘지 자체의 내용보다는 묘지에 기록된 '日本'에 주목이 집중되어 전체를 논의한 것이 전혀 없음에 가깝다. 그 이유의 하나는 이 묘지가 고사를 구사한 唐代 초기의 미사여구로 서술되어 있고, 오늘날 일반적으로 유포되어 있는 사전에서는 한 줄이더라도 그 해독은 대부분 불가능하여, 전체의 문맥을 파악하는 일은 용이하지 않은 것에 의한다. 이 글은 와세다대학 대학원 고대동아시아세미나에서의 역주 성과에 전면적으로 의거하지만,[11] 그 주석에 보여준 대로 묘지의 거의 전문에 고사가 들어가 있다고 해도 과언이 아니다. 이미 이 묘지의 역주 작업을 통하여 번역한 다음에 묘지 전체의 내용 파악을 시도하였다. 의역과 그것에 기초한 이 묘지의 구성은 아래와 같다. 또한 〈 〉은 본문을 보충한 부분이고, ( )는 직전 단어의 의미이며, [ ]는 할주임을 가리킨다.

　　　〈의역〉
　　　① 唐 故右威衛將軍·上柱國 禰公墓誌銘[아울러 序]

---

11) 이 글의 텍스트는 王連龍 논문에 게재된 탁본사진에 의거한다. 또 석문은 王連龍 논문 및 葛繼勇 논문을 참조하고 있어서, 이동이 있는 경우는 교정을 제시하였다. 또 석문의 글자체는 힘을 다해서 텍스트의 것에 기초하고 있지만, 일부의 이체자는 본자로 고쳐져 있다. 또 훈독(직역)과 어구 해설 표제의 글자체는 석문에 따르고, 그 이외는 상용한자(약자체)를 사용하고 있다. 직역의 가나 표기는 현대 가나 표기로 하고, 할주는 [ ]로 표기하였다.
또한 이 글의 전제가 되는 역주에 가담한 사람은 아래와 같다. 덧붙여 직함은 당시에 따른다. 우에다 기헤이나리치카[植田喜兵成智], 다카기 사토시[高木理], 홍성민(洪性珉), 王博(이상 와세다대학 대학원 박사과정), 마츠이 후유키[松井風有記](와세다대학 대학원 석사과정), 김진(도쿄[東京]대학 대학원 석사과정), 葛繼勇(鄭州大學 부교수), 정동준(鄭東俊: 와세다대학 外國人研究員).

② 公, 諱는 軍, 字는 溫, 熊津 嵎夷의 사람이다. 그 선조는 中華와 조상을 같이 하고, 永嘉 말년에 전란을 피하여 동쪽으로 향하여 가서, 거기에서 집안을 꾸몄다. 본래 높고 큰 鯨山은 靑丘를 넘어서 동쪽으로 우뚝 솟고, 광대한 熊水는 丹渚에 임하여 남쪽으로 흘러가고 있다. 〈公의 조상은〉 煙雲〈과 같이 흐릿한 먼 곳〉에 다가가서 매우 뛰어난 재능을 나타내고, 〈그 재능을〉 떠돌다 정착한 장소에 가져왔다. 〈또〉 해와 달에 아름답게 빛나듯이 재능을 발휘하여, 많은 사람들 중에서 출중하였다. 문재의 뛰어남은 〈이주하기〉 전에는 建安七子보다도 명성이 높았다. 무공의 출중함은 〈이주한〉 후에는 三韓에서 눈에 띄었다. 장려한 가문은 빛을 더하여, 뛰어난 재능이 명성을 계승하고 있었다. 가문은 끊이지 않고, 대대로 명망이 있었다. 증조부 福, 조부 譽, 아버지 善도 모두 本藩(백제)의 1품이고, 관호는 佐平이었다. 〈세 사람 공히〉 모두 도리를 익혀서 영예에 빛나고, 충의로 나라를 섬겼다. 충의심은 철석의 견고함과 같고, 절조는 마치 松筠과 같이 굳건하였다. 사람의 모범으로서 도덕을 몸에 잘 갖추어, 士의 본보기로서 문무의 기풍을 유지하였다.

③ 公은 동쪽의 狼星이 빛나듯이 선조의 행복을 계승하고, 무에 뛰어난 용모를 아름답게 나타냈다. 연못가의 물이 절벽을 깨끗이 하는 것 같은 심오한 재능을 가지고, 풍성한 빛이 감싸듯이 부모에 대한 효도를 게을리하지 않았다. 하늘에 그 기운이 도달하였다는 보검과 같은 뛰어난 품성은 빛이 되어 별 사이에서 빛났다. 회오리바람을 타고 날개치듯이 늠름한 모습은 구름 위에까지 도달하는 것 같았다. 顯慶 5년(660), 관군이 本藩(백제)을 평정하였을 때, 公은 일의 전조를 보고 이해화복을 살펴 알아서, 거병하여 〈唐에〉 귀순해야 함을 이해하였다. 〈그것은〉 마치 由余가 戎을 나오고 〈秦에 귀순하며〉, 〈匈奴의〉 金日磾가 漢에 귀순한 것과 마찬가지였다. 天子는 〈公을〉 칭송하고 명예 있는 지위에 발탁하여, 右武衛滻川府折衝都尉를 제수하였다. 때마침 日本의 잔당은 扶桑에 의거하여 誅罰을 피하고 있었다. 風谷의 잔당은 盤桃를 거점으로 하여 막는 모습은 견고하였다. 만이나 되는 기병은 들판에 펼쳐져서, 蓋馬와 함께 먼지를 회오리쳐 올리고 있었다. 천이나 되는 배는 물결을 소란스럽게 하여, 原虵를 도와서 격렬하게 파도를 일으켰다. 公이 海左(海東)에서 모략에 뛰어나고 瀛東(海東)에서 본보기가 되는 인물이기 때문에, 특별히 황제에게 선발되어 招慰를 맡았다. 公은 신하로서의 절조에 따라서 목숨을 내던지고, 사자로서 민첩하게 향하여 갔다. 〈그 모습은〉 하늘을 달려서 바다를 건너는 蒼鷹과 같고, 높이 날아올라 산을 넘는 赤雀과 같았다. 강의 제방을 터뜨려서 〈그 노도의 기세로〉 天吳(水神)는 조용해지고, 바람의 길을 뚫고 나가서 구름의 길이 통하였다. 〈그 빠름은〉 일행을 놓친 오리가 동행자를 찾는 것에도 닮아 있고, 하룻밤만에 목적지에 도달할 정도였다. 그리하여 조정의 위엄을 잘 서술하고 설득하여, 이후 영원히 복을 누리게 한다고 타일렀다. 僭帝가 갑자

기 신하라고 칭하였으므로, 〈公은 그 나라의〉 명망 있는 귀족 수십 인을 거느리고 唐에 가서 황제를 알현하였다. 〈이 동안에〉 특별히 감사한 조서를 받아서 左戎衛郎將에 제수되고, 한참 있다가 右領軍衛中郎將·兼檢校熊津都督府司馬로 옮기게 되었다. 그 재기는 천리마와 같이 빛나고, 인덕은 모든 성읍〈의 사람들〉의 마음에 다가가고 있었다. 公이 右領軍衛中郎將에 등용되어 〈조정에 출사하는 모습은〉 天子의 누각에 등불을 거는 듯하고, 그 기량은 많은 인재 중에서도 출중하였다. 달을 황제의 거소에 거는 듯하여, 그 〈인덕의〉 향기로움이 향목을 능가할 정도였다. 낮에 비단 옷을 입고 길을 걸어서, 부귀는 바뀌는 일이 없었다. 도적조차도 밤에 〈나쁜 짓을 하는 일 없이〉 자고 있을 정도로 도리로 백성을 다스렸다. 咸亨 3년(672) 11월21일, 〈公은〉 조서에 따라 右威衛將軍에 제수되었다. 궁전을 엄중히 경비하고, 황성을 신중한 태도로 지켰다. 거듭 승진을 하여 여러 관직을 역임하였다. 바야흐로 능수능란하게 책략을 꾸며서 천하의 안정에 크게 기여하였다고 할 수 있겠다.

⑤ 〈그런데도〉 어떻게 예측할 수 있었을까? 해는 지기 쉬워서, 龐涓이 馬陵의 나무 아래서 어이 없이 죽었듯이, 또 강물의 흐름은 멈추기 어려워서, 龍驤將軍의 수군에 의해 풍운의 위급함을 알리고 吳가 눈깜짝할 사이에 멸망하였듯이, 갑자기 불행이 방문한다고는. 儀鳳 3년(678) 2월19일에, 병에 의해 雍州 長安縣 延壽里의 자택에서 세상을 떠났다. 향년은 66세였다. 황제는 〈公이〉 세운 공로를 생각하여 지난 날을 그리워하며 오래도록 애도의 마음에 빠졌다. 그래서 絹布 300段, 粟 300斛을 하사하고, 또 葬儀에 필요한 것은 모두 조정에서 지급하여, 弘文館學士·兼檢校右威衛長史 王行本에게 葬儀를 감독시킨 것이다. 公의 탁월한 견식은 널리 세상사에 통하여, 유화하고 위엄이 있는 모습은 아름답고, 明珠〈와 같은 재능의 격〉는 동류가 없고, 白珪〈와 같은 인격〉는 맑아서 흠집 하나 없었다. 10보 안에 피는 흔해 빠진 꽃의 향기(公의 재능)는 좋은 향기가 충만한 蘭室에서조차 그 냄새를 삼갈 정도였다. 주변에 있는 변변찮은 빛(公의 재능)은 아름다운 계수나무가 무성하게 사는 산에서조차도 그 화려함을 존경할 정도였다. 〈그러나〉 갑자기 상승해 가는 바람을 탄 날개를 잃어서, 절구를 계속 찧는 일을 그만두고 묘주의 죽음을 애도하게 되어 버렸다. 그 해 10월 2일에 雍州 乾封縣 高陽里에 장사지냈다. 예의에 맞는 일이었다. 영구차의 말은 슬프게 울고, 황천길에 가서 영원히 돌아오지 않았다. 달이 저녁에 지나가고, 별이 밤하늘에 나타났다. 해는 산 그림자에 떨어져 〈무덤 주변의〉 풀빛은 쓸쓸하고, 바람은 들판을 건너 불어서 소나무 바람의 소리만이 울리고 있었다. 文榭에 오르면 〈저 세상에 있는 묘주와도〉 통할 수 있고, 武山에 오르면 편안한 마음으로 하늘을 우러러 보고 〈公을〉 그리워할 수 있다. 〈公의〉 맑은 바람이 사라져가는 것을 슬퍼하여, 그 아름다운 이름을 壽像에 세웠다. 그 가사에는,

⑥ 〈公의〉 혈통은 靑丘(동방)에서 나와, 樂浪郡 華麗縣(동방)을 거점으로 한 일족이다. 그 혈맥은 오래도록 전해져 〈永嘉의 난〉 때에 백제에 건너가게 되었다. 〈그 땅에서〉 일족은 역대로 번영하여, 대대로 계승되어 왔다. 〈唐에〉 귀순하는 일을 일찍이 분명히 하여, 총애가 성함은 〈唐 귀순 후도〉 바뀌는 일이 없었다. [첫번째 명문이다.]

⑦ 公은 〈그러한〉 일족의 자손이고, 그 미덕은 계수나무나 난의 향기와 같이 아름다운 것이었다. 일족의 시작은 建安七子보다 번창하고, 〈그 영광은〉 그대로 아들에게서 손자에게로 대대로 계승되고 있었다. 〈公은〉 후세에 芳名을 남기고, 美名을 자손에게 남겼다. 그 명성은 지워져 버릴지도 모르지만, 그 미덕은 지금도 자손에게 계승되고 있다. [두번째 명문이다.]

⑧ 창 사이로 화살을 보듯이 순식간에 가을이 되고, 말이 달리는 것을 틈 사이로 보듯이 눈 깜짝할 사이에 해는 저물어 간다. 명성은 날로 잊혀져 가고, 그 위덕은 점차 쇠퇴해 간다. 소나무가 밤바람 맞는 소리를 가엾게 생각하고, 부추 위의 아침이슬이 속절없이 사라져 가는 것을 슬퍼한다. 관을 태운 수레는 지금도 출발하려고 하는데, 副馬는 슬프게 울어 몸을 굽혀서 나아가려고 하지 않는다. 산과 골짜기가 변천하는 일을 한탄하고, 〈公의〉 명성이 잊혀져 가지 않기를 바란다. [세번째 명문이다.]

誌序와 銘文으로 구성되는 禰軍 묘지의 내용은 상기의 의역 중에 ①~⑧의 숫자로 보여주듯이 다음과 같이 구성되어 있다.

誌序 ① 誌題 제1행
　　 ② 묘주의 가문과 조상의 사적 (제7행 '文武不墜'까지)
　　 ③ 묘주의 생애 (제19행 '永綏多祐'까지)
　　 ④ 묘주의 죽음 (제22행 '王行本監護'까지)
　　 ⑤ 묘주의 인격과 장례 (제27행까지)
銘文 ⑥ 묘주의 가문 (제29행 '無替'까지)
　　 ⑦ 묘주의 업적 (제30행 '令範猶存'까지)
　　 ⑧ 묘주의 장례 (끝까지)

보이듯이 묘지라는 사료의 성격상, 전체적으로 묘주 본인과 그 선조의 사적을 칭송하는 내용으로 점유되어 있다. 다만 誌序③ '묘주의 생애' 단락은 더욱 세분하여, 【1】묘주의 재능 찬미(7행 '公狼輝襲祉'부터 8행 '影征雲外'까지), 【2】백제 멸망과 唐에의 귀순(10행 '折衝都尉'까지), 【3】외교사자로서의 활약(16행 '司馬'까지), 【4】唐에 귀환 후의 관직과 그 공적(19행 '永綏多祐'까지)으로 그 사적을 넷으로 분할하는 일이 가능하다. 그것들을 제시하면 다음과 같다.

【1】公狼輝襲祉, 鶃頷生姿. 涯濬澄陂, 裕光愛日. 干牛斗之逸氣, 芒照星中. 搏羊角之英
　　風, 影征雲外.

【2】去顯慶五年, 官軍平本藩日, 見機識變, 杖劍知歸, 似由余之出戎, 如金磾之入漢. 聖上
　　嘉歎, 擢以榮班, 授右武衛滻川府折衝都尉.

【3】于時日本餘噍, 據扶桑以逋誅. 風谷遺甿, 負盤桃而阻固. 萬騎亘野, 与盖馬以驚塵. 千
　　艘横波, 援原虵而縱瀾. 以公格謨海左, 龜鏡瀛東, 特在簡帝, 往尸招慰. 公伨臣節而投
　　命, 歌皇華以載馳. 飛汎海之蒼鷹, 翥淩山之赤雀. 決河皆而天吳静, 鑿風隧而雲路通.
　　驚鳧失侶, 濟不終夕. 遂能説暢天威, 喻以禍福千秋. 僭帝一旦稱臣. 仍領大首望數十
　　人, 將入朝謁. 特蒙恩詔授左戎衛郎将, 少選遷右領軍衛中郎将兼檢校熊津都督府司馬.

【4】材光千里之足, 仁副百城之心. 舉燭靈臺, 器標於栝栱. 懸月神府, 芳掩於桂苻. 衣錦畫
　　行, 冨貴無革. 葍蒲夜寝, 字育有方. 去咸亨三年十一月廿一日. 詔授右威衛將軍. 局影
　　彤闕, 飾躬紫陛. 亟蒙榮晉, 驟歷便繁. 方謂克壯清猷, 永綏多祐.

Ⅳ. 禰軍 묘지에 보이는 사자로서의 사적

　　이 묘지 속 禰軍의 사적에서 주목해야할 것은 앞장 '묘지의 내용과 구성'에서 지적한 禰軍의 사자로
서의 활약을 기록한【3】부분이다. 해당부분에는 맨처음에도 서술하였듯이 '日本'을 비롯하여 '扶桑', '風
谷', '盤桃' 등의 동방을 가리키는 어휘가 사용되어, 그것들이 구체적으로 동아시아 제국의 국명, 국호
와 어떠한 관계에 있는 것인가가 주목되어 왔다. 그렇지만, '日本'이라는 명호에 눈을 빼앗겨서, 이들
명호가 있는 문장만이 전체의 문맥에서 분리되어 논의되어 왔기 때문에, 자의적인 해석으로 시종일관
해온 느낌을 피할 수 없다.

　　다른 방면에서, 이【3】부분은 내용상 다시 전체를 여섯 문장으로 나누어 보면, 다음과 같다.

　　〔1〕于時日本餘噍, 據扶桑以逋誅. 風谷遺甿, 負盤桃而阻固. 萬騎亘野, 与盖馬以驚塵. 千
　　　　艘横波, 援原虵而縱瀾.
　　〔2〕以公格謨海左, 龜鏡瀛東, 特在簡帝, 往尸招慰.
　　〔3〕公伨臣節而投命, 歌皇華以載馳. 飛汎海之蒼鷹, 翥淩山之赤雀. 決河皆而天吳静, 鑿
　　　　風隧而雲路通. 驚鳧失侶, 濟不終夕.
　　〔4〕遂能説暢天威, 喻以禍福千秋.
　　〔5〕僭帝一旦稱臣. 仍領大首望數十人, 將入朝謁.
　　〔6〕特蒙恩詔授左戎衛郎将, 少選遷右領軍衛中郎将兼檢校熊津都督府司馬.

〔1〕 때마침 日本의 잔당은 扶桑에 의거하여 誅罰을 피하고 있었다. 風谷의 잔당은 盤桃를 거점으로 하여 막는 모습은 견고하였다. 만이나 되는 기병은 들판에 펼쳐져서, 蓋馬와 함께 먼지를 회오리쳐 올리고 있었다. 천이나 되는 배는 물결을 소란스럽게 하여, 原虵를 도와서 격렬하게 파도를 일으켰다.

〔2〕 公이 海左(海東)에서 모략에 뛰어나고 瀛東(海東)에서 본보기가 되는 인물이기 때문에, 특별히 황제에게 선발되어 招慰를 맡았다.

〔3〕 公은 신하로서의 절조에 따라서 목숨을 내던지고, 사자로서 민첩하게 향하여 갔다. 〈그 모습은〉 하늘을 달려서 바다를 건너는 蒼鷹과 같고, 높이 날아올라 산을 넘는 赤雀과 같았다. 강의 제방을 터뜨려서 〈그 노도의 기세로〉 天吳(水神)는 조용해지고, 바람의 길을 뚫고 나가서 구름의 길이 통하였다. 〈그 빠름은〉 일행을 놓친 오리가 동행자를 찾는 것에도 닮아 있고, 하룻밤만에 목적지에 도달할 정도였다.

〔4〕 그리하여 조정의 위엄을 잘 서술하고 설득하여, 이후 영원히 복을 누리게 한다고 타일렀다.

〔5〕 僭帝가 갑자기 신하라고 칭하였으므로, 〈公은 그 나라의〉 명망 있는 귀족 수십 인을 거느리고 唐에 가서 황제를 알현하였다.

〔6〕 〈이 동안에〉 특별히 감사한 조서를 받아서 左戎衛郎將에 제수되고, 한참 있다가 右領軍衛中郎將·兼檢校熊津都督府司馬로 옮기게 되었다.

의역의 〔2〕·〔3〕에 보이듯이, 그 내용은 禰軍이 '海東' 출신이고, 海東에 관한 지략에 뛰어난 것으로 황제에게 선발되어 招慰의 사자가 된 것〔2〕, 덧붙여 그러한 사자로서 얼마나 목적지에 빨리 갔던가 하는, 禰軍의 사자로서의 행동을 평가하는 표현〔3〕으로 되어 있다.

다른 방향에서 보건대, 현재까지 전하는 사료에 따르면, 禰軍이 唐의 사자로서 파견된 해당국은 倭國과 신라이다. 즉 아래와 같이 일본측의 기록에는 天智天皇 3년(664)과 4년(665)에 각각 郭務悰과 함께 禰軍이 倭國을 방문하고 있음을 기록하고 있다.

A-1. (天智天皇三年)夏五月戊申朔甲子, 百濟鎮將劉仁願, 遣朝散大夫郭務悰等, 進表函與獻物. (『日本書紀』卷27)

A-2. 海外國記曰, 天智天皇三年四月, 大唐客來朝, 大使朝散大夫上柱國郭務悰等三十人 <u>百濟佐平禰軍</u>等百餘人到對馬島. (『善鄰國寶記』卷上)

B. (天智四年)九月庚午朔壬辰, 唐國遣朝散大夫沂州司馬上柱國劉德高等【<u>等謂右戎衛郎將上柱國百濟禰軍</u>·朝散大夫柱國郭務悰. 凡二百五十四人. 七月廿八日, 至于對馬. 九

月廿日, 至于筑紫. 廿二日, 進表函焉】.　　　　　　　　　　　　　　　(『日本書紀』卷27)

더욱이 『삼국사기』에 따르면, 禰軍은 웅진도독부에서 신라에 파견되고 있다. 더구나 아래의 사료 C에 보이듯이 禰軍은 신라측에서 스파이행위(窺覘)가 있었다고 간주되어 신라에 붙잡아 두어진 일을 알 수 있다.

> C. (文武王十年[670])秋七月, 王疑百濟殘衆反覆, 遣大阿湌儒敦於熊津都督府請和, 不從.
> 　　乃遣司馬禰軍窺覘. 王知謀我, 止禰軍不送, 擧兵討百濟.　　(『삼국사기』권6, 신라본기)

이때에 禰軍이 웅진도독부에서 신라에 파견된 일은 『삼국사기』권7, 신라본기 문무왕 11년(671)조 소재의 문무왕이 薛仁貴에게 보낸 서간에도 기록되어 있다.[12]

禰軍이 이 즈음에 신라의 무엇을 찾으려고 하였던 것인가는 알 수 없지만, 薛仁貴에게 보낸 서간에 따르면, 고구려의 반란에 대하여 문무왕이 웅진도독부와 공동으로 고구려 토벌을 맡기를 제의한 것으로 되어 있다.[13] 『삼국사기』신라본기에는 사료 C에 기록된 사자 禰軍을 잡기 직전에 해당하는 6월조에 고구려의 귀족 안승을 금마저에 안치하였음을 아래와 같이 기록하고 있다.

> D. (文武王十年)六月, 高句麗水臨城人牟岑大兄收合殘民, 自窮牟城, 至浿江南, 殺唐官人
> 　　及僧法安等, 向新羅行, 至西海史冶島. 見高句麗大臣淵淨土之子安勝, 迎致漢城中, 奉
> 　　以爲君, 遣小兄多式等, 哀告曰, 「興滅國, 繼絶世, 天下之公義也. 惟大國是望, 我國先
> 　　王, 以失道見滅, 今臣等得國貴族安勝, 奉以爲君. 願作藩屛, 永世盡忠. 王處之國西金
> 　　馬渚.　　　　　　　　　　　　　　　　　　　　　　　(『삼국사기』권6, 신라본기)

즉 禰軍은 670년 6월 고구려의 반란부터 고구려 귀족 안승의 금마저에의 안치(사료 D)라는 경과 속에서 신라에 파견되면서도, 스파이의 용의로 신라에 붙잡아 두어진 것이다(사료 C). 거기에서 주목되는 것은 신라에 억류된 禰軍이 1년 10개월 후인 672년 9월에 신라의 급찬 원천·나마 변산 등과 함께 唐에 귀환하고 있는 사실이다. 즉,

> E. (文武王十二年[672])九月, 王以向者百濟往訴於唐, 請兵侵我, 事勢急迫, 不獲申奏, 出

---

[12] 『삼국사기』권7, 신라본기 문무왕 11년(671)소재, 문무왕 '答薛仁貴書'에는 다음과 같다고 한다.
至咸亨元年(670)六月, 高麗謀叛, 摠殺漢官. 新羅卽欲發兵, 先報熊津云, 「高麗旣叛, 不可不伐. 彼此俱是帝臣. 理須同討凶賊, 發兵之事, 須有平章. 請遣官人來此, 共相計會.」百濟司馬禰軍來此, 遂共平章云, 「發兵已後, 旣恐彼此相疑, 宜令兩處官人互相交質.」
[13] 주12와 같음.

兵之, 由是獲罪大朝. 遂遣級飡原川·奈麻邊山及, 所留兵船, 郞將鉗耳大侯·萊州司馬
王芸本·烈州長史王益·熊州都督府司馬禰軍·曾山司馬法聰, 軍士一百七十人, 上表乞
罪曰 (下略).   (『삼국사기』권7, 신라본기)

라고 하여, 신라에서 唐에 사죄의 사자가 보내졌을 때에 함께 송환된 唐의 인사 중에 禰軍의 이름이 보
인다.

이미 지적한대로, 禰軍 묘지【3】〔1〕~〔6〕의 내용은 禰軍의 사자로서의 사적을 서술하고 있는 문맥 속
에서 推移하고 있고, 그 이외의 사적이 끼어들어갈 여지가 없다. 그렇다면, 〔5〕는 禰軍의 사자로서의 귀
환이고, '仍領大首望數十人, 將入朝謁'(명망 있는 귀족 수십 인을 거느리고 唐에 가서 황제를 알현하였
다)란 사료 E에 대응하는 내용이라고 간주할 수 있을 것이다.

그런데, 이 사료 E에 대응하는 〔5〕의 맨처음에 기록된 '僭帝一旦稱臣'(僭帝가 갑자기 신하라고 칭하
였으므로)에 대해서는 '僭帝'가 누구에 상당하는 것인가, 지금까지 묘지의 문맥에 입각한 근거가 있는
해석은 제시되지 않았다. 그렇지만 위에서 서술하였듯이, 신라가 고구려의 잔존세력을 금마저에 맞이
하고(사료 D), 그에 이어서 같은 해 7월에 안승을 고구려왕으로 책봉하는[14] 행위란, 唐에서 보면 바로
문무왕이야말로 '僭帝'라고 하지 않을 수 없다. 무엇보다도 문무왕이 그러한 행위를 취한 시기에 禰軍
은 사로잡힌 몸으로 신라에 체재하고 있었던 것이다.

요컨대, 禰軍이 신라에 체재한 시기와 문무왕이 '僭帝'라고도 해야할 행위를 취한 시기가 일치하는
것이다. 덧붙여『삼국사기』는 禰軍이 신라에서 唐에 귀환하기에 즈음하여 문무왕이 원천과 변산 등을
唐에 파견하고, 동시에 사죄문을 보냈음을 전하고 있는데, 이것은 禰軍 묘지가 기록하는 '僭帝가 신하
를 칭하였다'는 것이나 禰軍이 '大首望을 거느리고 조알하였다'는 기술과 부합한다고 간주할 수 있을 것이
다.

더구나, 이 전년인 문무왕 11년 가을에는 신라가 泗沘에 所夫里州를 두고 있어,[15] 이것은 唐의 웅진
도독부를 없앤 직후에 해당한다. 이 즈음부터 신라는 백제 고지에 대한 唐의 점령지지배에 공공연히 반

---

14) 『삼국사기』신라본기의 해당부분을 제시하면 다음과 같다.

遣沙飡須彌山, 封安勝爲高句麗王, 其冊曰, 維咸亨元年歲次庚午秋八月一日辛丑, 新羅王致命高句麗嗣子安勝, 公太祖中牟
王, 積德比山, 立功南海, 威風振於靑丘, 仁敎被於玄菟, 子孫相繼, 本支不絕, 開地千里, 年將八百, 至於建産兄弟, 禍起蕭
墻, 釁成骨肉, 家國破亡, 宗社湮滅, 生人波蕩, 無所託心, 公避危難於山野, 投單身於隣國, 流離辛苦, 迹遍晋文, 更興亡國,
事同衛侯, 夫百姓不可以無主, 皇天必有以眷命, 先王正嗣, 唯公而已, 主於祭祀, 非公而誰, 謹遣使一吉飡金須彌山等, 就披
策命公爲高句麗王, 公宜撫集遺民, 紹興舊緖, 永爲鄰國, 事同昆弟, 敬哉敬哉, 兼送粳米二千石, 甲具馬一匹, 綾五匹, 絹細
布各各十五稱, 王其領之.

15) 『삼국사기』신라본기, 문무왕 11년조. 덧붙여 종래 웅진도독부의 소재지에 대해서는 공주설과 부여설이 있었지만, 공주
에는 唐軍의 점령지배에 관한 유적·유물이 전혀 없는 것에 비해서, 부여에서는 唐의 瓦窯址가 부소산성 기슭의 관북리에
서 출토한 것은 웅진도독이 부여에 소재하였을 가능성을 시사하는 것이다. 또한 이 점에 대해서는 이병호 씨의 교시에 의
거한다.

전공세에 나서, 이 이후 676년까지 唐과의 격렬한 전투가 펼쳐졌다.

이상과 같이, 【3】의 ⑴부터 ⑹을 倭國이나 신라에 파견된 禰軍의 사자로서의 활약을 서술하고 있다고 하면, ⑴은 사자로서 禰軍이 倭國이나 신라에 파견되어야 할 전제가 되는 대상황이 서술되어 있다고 간주할 수 있을 것이다.

즉, '于時'는 禰軍의 어느 활동시기의 시대상황을 서술하기 위하여 두어져 있는 것이고, 日本, 扶桑, 風谷, 盤桃란 어느 것도 동방을 가리키는 호칭이기 때문에, 禰軍이 倭國, 신라에 사자로서 파견된 시기의 국제상황에 맞추어 이해할 수 있을 터이다. 이미 도노 하루유키[東野治之]가 지적하고 있듯이 묘지의 문체는 대구로 구성되어 있어, '日本·扶桑'과 '風谷·盤桃'가 각각 대응하는 것은 틀림 없고,[16] 그 때문에 '때마침 日本의 잔당은 扶桑에 의거하여 誅罰을 피하고 있었다. 風谷의 잔당은 盤桃를 거점으로 하여 막는 모습은 견고하였다'란 禰軍이 倭國이나 신라에 파견된 상황에 비추어 보면, 백제·고구려 멸망 후에 생긴 唐의 동방제국에 대한 인식이라고 해석할 수 있다.

위에 서술하였듯이 사료 D에 의거해 신라가 고구려 유민 안승 등을 금마저에 안치하여 책립한 것을 보았는데, 한편 그것에 앞서서 倭國도 백제 왕자 豊璋을 책립하고 있는 것이 『日本書紀』에 기록되어 있다. 즉,

> F. (齊明天皇六年[661]十月), 又乞師請救. 幷乞王子豊璋曰, 唐人率我蝥賊, 來蕩搖我彊場, 覆我社稷, 俘我君臣. 而百濟國, 遙天皇護念, 更鳩集以成邦. 方今謹願, 迎百濟國遣侍天朝王子豊璋, 將爲國主, 云云.
>
> (天智天皇元年[662]五月), 宣勅, 以豊璋等使繼其位. 又子金策於福信, 而撫其背, 褒賜爵祿.

보이듯이 백제 멸망 후에 백제 고지에서의 鬼室福信의 사자는 倭國에 체재하고 있었던 왕자 풍장을 국왕으로 맞이하기 위해, 齊明天皇에게 구원군을 요청하고 있다. 그것을 받아서 이듬해 齊明天皇 사후에 天智天皇은 '宣勅'이라는 형태로 풍장을 백제왕으로 즉위시키고 있다. 결국은 倭國이 왕자 풍장을 백제왕으로 책립한 것이다. 이와 관련하여, 그 후의 백제왕족이 倭國에서 '百濟王' 성을 천황에게 사여받아 열도에 거주한 것은 주지하는 대로이다.[17]

이상과 같이 백제·고구려 멸망 후의 倭國과 신라 양국은 각각 백제·고구려의 왕족을 국왕으로 책립하고, 더욱이 그들의 유민을 지원하였음을 보아 왔는데, 그것은 禰軍 묘지【3】⑴의 대상황 서술에 그대로 부합하는 사실이다.

지금까지의 고찰에 입각하여 【3】⑴부터 ⑹까지의 내용에 대하여 주석을 더하면서 이해하면 아래와

---

16) 도노 하루유키, 2012, 앞의 논문, p.3.

17) 가케히 도시오[筧敏生], 2002, 「百濟王姓の成立と日本古代帝國」, 『古代王權と律令國家』, 校倉書房.

같다.

〔1〕 때마침 日本(백제)의 잔당은 扶桑(倭)에 의거하여 誅罰을 피하고 있었다. 風谷(고구려)의 잔당은 盤桃(신라)를 거점으로 하여 막는 모습은 견고하였다.

〔2〕 禰軍이 海東 출신이고 海東의 지략에 뛰어나므로, 황제에게 선발되어 海東諸國의 招慰를 부탁받았다.

〔3〕 禰軍은 신하의 절조에 따라 목숨을 내던져, 사자로서 민첩하게 향하여 갔다.

〔4〕 〈倭國에 대하여〉 唐朝의 위엄을 잘 서술하고 설득하여, 이후는 영원히 복을 누리게 한다고 타일렀다.

〔5〕 〈신라가〉 분을 넘어 황제에 견주고 있었다가 신하라고 칭하였으므로, 禰軍은 〈신라의〉 명망 있는 귀족 수십 인을 거느리고 唐에 귀환하여 황제를 알현하였다.

〔6〕 禰軍은 사자로서의 활약 동안에 조서에 따라 左戎衛郎將에 제수되고, 한참 있다가 右領軍衛中郎將·兼檢校熊津都督府司馬로 옮기게 되었다.

그런데, 〔6〕에 대해서는 665년의 일로 사료 B에 禰軍이 '右戎衛郎將'이 되고 있어, 사료 E의 '熊津都督府司馬禰軍'이나, 『삼국사기』가 그 전년의 일로 전하는 문무왕의 '答薛仁貴書'에는 '百濟司馬禰軍'이라고 하는 것 등에서, 관직을 얻은 시기에 어긋남이 생긴다고 간주하는 경향도 있었다. 그렇지만, 【3】은 맨처음에 禰軍의 사자로서의 공적을 대상황 〔1〕부터 설명하기 시작하여, 마지막으로이 동안에 禰軍에게 사여된 관직을 기록하고 있다고 간주하면, 시계열조의 어긋남은 없다.

다시 말해서, 禰軍 묘지의 【3】〔1〕부터 〔6〕에 기록되어 있는 내용은 후세의 여러 사료에도 기록된 禰軍의 664년부터 672년에 이르는 시대의 추이 속에서의 사적을 서술하고 있는 것이어서, 顯慶 5년(660)의 백제 멸망에 즈음하여 투항한 후에 禰軍을 唐朝의 신하로서의 시점에서 서술하고 있다고 보아도 좋다.

이하, 백제 멸망 후의 추이와 禰軍의 행동을 종래의 사료와 묘지에 의거해 자취를 더듬어 확인하면 다음과 같이 된다.

660 　신라·唐 연합군, 백제를 멸망시키다.

662.5 　倭國, 백제왕자 풍장을 백제왕으로 책립하다. 【F】, 【3】〔1〕

663.3 　百濟王善光王 등, '難波에 거주하다'.

663.9 　백제·倭 연합군, 唐·신라 연합군에게 패하다.

664.5 　백제 鎭將 劉仁願의 사자 郭務悰·司馬 禰軍, 筑紫에 와서 표함을 바치다. 【A】, 【3】〔4〕

665.9 　唐使 劉德高, 郭務悰과 함께 筑紫에 와서 표함을 바치다. 【B】, 【3】〔4〕

668.9 　신라·唐 연합군, 고구려를 멸망시키다.

670.7 신라, 웅진도독부의 사자 사마 禰軍을 붙잡아 두다.【C】

       이 해, 신라, 고구려 왕족 안승을 고구려왕에 책봉하다.【D】,【3】【5】

671   신라, 所夫里州를 두다. 웅진도독부의 함락.

672.9 신라, 唐에 사자 및 억류하고 있었던 郞將 등을 보내고 상표하여 죄를 청하다.
       【E】,【3】【5】

Ⅴ. 맺음말

지금까지 禰軍 묘지에 대해서는 묘지 속의 '日本'을 둘러싸고 국호로서의 일본인 것인가 아닌가가 논의의 대상이 되어 왔다. 이 글에서 고증하였듯이, 禰軍 묘지 속의 '日本'은 '扶桑'·'風谷'·'盤桃' 등 동방을 의미하는 어구와 함께 기록되어 있는데, 문맥상 백제를 지칭하고 있음은 틀림 없다. 禰軍 묘지에는 禰軍이 唐의 신하로서 살았던 660년부터 唐 지역에서 죽는 678년까지가 묘사되어 있는데, 거기에는 동시대의 국호는 하나도 기록되어 있지 않다. '日本', '扶桑', '風谷', '盤桃'는 묘지 속의 '嵎夷', '靑丘', '海左', '瀛東'과 함께 동방을 의미하는 어휘이기는 하더라도, 그것들은 문맥상 명확하게 백제, 倭國, 고구려, 신라를 가리키고 있다.

이러한 사실은 일본 국호의 성립 문제에 관련하여 경시할 수 없다. 일반적으로 국호로서의 일본은 701년의 다이호[大寶] 율령 제정시기에는 성립해 있었다고 고찰되고 있는데, 그 이전의 언제 즈음부터 사용되고 있었던 것인가는 많은 논의가 있다. 이미 맨처음에 서술하였듯이, 禰軍 묘지의 '日本'을 국호로 간주하여 『新唐書』日本傳에 있는 咸亨元年(670)에 국호가 倭에서 日本으로 변경된 사실을 보여주는 유력한 증거로 삼는 견해도 제기되어 있다.

그렇지만 禰軍 묘지에는 동방을 지칭하는 많은 어구와 함께 '日本'이 사용되고 있는 것이고, 더구나 동시대에 사용되던 국호는 하나도 기록되어 있지 않은 점에 특단의 주의가 필요하다. 즉 이러한 여러 사실에서 판명하는 것은 禰軍 묘지가 제작된 시점에 '日本'이 국호로서 성립하고 있지 않았다는 사실이다.[18] 일본이 국호로서 성립하고 있었다면, 禰軍 묘지의 위에 서술한 것과 같은 동방제국 지역의 표기는 있을 수 없기 때문이다. 새삼스럽게 일본 국호의 성립은 678년 이후임을 禰軍 묘지에 의해 확인할 수 있는 것이다. 그 의미에서 일본 국호의 성립 문제에 대하여 禰軍 묘지가 차지하는 사료적인 위치는 결코 작지 않다.

그런데, 일본 국호의 유래에 대해서는 천황이 天照大神의 자손이라는 신화가 있어, '해의 아들'이 다스리는 나라로서 일본이라는 국호가 선택되었다는, 아마테라스 신화와 결부짓는 '日神國'설이 유력하였다.[19] 그렇지만, '일본'을 '해의 신', '해의 아들' 신화와 관련시켜 이해하게 된 것은 헤이안[平安]시대가

---

18) 도노 하루유키, 2012, 앞의 논문, p.4.

되고 나서이고, 단계적으로 만들어졌다는 견해가 고노시 다카미츠[神野志隆光]에 의해 제시되어 있다.[20] 아울러 '唐初까지의 중국에서 동해 저편의 땅을 부르는 것으로서 "日本"이 있었을 가능성'에 대해서도 지적되어 있었는데,[21] 禰軍 묘지는 이러한 주장을 뒷받침하는 결정적인 사료도 될 수 있다. 고노시 다카미츠가 서술하듯이, '日本'이란 중국을 중심으로 한 세계상을 기반으로 한 말로서 성립하였음은[22] 묘지에 보이는 대로이다.

더욱 중요한 사실은 묘지가 기록된 678년 시점에서의 唐側의 동방제국 국제정세에 대한 인식이다. 묘지에는 '때마침 日本(백제)의 잔당은 扶桑(倭)에 의거하여 誅罰을 피하고 있었다. 風谷(고구려)의 잔당은 盤桃(신라)를 거점으로 하여 막는 모습은 견고하였다'고 하는데, 이러한 서술은 백제·고구려 멸망 후 각각의 왕족이 倭國이나 신라의 왕권에 의해 책봉된 사실과 부합하고 있어, 말하자면 제3자인 唐側의 동시대인식으로서 대단히 주목된다.

그렇게 된 것은 종래 신라의 對唐戰爭은 676년으로 종식되었다고 고찰되어 왔지만, 묘지에 기록된 678년에 신라왕이 '僭帝'라고 지명되고 있는 것은 당시 唐과 신라의 긴장관계가 계속되었음을 전하는 것으로서 경시할 수 없기 때문이다.

백제·고구려 멸망 후의 羅唐戰爭에 대해서는 『삼국사기』에 중국측 사료가 인용되기 때문에 전쟁의 경위나 그 종말에 대해서는 어긋남이 있어, 사료상의 문제가 지적되어 왔다.[23] 禰軍 묘지는 중국측의 신라에 대한 자세를 묘사하고 있어, 羅唐戰爭의 요인을 구명하는 데에도 중요한 자료가 되는 동시대사료로서 그 가치는 매우 크다.

[번역: 정동준(성균관대학교 사학과)]

투고일 : 2013. 4. 20   심사개시일 : 2013. 4. 25   심사완료일 : 2013. 5. 10

---

19) 요시다 다카시[吉田孝], 1997, 『日本の誕生』, 岩波書店.
20) 고노시 다카미츠[神野志隆光], 2005, 『「日本」とは何か』, 講談社(現代新書).
21) 고노시 다카미츠, 2005, 위의 책, p.72.
22) 고노시 다카미츠, 2005, 위의 책, p.82.
23) 우에다 기헤이나리치카[植田喜兵成智], 2011, 「『三國史記』羅唐戰爭關連記事の再檢討−新羅人の見た羅唐戰爭」, 와세다 대학 文學研究科 석사학위논문 참조.

참/고/문/헌

金榮官, 2008, 「百濟遺民 禰寔進 墓誌 소개」, 『新羅史學報』10.

金榮官, 2012, 「百濟 遺民들의 唐 移住와 活動」, 『韓國史硏究』158.

金榮官, 2012, 「中國 發見 百濟 遺民 禰氏 家族 墓誌銘 檢討」, 『新羅史學報』24.

拜根興, 2012, 「당대 백제유민 禰씨가족 묘지에 관한 고찰」, 『韓國古代史硏究』65.

拜根興, 2008, 「百濟遺民『禰寔進墓誌銘』關連問題考釋」, 『東北史地』2.

趙振華, 2009, 『洛陽古代銘刻文獻硏究』, 三秦出版社.

王連龍, 2011, 「百濟人『禰軍墓誌』考論」, 『社會科學戰線』2011-7.

張全民, 2012, 「新出唐百濟移民禰氏家族墓誌考略」, 『唐史論叢』14.

吉田孝, 1997, 『日本の誕生』, 岩波書店

笠敏生, 2002, 「百濟王姓の成立と日本古代帝國」, 『古代王權と律令國家』, 校倉書房.

神野志隆光, 2005, 『「日本」とは何か』, 講談社(現代新書).

渡辺延志, 「『日本』の名称最古の例か」, 『朝日新聞』2011年10月23日(東京版).

東野治之, 2012, 「百濟人禰軍墓誌の『日本』」, 『圖書』756(岩波書店).

葛繼勇, 2012, 「『禰軍墓誌』についての覺書-附録:唐代百濟人關連石刻の釋文-」, 『東アジア世界史研
　　究センター年報』6(專修大學).

西本昌弘, 2013, 「禰軍墓誌の『日本』と『風谷』」, 『日本歷史』779.

植田喜兵成智, 2011, 「『三國史記』羅唐戰爭關連記事の再檢討-新羅人の見た羅唐戰爭」, 早稻田大學 文
　　學硏究科 修士學位論文.

〈日文要約〉

祢軍墓誌の研究
－祢軍の外交上の事蹟を中心に－

李成市

　2011年に王連龍氏が紹介した祢軍墓誌によれば、祢軍は百済滅亡時に唐に投降した百済高官であり、墓誌には彼の一族の由来や百済における歴代の活躍、唐における臣下としての活動が記されている。墓誌の発見は、盗掘によるため詳細な出土の経緯や所在については明らかになっておらず、最近に至るまで墓誌自体の実在を確認することができないままであった。最新の情報によれば、墓誌の所在が確認されたものの現在に至るまで未公開である。そこで本稿は王連龍氏が論文中に紹介した誌石および拓本写真に基づき、墓誌に記された全文の内容をトータルに検討した訳注を前提に、祢軍の外交活動を中心に墓誌に記された事績を考証した。

　祢軍墓誌は、古典籍を駆使して作成された難渋な文章のために、これまで祢軍墓誌に関する研究は、恣意的に墓誌の一部を取り出して議論する傾向があり、祢軍の事績や時代背景は判然としなかった。しかし、墓誌の全文の理解を前提にすれば、『日本書紀』、『三国史記』などの編纂史料で知られていた祢軍の倭や新羅への外交活動が裏付けられるだけでなく、祢軍の活動時期における唐人の東アジア情勢の認識をしりうる貴重な同時代資料であることが理解できる。

　とりわけ重要なのは、墓誌に記された「日本」であって、これまで日本国号の最初の事例として注目をあつめてきた。しかし「日本」は、祢軍墓誌中に「扶桑」・「風谷」・「盤桃」など東方を意味する語句と共に用いられており、その文脈上、「日本」が百済を指称していることは間違いない。日本は、東方を指称する語句と共に使用されているのであって、墓誌には同時代に用いられた国号は一つとして用いられていないことから、墓誌が製作された678年において「日本」が国号として成立していなかったことが判明した。従来、日本国号の由来を、アマテラスという太陽神を祖先神として祀る天皇家と密接に関わるとする説が有力であったが、日本国号は、そのような古代日本神話とは直接の関係はなく、中国の東方を指す普通名詞が7世紀末に国号に転化したことが明らかになった。

　墓誌中に記された祢軍の活動時期における唐人の東アジア認識として重要なのは、墓誌中に「百済の残党は、倭に依拠して誅罰を逃れていたが、高句麗の残党は、新羅を拠点にして阻むさまは堅固であった」と記されていることであって、これは『日本書紀』や『三国史記』などが伝える百済・高句麗滅亡後の各々の王族が倭国や新羅の王権によって冊封された事実と符合しており、いわば第三者である唐側の同時代認識が墓誌に反映しているものとして注目される。

▶ キーワード：祢軍墓誌、祢軍、日本国号、日本、扶桑、風谷、盤桃

〈부록 : 『禰軍墓誌』譯註〉

이 역주는 와세다[早稻田]대학 東洋史懇話會에서 발행하는 『史滴』 34호(2012년 12월 간행)에 게재된 것이다. 본 역주는 東洋史懇話會와 와세다[早稻田]대학 고대동아시아세미나팀의 동의를 얻어 게재할 수 있게 되었다.

『禰軍墓誌』 譯註를 번역한 이유는 '禰軍 墓誌'가 백제 유민사는 물론 멸망기의 백제사, 7세기 동아시아 국제정세를 파악하는 데에 매우 중요하다고 판단되기 때문이다. 게다가 와세다대학 세미나팀의 역주는 한국·일본 등을 통틀어 처음 나온 것이기에 그 의미는 더욱 크다.

본 학회를 위해 게재를 수락해주신 東洋史懇話會와 와세다[早稻田]대학 고대동아시아세미나팀, 그리고 국문번역을 위해 노고를 아끼지 않으신 정동준 선생님의 후의에 감사드린다.[편집자]

[번역범례]

① 일본어 원문에 대해서는 직역으로 의미가 통할 경우는 직역을 원칙으로 하고, 직역으로 의미가 통하지 않을 경우에 한하여 의역을 하였다.

② 한자는 사료 원문에 표기된 약자체를 제외하고, 전부 정자체로 통일하였다.

③ '書き下し文'[1]·'語釋'·'現代語譯' 등 한국에서 사용하지 않는 표현들은 정확히 일치하지는 않지만 가장 본래의 의미와 가까운 '훈독(직역)'·'어구 해설'·'의역' 등으로 번역하였다. '書き下し文'은 한문을 일본의 문어체 고어로 훈독한 문장인데, 최대한 원문의 한자를 해체하지 않고 살리는 방향으로 훈독한다는 점에서 '직역'에 가깝고, '現代語譯'은 전문용어 등 몇가지 예외를 제외하면 최대한 뜻을 알기 쉽게 현대어로 번역한다는 점에서 '의역'에 가깝다.

또, '書き下し文'은 문장 구조를 파악하는 데에 중점을 두고, 곧바로 의미가 통하기는 어려우나 역주 원문에 충실하게 한자를 살려서 번역하였다. 이 글은 역주 자체의 소개·번역뿐만 아니라, 일본의 묘지명 역주 방식을 소개하는 목적도 있기 때문이다. 문장의 구체적인 의미는 '의역'을 통하여 분명히 하도록 하겠다.

---

1) '書き下し文'은 '讀み下し文' 또는 '訓讀文'이라고도 하는데, 한문의 문장구조를 일본어로 파악하는 데에 중점을 둔다. 예를 들어 이 묘지명의 '森森熊水, 臨丹渚以南流'와 같은 구절을 '森森한 熊水는 丹渚에 임하여 南流한다'와 같이 훈독하는데, 조사와 어미에 해당하는 부분을 고어로 표현한다. 다만 고어의 표기는 이 역주처럼 현대 가나 표기를 사용하기도 하고, 고전 가나 표기를 사용하기도 한다.
실제 사료의 예를 들자면, 『日本書紀』는 岩波書店에서 출판된 日本古典文學大系本이 일반적으로 많이 이용되는데, 그 책에서 원문 이외에 해석처럼 보이는 부분이 번역이 아니라 '書き下し文'에 해당한다. '書き下し文' 자체가 고어에 기초하여 작성된 것이고, 특히 『日本書紀』는 고판본에 써있는 가나 표기의 훈독을 그대로 따른 경우가 많으므로, 현대 일본어의 지식으로 해석할 수 없었던 경험이 많을 것이다.

④ 고유명사는 전거 부분은 원문 그대로 표기하고, 본문은 다음과 같은 원칙에 따랐다.
　일본의 경우 '일본식 발음[한자]'로, 중국의 경우 한자를 그대로 노출하고, 한국의 경우 한자를 (　) 안에 병기하였다. 예를 들면 '도노 하루유키[東野治之]'·'와세다[早稻田]', '葛繼勇'·'陝西省', '이성시(李成市)'·'홍성민(洪性珉)'과 같은 방식이다.

⑤ 원문에는 주가 없으므로, 각주는 모두 역자주이다.

⑥ 원문에는 해제와 범례 사이에 참고문헌 목록을 배치하고 번호를 매겨두었기에, 본문에서 '(참고문헌①)'과 같은 방식으로 전거를 표시하였다. 그러나, 『목간과문자』에서는 참고문헌목록을 맨 뒤에 배치하고 번호를 매기지 않는 것이 원칙이므로, 이 번역에서는 그 부분을 '(王連龍)'·'王連龍 논문' 등과 같이 저자의 이름으로 약칭하였다. 구체적인 전거는 맨 뒤의 참고문헌목록을 참조하기 바란다.

해제[2]

禰軍 묘지는 2011년 7월에 王連龍에 의해 처음으로 공표되었다(王連龍). 묘지의 주인공 禰軍은 백제 출신으로 顯慶 5년(660)에 백제가 唐에 의해 멸망된 후, 唐에 출사하여 咸亨 3년(678)에[3] 죽은 인물이다.

지금까지 이 묘지는 이러한 시기에 활동한 인물의 사적 중에 '日本'이라는 글자가 새겨져 있기 때문에, 각별히 주목되어 왔다. 王連龍은 禰軍 묘지의 탁본사진과 그 석문을 게재하여, 이 묘지가 일본 국호의 성립연대를 추정할 수 있는 새 사료임을 주장하였다. 이것을 받아서 게가사와 야스노리[氣賀澤保規]는 일본 국내에 그 의의를 소개하고(『아사히[朝日]신문』 2011년 10월23일),[4] 이듬해 2월에는 메이지[明治]대학에서 심포지움을 개최하여 묘지에 기록된 '日本'의 해석을 중심으로 논의를 전개하였다.[5]

그러한 한편으로, 도노 하루유키[東野治之]나 葛繼勇은 묘지 속의 '日本'이라는 단어의 국호설을 부정하는 논고를 발표하고 있는데(東野治之·葛繼勇), 도노는 더욱이 '日本'이 백제를 함의하고 있는 것은 아닐까 하는 견해를 제기하고 있다. 어쨌든 이 묘지는 禰軍의 사적에 기록된 '日本'이 국호인 것인가 아닌가를 둘러싸고 논의가 계속되어 왔다고 할 수 있다.

다른 방향에서 보건대, 이 묘지의 상세한 출토경위나 소재에 대해서는 밝혀져 있지 않아서, 현재에 이르기까지 묘지 자체의 실재를 확인할 수 없다.[6] 그 때문에 이 묘지의 검토는 王連龍이 공개한 탁본사

---

2) 역주 원문에는 '해제'에 해당하는 표제가 없지만, 역자가 임의로 붙였다. 역주 원문의 첫 부분이다.

3) 咸亨 3년은 672년이다. '儀鳳 3년(678)'의 오류이다.

4) 와타나베 노부유키[渡辺延志] 기자, 「『日本』の名稱最古の例か」, 『朝日新聞』(東京版), 2011년 10월23일.

5) 국제심포지엄 「新發見百濟人『禰氏墓誌』と7世紀東アジアと日本」(明治大學, 2012년 2월25일).

6) 역주 게재 당시까지는 묘지의 실물이 확인되지 않았다. 그러나 이성시(李成市)가 西安市 관계자에게서 얻은 정보에 따르

진을 사용하여 행하지 않을 수 없다. 王連龍에 따르면, 묘지 덮개는 전서로 4행에 4글자씩 음각되고 사방에 기하무늬로 장식되어 있으며, 지석은 세로 59㎝, 가로 59㎝, 두께 10㎝이고, 사방의 측면에는 당초문양이 음각되어 있다고 한다. 또 탁본사진에 따르면, 글자는 전 31행으로 합계 884자로 구성되어 있다.

이렇게 禰軍 묘지에 대해서는 王連龍이 공표한 데이터에 의존하지 않을 수 없어서, 묘지 자체를 확인할 수 없기 때문에, 묘지의 진위에 대해서까지 의심을 가지게 되는 일이 있다. 이에 대해서 葛繼勇은 공개된 지석의 사진에 기초하여 그 형상이나 형식을 분석하고, 지금까지 발견된 다른 백제인 묘지 등과의 비교검토를 가하여 위작의 가능성은 낮다고 지적하고 있다. 또 이 역주작업의 과정에서 묘지의 내용을 종합적으로 검토한 바, 많은 古典籍을 구사하여 작성한 난삽한 문장은 현대인의 고전적에 대한 교양으로는 근접할 수 없는 내용이어서(그 때문에 이 역주도 잠정적인 번안에 그치는 것이지만), 그 문장내용으로는 위작의 가능성은 극히 낮다고 고찰하지 않을 수 없다. 묘지의 진위 문제에 대해서는 지석의 확인이 필수불가결하여, 하루라도 빠른 공개와 그 학술적인 조사가 요망된다.

이 묘지가 주목되어온 또 하나의 이유는 묘주인 禰軍이 한국측, 일본측의 여러 사료에 등장하여, 전세문헌에 그 이름이 나타나는 것에 있다. 더구나 묘지의 내용과 전세문헌상 묘주의 족적이 대응하고 있는 부분이 확인된다.

즉 『三國史記』卷6, 新羅本紀 文武王 10년(670) 7월조에 熊津都督府 司馬로 그 이름이 보이고 있다. 이 당시 신라와 唐은 그 관계를 악화시킨 시기여서, 唐의 기미지배 거점으로서 백제 고지에 설치된 웅진도독부와 신라의 사이에 마찰이 있었다. 그러한 상황 아래에서 唐에 출사하고 있었던 禰軍은 웅진도독부에서 사자로서 신라에 파견되는데, 스파이 활동을 행하였다고 하여 신라에 억류된 사실이 기록되어 있다. 덧붙여 同 11년 7월26일조에 문무왕이 唐의 薛仁貴에게 보낸 서신 속에도 그 이름이 있고, 同 12년 9월조에는 신라가 唐에 사죄사절을 파견하였을 때에 송환된 포로의 1인으로서 그 이름이 기록되어 있다.

한편, 일본측 사료에도 倭에 사자로서 2번 파견되고 있었음이 기록되어 있다. 즉 『日本書紀』卷27, 天智天皇 3년(664) 5월조에 백제 고지에 주둔하고 있었던 唐의 鎭將 劉仁願이 郭務悰 등을 사자로 파견하는 기사가 있어서, 그것에 대응하는 『善隣國寶記』卷上, 天智天皇 3년조가 인용하는 『海外國記』에 따르면, 사절단의 일원으로서 '百濟佐平禰軍'이 수행하고 있었다고 기록되어 있다. 또 『日本書紀』同 4년 9월조에 唐이 劉德高를 파견한 기사가 있고, 그 주에 사절단의 일원으로서 '右戎衞郎將上柱國百濟禰軍'이라는 이름이 있다. 이렇게 禰軍은 唐의 외교 특히 백제 고지의 점령지정책이나 신라·倭와의 교섭에서 활약하고 있었음이 여러 사료에 전하고 있다.

또 주목해야 할 것은 禰軍의 동족 무덤과 묘지가 발견되고 있는 것이어서, 이 묘지와 그것들의 관계

면, 올해 3월 말에 도굴단이 적발되어 그들이 소지하고 있었던 다수의 묘지 중에 禰軍 묘지가 확인되었다고 한다(李成市, 「禰軍墓誌の研究」, 한국목간학회 제16회 정기발표회 발표문, 2013년 4월20일).

도 중요한 검토과제이다. 즉 2010년 봄에 陝西省 西安市 長安區 郭杜鎭에서 禰氏의 가족묘가 3기 발견되고 있어, 발굴을 담당한 張全民(張全民)에 따르면 그 3기는 禰寔進, 禰素士, 禰仁秀라는 백제에서 唐으로 귀순한 부자 3대의 무덤이라고 한다.[7] 그중 禰寔進의 묘지에 대해서는, 2000년 즈음에 이미 출토되어 있었던 듯하고, 2007년에는 공표되어 그 존재가 알려져 있었다(金榮官·拜根興·趙振華). 세 묘지의 기술에 따르면, 매장지가 '高陽原'이라고 기록되어 있어서, 이 묘지도 '高陽里'가 매장지라고 되어 있는 점에서 禰氏 가족묘의 부근에서 출토한 것이 된다.

더욱이 禰軍 묘지 이외에도 의자왕(백제의 마지막 왕)의 아들 부여융이나 『舊唐書』·『新唐書』에 열전이 있는 흑치상지 등 복수의 백제 유민 묘지가 발견되어 있으므로(趙振華), 이 묘지는 이들 묘지와 함께 비교대조하면서 검토를 진행해 갈 필요가 있다. 禰軍도 포함한 백제유민들이 唐에서 어떠한 입장에서 어떠한 활동을 한 것인가를 검토하는 것으로, 종래의 사료에서는 알 수 없는 7세기 후반 동아시아 국제정세의 변동을 지금까지와는 다른 시각에서 고찰할 수 있게 될 것이다.

이렇게 이 묘지를 해독하는 일은 격동기를 살았던 한 인물의 사적에 그치지 않고, 7세기 당시의 동아시아 국제정세 해명에 이바지한다고 고찰된다. 그러나 지금까지 '日本'이라는 단어에 관심이 편중되었기 때문에, 禰軍 묘지라는 텍스트가 본래 어떠한 서술내용으로 되어 있는 것인가 하는 묘지 전체의 내용에 대한 충분한 검토가 행해지지 않게 되었다.

확실히 묘지 속 禰軍의 사적에 관계되는 '日本'이라는 단어는 주목할 가치가 있음은 물론, 그것이 무엇을 지칭하고 있는 것인가를 특정하는 일은 사료의 성격상 중요한 검토과제의 하나이다. 그렇지만 묘지의 문맥에서 떨어져서 '日本'이라는 단어를 해석한다는 자세는 자의적인 해석에 빠질 가능성이 있어서, 엄중히 삼가지 않으면 안 된다. 어디까지나 禰軍 묘지라는 텍스트 전체 속에서 '日本'이 무엇을 함의하고 있는 것인가를 우선은 끝까지 지켜보아야 할 것이다.

그 때문에 이 역주는 禰軍 묘지 전체의 내용을 파악하는 일에 노력하여, 텍스트로서의 묘지의 구성과 내용의 파악에 주력하였다. 그 역주의 성과로서 텍스트의 전체상을 보면 다음과 같은 구성으로 되어 있다.

    誌序　① 誌題　제1행
    　　　② 묘주의 가문과 조상의 사적 (제7행 '文武不墜'까지)

---

7) 이미 밝혀져 있듯이, 현재까지 중국에서 발표되어 있는 禰氏 일족의 묘지는 4점이고, 묘지의 고증에 따라 그들의 친족 계보는 다음과 같다(李成市, 주6의 발표문).

　禰軍(613~678) ― 禰寔進(615~672)【河南省 洛陽理工學院 文物倉庫 2000년 출토】
　　　　　　　　　　　　|
　　　　　　　　禰素士(? ~708)【陝西省 西安市考古文物研究所 2010년 출토】
　　　　　　　　　　|
　　　　　　　禰仁秀(675~727)【陝西省 西安市考古文物研究所 2010년 출토】

③ 묘주의 생애 (제19행 '永綏多祜'까지)

④ 묘주의 죽음 (제22행 '王行本監護'까지)

⑤ 묘주의 인격과 장례 (제27행까지)

銘文　① 묘주의 가문 (제29행 '隆恩無替'까지)

② 묘주의 업적 (제30행 '令範猶存'까지)

③ 묘주의 장례 (끝까지)

　묘지라는 사료의 성격상, 전체적으로 묘주 본인과 그 선조의 사적을 칭송하는 내용으로 점유되어 있는데, 특히 誌序③ '묘주의 생애' 단락은 더욱 세분하여, (1)묘주의 재능 찬미(7행 '公狼輝襲祉'부터 8행 '影征雲外'까지), (2)백제 멸망과 唐에의 귀순(10행 '折衝都尉'까지), (3)외교사자로서의 활약(15행 '左戎衛郎將'까지), (4)역임한 관직과 그 공적(19행 '永綏多祜'까지)으로 그 사적을 넷으로 분할할 수도 있다. 논의의 대상이 되고 있는 '日本'은 이들 단락 중 (3)'외교사자로서의 활약'을 서술하는 부분에 나타난다. 이 역주에서는 禰軍 묘지의 구성을 위와 같이 이해하여, '日本'이라는 단어가 무엇을 지칭하는 것인가에만 구애되지 않고, 우선은 묘지 전체의 내용 파악을 시도하였다. 이하의 역주는 이 세미나의 논의 성과이고, 집필담당자나 세미나 참가자는 범례에서 후술한다.

범례

1. 이 역주는 석문, 훈독(직역), 어구 해설, 의역으로 이루어진다.

2. 텍스트는 王連龍 논문의 탁본사진에 의거한다.

3. 석문은 王連龍 및 葛繼勇 논문을 참조하고 있어서, 이동이 있는 경우는 교정을 제시하였다. 또 석문의 글자체는 힘을 다해서 텍스트의 것에 기초하고 있지만, 일부의 이체자는 본자로 고쳐져 있다. 또 어구 해설 표제의 글자체는 석문에 따르고, 인용사료는 정자를 사용하며, 그 이외는 약자를 사용하고 있다.[8] 훈독(직역)의 가나 표기는 현대 가나 표기로 하고, 할주는 [ ]로 표기하였다.

4. 인용사료의 전거는 다음과 같다.

中國正史, 『唐六典』·『通典』 : 中華書局 표점교감본

『三國史記』 : 學習院大學 東洋文化研究所 영인본

『日本書紀』 : 岩波書店 日本古典文學大系

『善隣國寶記』 : 田中健夫 編 『善隣國寶記 譯注日本史料』, 岩波書店

『山海經』·『尙書』·『文選』 : 集英社, 全釋漢文大系

---

8) 이것은 역주 원문의 한자 표기 원칙이다. 이 번역에서는 역자 서문의 원칙에 따라 한자를 표기하고 있다.

『文選』李善注·五臣注：『六臣註文選』, 浙江古籍出版社

『孟子』·『孝經』·『詩經』·『春秋左氏傳』：明治書院, 新釋漢文大系

『呂氏春秋』：世界書局, 新編諸子集成

『毛詩正義』：北京大學出版社, 十三經注疏整理本

『天聖令』：『天一閣藏明鈔本天聖令校證』, 中華書局

『說苑』：『說苑校證』, 中華書局

『昌言』：『政論校注 昌言校注』, 中華書局

『李太白全集』：中華書局

『王子安集』：『王子安集注』, 上海古籍出版社

『文苑英華』：臺灣華文書局 영인본

『古今注』：臺灣中華書局 영인본

『陸士龍文集』：中華書局 영인본

5. 담당[9]: 역주는 맨 처음에서 제7행 '文武不墜'까지를 우에다 기헤이나리치카[植田喜兵成智]·다카키 사토시[高木理], 제9행 '如金磾之入漢'까지를 다카키[高木], 제12행 '往尸招慰'까지를 우에다[植田], 제14행 '喩以禍福千秋'까지를 홍성민(洪性珉), 제17행 '字育有方'까지를 김진(金辰), 제22행 '王行本監護'까지를 王博, 제27행까지를 우에다, 銘文을 마츠이 후유키[松井風有記]가 분담집필하였다. 석문, 훈독(직역), 의역 및 역주 원고의 집약을 우에다가 행하고, 최종적인 토의를 거쳐 원고의 수정과 총괄을 우에다와 이성시(李成市)가 행하였다. 또 이 세미나에는 葛繼勇, 정동준(鄭東俊)이 출석하여, 역주 작성의 논의에 참가하였다.

---

9) 이하, 열거된 사람의 간략한 소개는 아래와 같다.

이성시(李成市) : 한국고대사 전공. 와세다[早稻田]대학 문학박사. 현재 와세다대학 文學學術院 교수 및 文學學術院長.

葛繼勇 : 고대 중일관계사(불교) 전공. 浙江大學 문학박사. 현재 鄭州大學 外語學院 부교수 및 日本學術振興會 外國人特別研究員(와세다대학 訪問學者).

정동준(鄭東俊) : 한국고대사(백제) 전공. 성균관대학교 문학박사. 와세다대학 外國人研究員 역임. 현재 성균관대학교 사학과 초빙교수.

다카키 사토시[高木理] : 한국중세사(고려) 전공. 와세다대학 대학원 박사과정 수료. 현재 이와나미쇼텐[岩波書店] 『세카이[世界]』편집부 근무.

우에다 기헤이나리치카[植田喜兵成智] : 한국고대사(신라) 전공. 현재 와세다대학 대학원 박사과정.

王博 : 중국고대사(唐) 전공. 西北大學·다이쇼[大正]대학 졸업. 현재 와세다대학 대학원 박사과정.

홍성민(洪性珉) : 중국중세사(宋) 전공. 동국대학교 문학석사. 현재 와세다대학 대학원 박사과정.

마츠이 후유키[松井風有記] : 중국중세사(宋) 전공. 현재 와세다대학 대학원 석사과정.

김진(金辰) : 한국고대사(백제) 전공. 도쿄[東京]대학 졸업. 현재 도쿄대학 대학원 석사과정.

석문

01 大唐故右威衞將軍上柱國祢公墓誌銘^{并序}

02 公諱軍, 字溫, 熊津嵎夷人也. 其先与華同祖, 永嘉末, 避亂適東, 因逐家焉. 若夫

03 巍巍鯨山, 跨靑^①丘以東峙, 森森熊水, 臨丹渚以南流. 浸煙雲以摛^②英, 降之於蕩

04 沃. 照日月而擽悊^③, 秀之於蘇虺. 靈文逸文, 高前芳於七子. 汗馬雄武, 擅後異於

05 三韓. 華構增輝, 英材継響. 綿圖不絶, 弈^④代有聲. 曽祖福, 祖譽, 父善, 皆是本藩一

06 品, 官号佐平. 並緝地義以光身, 佩天爵而勤國. 忠侔鐵石, 操埒松筠. 範物者, 道

07 德有成. 則士者, 文武不墜. 公狼輝襲祉, 鶡頷生姿. 涯濬澄陂, 裕光愛日. 干牛斗

08 之逸氣, 芒照星中. 搏羊角之英風, 影征雲外. 去顯慶五年, 官軍平本藩日, 見機

09 識變, 杖劔知歸, 似由余之出戎, 如金磾之入漢. 　聖上嘉歎, 擢以榮班, 授右

10 武衞滻川府折衝都尉. 于時日本餘噍, 據扶桑以逋誅. 風谷遺甿, 負盤桃而阻

11 固. 萬騎亘野, 与盖馬以驚塵. 千艘横波, 援原蛇而縱泝^⑤. 以公格謨海左, 龜鏡瀛

12 東, 特在簡帝, 往尸招慰. 公佪臣節而投命, 歌　皇華以載馳. 飛汎海之蒼鷹,

13 翥淩山之赤雀. 決^⑥河眥^⑦而天吳静, 鑿風隧而雲路通. 驚鳧失侶, 濟不終夕. 遂能

14 説暢　天威, 喻以禍福千秋. 僭帝一旦稱臣, 仍領大首望數十人, 將入朝謁.

15 特蒙　恩詔授左戎衞郎将, 少選遷右領軍衞中郎将兼檢校熊津都督府

16 司馬. 材光千里之足, 仁副百城之心. 擧燭靈臺, 器標於芄椋. 懸月神府, 芳掩於

17 桂荀. 衣錦晝行, 冨貴無革. 雚蒲夜寢, 字育有方. 去咸亨三年十一月廿一日

18 詔授右威衞將軍. 局影 　彤闕, 飾躬紫陛. 亟蒙榮晉, 驟歷便繁. 方謂克壯淸

19 猷, 永綏多祐. 豈圖曦馳易往, 霜凋馬陵之樹, 川閲難留, 風驚龍驤之水. 以儀鳳

20 三年歳在戊寅二月朔戊子十九日景午遘疾, 薨於雍州長安縣之延壽里第.

21 春秋六十有六. 　皇情念功惟舊, 傷悼者久之. 贈絹布三百段, 粟三百酙^⑧, 葬

22 事所須, 並令官給, 仍使弘文舘學士兼檢校本衞長史王行本監護. 惟公雅識

23 淹通, 溫儀韶峻, 明珠不類, 白珪無玷. 十歩之芳, 蘭室欽其臰^⑨味. 四鄰之彩, 桂嶺

24 尚其英華. 奄墜扶搖之翼, 遽輟連春之景. 粤以其年十月甲申朔二日乙酉葬

25 於雍州乹封縣之髙陽里. 礼也. 駟馬悲鳴, 九原長往. 月輪夕駕, 星精夜上. 日落

26 山兮草色寒, 風度原兮松聲響. 陟文樹兮可通, 随武山兮安仰. 愴淸風之歇滅,

27 樹芳名於壽像. 其詞曰

28 胄胤靑丘, 芳基華麗. 脈遠遐邈, 會逢時済. 茂族淳秀, 弈葉相継. 獻款夙彰, 隆恩

29 無替. ^{其一}　惟公苗裔, 桂馥蘭芬. 緒榮七貴, 乃子傳孫. 流芳後代, 播美来昆. 英聲雖

30 歇, 令範猶存. ^{其二}　牖箭驚秋, 隟駒遄暮. 名将日遠, 德随年故. 愮松吟於夜風, 悲薤

31 哥於朝露. 靈輀兮遽轉, 嘶驂兮踟顧. 嗟陵谷之貿遷, 覬音徽之靡盍. ^{其三}

교정

3행	①	'靑'	王連龍 '淸'	葛繼勇 '靑'
3행	②	'摘'	王連龍 '樀'	葛繼勇 '摘'
4행	③	'挻恋'	王連龍 '梃恋'	葛繼勇 '挻恋'
5행	④	'弈'	王連龍 '奕'	葛繼勇 '弈'
11행	⑤	'洣'	'沴'의 이체자	王連龍·葛繼勇 '瀰'(이체자가 '洣')
13행	⑥	'決'	王連龍 '決'	葛繼勇 '決'
13행	⑦	'眥'	王連龍 '眦'	葛繼勇 '眥'
21행	⑧	'酐'	王連龍 '升'	葛繼勇 '酐'('酐'은 '斛'의 이체자)
23행	⑨	'臮'	王連龍 '臭'	葛繼勇 '臮'

훈독(직역)

大唐 故右威衛將軍·上柱國 禰公墓誌銘 [아울러 序]

公, 諱는 軍, 字는 溫, 熊津 嵎夷의 人이다. 그 先은 華와 祖를 같이 하고, 永嘉의 末에 亂을 피해 東으로 향하니, 인하여 마침내 家하다. 각설하고 巍巍한 鯨山은 靑丘를 뛰어넘어 東峙하고, 森森한 熊水는 丹渚에 임하여 南流한다. 煙雲에 다가가서 英을 여니, 그것을 蕩沃에 내려놓다. 日月에 비치어 恋이 되고, 그것을 蕺蘄에서 두드러진다. 靈文逸文, 높음이 예전에는 七子보다 좋다. 汗馬雄武, 擅함이 나중에는 三韓에서 異하다. 華構는 빛남을 늘려, 英材는 영향을 지속한다. 綿圖는 끊이지 않고, 弈代로 聲이 있다. 曾祖 福, 祖 譽, 父 善은 모두 本藩의 一品이고, 官號는 佐平이다. 모두 地義를 수양하여 身을 빛나게 하고, 天爵을 띠고 國에 근무하다. 忠은 鐵石과 같고, 操는 松筠과 같다. 物에 範됨은, 道德이 완성됨이 있다. 士에 則됨은, 文武가 떨어지지 않는다.

公, 狼輝는 祉를 계승하고, 鷰頷은 姿를 만들어낸다. 涯濬은 陂를 맑게 하고, 裕光은 日을 아낀다. 牛斗를 범하는 逸氣, 芒은 星中을 비추고, 羊角을 때리는 英風, 影은 雲外로 간다. 지난 顯慶五年, 官軍이 本藩을 평정한 날, 機를 보아 變을 알고, 劍을 杖하여 歸함을 아는 것이, 由余가 戎을 나가는 것 같고, 金磾가 漢에 들어가는 것 같다. 聖上, 嘉歎하여 擢함에 榮班으로 하여, 右武衛滻川府折衝都尉를 제수하다. 時에 日本의 餘噍, 扶桑에 근거하여 誅를 면하다. 風谷의 遺甿, 盤桃를 의지하여 阻固하다. 萬騎는 野에 걸치니, 蓋馬와 함께 塵을 놀래킨다. 千艘는 波를 橫으로 하니, 原虵를 도와서 沴을 縱으로 한다. 公이 海左에 格謨이고 瀛東에 龜鏡됨으로, 특별히 帝에게 簡되어, 가서 招慰를 맡다. 公, 臣節에 따라 命을 던지니, 皇華를 노래하며 載馳하다. 날아서 海를 띄우는 蒼鷹이자, 날아서 山을 뛰어넘는 赤雀이다. 河의 眥를 터뜨려 天吳가 조용해지고, 風의 隧를 뚫어서 雲路가 通한다. 驚鳧, 侶를 잃고, 건너는 일은 저녁을 끝내지 않는다. 마침내 잘 天威를 說暢하여, 타이르건대 千秋를 祗福함으로 한다. 僭帝가 一旦 稱臣함에, 인하여 大首望 數十人을 거느리고, 데리고 들어가 朝謁하다. 특별히 恩詔를 받아 左戎

衛郎將에 제수되고, 잠시 지나 右領軍衛中郎將·兼檢校熊津都督府司馬로 옮기다. 材는 千里의 足에 빛나고, 仁은 百城의 心에 부합된다. 燭을 靈臺에서 드니, 器는 芃棫에 標가 된다. 月을 神府에 거니, 향기로움은 桂苻를 덮는다. 錦을 입고 晝行하니, 富貴는 바뀌는 일 없다. 萑蒲는 夜에 잠자니, 字育은 方이 있다. 지난 咸亨三年 十一月廿一日, 詔하여 右威衛將軍에 제수되다. 彤闕을 局影하여, 紫陛를 飾躬하다. 이따금 榮晉을 입어, 驟歷함이 便繁하다. 바야흐로 淸猷를 克壯하여, 永綏에 祐가 많다고 한다.

어찌 헤아렸으랴, 曦馳는 가기 쉬워서, 霜은 馬陵의 樹를 凋하고, 川閱은 멈추기 어려워서, 風은 龍驤의 水를 놀래키는 것을. 儀鳳三年, 歲는 戊寅에 있고, 二月朔戊子의 十九日景午에, 병에 걸려서, 雍州 長安縣의 延壽里의 第에서 薨하다. 春秋 六十有六이다. 皇情, 功을 생각하고 舊를 생각하여, 傷悼함이 오래되다. 絹布 三百段, 粟 三百斛을 주어, 葬事에 사용하는 所는, 모두 官給하게 하고, 인하여 弘文館學士·兼檢校本衛長史 王行本으로 하여금 監護하게 하다.

이것은, 公의 雅識은 淹通하고, 溫儀는 韶峻하면서, 明珠는 類하지 않고, 白珪는 흠집이 없다. 十步의 芳, 蘭室도 그 臭味를 존중한다. 四鄰의 彩, 桂嶺도 그 英華를 존숭한다. 갑자기 扶搖의 翼을 잃고, 돌연 連春의 景을 그만두다. 여기에 그 年의 十月甲申朔二日乙酉에 雍州 乾封縣의 高陽里에 장사지내다. 禮이다. 駟馬는 슬프게 울고, 九原에 영원히 가다. 月輪은 夕에 駕하고, 星精은 夜에 오르다. 日은 山에 떨어져 草色이 춥고, 風은 原을 건너서 松聲이 메아리치다. 文樹에 오르면 잘 通하고, 武山에 따라가면 편안히 우러러보다. 淸風의 歇滅함을 아파하여, 芳名을 壽像에 세운다. 그 詞에 말하기를,

胄는 靑丘를 계승하고, 芳은 華麗에 基하다. 脈은 멀리 邈에 가고, 이따금 時에 만나서 건너. 族을 번성함은 정말로 두드러져, 葉을 거듭함이 相繼하다. 款을 바침은 일찍부터 뚜렷하여, 悳을 융성하게 함은 바뀜 없다. [그 一이다.]

이것은, 公은 苗裔이자, 桂馥 蘭芬이다. 緖는 七貴보다 번영하여, 곧 子는 孫에 전하다. 芳을 後代에 흘리고, 美를 來昆에게 베푼다. 英聲은 다한다 하더라도, 令範은 여전히 存하다. [그 二다.]

牖箭은 秋를 놀래키고, 隟駒는 재빨리 진다. 名은 日로 멀고, 德은 年에 따라 오래된다. 松이 夜風에 吟함을 아파하고, 薤가 朝露에 노래함을 슬퍼한다. 靈輀는 갑자기 轉하려고 하지만, 울부짖는 驂은 踟顧한다. 陵谷이 貿遷함을 한탄하고, 音徽가 벌레 먹히지 않기를 바란다. [그 三이다.]

어구 해설

【上柱國】
勳官. 正2品.[10]

---

10) 唐代 勳官에는 1品이 없으므로, 正2品의 上柱國이 최고위이다. 다만 투르판[吐魯番] 문서 등에는 上柱國이 흔하게 보이므로 남발되어 그다지 가치가 없었다는 견해가 있는 반면, 그것은 투르판 지역의 특수사례이므로 여전히 의미가 있었다

【熊津】

지금의 충청남도 공주시. 475~538년의 백제 왕도. 다만 여기서 말하는 熊津이란 백제 멸망 후여서 熊津都督府가 설치되어 있는 것에서 백제의 한 지역이 아니라 백제의 영역 전체를 가리키는 단어로 사용되고 있다고 고찰된다. 후술하는 '嵎夷'가 熊津에 속하는 縣名으로 사용되고 있는 것에서도 그 가능성은 높다.

【嵎夷】

원래 해가 뜨는 곳의 뜻. 뜻이 바뀌어 동방 지역을 가리키는 말이 된다. 말이 지향하는 동방 지역은 현재의 한반도를 가리키는 경우와 현재의 山東省 동부를 가리키는 경우가 있다. 여기에서는 한반도의 백제 지역을 가리키는 말로 보는 것이 타당하다. 예를 들어, 660년에 唐이 백제를 공격하여 멸망시켰을 때, 행동을 함께 한 신라의 武烈王·金春秋를 嵎夷道行軍總管에 임명하고 있다(『舊唐書』卷199上, 新羅傳). 또 唐이 백제 멸망 후에 그 땅에 설치한 都督府에 속하는 13縣 중 하나의 이름으로도 보인다(『三國史記』卷37, 地理志4).

【永嘉末】

'永嘉'는 西晉의 연호(307~313). 華北에서 일어난 匈奴의 반란이 西晉 멸망의 요인이 되어, 5호16국 시대의 개막이 되었던 시기.

【鯨山】

고유명사라고 볼 수도 있지만, 鯨은 거대의 뜻이 있어서 여기서는 보통명사로서 큰 산이라는 뜻일까?

【青丘】

동방의 나라를 가리킨다(『呂氏春秋』卷22, 求人「禹東至榑木之地, 日出九津青羌之野, 攢樹之所, 㴋天之山, 鳥谷青丘之鄉, 黑齒之國.」). 青에는 동쪽 방향을 가리키는 뜻이 있고, 또 뒤에 이어지는 대구인 '丹渚'의 '丹'(붉은 색)은 남쪽 방향을 가리키고 있다고 고찰된다. 특정 지역을 가리키는 단어라기보다는 막연하게 동방 지역을 가리키고 있을 것이다.

【熊水】

熊川인가? 지금의 충청남도 금강.

고도 한다. 따라서 上柱國이라는 勳官만 가지고 관직의 고하나 정치적 비중을 판단하기는 어려운 상황이므로, 다른 관직과 함께 종합적으로 판단할 필요가 있다.

【丹渚】

'渚'는 물 가운데의 작은 모래톱을 가리키는 말. 대구 '靑丘'와의 관계에서 남쪽에 있는 '渚'를 의미하는 말일 것이다.

【煙雲】

연기와 구름, 아련하게 구름 낀 경치, 멀리 땅을 사이에 둔 모습 등의 뜻. 이상에서 이주한 백제 땅을 中華에서 안개끼고 흐리게 보일 정도로 먼 땅임을 의미하고 있다고 보인다.

【摛英】

'摛'는 연다는 뜻으로 '發'에 통한다. '英'은 곱다, 뛰어나다의 뜻. '摛英'이라는 것은 뛰어난 재능을 나타내는 것인가?

【蕩沃】

'沃'은 流, '蕩'은 動의 뜻. '沃蕩'이라고도 한다. 王勃 『王子安集』卷2, 採蓮賦 「視雲霞之沃蕩, 望林泉之蔽虧.」나 王巾 「頭陀寺碑文」(『文選』卷59, 碑文) 「南則大川浩汗, 雲霞之所沃蕩.」에 흘러 움직이는 의미로 사용되고 있다. 여기에서 흘러 움직인다는 것은 떠돌다가 이주처에 정착함을 의미하여, 이주한 백제 땅을 가리키는 말인가?

【摭悊】

'摭'은 '捷'에 통하고, '捷'은 된다는 뜻. '悊'은 '철'이라고 읽고, 현명하다는 뜻이 있어, '哲'에 통한다. 이상에 입각하여 '摭悊'이란 현명해진다는 의미인가?

【蔽虧】

가려져서 반은 보이지 않게 되고 반은 나타나 있는 상태를 말한다. 『大唐西域記』卷4, 秣菟羅國 「是日也, 諸窣堵波競修供養, 珠幡布列, 寶蓋駢馬羅. 香煙若雲花散如雨, 蔽虧一月, 震蕩谿谷.」이라고 한다. 이 부분은 水谷眞成 譯 『大唐西域記』(平凡社, 1999)에 의하면, '이 날이 되자 많은 窣堵波를[11] 다투어 공양을 바치고, 훌륭한 깃발을 나란히 세워 보물로 장식한 양산을 양쪽에 늘어놓는다. 향의 연기는 구름 같고 꽃이 지는 모습은 비와 같다. 해와 달을 덮어 가릴 정도의 사람이 나와서, 골짜기도 흔들릴 정도의 혼잡스러움이다.'이라고 해석하고 있다. 이것에 따르면, 숫자가 많아서 가려져 보이지 않게 되어 버리는 상태를 가리키고 있다고 이해할 수 있다. 그 때문에 '蔽虧에 뛰어나다'란 대다수 속에서 눈에

---

11) 窣堵波는 산스크리트어 stupa의 한자 표기. stupa는 주지하듯이 탑을 뜻한다.

띈다는 의미로 해석해야 할까?

【靈文逸文, 高前芳於七子】
　'靈文'이란 고대부터 전래된 귀중한 문자나 서적. '逸文'이란 뛰어난 문장, 名文. '靈'에는 뛰어났다는 의미도 있는 점에서 '靈文逸文'이란 뛰어난 문장을 가리킨다고 보인다. '高'에는 귀하다, 고상하다, 훌륭하다 등의 의미가 있다. '前'은 선대의 의미가 있는데, 중국의 建安七子를 비교대상으로 삼고 있는 점에서 이주 전의 중국에 있었던 때에는 이라는 의미인가? '芳'은 향기롭다, 평판이 높다는 뜻. '七子'란 建安七子. 중국 建安 연간의[12] 대표적 문인. 이상의 점에서 이주 전 선조의 글재주는 建安七子보다도 뛰어났다는 의미인가? 이것은 禰氏의 선조로 가탁되고 있는 禰衡의 업적을 완곡하게 표현하고 있다고 보인다. 禰衡은 중국 삼국시대의 사람으로 建安七子의 1인 孔融에 의해 그 재능을 魏의 曹操에게 추거되는 등, 建安七子와 동시대의 才士이다. 그 때문에 墓誌 작성자는 禰衡의 사적을 염두에 두면서 禰氏의 선조를 예찬하기 위해 이러한 표현을 사용하였을 것이다.

【汗馬雄武, 擅後異於三韓】
　'汗馬'란 '汗馬之勞'로 말에게 땀을 나게 하여 전장을 왕래하는 수고, 戰功. '雄武'는 씩씩하고 용맹스러움. '擅'은 마음대로 한다는 뜻이지만, '高'와 대구인 점에서 명성 등을 마음대로 할 정도로 뛰어나다는 뜻인가? '後'는 후대의 의미가 있는데, '前'과 대구의 관계에 있는 점, 앞의 구절이 중국의 建安七子를 대상으로 삼고 있는 것에 비해 이쪽은 삼한을 비교대상으로 삼고 있는 점에서, 중국에서 한반도에의 이주 후라는 뜻인가? 요컨대 한반도 이주 후는 무공으로 삼한에서 활약하였음을 보여주고 있다고 해석할 수 있다.

【華構】
　웅장하고 아름다운 건축물(陸雲 『陸士龍文集』卷1, 歲暮賦 「悲山林之杳藹兮, 痛華構之丘荒」). 가문이 융성을 더함인가?

【継響】
　'響'은 '聲聞'에 통한다. '聲聞'은 '좋은 평판'. 명성을 계승한다는 뜻인가?

【綿圖】
　'綿'은 길게 이어진다는 뜻. '圖'는 헤아린다는 뜻이 있고, 그 때문에 가문이 대대로 길게 헤아릴 정도

---

12) 建安은 後漢 獻帝(189~220)의 연호. 196~220년에 사용되었다.

로 이어졌음을 가리키는가?

【弈代】

'弈'은 '奕'에 통한다. '奕代'란 대대, 누대.

【佐平】

백제의 관명.[13] ①백제 16관등제의 제1등관(『周書』卷49, 百濟傳). ②백제 중앙 최상급관청의 장관명(『舊唐書』卷199上, 百濟傳). ①은 古爾王27년(260)에 설치되어(『三國史記』卷24, 百濟本紀2 古爾王), 이후 백제 멸망 때까지 존재하였다. ②의 설치시기나 성격 등에 대해서는 논쟁이 있지만, 이 墓誌에서는 ①의 뜻으로 사용되고 있으므로, 상세히 서술하지 않기로 한다.

【地義】

『孝經』三才章에 「夫孝, 天之經, 地之義, 民之行也.」라고 하여, 가지 노부유키[加地伸行]는 이것을 '효란 말이다. (세계를 움직이는 데에) 하늘의 원리, (인간이 사는) 땅 (위)의 원칙, 인간 도덕의 근원인 것이다.'(『孝經(全譯註)』, 講談社, 2007)라고 번역하고 있다. 이것에 따르면, '地義'란 인간계의 원칙, 도리 등이라고 이해할 수 있다.

【天爵】

하늘에서 받은 작위, 저절로 고귀한 것, 고상한 도덕을 수양하고 있는 것(『孟子』告子章句上 「仁義忠信, 樂善不倦, 此天爵也. 公卿大夫, 此人爵也.」).

【松筠】

소나무와 대나무, 뜻이 바뀌어 바뀌는 일 없는 절조의 비유.

【狼輝】

'狼'은 동방의 별 이름. 여기에서는 '狼輝'로 狼星(시리우스)의 빛남이라고 해석하였다.

【襲祉】

'祉'는 행운, 신에게 받은 행복을 가리키는 점에서 '祉를 계승한다'는 일족의 영광을 잇는다고 해석하

---

13) 이하 '佐平'에 관한 서술은 논의과정에서 이 분야의 전공자인 번역자가 제공한 정보에 기초하여 우에다 기헤이나리치카[植田喜兵成智]가 작성한 것이다. 다른 부분이 대체로 일본학계의 일반적 견해인 반면, 이 부분에 서술된 내용은 번역자가 한국·일본학계의 여러 견해를 종합하여 정리한 것이다.

였다.

【鷰頷】
제비의 턱. 武에 뛰어난 골상의 하나. 또 「黑齒俊墓誌」(神龍2년(706), 『唐代墓誌彙編』上, 1064쪽)에도 「由是負燕頷之遠略, 挺猿臂之奇工.」이라고 하여, 무용에 뛰어남을 칭찬하는 같은 어구가 보인다.

【涯濬】
'涯'는 물가. '濬'은 파내다, 깊숙하다의 뜻.

【澄陂】
'陂'는 언덕, 제방 등의 뜻. 유사한 말에 '澄淵'이 있어, 이것은 깨끗하게 맑아진 연못에서 바뀌어, 사람이 총명함의 비유로 사용된다. 아마도 '澄陂'도 묘주의 재기를 칭찬하고 있는 표현일 것이다. 또 「泉男生墓誌」(調露元年(679), 『唐代墓誌彙編』上, 667~668쪽)에도 '澄陂萬頃, 游者不測其淺深.」이라고 하여, 묘주의 재주를 칭송하기 위해 사용되고 있다.

【裕光】
'裕'는 풍성함의 뜻이 있는 점에서, 풍성한 빛을 의미하는가?

【愛日】
사랑스러운 햇빛, 겨울의 해, 시일을 아까워하는 것, 부모에의 효도를 게을리하지 않는 것 등의 뜻. 여기에서는 묘주의 인격을 칭송하는 문맥이라고 판단하여 부모에의 효도를 게을리하지 않는 의미로 해석하였다.

【干牛斗之逸氣, 芒照星中】
'牛斗'란 견우성과 북두성. 『晉書』卷36, 張華傳에 吳가 멸망할 때에 견우성과 북두성 사이에 보라색 기운이 떠돌고 있었는데, 이것은 龍泉·太阿라는 두 자루 보검의 기운이 하늘을 뚫고 있었기 때문이었다고 한다. '逸氣'는 뛰어난 기질의 뜻. 그 때문에 '干牛斗之逸氣'란 하늘을 뚫을 정도의 기운을 가진 보검과 같은 뛰어난 기질이라고 이해할 수 있다. '芒'은 빛이기 때문에, 종합하면 묘주의 기운이 하늘에까지 도달하여 별이 총총한 밤하늘에서 밝게 빛나고 있는 것이라고 할 것이다.

【搏羊角之英風, 影征雲外】
'搏風'으로 바람을 일으키다, 바람에 날개쳐서 난다의 뜻. '羊角'은 양의 뿔처럼 휘어서 부는 바람, 회오리바람. '英風'이란 뛰어난 풍채이다. 그 때문에 '搏羊角之英風'이란 회오리바람을 타고 있는 것 같은 뛰어난 풍채라고 이해할 수 있다. '征'에는 도달하다의 의미가 있고, '雲外'에는 ①높은 하늘, ②높은 산의 위, ③선계의 비유 등의 의미가 있다. 요컨대 회오리바람을 탄 것 같은 훌륭한 묘주의 모습은 구름 위에까지 도달하는 것 같았다는 의미인가?

【顯慶】

唐 高宗의 연호. 656~661년.

【官軍平本藩日】

唐軍이 백제를 정복한 顯慶 5년(660).

【杖劍知歸】

'杖劍'은 검을 지팡이처럼 짚는 것. 黥布가 漢의 劉邦에게 귀순할 때에 사용된 표현에 보이는(『漢書』卷34, 黥布傳. 『後漢書』卷13, 隗囂傳) 점에서 묘주가 唐에 귀순하였음을 의미할 것이다.

【由余】

春秋時代의 戎人. 그 선조는 晉人이고, 戎王에게 파견되어 秦으로 갔을 때, 秦의 穆公에게 그 재능을 기대받아, 客禮로 후하게 대접받았다.

【金磾】

金日磾(기원전134~86). 字는 翁叔. 본래 匈奴 休屠王의 태자. 前漢 武帝 때, 金日磾의 아버지는 昆邪王과 몰래 漢에 투항하는 일을 모의하였으나, 결심을 바꾼 昆邪王에게 살해당하여, 그 部衆은 漢에 귀의하게 되었다. 그 후 金日磾는 아우와 함께 沒官되었으나, 나중에 발탁되어 駙馬都尉·光祿大夫가 되어 武帝의 측근에서 벼슬하였다. 休屠王이 金人을 만들어 하늘을 제사지낸 것에서 金姓을 사여받았다. 위에 거론한 '由余'와 함께 귀복한 이민족에게 사용되는 상투구이다. 金日磾는 다른 한반도 출신자의 묘지, 예를 들어 扶餘隆·黑齒常之, 그리고 동족인 禰素士의 묘지에도 보인다.

【右武衛濜川府折衝都尉】

右武衛에 속하는 濜川 折衝府의 장관. '濜川'(濜水인가?)이란 陝西省 藍田縣 서남쪽 골짜기 속을 근원으로 하여 渭水에 흘러드는 하천. 關內道의 큰 하천으로 『新唐書』卷36, 京兆府京兆郡條에 보인다.

【日本】

지금까지 이 말이 국호로서의 일본인 것인가, 혹은 그 이외의 뜻인 것인가가 논의되어 왔다. 국호로서의 일본은 일반적으로 701년의 大寶律令 제정시기에는 성립되어 있었다고 고찰되고 있다. 그 이전의 언제 즈음부터 사용되고 있었던 것인가는 논쟁이 있어, 王連龍은 이 묘지의 '日本'을 국호라고 간주하여 『新唐書』卷220, 日本傳에 있는 咸亨元年(670)에 국호가 倭에서 日本으로 변경되었던 사실을 보여주는 유력한 증거라고 한다. 그러나 도노[東野]나 葛繼勇의 지적에 따르면, 대구에 해당하는 '風谷'이 구체적인 국명을 가리키지 않는 것에서 국호라고는 간주하기 어렵다고 한다. 도노는 '日本'·'日域'·'日東' 등의 말이 唐代에는 신라나 고구려를 가리키는 사례가 있음을 지적하고, 묘지 속에 '三韓'·'本蕃'·'靑丘' 등의 말을 사용하여 국명을 직접적으로 보여주는 그대로의 표현을 피하고 있는 점에서 '日本'만을 국명이라고 해석하는 것은 어렵다고 한다. 또 도노는 倭國을 가리키는 말은 '海左'·'瀛東'이라고 고찰하여, '日本'은 멸망된 백제를 넌지시 말한다고 해석하고 있다. 이 말이 한반도를 가리키건, 일본열도를 가리키건, 동방 지역을 지향하는 말임은 틀림없는데, 국호로서는 해석하기 어렵다고 보인다.

【餘噍】
살아남은 인민(『南齊書』卷47, 王融傳「將使舊邑遺逸, 未知所賓, 哀黎餘噍, 或能自推.」).

【扶桑】
동해에 있는 신목을 말하여, 해가 뜨는 곳에 난다고 한다(『山海經』第9, 海外東經「湯谷之上有扶桑.」). 또 동방에 있는 나라 이름을 가리키는 것으로 사용되어, 뜻이 바뀌어 일본을 가리키는 적도 있다.

【逋誅】
誅罰을 면하는 것(『陳書』卷14, 衡陽獻王昌傳「王琳逆命, 逋誅歲久.」).

【風谷】
바람이 생기는 골짜기의 뜻. 도노[東野]는 바람의 신[風師·風伯]이 箕星에 비유되어 箕伯이라고도 불리는 점에서, 箕子朝鮮의 건국자인 箕子(箕伯)와 관련되는 표현이라고 한다. 그 때문에, 이 '風谷'이란 箕子朝鮮의 수도 王險城 즉 평양이고, 고구려를 가리키는 지명이라고 이해하고 있다. 다만 본래 風伯과 동일한 箕伯은 바람의 신, 箕子를 의미하는 箕伯은 殷 시대의 인물이기 때문에 별도의 존재라는 점에 약간의 불안이 남는다. 그러나 앞서 서술한 '日本'·'扶桑'도 동방을 가리키는 지명이고, 후술하는 '盤桃'·'海左'·'瀛東' 등도 동방의 지명인 점에서 '風谷'도 동방 지역을 가리키는 것은 틀림없을 것이다.

【遺甿】
'遺氓'과 같은 의미. 남겨진 사람들을 가리킨다. 顏延之「車駕幸京口侍遊蒜山作詩」(『文選』卷22, 遊覽)에 「周南悲昔老, 留滯感遺甿.」이라고 한다.

【盤桃】

'蟠桃'와 같다. 3000년에 한번 꽃을 피우고 열매를 맺는다는 복숭아나무. 동해에 있는 전설상의 산을 말하는(『淵鑑類函』卷399, 果部「十洲記曰, 東海有山, 名度索山, 有大桃樹, 屈蟠三千里, 曰蟠桃.」) 듯하여, 이 말도 동방을 가리킨다. 위에 거론하였듯이 이 묘지의 '日本'·'扶桑'·'風谷'·'盤桃'는 전부 中華에서 보아 동방을 가리키는 전설적인 지명이어서, 특정 지역을 가리키고 있지 않다는 견해도 있다[東野]. 그러나 구체적인 지역을 가리키는 사례도 있는 점에서 네 말이 동시대의 특정 지역을 가리킬 가능성도 고려할 필요가 있다. 그 경우, '日本의 餘噍'를 백제 유민, '扶桑'을 倭, '風谷의 遺甿'을 고구려 유민, '盤桃'를 신라라고 파악하면, 660~670년대의 한반도 정세가 반영된 표현이 된다. 백제 멸망 후에 倭는 백제 유민을, 고구려 멸망 후에 신라는 고구려 유민을 받아들여 唐에의 저항을 지원한 상황과 겹친다. 다만 이 해석이 성립하기에는 이 묘지의 기술이 668년 고구려 멸망 이후의 이야기가 아니면 안된다. 시기의 추정에는 나중에 서술하는 묘주가 외교사자로서 어느 나라에 갔는가에 의거한다. 일본이라고 하면 664·665년 전후의 일이 되고, 신라라고 하면 670년의 일이 된다. 이 점에 대해서는 뒤의 주【僭帝一旦稱臣. 仍領大首望數十人, 將入朝謁】참조.

【萬騎亘野, 与盖馬以驚塵】

'萬騎'는 1만의 기병, 많은 기병의 뜻. '盖馬'의 '盖'는 '蓋'의 이체자이고, '蓋'는 덮다, 덮어 감춘다는 뜻이 있어, 들판을 다 덮을 정도의 말. 또는 고구려의 지명에 '蓋馬大山'(『後漢書』卷85, 東夷傳에「東沃沮在高句驪蓋馬大山之東.」이라고 하고, 주에「蓋馬, 縣名, 屬玄菟郡, 其山在今平壤城西.」라고 한다.) 이 있어, 고구려의 기마를 가리킬 가능성도 있다. '驚塵'은 '驚砂'에 놀라서 솟는 모래라는 의미가 있는 점에서, 기마에 의해 모래먼지가 날아오르는 것이라고 해석할 수 있으므로, 기마병의 강건함을 보여준다고도 보인다.

【千艘橫波, 援原虵而縱沴】

'千艘'는 '千船'에 많은 배의 의미가 있는 점에서 대선단의 뜻인가? '橫波'는 한쪽으로 파도를 일으키는 것. '原虵'는 무엇을 가리키는 말인가 미상이지만, '蓋馬'와 대구인 점에서 두 가지 가능성이 있다. 하나는 '蓋馬'를 기마라고 하였을 경우, 선단의 모습을 형용하는 단어라고 간주하여, 뱀처럼 나란히 늘어서 있는 대선단이라는 해석이다. 또 하나는 '蓋馬'를 고구려라고 하였을 경우, 한반도 어느 곳인가의 나라를 가리키는 단어라고 간주하여, 백제 혹은 신라라고 하는 해석이다. '縱沴'은 '沴'은 물웅덩이, 물가의 뜻 혹은 둔치의 뜻. '縱波'에 배가 나아가는 방향에 평행하여 치는 파도라는 뜻이 있는 점에서 선단에 의해 파도가 솟는 것이라고 해석할 수 있어, 대선단의 모습을 보여주고 있다고도 보인다.

【格謨】

'格'은 깊이 연구하다. '謨'는 책략. '格謨'로 책략을 깊이 연구한다는 뜻인가?

【海左】

'左'는 '東'을 의미하는 점에서 '海東'의 뜻일 것이다.

【瀛東】

'瀛'은 海에 통하는 점에서 '瀛東'도 '海東'과 같은 뜻인가?

【在簡】

'簡'은 뽑는다는 뜻. '簡在'는 조사하다, 뽑다의 뜻이 있는(『尚書』湯誥「惟簡在上帝之心.」) 점에서 마찬가지의 뜻인가?

【尸】

도노[東野]는 보여준다는 뜻으로 해석하지만, 이 글에서는 맡는다는 뜻으로 해석한다. '가서 招慰를 맡는다'란 묘주가 사자로서 간 것을 보여주고 있다고 고찰되고, '招慰'에 관련된 일을 맡았다고 해석하였다.

【皇華】

『詩經』小雅의 편명. 나중에 명을 받들어 사자로 나가는 것 혹은 그 사자를 찬미하는 말이 되었다(『文選』卷36, 王元長, 「永明十一年策秀才五首」에 「歌皇華而遣使, 賦膏雨而懷賓.」이라고 하고, 李周翰 주에 「詩云, 皇皇者華, 君遣使臣也. 皇華, 美也. 言奉君命爲美也.」라고 한다).

【載馳】

『詩經』鄘風의 편명. '載馳載驅'는 같은 편에 「載馳載驅, 歸唁衛侯.」라고 하여, 마차를 질주시키는 것.

【飛汎海之蒼鷹, 翥淩山之赤雀】

'汎海'는 '泛海'라고도 쓰고, 바다를 건넌다는 뜻. '蒼鷹'은 매의 뜻. 매는 3세가 되어 색이 푸르게 된다고 한다(王琦 撰 『李太白全集』卷24, 觀放白鷹二首). '赤雀'은 전설 속의 상서로운 새. 봉황의 새끼. 蒼鷹과 함께 각각 동방과 남방을 의미하는가? 이들 일련의 표현은 묘주가 사자로서 가는 모습을 찬미하고 있다고 해석할 수 있다.

【決河眥而天吳静, 鑿風隧而雲路通】

'決河眥'는 사자로서 가는 모습의 기세를 형용한 것이라고 고찰된다. '決河之勢'로 제방이 터져서 넘쳐 흐르고 있었던 물이 흘러나오는 섬뜩한 기세의 뜻. 또 '決眥'로 ①눈꼬리가 찢어지다. 매우 화난 모습 혹은 멀리까지 간파하고 있는 것, ②눈이 튀어나와 있는 것, ③관통하다 등의 뜻. ③처럼 기세가 섬뜩함을 나타내는 뜻이 있다. '天吳'는 水神의 이름. 謝靈運 「遊赤石進帆海一首」(『文選』卷22, 遊覽)에 「川后時安流, 天吳靜不發.」이라고 하고, 李善 주에는 「山海經曰, 朝陽之谷神曰天吳, 是水伯也. 其獸也, 八首, 八足, 八尾, 背黃青.」이라고 한다. '雲路'는 높은 산에 있는 길 혹은 먼 노정의 뜻. 그 때문에 '風의 隧를 뚫어서 雲路가 通한다'는 길이 열려서 사자로서 가는 먼 장소에의 길이 통하였다는 의미일 것이다. 앞의 구절에서 묘주를 바다를 건너는 蒼鷹이나 산을 넘는 赤雀에 비유하고 있어, 이 구절에 나타나는 물과 하늘이 緣語가[14] 되고 있다고 보인다. 이 구절을 해석하면, 묘주가 사자로서 섬뜩한 기세로 향하니, 그 기세에 水神조차도 조용해져서 바다를 건널 수 있어서, 하늘의 길을 통하여 목적지에 가까스로 도착하였다는 것인가?

【驚鳧失侶, 濟不終夕】

'驚鳧'란 놀라서 날아오르는 오리. 木玄虛 「海賦」(『文選』卷12, 江海)에 「若乃偏荒速告, 王命急宣, 飛駿鼓楫, 汎海淩山. 於是, 候勁風, 揭百尺. 維長綃挂帆席. 望濤遠決, 囧然鳥逝. 鷸如驚鳧之失侶, 儵如六龍之所掣. 一越三千不終朝, 而濟所屆.」의 張銑 주에 「遠方之國, 有急來告, 將宣君命, 則飛迅, 流動輕棹, 浮帆於海, 淩歷於山, 則伺候長風, 舉百尺之檣, 連綃繩, 挂帆席, 乘長風, 望波濤決裂而去, 如鳥飛之疾, 如驚鳧失侶而相求逐也. (중략) 六龍駕日車, 言舟得風勢疾, 又如六龍之所掣日車也. 故一日三千里, 則不終夜, 而及於所至之處.」라고 한다. 여기에서는 패거리를 잃어버린 오리가 그것을 찾아다니는 모습을 빠름의 비유로 사용하고 있다. 그 때문에 墓誌의 구절도 빠름을 보여주고 있다고 보인다. '濟不終夕'도 '一越三千不終朝'라는 하루에 3000리를 가도 아직 밤이 새지 않는다, 다시 말해서 극히 빠른 모습을 나타내는 말이기 때문에, 묘주가 사자로서 목적지에 도착하는 그 신속함을 칭송하고 있는 표현일 것이다.

【僭帝一旦稱臣. 仍領大首望數十人, 將入朝謁】

'僭'은 분수를 넘어서 모방하는 것. 여기에서는 문맥상 '稱臣'의 주어로서 '僭帝'를 하나의 단어로 간주하지만, 무엇을 의미하는가는 고찰의 여지가 있다. 첫째로 倭王일 가능성이다. 倭는 隋·唐代에는 朝貢使를 보내면서도 책봉을 받지 않고 있다. 더욱이 隋에 보낸 국서에서 자국 천자의 존재를 명언하고 있다(『隋書』卷81, 倭國傳 「大業三年, 其王多利思北孤遣使朝貢. (중략) 其國書曰, 日出處天子至書日沒處天子無恙云云. 帝覽之不悅.」). 한편 665년에 唐의 사절(禰軍 포함)이 돌아갈 때, 倭에서 사절이 곁에 따르고 있음이 본문의 '領大首望數十人, 將入朝謁'과 통하고 있다고도 할 수 있다(『日本書紀』卷27, 天智天皇 4년(665) 「十二月戊戌朔辛亥, 賜物於劉德高等. 是月, 劉德高等罷歸. 是歲, 遣小錦守君大石等於大唐, 云云.[等謂小山坂合部連石積·大乙吉士岐彌·吉士針間. 蓋送唐使人乎.]」). 다만 이 시기의 唐에게 倭는 어디까지나 부차적인 세력이어서, 특필할 대상인가는 의문이 남는다. 둘째로 고구려왕일 가능성이다.

---

14) 緣語는 와카[和歌]나 문장에서의 수사법의 하나. 관련성 있는 말을 써서 와카의 뜻을 더욱 돋우는 표현 또는 그 말.

이미 5세기 즈음에는 독자 연호의 사용, 백제·신라 등 주변국에서의 '조공'을 요구하는 등, 자국 중심의 세계관을 가지고 있었음이 엿보인다(『廣開土王碑文』). 다만 멸망 직전의 이 시기에 '僭帝'라고 唐에게 의식시키는 것 같은 힘이나 행위가 있었던가는 의문. 또 기존의 문헌사료에서 禰軍과 관계되는 사실이 발견되지 않는다. 셋째로 신라왕일 가능성이다. 신라의 文武王은 670년 6월에 고구려의 잔존세력을 金馬渚에 맞이하여, 같은 해 7월에 安勝을 高句麗王에 책봉하고 있어서(『三國史記』卷6, 新羅本紀 文武王 10년조), 唐에게 '僭帝'라고 불릴 수 있는 적대적인 행동을 취하고 있다. 더구나 그 행위를 신라가 취한 시기에 禰軍은 신라에 파견되어 있다. 그 때문에 禰軍이 신라에 체재한 시기와 신라가 '僭帝'적 행위를 취한 시기가 일치한다. 더욱이 禰軍이 신라 억류 후에 唐으로 송환되었을 때, 신라왕은 칭신하는 사죄문과 級湌 原川과 奈麻 邊山을 파견하고 있다(『三國史記』卷7, 新羅本紀 文武王 12년 9월조). 이것은 僭帝가 신하를 칭하였다고 하는 것과 禰軍이 大首望을 거느리고 조알하였다는 기술과 부합한다고 보인다. 다만 '僭帝'를 신라라고 해석하면, 墓誌의 기술에서는 사자로서의 공로에 의해 司馬가 되고 있는데, 『三國史記』에서는 신라에 사자로 파견된 시점에 司馬이므로, 연도, 인과관계가 어긋난다.

【左戎衞郎将】【右領軍衞中郎将】

'戎衞'와 '領軍衞'는 동일한 軍衞. 『新唐書』卷49上, 百官志 十六衞條에 「龍朔二年 (중략) 左右領軍衞日左右戎衞. (중략) 咸亨元年, 改左右戎衞日領軍衞.」라고 한다. 또 『新唐書』卷3, 高宗本紀에 「〈龍朔〉二年二月甲子, 大易官名. (중략) 〈咸亨〉元年十二月庚寅, 復官名.」이라고 하므로, 左戎衞郎將에 임명된 것은 龍朔 2년(662) 2월부터 咸亨元年(670) 12월의 사이가 된다. 『日本書紀』卷27, 天智天皇 4년(665) 8월조에서 禰軍은 右戎衞郎將인 점에서, 左戎衞郎將이었던 상한은 665년 9월에 찾아진다. 品階에 대해서는 『唐六典』卷24, 諸衞에 「左右領軍衞 (중략) 翊府中郎將各一人, 正四品下. 左·右郎將各一人, 正五品上.」이라고 하기 때문에, 左戎衞郎將은 正5品上, 右領軍衞中郎將은 正4品下가 된다.

【檢校】

唐代에 檢校官에는 실직과 허직이 있고, 실직으로서의 검교관은 특정 관직에 정식으로 임명되지 않고, 그 업무를 담당하는 경우에 제수되었다. 여기에서는 실제로 부임하고 있어서, 실직이라고 보인다.

【熊津都督府司馬】

熊津都督府는 백제 고지에 唐은 설치한 지배기구[羈縻州]이다. 당초에는 顯慶 5년(660)에 설치된 다섯 都督府(熊津·馬韓·東明·金漣·德安)의 하나였지만, 麟德 연간(664~665)에 熊津都督府 이외에는 폐지되어, 熊津都督府 아래에 7州를 두는 형태로 재편되었다. 본문 속의 熊津都督府는 백제 고지 전역을 포괄하는 麟德 연간 이후의 그것일 것이다. 한편, 『唐六典』卷30에 「大都督府 (중략) 司馬二人, 從四品下.」라고 하는데, 검교관 게다가 (右領軍衞中郎將과의) 겸직이므로, 위계는 이대로라고는 한정할 수 없다.

【千里之足】

천리마. 뜻이 바뀌어 걸출한 인재의 비유.

【擧燭靈臺, 器標於芃棫. 懸月神府, 芳掩於桂荇】

'擧燭'은 햇불을 내걸다. 뜻이 바뀌어 현자를 등용한다는 뜻. '靈臺'는 혼이 있는 곳, 혹은 周 文王의 누각 또는 『詩經』 大雅, 文王之什의 편명(周 文王이 천명을 받아 그 영묘한 덕이 조수·곤충에게까지 미치고 백성이 처음으로 따랐던 것을 노래한 시) 등의 뜻. 본래 文王은 천자의 이상상이라고 되어 있는 점에서, 여기에서는 당시의 궁전·조정의 미칭인가? '芃棫'이란 현명한 인재가 많음을 보여주고 있다고 보인다. 『詩經』 大雅, 文王之什에 '棫樸篇'이 있어, 文王이 능히 사람을 관인으로 삼음을 노래한 것이다. '棫樸'은 뜻이 바뀌어 현명한 인재가 많음을 말한다. 『毛詩正義』 大雅, 文王之什 棫樸篇에 「芃芃棫樸, 薪之栖[15]]之.[興也. 芃芃, 木盛貌. 棫, 白桵也. 樸, 枹木也. 栖,[16] 積也. 山木茂盛, 萬民得而薪之. 賢人衆多, 國家得用蕃興.]」라고 하는 점에서 '芃芃棫樸'을 줄인 '芃棫'이 마찬가지 의미로 사용되고 있을 개연성이 높다. '神府'는 靈府와 같아서, 정신의 거처를 말한다. 또는 仙府·洞府 등의 뜻이 있다. 대구가 되는 '靈臺'를 천자의 누각이라고 해석한 것과 선인의 누각을 가리키는 '仙閣'이 궁전을 의미하는 것에서 '神府'도 궁전이나 조정의 미칭이라고 해석하는 것이 타당하다고 고찰한다. '桂荇'란 향기로울 정도의 인덕을 의미하는 단어인가? 계수나무가 향목의 하나이고, '桂馥'처럼 그 향기로움을 인덕에 비유로 사용한다. 여기에서는 그러한 향기를 능가할 정도의 향기로움이 갖추어져 있음을 의미한다. 이상의 점과 뒤의【衣錦晝行, 冨貴無革. 藋蒲夜寢, 字育有方】이 檢校熊津都督府司馬로서의 활약의 기술임에 입각하면, 이 구절은 右領軍衛中郞將으로서의 공적을 기록한 것이라고 보인다.

【衣錦晝行, 冨貴無革. 藋蒲夜寢, 字育有方】

'衣錦晝行'이란 공을 이루고 명성을 얻어, 부귀를 빛내고 고향에 돌아가는 것. 묘주의 고향이란 백제를 가리킬 터이기 때문에, 이 구절은 묘주의 檢校熊津都督府司馬로서의 공적을 칭송하였을 것이다. '藋蒲'는 물가의 풀 이름이지만, 『春秋左氏傳』 昭公20년 12월조에 「大叔爲政. 不忍猛而寬. 鄭國多盜, 取人於藋荇之澤.」이라고 하여, 도적이 출몰하는 장소로 '藋荇'라는 단어가 나타나서, '藋荇'는 뜻이 바뀌어 도적을 가리킨다. 도적의 의미로는 '藋蒲'라고도 쓴다. 沈約「齊故安陸昭王碑文」(『文選』 卷59, 碑文)에 「淵藪胥萃, 藋蒲攸在.」라고 하고, 李善 주에 「左氏傳曰, 子叔爲政, 不忍猛而寬. 鄭國多盜, 聚人於藋蒲之澤.」라고 기록하고 있듯이, '藋蒲'와도 혼용되고 있었다고 보인다. '字育'은 소중히 품어 키우다, 애지중지하여 거두다. '有方'은 도리에 맞는 행실. '有道'와 똑같이 도덕을 몸에 갖추고 있는 것, 천하가 잘

---

15) '栖' 아래에 '灬'가 있는 글자이다.
16) '栖' 아래에 '灬'가 있는 글자이다.

자리잡는다는 뜻.

【咸亨】

唐 高宗의 연호. 670~674년.

【右威衞將軍】

左右威衛는 16衛의 하나. 將軍은 大將軍에 버금가는 從3品. 그 직무는 左右衛와 마찬가지여서, 皇城의 숙위와 대조회의 의장을 맡는다(『唐六典』卷24, 諸衛). 묘지문에서도 엿볼 수 있듯이, 묘주인 禰軍은 그 때까지 正4品(中郎將, 熊津都督府司馬)이었으므로, 咸亨 3년(672)의 임명은 승진이다. 이 승진의 배경에 관해서는, 두 가능성이 있다. 하나는 『三國史記』卷6, 文武王本紀上에 있듯이, 묘주가 文武王 10년(670) 7월에 文武王에게 억류되어, 2년 후인 12년(672) 9월에 文武王의 사죄표를 건네기 위해서 長安에 귀환하였던, 외교의 공적에 의거하였다고 고찰되는 것(王連龍·葛繼勇). 또 하나는 묘주의 사망한 형 禰寔進이 이 날에 매장되고 있는 점에서 묘주의 임관과 무언가의 관련이 있다고 하는 설(王連龍·張全民).

【局影】

'局'은 '跼'에 통하여 몸을 낮춘다는 뜻. '跼影'은 주의 깊게 경계하는 모습.

【彤闕】

붉은 칠한 闕樓. 황제가 사는 궁전을 가리킨다.

【飾躬】

'躬'은 자신의 뜻. '飾躬'은 '飭躬'에 통한다(『呂氏春秋』卷3, 季春紀에 「琴瑟不張, 鍾鼓不脩, 子女不飭.」이라고 하여, 淸 畢沅 주에 「飭與飾通」이라고 한다). '飭躬'은 자신의 사상이나 행위를 예의 바르게 행한다는 뜻.

【紫陛】

궁중의 계단. 여기에서는 궁전 그 자체인가?

【驟歷】

'驟'는 여러 차례의 뜻. '歷'과 합하여 여러 관직을 역임하였다는 뜻인가?

【曦馳易往, 霜凋馬陵之樹】

'曦馳'이라는 단어의 용례는 관견의 범위에서 발견되지 않지만, '曦馭'에는 義和가 수레를 모는 것, 해가 운행하는 것이라는 뜻이 있다. 許敬宗 「奉和入潼關」(『文苑英華』卷170)에 「曦馭循黃道, 星陳引翠旗」라고 한다. 그 때문에 '曦馳'란 義和의 수레가 달리는 것, 또는 해의 운행이 나아간다는 뜻이라고 해석할 수 있다. '霜凋'는 '凋霜'에 통하여, 서리를 만나 시드는 것(顧況 「酬唐起居前後見寄二首」(『文苑英華』卷243, 酬和4)에 「愁人空望國, 驚鳥不歸林, 莫話彈冠事, 誰知結襪心, 霜凋樹吹斷, 土蝕劒痕深, 欲作懷沙賦, 明時恥自沉」이라고 한다). '馬陵'은 河北省 大名縣의 동남쪽. 春秋時代에 衛에 속한다. 戰國時代에 魏의 장수 龐涓(?~B.C.343)이 孫臏에게 패하여 스스로 목을 베어 죽은 곳. 龐涓은 馬陵에서 齊의 孫臏이 설계한 복병을 만나, 나무에 「龐涓死於此樹之下」라는 글자를 보고 자살하였다고 한다(『史記』卷65, 孫子傳). 葛繼勇은 龐涓처럼 뛰어난 군사재능을 충분히 발휘하지 못하고 죽었다고 해석한다. 그러나 '曦馳易往, 霜凋馬陵之樹'라는 구절은 다음의 '川閱難留, 風驚龍驤之水'와 함께 운명의 덧없음, 묘주의 돌연한 죽음을 표현하는 것이라고 보이는 점에서 해가 곧바로 지듯이 龐涓이 허망하게 죽어버렸음을 말하고 있다고 해석된다.

【川閱難留, 風驚龍驤之水】
'川閱'은 강이 많은 물을 통합하는 것. 여기에서는 강의 흐름이라는 단어를 사용하여 인생의 빠름과 무한히 계승되어감을 서술하고 있다고 생각된다(『文選』卷16, 哀傷, 陸士衡 「歎逝賦」). 본래는 『論語』子罕編 「子在川上『逝者如斯夫.』」에 입각한 표현. '風驚'은 '驚風'과 똑같이 맹렬한 바람의 뜻인가? 바람이 물을 놀래켜 시끄럽게 하고 물결을 일으킨다고 해석된다. '龍驤'은 본래 용처럼 뛰어 오른다는 뜻으로, 기세가 맹렬한 형용. 또 晉 때에 將軍의 명호로 두어졌다. 龍驤將軍 王濬(206~286)은 뛰어난 군사재능을 가진 인물이고, 武帝 때에 吳의 토벌을 위해 강대한 수군을 만들어, 단기간에 吳를 멸망시킨 공적을 세웠다(『晉書』卷42, 王濬傳). 앞서 서술한 구절과 마찬가지로, 돌연한 묘주의 죽음을 표현하기 위해, 吳가 눈 깜짝할 사이에 멸망한 고사를 사용하고 있다고 보인다.

【儀鳳】
唐 高宗의 연호. 676~679년.

【景午】
丙午. 朔이 戊子이고, 그로부터 19일째가 丙午에 해당한다. 高祖 李淵의 아버지 李昞의 諱를 피하여 景午라고 하고 있다.

【雍州長安縣】
'雍州'의 전신은 隋의 京兆郡으로, 高祖 武德元年(618)에 雍州라고 개명하여 그 아래에 長安縣·萬年縣을 비롯한 22縣을 관할한다. '長安縣'은 皇城의 남쪽에 있는 朱雀門街 서쪽의 54坊과 西市를 거느리고 있고, 그 縣治는 懷眞坊이다(平岡武夫 『唐代の長安と洛陽』은 懷貞坊이라고 한다). 乾封元年(666)에

분할되어 乾封縣을 두고, 長安 3년(703)에 乾封縣은 폐지되어 다시 長安縣에 편입되었다(『舊唐書』卷 38, 地理志1).

【延壽里】

朱雀門街의 서쪽부터 3번째 도로, 즉 皇城의 서쪽으로부터 첫 번째 도로에 있고, 도로의 서쪽에서 북쪽으로 5번째 坊이 延壽坊(里)이다(徐松 『唐兩京城坊考』卷4, 西京).

【絹布三百段, 粟三百䄷】

唐代에는 왕부터 9品의 관원이 사망하였을 때에 관품에 따라 조정에서 贈物·鹵簿 등을 제수하는 것이 규정되어 있다(『通典』卷86, 凶禮8. 또 『唐令拾遺』喪葬令 第32에도 같은 내용). 禰軍은 從3品인 右威衛將軍이므로, '三品物百段, 粟百石'의 贈物을 수취해야 할 것인데, 조정이 규정보다 넉넉하게 통상의 3배인 양을 준 것이 된다(『天聖令』「唐喪葬令」卷29, 宋7).

【弘文舘學士】

'弘文館'은 門下省 아래에 설치된 기구. 현명하고 선량한 자를 정선하여 學士를 임명한다. '學士'는 5品 이상. 또 그 직무는 서적의 교정과 심사 및 생도의 교수인데, 조정에서는 제도의 연혁, 예의의 경중을 따질 때에 參議하는 것 등이다(『唐六典』卷8, 門下省).

【本衞長史王行本】

'王行本'은 전래문헌상에는 隋末唐初에 등장하지만, 이 묘지의 인물과는 시대적으로 일치하지 않는다. 그 때문에 동명이인이라고 고찰된다. '長史'는 唐代에 여러 기구에 두어져 있다. '本衞'는 禰軍이 소속하는 右威衛라고 보인다. 이와 관련하여, 諸衛에 소속하는 長史는 左右某衛 아래에 각 1인이 설치되어, 從6品上으로 大將軍의 부관으로서 그 직무는 폭 넓어서, 諸府의 정무 외에 문서·양식·병사 정원·무기·창고·인사의 관리에도 관계하였다(『唐六典』卷25, 諸衛府).

【監護】

唐代에는 3品 이상의 관원이 사망하였을 때, 황제가 장례를 하사하여, 鴻臚寺에서 卿·少卿과 丞을 파견하여 관리시켰다(『唐六典』卷18, 鴻臚寺). 禰軍은 從3品이기 때문에 鴻臚寺丞(從6品上)이 파견되어야 하는데, 그것과 거의 동등한 右威衛長史 王行本이 대리로 담당하였다고 보인다. 唐 喪葬令에는 卿이 결원으로 담당할 수 없는 경우에 다른 관원으로 대리한다고 규정하고 있다(『天聖令』「唐喪葬令」卷29, 宋5). 이것은 丞에게도 적용되었다고 고찰된다.

【温儀】

'溫'은 온후함, 온유함의 뜻. '儀'는 훌륭한 모습, 위의, 예절, 예의 등의 뜻. 합하여 온유하고, 더욱이 위엄이 있는 묘주의 거동을 보여주고 있다고 고찰된다.

【韶峻】

'韶'는 아름답다. '峻'은 높다, 가파르다 이외에 아름답다는 뜻이 있다. 묘주의 거동이 아름다움을 형용하고 있는가?

【明珠】

본래는 빛나는 구슬, 보주의 뜻. 뛰어난 사람의 비유로 사용한다(『晉書』卷36, 衛玠傳「又嘗語人曰『與玠同遊, 冏若明珠之在側, 朗然照人.』」).

【白珪】

고대에 백옥으로 만들어진 예기. 결백한 몸을 나타내는 비유로 사용된다(『詩經』大雅, 抑「白珪之玷, 尙可磨也. 斯言之玷, 不可爲也.」).

【十步之芳】

'10보 안에 반드시 향기로운 풀이 있다(十步之內, 必有芳草)'에 입각한 표현이고, 곳곳에 인재가 반드시 있음의 비유로 사용된다(劉向『說苑』卷26, 談叢「十步之澤, 必有香草. 十室之邑, 必有忠士.」).

【蘭室欽其毓味】

'蘭室'은 난초의 향기가 나는 방. 뜻이 바뀌어 여성이 있는 방을 가리키는 적도 있다. 여기에서는 난초의 좋은 향기가 충만한 방. '臭味'는 냄새. 『群書治要』卷45 수록 仲長統『昌言』闕題5에「性類純美, 臭味芳香, 孰有加此乎.」라고 하여, 좋은 향기에 대하여 사용되고 있다. 이상에 입각하여 '十步之芳'과 아울러 보면, 10보 안에 피는 흔하디 흔한 꽃의 향기는 좋은 향기가 충만한 난실에서조차 그 냄새를 존중할 정도였다고 해석할 수 있고, 묘주의 재능을 '十步之芳'에 비유하여, 그 재능의 향기로움에는 향기가 진할 터인 난실조차도 미치지 못한다고 하고, 묘주의 재능을 칭송하고 있다.

【四鄰之彩】

'十步之芳'의 대구이므로, 묘주의 재능·인격을 상찬하는 표현이라고 보인다. 앞 구절이 묘주의 재주를 후각으로 표현한 것에 비하여, 여기에서는 시각으로 표현하고 있을 것이다. '四隣'은 『隋書』卷3, 煬帝紀에「十步之內, 必有芳草. 四海之中, 豈無奇秀.」라는 표현이 있어, '十步之內'와 '四海之中'의 대구가 이 묘지의 '十步'와 '四隣'의 대구관계와 대응하고, 『隋書』의 문장과 같이 '四隣'도 공간을 보여주는 것이라고 간주할 수 있어서, 사방이나 주위의 의미가 적절하다. 이상에서 '四鄰之彩'는 唐이라는 中華에 대하여 백제라는 주변에서 온 묘주의 경력에 입각하고 있어, 주변에서 반짝이는 빛을 묘주의 재능에 비유하고 있다.

【桂嶺尚其英華】

'桂嶺'은 '蘭室'과 대구인 점에서 구체적인 산을 가리킨다고 하기보다는 일반명사로서 귀중하고 아름다운 계수나무가 무성하게 있는 산을 가리킨다. '英華'는 눈부신 빛의 뜻. '四鄰之彩'와 합하여 주변에 있는 변변찮은 빛(묘주의 재능)은 桂嶺조차도 그 눈부심을 존중할 정도였다는 것이 된다.

【墜扶搖之翼】

'扶搖之翼'은 상승해 가는 바람을 탄 날개이고, 이제부터 더욱 더 비상을 이루려고 하고 있었던 묘주를 가리킨다. 그 때문에 '扶搖의 翼을 떨어뜨리다'란 이제부터 기세 있는 바람을 타듯이 출세해 갈 거라고 생각된 묘주의 돌연한 죽음을 나타내고 있을 것이다.

【輟連舂之景】

'輟舂'은 절구질하는 일을 그만둔다는 뜻. 任昉 「出郡傳舍哭范僕射詩」(『文選』卷23, 哀傷)에 「已矣余何歎, 輟舂哀國均.」이라고 하여, 國均(大臣)의 죽음을 슬퍼하는 표현으로 나온다. 더욱 오랜 용례로 賈誼『新書』卷6, 春秋「鄒穆公死 (중략) 酤家不讎其酒, 屠者罷列而歸, 傲童不謳歌, 舂築者不相杵, 婦女抶珠璝,[17] 丈夫釋玦軒, 琴瑟無音, 期年而後始復.」라고 하여 鄒 穆公이 사망하였을 때에, 마찬가지로 『史記』卷68, 商君列傳「五羖大夫死, 秦國男女流涕, 童子不歌謠, 舂者不相杵.」라고 하여 五羖大夫의 죽음에 즈음하여 절구를 찧는 일을 그만두고 있다. 또 이 묘지와 거의 동시대의 「張倫墓誌」(垂拱元年(685), 『唐代墓誌彙編』上, 738~739쪽)에도 「工女寢機, 舂人相罷.」라는 죽음을 애도하는 표현으로 나타난다. '連'은 줄지어 이어지다, 계속되다 라는 의미가 있기 때문에, '連舂'으로 절구를 계속 찧는 것이어서, 이 말은[18] 절구를 계속 찧는 것을 그만두는 광경인가?

【雍州乾封縣之高陽里】

'雍州'의 연혁은 앞의【雍州長安縣】참조. '乾封縣'은 본래 長安縣의 일부였지만, 乾封元年(666)에 나뉘어 1縣이 되고, 長安3년(703) 다시 長安縣에 편입되었다. '高陽里'는 長安城의 南郊에 해당하고, 唐代의 황족·왕공·대신부터 서민에 이르기까지의 묘지였다고 한다. 현재의 西安市 長安區 郭杜鎭(張全民).

---

17) 역주 원문에는 '婦女抶珠璝丈夫釋玦軒'으로 전부 이어져 있으나, 내용상 '婦女抶珠璝'과 '丈夫釋玦軒'은 다른 구절로 파악해야 하므로, 수정하였다.

18) '輟連舂之景' 전체를 가리킨다.

禰寔進墓誌에서는 '高陽原', 禰素士墓誌에서는 '雍州高陽原', 禰仁秀 묘지에서는 '長安縣之高陽原'이라고 매장지가 기록되어 있다.

【馹馬悲鳴, 九原長往】

'馹馬'란 1대의 마차에 붙이는 4필의 말 또는 그 마차. 귀인의 탈것. 여기에서는 死者인 묘주가 저 세상으로 길을 떠나기 위해 탄 마차라고 보인다. 『芒洛冢墓遺文』卷4 수록의 「昝斌墓誌」, 長壽 2년(693)에 매장의 기술 뒤에 「禮也. 馹馬悲鳴」이라는 표현이 보이고, 묘주의 죽음에 관련되는 말. '九原'은 戰國時代 晉 卿大夫의 묘지 이름으로, 뜻이 바뀌어 무덤 또는 황천길의 뜻. '長往'은 오래도록 가서 돌아오지 않는다. 뜻이 바뀌어 죽음. 이상에서 묘주가 死者로서 탄 저 세상으로 길을 떠나는 마차는 슬픈 소리를 내면서, 황천길로 향하여 영구히 돌아오지 않는다고 해석할 수 있다.

【月輪夕駕, 星精夜上. 日落山兮草色寒, 風度原兮松聲響】

'月輪'은 달. '駕'는 간다는 뜻. '星精'은 별의 정령, 별의 영기 등의 뜻. 그 때문에 '月輪夕駕, 星精夜上'의 구절은 달이 저녁에 떠나가고, 또 별이 밤하늘에 빛났다고 해석할 수 있다. '日落山兮草色寒, 風度原兮松聲響.'은 해가 산기슭에 지고 (묘지의) 풀빛도 황량하게 되어, 바람이 (묘지가 있는) 들판을 불어 지나가고, 솔바람 소리만이 울려퍼지고 있다고 해석할 수 있다. 소나무는 무덤에 심어지는 나무의 하나. '松聲'은 솔바람의 소리로 공허함을 나타낸다. 宋玉 「高唐賦」(『文選』卷19, 賦癸 情)에 「俯視崝嶸, 窐寥窈冥, 不見其底, 虛聞松聲.」이라고 하고, 李善 주에는 「言山下杳遠不見, 但空聞松聲.」이라고 한다. 또 「史道德墓誌」(唐·儀鳳3년, 『史滴』32 「ソグド人漢文墓誌譯註(7)」[19] 참조)에 「落日下而靑松暗, 長風起而白楊悲.」라는 유사한 표현이 있고, 이것을 '해가 지면 묘지의 푸른 소나무는 어둡고, 강한 바람이 일어나면 일본사시나무는 슬픈 듯이 흔들린다.'라고 하여, 매장된 묘지의 정경묘사라고 해석한다. 이상에 입각하여 '月輪夕駕, 星精夜上. 日落山兮草色寒, 風度原兮松聲響'이라는 구절은 전체로 묘역과 그 장소의 쓸쓸함을 나타내고 있다고 고찰된다. 「虞弘墓誌」(『史滴』33 「ソグド人漢文墓誌譯註(8)」 참조)에 「月皎皎於隧前, 風肅肅於松裏.」라는 표현이 묘역의 정경을 묘사하는 기술이 보이고, '달은 묘 앞에 밝고 맑게 빛나고, 바람은 솔숲을 조용히 지나가고 있다'고 해석하고 있다. 이 묘지와 공통되는 '月'·'風'·'松' 등의 말이 사용되고 있는 점에서 마찬가지 표현이라고 보아도 좋을 것이다.

---

19) 와세다대학 대학원 동양사학코스에서는 2003년부터 隋唐代 소그드인의 묘지를 역주하는 작업을 시작하여, 2004년부터 매년 소그드인 묘지연구 세미나(지도교수 : 이와미 기요히로[石見淸裕] 명의로 『史滴』에 게재하고 있다. 소그드인 묘지는 최근 陝西省·甘肅省 일대에서 발견되고 있는데, 隋唐代의 외국계 묘지라는 점에서 삼국 유민들의 묘지 해석에도 도움이 될 것으로 기대된다. 뒤에 보이듯이 실제로 이 禰軍 묘지의 역주에도 이 소그드인 묘지의 역주 성과가 많은 도움을 주고 있다.

【陟文榭兮可通, 随武山兮安仰】

'陟'은 오르다. '随'는 '随山'으로 산에 따라 감을 의미한다. '文榭'는 채색을 입힌 누각을 가리키고, '武山'은 산의 이름이라고 생각된다. 무언가의 고사와 관련된다고 고찰되지만, 미상. 어쨌든 '陟文榭'와 '随武山'으로 채색된 누각에 올라, 무언가에 따라 산에 오르는 것이라고 해석할 수 있다. 이상과 같이 해석하였을 경우, 그 행위가 무엇을 보여주고 있는 것인가를 고찰할 필요가 있다. 거기에서 유의해야할 것은 이 구절이 묘주의 죽음을 애도하는 문맥 속에서 사용되고 있는 점이다. 묘지의 대부분에는 묘주의 매장 후에 遺子가 부모의 죽음을 애도하는 표현이 나오는 일이 있다. 예를 들어, 「李師墓誌」(調露 2년(680), 『唐代墓誌彙編』上, 671쪽)의 「陟荒岵以長號, 聆寒泉而永慕.」, 「張府君墓誌」(垂拱元年(685), 『唐代墓誌彙編』上, 730~731쪽)의 「憶陟岵之悲, 等高柴之泣血.」, 「慕容夫人墓誌」(載初元年(689), 『唐代墓誌彙編』上, 791쪽)의 「陟霜屺而摧心, 遠雷墳而切慕.」, 「張夫人墓誌」(天授 2년(691), 『唐代墓誌彙編』上, 811쪽)의 「並陟屺崩心, 覽扅摧慮.」 등이다. 이들 묘지에 있는 '岵'는 단단한 바위산, '屺'는 벌떡 일어선 모양의 산으로, 출전은 『詩經』魏風, 陟岵 「陟彼岵兮, 瞻望父兮. 父曰嗟予子, 行役夙夜無已.」와 「陟彼屺兮, 瞻望母兮. 母曰嗟予季, 行役夙夜無寐.」로 군역에 나가 있는 효자가 고향의 부모를 생각하는 시이다. 그것이 바뀌어 죽은 부모를 그리워하는 표현으로 묘지 등에서 사용되고 있다고 보인다. 여기에서 중요한 것은 산이라는 높은 곳에 올라, 먼 곳을 조망하는 것으로 아버지나 어머니를 추모하고 있는 점이다. 그 때문에 이 묘지의 '文榭에 오르는' 일도 '武山에 따르는' 일도 높은 곳에 올라 거기에서 死者를 추도하고 있다고 고찰된다. 그렇다면 '可通'도 '安仰'도 다음과 같이 이해할 수 있다. '可通'은 死者, 바꾸어 말하면 묘주와 통할 수 있다는 의미이고, '安仰'는 '仰'에 우러러본다는 의미가 있는 점, 『詩經』의 '瞻望'과도 통하고 있는 점에서, 하늘을 평온한 기분으로 우러러보는 것으로 묘주가 있는 하늘 방향을 올려다보고 추모하고 있다고 해석할 수 있다.

【樹芳名於壽像】

'壽像'은 死者와 함께 매장하는 부장품의 하나인가? 살아있을 때의 상, 생존 중에 만든 화상이나 목상의 뜻이 있다(『佛敎語大辭典』642쪽). 다만 묘지 작성 당시에 이 의미로 사용되고 있었던가는 불분명. 그러나 '壽器'라는 관의 이칭, 생존 중부터 갖추어 둔 관을 가리키는 말이 있다(『後漢書』卷10下, 孝崇匽皇后紀 「斂以東園畵梓壽器.」 주에 「梓木爲棺, 以漆畵之, 稱壽器者, 欲其久長也.」라고 한다.). 그 때문에 '壽像'도 생전에 준비된 묘주의 모습을 그린 상일 가능성도 있다. 그러나 이러한 습속이 당시에 있었던가는 불분명. 혹은 '爲銘'·'刻銘'처럼 墓誌銘을 작성한 것을 명문 직전에 기록하는 경우가 많으므로, '樹芳名於壽像'도 묘지를 각명하는 것을 가리키고 있을 가능성도 있다.

【華麗】

동방을 상징하는 지명 '靑丘'에 대구가 되어 있는 점에서 똑같이 동방을 가리킨다고 보인다. 漢代에 樂浪郡에 설치된 25縣에 그 이름이 보인다(『漢書』卷28, 地理志 樂浪郡 「樂浪郡 (중략) 蠶台, 華麗, 邪

頭昧, 前莫, 夫租.」).

【脈遠遐邈】

'脈'은 혈통, 일족. '遐邈'은 긴 시간을 지나는 것을 말한다(『北史』卷99, 鐵勒傳「四夷之爲中國患也,
久矣. 北狄尤甚焉. 種落實繁, 迭雄邊塞, 年代遐邈, 非一時也.」). 따라서 혈통은 멀고 오래도록 전한다
는 뜻으로 해석하였다.

【會逢時濟】

'濟'를 건넌다는 뜻으로 해석하면, 어느 때 일족이 中華에서 백제 땅으로 건넜다는 뜻이 된다. 선조가
永嘉의 난 때에 백제에 이주하였다는 경력과 합치하지만, 앞 구절에서 선조가 동방 출신이라고 하는 것
을 받아서 백제에 이주하였다는 표현은 부자연스럽다. 한편, '濟'를 돕다, 재능을 발휘한다는 뜻으로 해
석하면, 일족은 동방 출신으로 재능을 발휘하여 자손이 번영하였다고 하여 전후 문맥에 부자연스러움
은 없다. 그러나 명문에서의 일족의 경력에 이주관계의 기술이 없어져 버려, 의문이 남는다.

【桂馥蘭芬】

그대로의 뜻으로 해석하면 계수나무의 향기, 난의 향기여서, 사람이 뛰어남을 치켜세우는 비유일 것
이다. 「史鐵棒墓誌」(『史滴』29「ソグド人漢文墓誌譯註(4)」)에 의하면 '桂馥'은 '고인의 덕을 칭송하는
말'이고, '蘭芬'은 '미덕이 있다는 비유'라고 하고 있으므로, 이것에 따랐다.

【七貴】

앞의【七子】와 같음. 建安七子. 동어 반복을 피한 것인가?

【牖箭】

'牖箭'은 성벽의 화살구멍. '箭牖'과 같음. 뒷 문장 '隙駒'와 대구가 되어 있는 점에서 시간이 지나가는
것의 빠른 모습을 보여준다고 보이고, '牖'(틈 사이)에서 화살을 보듯이 순식간에 시간이 지나간다고 해
석하였다.

【驚秋】

순식간에 가을이 된다는 뜻. 唐代의 시인 朱鄴, 落葉賦「見一葉之已落, 感四序之驚秋.」(『文苑英華』
卷145, 草木3)에 용례가 있다.

【隙駒】

그늘, 세월이 지나가는 것이 빠름의 비유. 달리는 말을 틈 사이에서 흘끗 보듯이 빠르다는 뜻(『莊子』

知北遊編의 「白駒過隙」이 전거).

【愴松吟於夜風】
솔바람에 대해서는 앞의【月輪夕駕, 星精夜上. 日落山兮草色寒, 風度原兮松聲響】참조.

【悲薤哥於朝露】
薤露. 漢代에 귀인을 배웅할 때에 사용된 挽歌. 『古今注』中, 音樂3에 「薤露蒿里並哀歌也. 出田橫門人. 橫自殺門人傷之爲作悲. 歌言人命薤上露易晞滅也.」라고 하여, 자살한 田橫을 위하여 문인이 만든 것으로, 부추잎 위의 이슬이 사라지기 쉬움에 인생의 덧없음을 비유하고 있다.

【靈轜兮遽轉, 嘶駼兮踟顧】
'靈轜'는 관의 수레, 상거. 『文選』卷16, 哀傷, 潘安仁 「寡婦賦」에 「輪按軌以徐進兮, 馬悲鳴而踟顧」와 마찬가지 표현이 있어, 다카하시 다다히코[高橋忠彦]의 번역은 '수레는 코스에 따라 천천히 나아가고, 말은 슬프게 울어서는 몸을 웅크려서 좀처럼 나아가려고 하지 않는다.'라고 해석한다. 이것에 따라서 '관을 실은 수레는 서둘러 나아가려고 하나, 말은 슬프게 울부짖어 몸을 웅크리고 뒤돌아보며 나아가려고 하지 않는다'고 해석하였다.

의역[20]

唐 故右威衛將軍·上柱國 禰公墓誌銘[아울러 序]

公, 諱는 軍, 字는 溫, 熊津 嵎夷의 사람이다. 그 선조는 中華와 조상을 같이 하고, 永嘉말년에 전란을 피하여 동쪽으로 향하여 가서, 그리고 거기에서 집안을 꾸몄다. 본래 높고 큰 鯨山은 靑丘를 넘어서 동쪽으로 우뚝 솟고, 광대한 熊水는 丹渚에 임하여 남쪽으로 흘러가고 있다. 〈公의 조상은〉 煙雲〈과 같이 흐릿한 먼 곳〉에 다가가서 매우 뛰어난 재능을 나타내고, 〈그 재능을〉 떠돌다 정착한 장소에 가져왔다. 〈또〉 해와 달에 아름답게 빛나듯이 재능을 발휘하여, 〈그 재능은〉 많은 사람들 중에서 출중하였다. 문재의 뛰어남은 〈이주하기〉 전에는 建安七子보다도 명성이 높았다. 무공의 출중함은 〈이주한〉 후에는 三韓에서 눈에 띄었다. 장려한 가문은 빛을 더하여, 뛰어난 재능이 명성을 계승하고 있었다. 가문은 끊이지 않고, 대대로 명망이 있었다. 증조부 福, 조부 譽, 아버지 善도 모두 本藩(백제)의 1품이고, 관호는 佐平이었다. 〈세 사람 공히〉 모두 도리를 익혀서 영예에 빛나고, 충의로 나라를 섬겼다. 충의심은 철석의 견고함과 같고, 절조는 마치 松筠과 같이 굳건하였다. 사람의 모범으로서 도덕을 몸에

---

20) 〈 〉은 본문을 보충한 부분이고, ( )는 직전 단어의 의미이다.

잘 갖추어, 士의 본보기로서 문무의 기풍을 유지하였다.

　公은 동쪽의 狼星이 빛나듯이 선조의 행복을 계승하고, 무에 뛰어난 용모를 아름답게 나타냈다. 연못가의 물이 절벽을 깨끗이 하는 것 같은 심오한 재능을 가지고, 풍성한 빛이 감싸듯이 부모에 대한 효도를 게을리하지 않았다. 하늘에 그 기운이 도달하였다는 보검과 같은 뛰어난 품성은 빛이 되어 별 사이에서 빛났다. 회오리바람을 타고 날개치듯이 늠름한 모습은 구름 위에까지 도달하는 것 같았다. 顯慶 5년(660), 관군이 本藩(백제)을 평정하였을 때, 公은 일의 전조를 보고 이해화복을 살펴 알아서, 거병하여 〈唐에〉 귀순해야 함을 이해하였다. 〈그것은〉 마치 由余가 戎을 나오고 〈秦에 귀순하며〉, 〈匈奴의〉 金日磾가 漢에 귀순한 것과 마찬가지였다. 天子는 〈公을〉 칭송하고 명예 있는 지위에 발탁하여, 右武衛瀍川府折衝都尉를 제수하였다. 때마침 日本(백제)의 잔당은 扶桑(倭)에 의거하여 誅罰을 피하고 있었다. 風谷(고구려)의 잔당은 盤桃(신라)를 거점으로 하여 〈그 적을 막는 모습은〉 견고하였다. 만이나 되는 기병은 들판에 펼쳐져서, 蓋馬와 함께 먼지를 회오리쳐 올리고 있었다. 천이나 되는 배는 물결을 소란스럽게 하여, 原虵를 도와서 격렬하게 파도를 일으켰다. 公이 海左(海東)에서 모략에 뛰어나고 瀛東(海東)에서 본보기가 되는 인물이기 때문에, 특별히 황제에게 선발되어 招慰를 맡았다. 公은 신하로서의 절조에 따라서 목숨을 내던지고, 사자로서 민첩하게 향하여 갔다. 〈그 모습은〉 하늘을 달려서 바다를 건너는 蒼鷹과 같고, 높이 날아올라 산을 넘는 赤雀과 같았다. 강의 제방을 터뜨려서 〈그 노도의 기세로〉 天吳(水神)는 조용해지고, 바람의 길을 뚫고 나가서 구름의 길이 통하였다. 〈그 빠름은〉 일행을 놓친 오리가 동행자를 찾는 것에도 닮아 있고, 하룻밤만에 목적지에 도달할 정도였다. 그리하여 조정의 위엄을 잘 서술하고 설득하여, 이후 영원히 복을 누리게 한다고 타일렀다. 僭帝가 갑자기 〈스스로를〉 신하라고 칭하였으므로, 〈公은 그 나라의〉 명망 있는 귀족 수십 인을 거느리고 唐에 가서 황제를 알현하였다. 특별히 감사한 조서를 받아서 左戎衛郎將에 제수되었고, 한참 있다가 右領軍衛中郎將·兼檢校熊津都督府司馬로 옮기게 되었다. 그 재기는 천리마와 같이 빛나고, 인덕은 모든 성읍〈의 사람들〉의 마음에 다가가고 있었다. 〈묘주가 右領軍衛中郎將에 등용되어 조정에 출사하는 모습은〉 天子의 누각에 등불을 거는 듯하고, 그 기량은 많은 인재 중에서도 출중하였다. 〈또〉 달을 황제의 거소에 거는 듯하여, 그 〈인덕의〉 향기로움이 향목을 능가할 정도였다. 〈檢校熊津都督府司馬로서 고향에 돌아와서부터의 활약은〉 낮에 비단 옷을 입고 길을 걷는 듯하여, 〈이전 백제에 있었던 즈음과〉 부귀는 바뀌는 일이 없었다. 〈그리고〉 도적조차도 밤에 〈나쁜 짓을 하는 일 없이〉 자고 있을 정도로 도리로 백성을 다스렸다. 咸亨 3년(672) 11월21일, 〈묘주는〉 조서에 따라 右威衛將軍에 제수되었다. 궁전을 엄중히 경비하고, 황성을 신중한 태도로 지켰다. 거듭 승진을 하여 여러 관직을 역임하였다. 바야흐로 능수능란하게 책략을 꾸며서 천하의 안정에 크게 기여하였다고 할 수 있겠다.

　〈그런데도〉 어떻게 예측할 수 있었을까? 해는 지기 쉬워서, 龐涓이 馬陵의 나무 아래서 어이 없이 죽었듯이, 또 강물의 흐름은 멈추기 어려워서, 龍驤將軍의 수군에 의해 풍운의 위급함을 알리고 吳가 눈깜짝할 사이에 멸망하였듯이, 갑자기 불행이 방문한다고는. 儀鳳 3년(678) 2월19일에, 〈公은〉 병에 의해 雍州 長安縣 延壽里의 자택에서 세상을 떠났다. 향년은 66세였다. 황제는 〈公이〉 세운 공로를 생각하여 지난 날을 그리워하며 오래도록 애도의 마음에 빠졌다. 그래서 絹布 300段, 粟 300斛을 하사하고, 또 葬儀에 필요한 것은 모두 조정에서 지급하여, 弘文館學士·兼檢校右威衛長史 王行本에게 葬儀를 감독시킨 것이다. 公의 탁월한 견식은 널리 세상사에 통하여, 유화하고 위엄이 있는 모습은 아름답고, 明珠〈와 같은 재능의 격〉는 동류가 없고, 白珪〈와 같은 인격〉는 맑아서 흠집 하나 없었다. 10보 안에 피는 흔해 빠진 꽃의 향기(公의 재능)는 좋은 향기가 충만한 蘭室에서조차 그 냄새를 삼갈 정도였다. 주변에 있는 변변찮은 빛(公의 재능)은 아름다운 계수나무가 무성하게 사는 산에서조차도 그 화려함을 존경할 정도였다. 〈그러나〉 갑자기 상승해 가는 바람을 탄 날개를 잃어서, 절구를 계속 찧는 일을 그만두고 묘주의 죽음을 애도하게 되어 버렸다. 그 해 10월 2일에 雍州 乾封縣 高陽里에 장사지냈다. 예의에 맞는 일이었다. 영구차의 말은 슬프게 울고, 황천길에 가서 영원히 돌아오지 않았다. 달이 저녁에 지나가고, 별이 밤하늘에 나타났다. 해는 산 그림자에 떨어져 〈무덤 주변의〉 풀빛은 쓸쓸하고, 바람은 들판을 건너불어서 소나무 바람의 소리만이 울리고 있었다. 文榭에 오르면 〈저 세상에 있는 묘주와도〉 통할 수 있고, 武山에 오르면 편안한 마음으로 하늘을 우러러 보고 〈公을〉 그리워할 수 있다. 〈公의〉 맑은 바람이 사라져가는 것을 슬퍼하여, 그 아름다운 이름을 壽像에 세웠다. 그 가사에는,

〈公의〉 혈통은 靑丘(동방)에서 나와, 樂浪 華麗(동방)를 거점으로 한 일족이다. 그 혈맥은 오래도록 전해져 〈永嘉의 난〉 때에 백제에 건너가게 되었다. 〈그 땅에서〉 일족은 역대로 번영하여, 대대로 계승되어 왔다. 〈唐에〉 귀순하는 일을 일찍이 분명히 하여, 총애가 성함은 〈唐 귀순 후도〉 바뀌는 일이 없었다. [첫번째 명문이다.]

〈그러한〉 일족의 자손이고, 그 미덕은 계수나무나 난의 향기와 같이 아름다운 것이었다. 일족의 시작은 建安七子보다 번창하고, 〈그 영광은〉 그대로 아들에게서 손자에게로 대대로 계승되고 있었다. 〈公은[21]〉 후세에 芳名을 남기고, 美名을 자손에게 남겼다. 그 명성은 지워져 버릴지도 모르지만, 그 미덕은 지금도 자손에게 계승되고 있다. [두번째 명문이다.]

창 사이로 화살을 보듯이 순식간에 가을이 되고, 말이 달리는 것을 틈 사이로 보듯이 눈 깜짝할 사이에 해는 저물어 간다. 명성은 날로 잊혀져 가고, 그 위덕은 점차 쇠퇴해 간다. 소나무가 밤바람 맞는 소리를 가엾게 생각하고, 부추 위의 아침이슬이 속절없이 사라져 가는 것을 슬퍼한다. 관을 태운 수레는 지금도 출발하려고 하는데, 副馬는 슬프게 울어 몸을 굽혀서 나아가려고 하지 않는다. 산과 골짜기가 변천하는 일을 한탄하고, 〈公의〉 명성이 잊혀져 가지 않기를 바란다. [세번째 명문이다.]

【보주】

이 역주의 탈고 후, 호리우치 가즈히로[堀內和宏](와세다대학 대학원 박사과정)로부터 禰軍 묘지에

---

21) 원문은 '公主는'이라고 되어 있으나 '묘주는'을 '公은'으로 고치는 과정에서 생긴 오류라고 판단된다.

관한 일본어문헌에 荊木美行, 「禰軍墓誌の出現とその意義」 『皇學館論叢』45, 2012년 2월이 있음을 교시받았다. 해제에 반영할 수 없었지만, 여기에 추기해 감사의 뜻을 표하고자 한다.

[번역 : 정동준(성균관대학교 사학과)]

참/고/문/헌

王連龍, 2011, 「百濟人『禰軍墓誌』考論」 『社會科學戰線』2011−7.

東野治之, 2012, 「百濟人禰軍墓誌の『日本』」 『圖書』756, 岩波書店.

葛繼勇, 2012, 「『禰軍墓誌』についての覺書−附録: 唐代百濟人關連石刻の釋文−」 『東アジア世界史研究センター年報』6.

張全民, 2012, 「新出唐百濟移民禰氏家族墓誌考略」 『唐史論叢』14.

金榮官, 2007, 「百濟遺民 禰寔進 墓誌 소개」 『新羅史學報』10.

拜根興, 2008, 「百濟遺民『禰寔進墓誌銘』關連問題考釋」 『東北史地』2.

趙振華, 2009, 『洛陽古代銘刻文獻研究(第四編唐代墓誌研究之一民族異域篇)』, 三秦出版社.

일본 출토 고대목간
-정창원 傳世 목간-

미카미 요시타카(三上喜孝)*

Ⅰ. 들어가며
Ⅱ. 정창원의 개요
Ⅲ. 발견된 傳世 목간의 개요
Ⅳ. 발견된 傳世 목간의 성격
Ⅴ. 나오며

〈국문 초록〉

　본고에서는 근년 일본에서 발견된 고대목간 중에서 가장 주목되는 것을 선택해 그 내용과 의의를 소개하고자 한다. 여기에서는 2011년에 발견되어 『木簡研究』34호(2012년) 등에 공표되었던 정창원 傳世 목간에 대해서 소개한다.

　정창원은 奈良縣의 東大寺 대불전 서북에 위치한 창고이다. 정창원은 「마루가 높은 창고구조」로 유명한 북창과 남창, 그리고 그 사이에 판벽의 中倉까지 3개의 창고로 이루어져 있다. 이곳은 「정창원보물」이라고 불리는 다수의 공예품과 「정창원문서」라고 불리는 奈良時代의 古文書群을 소장하고 있다고도 알려져 있다.

　정창원에는 보물에 부속해 있는 부찰과 문서목간, 그리고 정창원문서 중에는 寫經所 帳籍에 본래 붙어 있었다고 생각되는 軸(「往來軸」) 등 傳世목간이 많이 존재하는데, 이번에 새롭게 남창에서 물품의 출납을 기록했던 목간의 존재가 확인되었다.

　목간은 대형의 목재를 사용해 刻線을 긋고 경계선을 만들어 날짜별로 물품의 出藏을 기록한 것으로, 소위 「倉札」이라 불리는 것이다. 정창원에는 과거에도 中倉에서 「倉札」이 발견되고 있어, 倉의 물품 출납 때 이렇게 「倉札」이라 불리는 대형의 목간이 설치되어 출납 때에 기록되었다고 생각된다.

　倉札에 쓰여진 이러한 정보는 최종적으로는 종이 帳籍에 정리되어졌다고 생각된다. 본 목간은 고대에 있어서 목간과 종이 기록과의 관계를 아는데 있어서도 중요한 의의를 가진 목간이다.

▶ 핵심어 : 正倉院, 伝世木簡, 倉札, 正倉院文書

---

* 일본 야마가타대학(山形大學) 敎授

Ⅰ. 들어가며

  본고에서는 매년 근년 일본에서 출토되었던 목간 중에서 주목되는 것을 선택해서 소개하고자 한다. 목간은 통상 발굴조사에 의해 유적에서 출토되는 경우가 대부분인데, 아주 드물게 傳世되는 것도 존재한다. 본고에서는 『木簡研究』34호(2012년)에 공표되었던 정창원에 傳世되었던 목간에 주목하고자 한다.

Ⅱ. 정창원 개요

  정창원은 奈良縣의 東大寺 대불전 서북에 위치한 창고이다. 정창원은 「마루가 높은 창고구조」로서 유명한 북창과 남창, 그리고 그 사이에 판벽의 中倉 3개의 창고로 이루어져 있다.

  奈良時代 이래, 聖武天皇과 光明皇后와 관계된 有愛品, 동대사의 資財와 儀式關係品 등을 수장하고 있어 그것들을 「정창원보물」이라고 부르고 있다. 또 1만점에 달하는 「정창원문서」라고 부르는 奈良時代의 古文書群을 소장하고 있는 것으로도 유명하다.

  이 정창원에는 보물에 부속하게 한 부찰과 문서목간, 그리고 정창원문서 중에서 寫經所 帳籍에 본래 붙어있었다고 생각되는 軸(「往来軸」) 등 傳世 목간이 많이 존재하는 것이 알려지고 있다.

  정창원 보물은 明治時代 이래, 현재에 이르기까지 수리와 정비가 계속되고 있다. 아직까지 미정리된 것도 있지만 이번에 발견된 목간은 남창에 대형악기의 부재로서 수납되었던 것 중에 포함되어 있었다. 宮內廳 정창원 사무소의 조사에 의해 그중 1장에서 많은 묵서기재가 확인되었던 것이다. 이하 궁내청 정창원 사무소 조사결과에 의거해 목간의 개요에 대해 기재한다.

Ⅲ. 발견된 傳世 목간의 개요

  이 목간의 수종은 杉材로 장방형의 형식이다. 상단은 절손되어 있는데, 하단은 본래의 方頭形을 남기고 있다.

  목간의 표면은 썩고 헐었기 때문에 육안으로 겨우 문자가 확인 가능한 정도이다.

  표면 안쪽 양면에는 칼날로 절입 시켰다고 보여지는 복수의 刻界線이 확인 가능하다. 이것은 문자를 썼을 때에 행의 첫머리 위치를 정리하기 위해 새긴 것으로 용지에 橫界線을 긋는 것과 같은 의미를 가진다. 3개의 횡계선을 하나로 통합하지 않아 앞(표면)에는 적어도 4단, 裏面에는 2단이 확인된다.

  목간의 판독문은 別圖대로이다. 크기는 세로가 1470㎜(현재 부분), 가로가 78㎜, 두께가 10㎜이다. 일본목간학회의 형식으로는 019형식에 해당한다.

  가장 문자수가 많은 표면 4단의 기재를 보면, 1행에 「七月」 2행에 「五日下調布壹伯端□」가 있어 모년 7월 5일에 調布(稅로서 貢進되었던 布) 百端을 「내렸다」, 즉 지급했던 것을 기록하고 있다. 첫머리에 「七月」이 있고 그 다음 행이 「五日」이 되는 것으로 이것은 7월 1달 사이에 물품을 지급했던 것을 日次式(날짜 순서대로 기록하는 방식)으로 기록하고 있었던 장적인 것으로 생각된다.

3행에는 「綿」으로 읽혀지는 문자로, 綿의 단위인 「屯」의 문자가 확인된다. 越前, 越中, 伯耆의 국명이 확인되는데, 越前은 현재의 福井県, 越中은 현재의 富山県, 伯耆는 현재의 鳥取県에 해당한다. 平安時代의 법제사료인 『延喜式』에 의하면 越前国, 越中国, 伯耆国은 모두 稅로서 庸綿을 공진하고 있던 것이 알려지고, 여기에 보이는 綿도 稅로서 공진되었던 綿일 가능성이 있다.

Ⅳ. 발견된 傳世 목간의 성격

본 목간은 기재내용으로 판단해 창고에서 물품의 出藏을 日次式으로 기록했던 「倉札」로 추정된다. 어쩌면 창고내부에 설치해, 창고에서 물품을 꺼낼 때 마다 그 물품의 종류와 수량이 기재되어 있던 것으로 생각된다.

그렇다면 어느 창고에 관계된 기록인 것인가? 단서가 되는 것은 표면 3단에 기재되어 있는 「主典志斐麻」라고 하는 人名이다. 이것은 東大寺 造營官司인 造東大寺司의 主典(第4等官)을 근무한 志斐麻呂인 것은 확실하다. 이렇게 되면 造東大寺司의 관리 하에 있던 中倉에 관련된 出納記錄일 可能性이 있다. 이와 관련하여 志斐麻呂가 造東大寺司의 主典 地位에 있었던 것이 확인 되는 것은 天平寶字5년(761) 이후 神護景雲 元年(767)까지이므로, 본 목간의 연대에 관해서도 시사를 줄 것이다.

창고의 출납에 관한 기록은 그때마다 창고에 구비되어 있던 대형의 목간에 기재하는 경우가 많고, 이것을 「倉札」이라고 불렀다. 사료상에는 「板策」, 「板札」 등의 기술도 보인다(大同 2년〔807〕 「西行南第二倉公文下帳」, 『大日本古文書』 25附錄 55~58쪽). 이렇게 날짜마다 출납내용을 기록했던 倉札을 기초로 최종적으로는 종이 문서에 정리한 것이고, 본 목간은 그러한 장적의 작성과정, 종이와 목간의 관계를 아는데 있어서 중요한 단서를 주고 있는 목간이다.

덧붙이자면 정창원에는 이 밖에 中倉 202 제71호 궤(櫃)에서 같은 기재양식을 가진 倉札이 있는 것도 알려지고 있다.

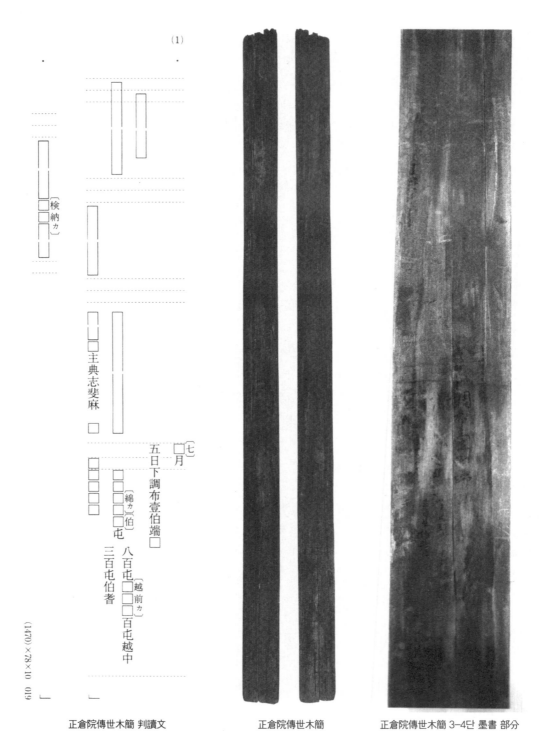

正倉院傳世木簡 判讀文　　　　　正倉院傳世木簡　　　　正倉院傳世木簡 3-4단 墨書 部分

正倉院傳世木簡 (『木簡研究』34, 2012年)

V. 나오며

이상 궁내청 정창원 사무소의 조사성과를 소개하고, 본 목간의 의의에 대해서 고찰했다. 되풀이 하자면 본 목간은 종이 帳籍이 작성되기 전 단계의 帳籍으로 역할을 했던 것으로 생각되고, 그런 까닭에 고대에 있어서 종이의 기록과 목간과의 관계를 고찰하는데 있어서 귀중한 자료라 할 수 있다. 정창원 문서는 그 의미에 있어서도 목간연구에 커다란 역할을 하고 있다.

[번역: 오택현(동국대학교 사학과)]

투고일 : 2013. 4. 22   심사개시일 : 2013. 4. 30   심사완료일 : 2013. 5. 6

참/고/문/헌

佐々田悠·飯田剛彦, 2012, 「奈良·正倉院」, 『木簡研究』34.

佐々田悠·飯田剛彦·杉本一樹, 2011, 「年次報告 調査3 木工品」, 『正倉院紀要』33.

杉本一樹, 2001, 「正倉院の木簡」, 『日本古代文書の研究』(初出1990年).

〈日文要約〉

近年発見された日本古代木簡
－正倉院伝世木簡－

三上喜孝

　本稿では、近年、日本で発見された古代木簡の中から、とくに注目されるものを選んで、その内容と意義を紹介する。ここでは、2011年に発見され、『木簡研究』34号(2012年)等で公表された、正倉院伝世木簡について紹介する。

　正倉院は、奈良県の東大寺大仏殿の北西に位置する倉庫である。正倉院は、「校倉造り」として有名な北倉と南倉、そしてその間に板壁の中倉の三つの倉からなる。「正倉院宝物」と呼ばれる数多くの工芸品や、「正倉院文書」と呼ばれる奈良時代の古文書群を所蔵していることで知られる。

　正倉院には、宝物に付属するする付札や文書木簡、正倉院文書の中の写経所帳簿に本来つけられていたと思われる軸(「往来軸」)など、伝世木簡が数多く存在するが、このたび新たに、南倉から物品の出納を記録した木簡の存在が明らかにされた。

　木簡は、大型の木材を使用して、刻線を引いて界線を作り、日次式に物品の出蔵を記録していったもので、いわゆる「倉札」とよばれるものである。正倉院では、過去にも中倉から「倉札」が発見されており、倉の物品の出納の際に、こうした「倉札」と呼ばれる大型の木簡が据え置かれ、出納のたびに記録されていたと思われる。

　倉札に書かれたこうした情報は、最終的には紙の帳簿にまとめられたと考えられる。本木簡は、古代における木簡と紙の記録との関係を知る上でも、重要な意義を持つ木簡である。

▶ キーワード：正倉院, 伝世木簡, 倉札, 正倉院文書

문/자/자/료 다/시 읽/기

문헌 사료가 충분하지 못한 한국 고중세사 연구에 있어서는 木簡·金石文과 같은 非문헌 사료가 대단히 중요하다. 다행히 근래에 이에 대한 관심과 연구도 점차 심화되고 있다. 여러 종류의 자료 모음집과 역주서 등이 나왔고, 개별 목간·금석문을 대상으로 한 새로운 판독과 해석 연구들도 많이 나오고 있다. 하지만 아직도 충분히 세밀하게 검토되고 있다고는 이야기하기 힘들다. 기존의 자료집과 역주서 등에서 충분히 판독, 해석되지 않았거나 미심쩍은 부분들이 있고, 그에 따라 해당 목간·금석문 자체의 성격이 전혀 새롭게 이해될 수 있는 경우들을 발견하게 된다. 이런 상황을 고려할 때 목간·금석문에 대한 면밀한 재검토는 고중세사에 관한 새로운 사실들을 적지 않게 밝혀줄 수 있을 것으로 생각된다. 〈문자자료 다시 읽기〉에서는 고중세의 목간·금석문들 중에서 그 내용과 성격이 제대로 알려지지 못하였거나 기존의 판독, 해석과 다르게 판독, 해석될 수 있는 자료들을 소개하고자 한다. 고중세 목간·금석문에 대한 학계의 보다 많은 관심과 면밀한 검토를 촉구하기 위한 〈문자자료 다시 읽기〉에 연구자들의 관심과 질정을 부탁하는 바이다.

〈華嚴石經〉의 서사 체재 연구

조미영*

Ⅰ. 서론
Ⅱ. 선행연구 동향과 문제 제기
Ⅲ. 〈화엄석경〉의 서사 체재
Ⅳ. 결론

〈국문 초록〉

〈華嚴石經〉은 〈法華石經〉, 〈金剛石經〉을 포함한 통일신라 3대 석경 가운데 그 규모나 의미에 있어서 가장 중요한 것임에도 불구하고 잔편의 상태로만 남아 있어 연구에 어려움이 많다. 최근 복원을 위한 연구가 고려대장경연구소와 김복순에 의해 시도되었으나 이들의 연구는 〈화엄석경〉이 사경의 한 종류이고 그로인해 사경의 서사 체재에 바탕을 두고 있다는 것을 간과하여 오류를 범하고 있다. 이에 본고에서는 먼저 지금까지 〈화엄석경〉에 대해 이들의 연구 성과와 한계를 살펴본 후 선행연구가 간과한 사경 서사 체재에 관해 살펴보고, 이를 바탕으로 하여 〈화엄석경〉의 서사 체재에 대해 연구했다. 연구 결과는 다음과 같다.

〈화엄석경〉은 品을 중심으로 품수제를 서사했고 품과 품 사이에 변상도가 있는 경우도 있었다. 장행 부분은 1행 28자가 일정하게 지켜졌으며 4언 게송은 1행 7구, 5언 게송은 1행 6구, 7언 게송은 1행 4구로 배치했고 구와 구 사이에는 띄어쓰기가 되어 있다. 이로써 〈화엄석경〉이 사경 서사 체재의 큰 틀 속에서 〈화엄석경〉만의 독특한 체재로 조성되었다는 것을 알 수 있다. 또한 지금까지 〈화엄석경〉의 연구는 고려대장경본을 중심으로 이루어졌는데 〈화엄석경〉을 조성할 당시의 『화엄경』은 고려대장경본과는 다른 부분이 있다는 것을 확인할 수 있었다.

서사 체재의 연구는 〈화엄석경〉의 복원과도 밀접한 관련을 가지므로 본 연구로 인해 〈화엄석경〉의 복원이 한발 더 가까워질 것이라 기대해본다.

▶ 핵심어 : 화엄석경, 화엄경, 변상도, 사경

---

* 원광대학교 서예문화연구소 연구원

Ⅰ. 서론

〈華嚴石經〉은 『大方廣佛華嚴經』(이하 『華嚴經』[1])을 돌에 새긴 것으로 현재 보물 1040호로 지정되어 있다. 〈화엄석경〉은 화엄사의 丈六殿 내부를 장엄한 것인데 지금은 모두 불에 타 장육전이 있던 자리에는 覺皇殿이 세워졌고, 〈화엄석경〉은 수많은 편들로 조각나 화엄사 내에 방치되다가 수습되어 지금은 상자에 나누어 담아 보관되고 있다.

〈화엄석경〉은 현재 모두 19,333片이 수습되었는데 그중 문자와 변상이 새겨진 것이 13,115편이고 아무것도 조각되지 않은 것이 6,218편이다. 이 편들은 대부분 화엄사에 소장되어 있으며 일부는 동국 대박물관 등의 기관이나 개인이 소장하고 있다.[2]

통일신라 3대 석경 가운데 그 규모나 의미에 있어서 가장 중요한 것임에도 불구하고 〈화엄석경〉은 이처럼 잔편의 상태로만 남아 있어 연구에 어려움이 많다. 최근 복원을 위한 연구가 고려대장경연구소와 김복순에 의해 시도되었다. 그러나 이들 연구는 〈화엄석경〉이 사경의 한 종류이고 그로인해 사경의 서사 체재에 바탕을 두고 있다는 것을 간과하여 오류를 범하고 있다. 이에 본고에서는 먼저 지금까지 〈화엄석경〉에 대해 이들의 연구 성과와 한계를 살펴보겠다. 그 후 선행연구가 간과한 사경 서사 체재에 관해 살펴보고 이를 바탕으로 하여 〈화엄석경〉의 서사 체재에 대해 연구해 볼 것이다. 서사 체재의 연구는 〈화엄석경〉의 복원과도 밀접한 관련을 가지므로 본 연구로 인해 〈화엄석경〉의 복원이 한발 더 가까워질 것이라 기대해본다.[3]

Ⅱ. 선행연구 동향과 문제 제기

서사 체재를 살피기 전에 먼저 선행연구의 성과와 한계를 알아보자. 華嚴寺에서는 〈화엄석경〉 복원을 위해 탁본사업을 시작으로 하여 2002년 학술심포지엄을 개최하였고, 그 탁본을 바탕으로 고려대장

---

1) 『화엄경』은 東晋의 佛馱跋陀羅(359-429)가 번역한 60권 34品이 있고, 唐의 實叉難陀(652-710)가 번역한 80권 39품과 당의 般若가 번역한 40권 1품이 있다. 이들은 다 한역으로서 각각 60권본화엄경·80권본화엄경·40권본화엄경(약칭 60화엄·80화엄·40화엄)이라고 부르기도 한다. 또 60화엄을 舊譯, 80화엄을 新譯이라고도 하며 60화엄이 진나라 때 번역되었다 하여 晋本이라고도 하고 40화엄이 당 貞元 연간인 798년에 번역되어 貞元本이라고도 한다. 이 밖에 지나미트라(Jinamitra) 등이 번역한 45품의 西藏譯本으로 藏譯華嚴이라고도 부르는데 대체로 우리나라에서 『화엄경』은 위의 세 가지를 말한다. 〈화엄석경〉은 이 중에서도 晋本을 돌에 새긴 것이다.

2) 국립경주박물관, 2002, 『文字로 본 新羅』, p.210 참조.

3) 본고에 쓰인 〈화엄석경〉의 탁본과 자료들은 화엄사에서 제공받은 것임을 밝혀둔다. 또한 편의 번호는 고려대장경연구소의 〈화엄석경〉 복원 프로젝트를 위해 정리해놓은 석경편의 번호를 따랐음을 밝혀두며 후학을 위해 좋은 자료를 만들어 제공해주신 화엄사와 고려대장경연구소에 감사드린다. 또한 본고에 많은 조언을 해 주신 한국사경연구회 김경호, 원광대 서예문화연구소 정현숙 두 분 선생님께도 감사드린다.

경연구소에 '〈화엄석경〉 복원프로젝트'를 의뢰했다. 고려대장경연구소는 이 탁본들을 바탕으로 하여 〈화엄석경〉의 13,000여 편 중 약 10,000여 편이 『화엄경』의 어느 위치인지를 밝혔다. 이는 〈화엄석경〉 연구에 있어 지금까지의 그 어느 것보다 큰 성과라 할 수 있다. 하지만 그 편들이 워낙 작고 많아 이 석경이 대체적으로 어떤 모습이었는지에 대한 연구는 아직 많이 미흡하다. 지금까지 〈화엄석경〉에 관한 연구논문은 몇 편 없고 주로 조성시기와 서풍 그리고 자형에 관한 것이 대부분이었다.[4] 이 중 〈화엄석경〉의 서사 체재에 관한 연구는 전무했고 단지 이 석경에 대해 설명할 때 아래와 같이 개괄적으로 몇 줄을 언급한 것만이 있다.

> "보물 1040호로 지정되어 화엄사에 소장되어 있는 화엄석경은 현재 모두 19,333편으로 文字와 變相이 있는 조각이 13,115편이고, 그 외에도 6,218편이 남아 있는 것으로 조사되었다.……화엄석경은 60권본 『화엄경』을 1행 28자로 새긴 것으로, 그 형태는 上下와 字間에 線이 있는데, 일부는 없는 것도 있다."[5]
>
> "석경의 내용은 진본화엄경인 60권본이며 1행 28자로 글자를 새겼다. 석경의 상하에는 가로선(사경의 천지선)을 긋고 각 행마다 세로선을 그어 경문을 새겼는데, 행간은 2cm, 자경은 1.5-1.8cm이다. 현재 전하고 있는 편들은 크기가 모두 다르고, 두께 또한 4-7cm로 각기 다른 폭으로 나타난다. 화엄석경에는 변상도 편이 함께 확인되며, 석각과 부조로 나누어 볼 수 있으며, 불보살상·대좌·동물문·식물문등 다양하게 나타나고 있다. 이 중 선각된 변상도 편에는 경문을 새길 때의 천지선과 행간을 나누는 세로선이 함께 새겨져 있어 경문을 새기기 위해 치석된 돌에 변상을 그려 넣었음을 알 수 있다. 이와 같이 경문과 함께 변상이 나타나는 것을 통해서 〈화엄석경〉에도 사경의 체제가 그대로 적용되었음을 알 수 있다."[6]

---

4) 〈화엄석경〉에 관한 선행연구는 다음과 같다.
    강혜근, 2003, 「방산석경과 화엄석경 및 고려대장경의 비교 연구」, 『중국어문학논집』24, 중국어문학연구회.
    김복순, 2002, 「신라 석경 연구」, 『동국사학』37, 동국사학회.
    _____, 2002, 「화엄사 화엄석경의 조성 배경과 사적 의의」, 『화엄사·화엄석경』, 화엄사.
    _____, 2012, 「화엄사 화엄석경편의 판독과 조합 시론」, 『신라문화』40, 동국대학교 신라문화연구소.
    김주환, 2002, 「화엄사 화엄석경의 석질에 관한 조사연구」, 『화엄사·화엄석경』, 화엄사.
    리송재, 2004, 「華嚴寺〈華嚴石經〉의 造成과 書風」, 동아대학교 석사학위논문.
    _____, 2006, 「화엄사〈화엄석경〉의 서풍과 조성시기」, 『불교미술사학』4, 불교미술사학회.
    이규갑, 2003, 「화엄석경과 방산석경의 이체자형 비교」, 『중국어문학논집』20, 중국어문학연구회.
    장충식, 2000, 「신라석경과 그 복원」, 『한국서예이천년전 특강논문집』, 예술의 전당.
    鄭明鎬, 申榮勳, 1965, 「華嚴石經 調査整理 畧報」, 『미술사학연구』6, 한국미술사학회.
    조미영, 2012, 「통일신라시대 〈화엄석경〉에 나타난 변상도 연구」, 『서예학연구』20, 한국서예학회.
    한상봉, 2002, 「신라 화엄석경의 서체와 금석학적 연구」, 『화엄사·화엄석경』, 화엄사.
5) 김복순, 2002, 「신라 석경 연구」, 『동국사학』37, 동국사학회, pp.112-113.

이처럼 〈화엄석경〉 서사 체재 연구는 단지 선각과 부조로 된 불보살상·대좌·동물문·식물문의 변상이 있다는 것, 1행 28자이고 天地線[7]과 界線이 있는데 없는 것도 있다는 것 외에는 전무했다.

고려대장경연구소는 〈화엄석경〉의 서사 체재 중 게송의 경우 4언 게송은 1행 7구, 5언 게송은 1행 6구, 7언 게송은 1행 4구로 배치된다는 것을 알아냈다. 그러나 고려대장경연구소의 연구는 사경 서사 체재에 대한 이해를 바탕으로 하지 않고, 또한 편들 사이의 연관성을 고려하지 않고 단편만으로 부분적인 복원을 시도하고 있어 오류가 많다. 최근 김복순은 〈화엄석경〉의 1품과 2품에 해당되는 몇 부분을 편들의 조합을 통해 복원하여 고려대장경연구소의 결과와 같은 결론을 도출했다.[8] 이는 〈화엄석경〉의 서사 체재 연구가 거의 전무한 상태에서 이루어낸 큰 결실이나 이 연구 또한 사경의 서사 체재에 대한 이해를 바탕으로 하지 않았으며 너무 적은 수의 편으로 조합하여 오류가 많다.

이 두 연구의 오류를 몇 개만 살펴보겠다.

먼저 고려대장경연구소의 21·22품 시작 부분을 살펴보자. 〈표 1〉의 9222편과 11629편은 같은 21품 시작 부분이다. 그런데 여기서는 같은 부분의 편임에도 다르게 배치되었다는 것을 알 수 있다. 9222편을 중심으로 한 부분은 21품의 시작을 앞품의 게송 끝에 한 글자의 공간을 비우고 바로 '大方廣佛華嚴經金剛幢菩薩十迴向品第二十一之一'이라고 품수제에 經名, 品名, 品數를 다 서사하고 있고, 11629편을 중심으로 한 부분은 경명, 품명 등의 권수제나 품수제가 없고 앞품의 게송이 끝난 후 행을 바꾸어 새로운 품의 경문으로 바로 들어가고 있다.

이는 11629편이 9222편을 중심으로 구성된 부분에는 들어맞지 않아 새로 구성한 것으로 보이는데 그러면 9222편은 11629편을 중심으로 구성된 부분에 맞지 않는다(그림 23 참조). 또한 22품 시작부분 편인 11675편을 중심으로 구성된 부분은 품명도 없고 단지 11675편의 지각선을 기준으로 구성해 놓았는데 앞의 품 마지막 게송이 끝나고 3–4자 정도의 공간을 비우고 22품의 경문을 바로 시작하고 있다. 원래 이 22품은 품명부분의 조각도 확인되고 또 22품 시작부분과 앞의 21품 끝부분 사이에 변상이 위치하고 있어 이 구성은 잘못된 것이다(그림 26). 이것은 일반적인 사경의 서사 체재에 대한 이해의 부족으로 인해 생긴 오류이다. 이처럼 복원을 위해서는 다른 편들과의 조합을 고려해야 하고 卷首題와 品首題를 어떻게 서사했는지가 고려되어져야 한다. 고려대장경연구소는 수많은 편의 위치를 비교적 정확하게 밝히는 큰 성과를 이루었으나, 이처럼 복원 부분에서는 많은 숙제를 남기고 있다.

다음으로 김복순의 연구는 대체로 천지선을 기준으로 다른 편들과의 조합을 고려하였으나 너무 적은 수의 편으로 조합을 시도해 오류를 만들었다.

---

6) 리송재, 2006, 「화엄사 〈화엄석경〉의 서풍과 조성시기」, 『불교미술사학』4, 불교미술사학회, pp.112–113.

7) 天頭線과 地脚線을 합하여 天地線이라 한다. 이것에 관한 자세한 설명은 다음 장에서 하겠다.

8) 김복순, 2012, 「화엄사 화엄석경편의 판독과 조합 시론」, 『신라문화』40, 동국대학교 신라문화연구소.

표 1. 고려대장경연구소, 21· 22품 시작 부분

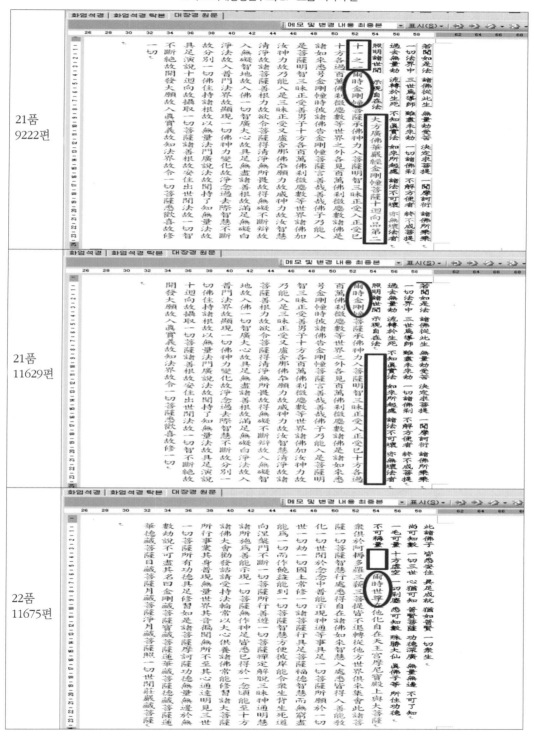

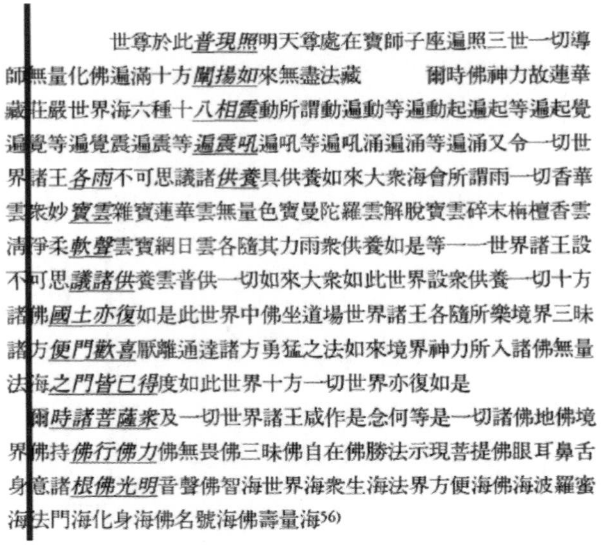

世尊於此普現照明天尊處在寶師子座遍照三世一切導
師無量化佛遍滿十方闡揚如來無盡法藏　　爾時佛神力故蓮華
藏莊嚴世界海六種十八相震動所謂動遍動等遍動起遍起等遍起覺
遍覺等遍覺震遍震等遍震吼遍吼等遍吼涌遍涌等遍涌又令一切世
界諸王各雨不可思議諸供養具供養如來大衆海會所謂雨一切香華
雲衆妙寶雲雜寶蓮華雲無量色寶曼陀羅雲解脫寶雲碎末栴檀香雲
淸淨柔軟聲雲寶網日雲各隨其力雨衆供養如是等一一世界諸王設
不可思議諸供養雲普供一切如來大衆如此世界設衆供養一切十方
諸佛國土亦復如是此世界中佛坐道場世界諸王各隨所樂境界三昧
諸方便門歡喜厭離通達諸方勇猛之法如來境界神力所入諸佛無量
法海之門皆已得度如此世界十方一切世界亦復如是
　　爾時諸菩薩衆及一切世界諸王咸作是念何等是一切諸佛地佛境
界佛持佛行佛力佛無畏佛三昧佛自在佛勝法示現菩提佛眼耳鼻舌
身意諸根佛光明音聲佛智海世界海衆生海法界方便海佛海波羅蜜
海法門海化身海佛名號海佛壽量海56)

그림 1. 4169 + 134편

60『화엄경』의 「세간정안품」과 「노사나불품」이 연결되는 부분으로, 위쪽의 尒時는 앞쪽
에 3자를 공간을 띠어 놓았고, 아래쪽의 尒時는 줄을 바꾸고 앞쪽에 한 칸을 비어 놓았
음이 확인되는데, 이로써 품이 바뀔 때 줄을 바꿔서 새로이 각을 하였음을 알 수 있다.9)

　　김복순은 2품이 시작되는 이 부분을 이렇게 서술하고 있다. 우선 이 부분의 조합에서는 天頭線이나
地脚線이 없어 복원을 할 때 기준이 될 만한 부분이 없다. 그래서 이 부분은 전체적으로 한 칸씩 뒤로
밀려서 복원되어 있다. 따라서 아래쪽 '尒時'는 앞쪽에 한 칸을 비운 것이 아니고 맨 위에 써진 것이고
위쪽의 '尒時'는 게송이 끝나고 어느 정도의 공간을 두고 장행을 시작한 것이다(그림 7 참조). 이것은 천
지선을 기준으로 복원하지 않고 또 너무 적은 수의 편으로 조합하여 생긴 오류이다.10)
　　따라서 필자는 〈화엄석경〉의 서사 체재를 연구함에 있어 〈화엄석경〉이 사경의 한 종류임을 인지하
고 사경의 서사 체재에 대한 이해를 바탕으로 접근하고자 했다. 이러한 이해의 출발선에서 최근 〈화엄
석경〉의 변상도에 대한 졸고를 발표하였다.11) 지금까지 〈화엄석경〉의 변상도에 대한 연구는 전무하였

---

9) 김복순, 2012, 앞의 논문, p.175.
　　본고의 편 번호는 화엄사의 번호를 따랐기 때문에 김복순의 번호와는 다르다. 그의 4169편은 본고의 5407편이며, 「노사나
　　불품」 시작 부분이다.
10) 이같은 오류는 김복순의 위의 논문 pp.170~171의 (4)에서도 나타난다. (4)의 24번째 행을 보면 게송이 끝나고 장행이 시
　　작되는 부분이 있다. 원래 이 부분은 게송이 끝나고 한 칸을 띄우고 장행이 시작되는데 그 부분을 고려하지 않고 바로 이
　　어서 써서 30번째 행까지 한 글자씩 앞으로 당겨져 있다.

는데 필자는 변상이 나타나는 각각의 편들을 살펴보고 이를 〈백지묵서대방광불화엄경〉과 고려시대 금
자대장경과 비교하여 살펴보았다. 따라서 본 연구에서는 변상도에 관한 자세한 내용은 제외하고 경문
의 서사 체재에 대하여 살펴볼 것이다.

Ⅲ. 〈화엄석경〉의 서사 체재

이 장에서는 〈화엄석경〉의 서사 체재를 이해하기 위해 숙지해야 할 일반적인 사경 서사 체재를 먼저
살펴보고, 이어서 〈화엄석경〉의 서사 체재를 알아보겠다.

1. 寫經의 서사 체재

사경은 聖人의 말씀을 옮겨 적은 것을 말하는데 한국의 사경은 불교사경이 주를 이루어 한국에서는
'사경'하면 불교 경문을 적은 것을 말한다. 사경은 서사 재료나 粧帖, 發願者 등에 따라 여러 가지로 나
눌 수 있지만, 크게 살펴보면 일차 사경과 이차 사경으로 나눌 수 있다. 일차사경이란 종이나 비단을 비
롯한 천에 직접 서사한 것이고, 이차사경은 일차사경을 바탕으로 하여 제작한 〈高麗大藏經〉과 같은 板
經을 비롯한 금경, 瓦經, 동경, 옥경 등이 있다. 따라서 본고에서 다루고자 하는 〈화엄석경〉은 이차사
경에 속한다고 할 수 있다.

이러한 사경은 보통 일정한 형식을 가지고 서사된다. 변상도와 천지선, 1행에 몇 자라는 규칙 외에
도 卷首題와 品首題, 偈頌을 쓰는 형식 등에서 일정한 체재를 갖추고 서사된다. 지금부터 이러한 사경
의 서사 체재에 대하여 중국 남북조와 수당의 사경과 〈화엄석경〉과 같은 시대의 사경인 〈백지묵서대방
광불화엄경〉의 경우를 중심으로 살펴보도록 하겠다.

1) 天地線과 界線

사경의 경문 위쪽에 가로로 그은 선을 天頭線이라 하고 아래쪽에 가로로 그은 선을 地脚線이라 하는
데, 보통 사경은 위아래에 天地線과 세로로 행간을 구획하는 界線을 긋고 그 안에 경문을 서사하는 것
이 일반적이다. 天地線과 계선은 經文을 장엄함과 동시에 구획의 형성을 통해 경문을 세로로 보기에 편
리하게 해주어 가독성을 높이고 전체적으로 안정감을 준다.

2) 經題(經名)과 品名

경의 맨 앞에 經題가 서사되는데 卷首題라고 한다. 권수제에는 대체로 經名에 이어 卷數가 서사된

---

11) 조미영, 2012, 「통일신라시대 〈화엄석경〉에 나타난 변상도 연구」, 『서예학연구』20, 한국서예학회.

다.[12]

　중국 사경의 경우 대체로 권수제 앞의 제1행은 비워두고 권수제를 제2행에 서사하고 있다. 권수제의 자경은 경문의 글씨보다 약간 크거나 같고 자간은 경문에 비해 약간 좁혀 서사하고 있다.[13] 1행에 20자가 넘는 細字 寫經의 경우에는 제1행을 비우고 제2행에 經名·卷數·品名과 品數를 모두 서사한다.[14] 한 권 안에서 品이 바뀌는 경우 행을 바꿔서 경명과 품명, 品數를 서사하고 행을 바꾸어 경문을 서사한다.

　신라 〈백지묵서대방광불화엄경〉의 경우 80권본을 10권 단위로 한 축을 만들어 서사하였고 그 안에서 권이 바뀔 때 앞 권의 마지막 부분의 경문이 끝나고 1행을 비우고 卷尾題인 경명과 卷數를 써서 권이 끝났음을 보여준다. 그 뒤에 대체로 3행의 공간을 비우고[15] 새로 시작하는 卷首題를 쓰는데 이 권수제에는 경명에 이어 품명과 品數를 서사하고 그 아래에 약간의 공간을 둔 후, 경명보다 작은 글씨로 '卷○'로 卷數를 서사하고, 다시 약간 아래에 공간을 두고 작은 글씨로 '新譯'이라 서사했다. 한 권 안에서 品이 바뀌는 경우 행을 바꿔서 경명과 품명, 品數를 서사하고 다음 행에 경문을 서사한다. 또한 같은 품에서 '之一', '之二' 등으로 나뉘는 경우에도 품이 바뀌는 경우와 마찬가지로 서사되는데 이는 다른 사경들에서도 일반적으로 이루어지는 서사 체재이다.

　고려사경의 경우는 대체적으로 경명과 卷數가 쓰인 卷首題를 쓰고 다음 행에 譯者를 지각선에 맞추어 작은 글씨로 서사한 후 다음 행에 품명을 쓰고 행을 바꾸어 경문을 시작한다.

3) 經文

　卷首題나 品首題가 서사된 후에 경문의 서사가 이루어지는데, 경문은 문장의 형식에 따라 크게 散文부분이라고 할 수 있는 長行과 韻文부분이라고 할 수 있는 偈頌으로 분류된다. 장행부분은 보통 1행에 17자가 서사되는데 중국사경에서 1행 17자의 서사는 남북조시대에 이르러 일정한 체재를 갖추고 초당에 이르러서는 대부분의 사경에서 지켜지는 하나의 형식으로 정립된다고 할 수 있다.[16] 우리나라 사경의 체재는 중국사경의 유입에 근거하여 성립되었으므로 대체로 1행 17자의 체재를 따르고 있지만 중국의 체재를 추종하지만은 않았다. 신라의 〈백지묵서대방광불화엄경〉의 경우 1행 34자의 체재를 이루고 있고, 고려시대에는 1행 14자 사경의 체재가 확립되어 목판대장경과 13C 후반의 국왕발원 은자대장경

---

12) 권수가 생략되기도 한다.
　　김경호, 2006, 『한국의 사경』, 고륜, p.199 참조.
13) 김경호, 2006, 위의 책, p.203.
14) 러시아 소장 〈大方廣佛華嚴經〉 권제13.
15) 예외적으로 권제5와 권제6 사이에는 6행의 공간을 두고 있다.
16) 남북조시대 이후에 사성된 사경이 모두 1행 17자의 체재를 보이는 것은 아니다. 예외적인 사경도 존재하지만 대부분의 사경에서는 1행 17자의 서사 체재를 지키고 있다. 특히 經·律·論에서는 거의 1행 17자의 체재가 지켜지고 있고 疏와 發願文·別錄·義記 등은 1행 서사 글자 수에 있어서 체재를 달리하는 경우가 많다.
　　김경호, 2006, 앞의 책, pp.253-255 참조.

의 기본 서사 체재를 이루고 있다.

　게송의 경우를 살펴보자. 일단 사경의 서사 체재에 있어 게송의 句와 句 사이에는 공간을 두는 것이 기본이다.[17] 이는 게송과 장행을 쉽게 구분하기 위한 것인 듯하다. 그리고 일반적으로 게송은 장행의 '偈頌曰'이나 '說偈言' 등의 뒤에 행을 바꾸어 서사하고 있고 게송이 끝나고 장행이 시작될 때도 행을 바꾸어 장행을 시작하고 있어 보통 장행과 게송을 분리하여 서사하고 있다.

　4언 게송의 경우 중국에서는 1행 17자의 서사 체재가 성립되기 시작하는 초기부터 1행 4구가 서사되기 시작하여 당에 이르기까지 지속되었다. 그리고 구와 구 사이에 약간의 공간을 두고 있다. 따라서 4언 게송의 경우 1행 16자이고 구와 구사이의 공간을 합치면 19자가 되어 1행 17자인 장행의 글씨보다 자간이 약간 密하다. 고려사경에서도 1행 17자의 서사 체재에서는 4언 게송을 1행 4구 배치하였고 1행 14자의 사경에서는 1행에 3구를 배치하였다.

　5언 게송의 경우도 위진남북조시대부터 1행에 5언 게송을 4구 서사하는 체재가 주류를 이루었고 간혹 1행 17자의 체재에서 1행에 5언 게송을 3구로 배치하고 구와 구 사이에 한자의 공간을 두는 경우[18]도 있었다. 唐代에는 1행 17자 서사의 글자 수와 이에 따른 1행에 서사하는 5언 게송의 구의 수가 4구 20자로 거의 일정하게 지켜졌다. 〈백지묵서대방광불화엄경〉의 경우 1행 34자의 서사 체재로 1행 17자의 2배수에 해당된다. 5언 게송의 경우도 1행 17자인 경우의 2배에 해당하는 1행 8구 40자를 서사하고 있는데 구와 구 사이에 1자의 공간을 두고 있어 전체적으로는 47자의 구분을 계획하고 서사하고 있어 자간이 매우 稠密하다.[19] 고려사경의 경우 1행 14자 서사 체재의 사경에서는 1행에 5언 게송을 3구 서사하고 구와 구 사이에 약간의 공간을 비우는 서사 체재가 보편적이었다. 1행 17자 사경에서는 고려 초기에는 5언 게송을 1행에 4구 서사하는 체재에서 후기로 내려오면서 1행에 3구를 서사하는 체재로 변화하나 1행 4구의 서사 체재도 고려 말까지 드물게 나타난다.[20]

　7언 게송의 경우 당대에 사성된 사경은 예외적인 사경을 제외하고는 대체로 1행 17자의 장행에 7언 게송은 2구 14자를 서사하고 구와 구 사이에 3자의 공간을 비우는 체재이다. 〈백지묵서대방광불화엄경〉은 7언 게송을 1행에 4구 서사하고 구와 구 사이에는 2자의 공간을 비워 34자의 장행의 글자 수와 합치된다. 고려사경의 경우에도 1행 14자의 서사체재에서는 7언 게송을 1행 2구 배치하고 구와 구 사이에 약간의 공간을 비운다. 장행이 1행 17자인 경우에는 7언 게송이 1행에 2구 배치되고 대체로 구와 구 사이에 3칸을 비우는데, 천지선 바로 밑 한자의 공간을 비우고 1구 7자를 서사한 후 1자에 해당하는 공간을 비우고 다시 1구 7자를 서사한 후 지각선과의 사이에 1자의 공간을 비우는 서사 체재[21]도 보인다.

17) 김경호, 2006, 앞의 책, 고륜.
18) 〈불설범마유경〉 권제1 (중국 북조).
19) 김경호, 2004, 「신라 백지묵서 〈대방광불화엄경〉의 연구─서체를 중심으로─」, 동국대학교 석사학위논문, p.33 참조.
20) 김경호, 2006, 앞의 책, 고륜, pp.281-284 참조.
21) 〈감지금니화엄경〉편 (고려 14C), 보물 제959호, 기림사성보박물관 참조.

지금까지 살펴본 것처럼 사경은 경명, 품명, 경문 등을 서사하는데 있어 서사 체재가 확립되어 있고 예외적인 경우에도 그 나름대로의 일정한 서사 체재를 갖추고 있다. 그럼 〈화엄석경〉은 어떠한 서사 체재를 바탕으로 사성되었을까? 〈화엄석경〉의 서사 체재에 관해서는 전술한 바와 같이 구체적인 연구가 아직 미흡하다. 그 원인 중 하나는 〈화엄석경〉이 너무 작은 많은 편들로 나누어져 있기 때문이다. 이로 인해 그 전체적인 모습들을 짐작하기 어려우므로 본고에서는 특징이 나타나는 부분들 즉, 品名과 偈頌이 나타나는 부분을 위주로 편들을 조합하여 그것들이 어떤 형식을 갖추고 어떠한 체제하에서 서사되었는지를 알아보겠다.

2. 〈화엄석경〉의 서사 체재

이 장에서는 앞의 서술을 바탕으로 〈화엄석경〉이 어떠한 서사 체재로 조성되었는지 살펴보고자 한다. 편들의 조합에는 천지선과 계선이 있고 1행 28자라는 것이 기준이 된다. 사경의 서사에 있어서는 경명과 품명이 쓰이는 卷首題와 品首題가 어떻게 서사되었는지, 경문의 시작은 어떻게 이루어지고 있는지, 게송은 어떤 규칙으로 서사했는지를 살펴보면 그 사경이 어떠한 서사 체재를 가지고 寫成되었는지를 짐작할 수 있다. 따라서 그것들이 가장 잘 나타나는 각 품의 시작 부분과 게송 부분을 중심으로, 그리고 1품에서 22품 중에서 그 원형이 확실하다고 여겨지는 것들을 중심으로 소개하겠다.

1) 世間淨眼品

〈그림 2〉는 『화엄경』의 시작 부분이자 〈화엄석경〉의 시작 부분이다. 〈화엄석경〉은 상하에 천지선이 있고 행을 나누는 계선이 있다. 수많은 조각으로 나누어진 〈화엄석경〉의 조합은 먼저 天頭線이나 地脚線이 있는 편을 중심으로 하고, 나머지 가운데 해당되는 편들을 조합하여야 원형의 복원이 가능하다. 여기서는 천지선이 나타나는 3746·4497·5384·2593편과 지각선이 나타나는 3695·10486편을 중심으로 하여 본문을 조합하였다. 이 중 3746편의 첫 행은 '如是我聞'으로 〈화엄석경〉 경문의 가장 첫 부분임을 알 수 있다(그림 3). 이 '如是我聞'이 새로운 행의 첫 칸에 쓰여 있기 때문에 이 '如是我聞'의 오른쪽에 품명이 있어야 하는데 비어 있어 「세간정안품」의 품명이 어떻게 쓰였는지 알 수 없다. 장행의 경우 1행에 28자가 규칙적으로 쓰였음을 확인할 수 있다.

다음은 「세간정안품」 게송의 서사 체재를 살펴보겠다.

〈그림 4〉는 「세간정안품」의 게송부분으로 천두선이 나타나는 1551편과 지각선이 나타나는 4289·997편을 기준으로 하여 조합하였다. 이 편들의 조합으로 인해 7言 偈頌의 경우 한 행에 4句를 배치했고, 그 중에서도 2542편을 통해 게송의 구와 구 사이에 한 자 정도의 공간을 비웠음을 알 수 있다(그림 5).

또한 이 조합을 통해 비록 이에 해당되는 편들이 없을지라도 '偈頌曰'하고 게송이 시작될 때 행을 바꾸어 새로운 행으로 시작하지 않고 한 칸 정도를 띄우고 시작했음을 알 수 있다. 이는 아마도 밑에 남는 공간을 고려해서 7언 게송을 1句를 넣을지 2句를 넣을지를 결정하여 그에 맞게 띄운 것이 아닌가 생각된다. 그리고 게송이 끝나고 두 칸 정도를 띄우고 본문을 시작했다. 일반적으로 사경은 게송의 시작

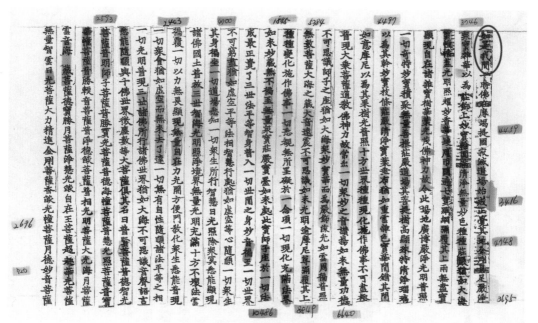

그림 2. 世間淨眼品第一之一의 시작부분

그림 3. 3746편

부분과 게송이 끝나고 장행이 시작되는 부분은 행을 바꾸어 서사하는데 〈화엄석경〉의 체재는 이것과는 다르다는 것을 알 수 있다.

〈그림 6〉은 천두선이 나타나는 1430·2246편과 지각선이 나타나는 3101·650편을 기준으로 다른 편

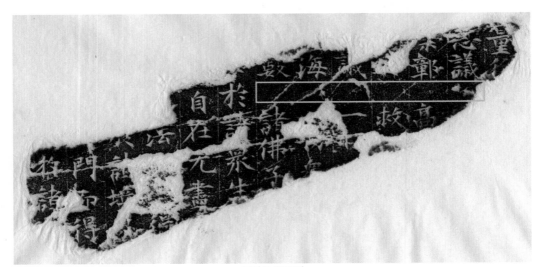

善妙天於無邊心海念念迴向隨器普現法門而得自在爾時兜率天王

承佛神力遍觀究率天衆以偈頌曰　如來普周等法界

諸佛所說爲說法　是名無上勝法王

一切諸法悉周備　是名方便勝功德　如來稍世無量行

先明普照一切法　寂靜諸法皆悉現　如來法身不思議

如來說法叔誠法　歡喜善樂悲能見　衆生蒙開結業障　高心誠遠驅魔衆

衆生樂觀無上尊　猶如滿月顯高山　諸佛境界不思議　教護衆生除衆苦

於諸法力悉究竟　定慧方便成最勝　清淨願界境功德海　清淨願性微亦爲

聞佛功德發菩提　消除塵垢結成最勝　如世界海微塵數　諸佛子等無有邊者

供養如來聽受法　悲觀法憧方便王

復有夜摩天王有諸衆生講義迴

向善根法門而得自在悅樂光天於諸境界法門而得自在無盡慧天

辭諸惠具大慈悲法門而得自在淨莊嚴天於分別根法門而得自在

持須彌天於無量揔持照明法門而得自在轉法輪調伏衆生法門而得自在

不思議光天於衆生界勝眼　善觀法門而得自在月姿顏天於諸法實普

真實不思議法門而得自在勝輪天於

1551

2542

887

4289

그림 4. 世間淨眼品第一之一 게송 부분

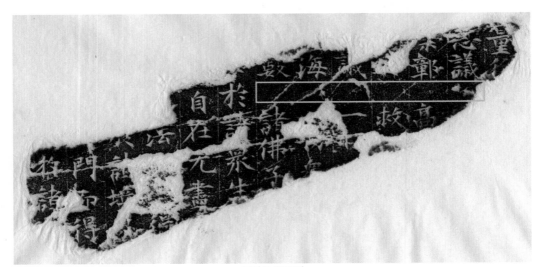

그림 5. 2542편

그림 6. 世間淨眼品第一之二의 시작 부분

들을 고려하여 조합한 것이다. ○부분은 『화엄경』에서 卷1이 끝나고 卷2 「世間淨眼品第一之二」가 시작되는 부분이다. 912편으로 인해 1권 끝부분의 게송이 끝나고 한 자 정도의 공간을 비우고 바로 「世間淨眼品第一之二」의 경문이 시작되어 卷首題나 品首題를 쓰지 않았다는 것을 확인할 수 있다.

이 부분의 조합을 통해서 게송은 앞에서와 같이 '偈頌曰' 다음에 남는 공간을 고려하여 7언 게송을 몇 구 넣을 수 있는지를 결정하고 그에 맞추어 '偈頌曰' 다음 공간을 적절히 비웠고, 게송이 끝나고 한두 자 정도 비우고 본문을 시작했다는 것도 알 수 있다. 또 1430·6392·3201편을 보면 7언 게송의 구와 구 사이에 한 자 정도 공간을 비워 띄어쓰기를 하고 있다. 특이한 점으로는 1430편의 '特'과 3201편의 '廣能'을 틀려서 그 위에 다시 새겼다는 것이다(표 2).

이상에서 살펴본 바와 같이 〈화엄석경〉의 「세간정안품」에서는 권이 바뀌는 곳에 권수제를 쓰지 않았고 「世間淨眼品第一之二」로 세부 품명이 바뀌어도 품수제를 쓰지 않았음을 알 수 있다. 그리고 7언 게송의 경우 1행에 4구를 배치하고 구와 구 사이에 한 자 정도 공간을 두어 띄어쓰기를 하고 있다. 또한 게송의 경우 사경에서는 대체로 행을 바꾸어 게송을 시작하고 게송이 끝나면 다시 행을 바꾸어 장행을 시작하는데, 〈화엄석경〉에서는 '偈頌曰' 다음 남는 공간에 7언 게송이 몇 구가 들어갈 수 있는지를 고려해 그것에 맞추어 '偈頌曰'과 게송 사이의 공간을 비우고 게송이 끝나면 한두 자 정도의 공간을 비우고 장행을 바로 시작하고 있다.

표 2. 世間淨眼品第一之二 시작 부분의 편들

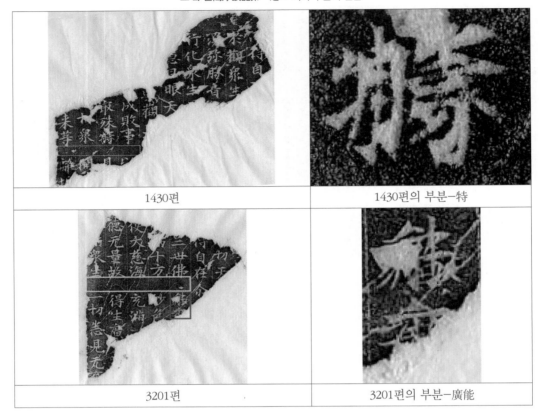

| 1430편 | 1430편의 부분-特 |
| 3201편 | 3201편의 부분-廣能 |

2) 盧舍那佛品

　〈그림 7〉은 천지선이 있는 5858편과 190편을 기준으로 8068·3833·5407·2803·6342·1157·8117·32·4586편을 조합한 것이다. 4586편의 □부분은 새로운 품, 즉 '盧舍那佛品第二之一'이 시작되는 곳이다. 前의 품이 끝나는 '如是' 다음에 한 칸 정도를 비우고 '盧舍那'가 보이는데 '盧舍那佛品' 또는 '盧舍那佛品第二'라 썼을 것으로 추측되며 남아있는 공간으로 볼 때 '盧舍那佛品第二之一'라고 쓰지는 않았을 것이라 생각된다(표 3). 품수제 부분에 해당되는 편들을 조합한 규칙에 의하면 '盧舍那佛品第二'라 썼을 것으로 보인다. 새로운 품의 품수제를 행을 바꾸지 않고 앞의 품이 끝나고 바로 이어 쓴 특이한 경우이다.

　게송 부분을 살펴보면 5858편과 6342편에 의해 '說偈言' 다음은 7언 게송이 2句가 들어갈 공간이 되지 않아 1句의 게송만을 넣고 나머지 공간을 그에 맞추어 남겼다. 5858편은 7언 게송의 구와 구 사이에 띄어쓰기가 되어있다는 것을 보여준다. 지금까지 7언 게송은 모두 이런 규칙이 적용되고 있음을 알 수 있다.

　4언 게송은 8068·3833·8117·32·190편에 의해 1행에 7구가 서사되고 있다는 것을 확인할 수 있다.

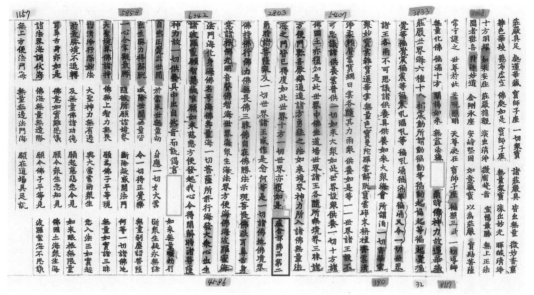

그림 7. 盧舍那佛品第二之一의 시작 부분

표 3. 盧舍那佛品第二之一 시작 부분의 편들

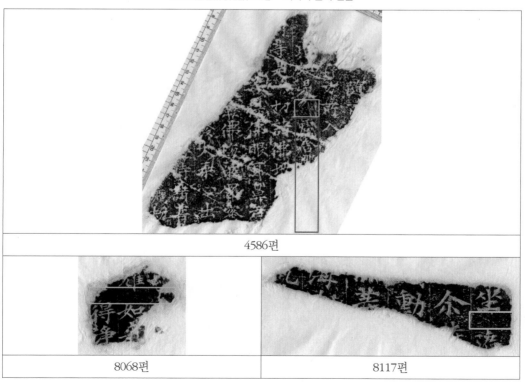

4586편	
8068편	8117편

또한 게송이 끝나고 2-3자의 공간을 비우고 장행을 시작하고 있다. 8068·8117편으로부터 「세간정안품」의 4언 게송도 7언 게송과 마찬가지로 구와 구 사이에 약간의 공간을 비우고 있다는 것을 확인할 수 있다(표 3).

〈그림 8〉은 4619편과 4395편의 조합으로. ○부분은 '大方廣佛華嚴經卷第二'가 끝나고 '大方廣佛華嚴經卷第三'의 경문이 시작되는 부분이다. 4619편으로 인해 □부분이 7자 정도가 들어갈 공간을 비워두고 있는데 이 부분은 '盧舍那佛品第二之二'라는 품명이 들어갈 자리이다. 남은 공간의 크기로 볼 때 經名과 卷數가 들어가는 卷首第가 없고 앞의 '世間淨眼品第一之二'의 시작부분에도 품수제를 쓰지 않고 한 칸을 띄운 것처럼 이 부분에서도 '盧舍那佛品第二之二'를 쓰지 않았을 것으로 추측된다. 또한 '世間淨眼品第一之二'가 들어갈 자리에 한 칸을 띄운 것에 비해 좀 더 여유 있게 공간을 띄웠다는 것을 알 수 있다. 이로서 〈화엄석경〉은 '卷'이 아닌 '品'을 중심으로 썼으며 '○○○○品第○'라는 대표적 품명만을 쓰고, '○○○○품제○之○'라고 세부적인 품명은 쓰지 않았을 것이라 추측해 볼 수 있다.

4619편과 4395편으로 인해 □부분은 『고려대장경』의 「60화엄경」(이하 고려대장경본)에 의하면 1행 27자이나 〈화엄석경〉을 살펴본 결과 1행 28자의 규칙이 엄격히 지켜지고 있어 1행 27자였다고 할 수는 없다.[22]

〈그림 9〉는 천두선이 있는 3515·1386편을 기준으로 3374·6562·450·9741·28·4037· 2831·225·1441

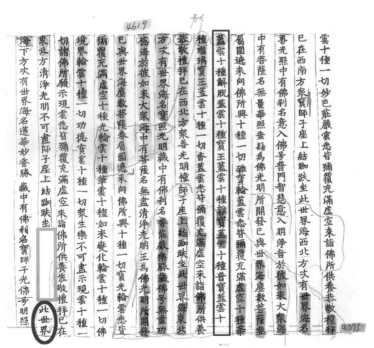

그림 8. 盧舍那佛品第二之二의 시작 부분

편을 찾아 조합하여 구성하였다. ○의 '彼香河中…'은 '大方廣佛華嚴經卷第四'가 시작되는 부분으로 '盧
舍那佛品第二之三'의 첫 부분이다. 3515·28편으로 인해 卷首題도 品首題도 쓰지 않고 게송이 끝나고
한 칸을 띄우고 바로 '盧舍那佛品第二之三'의 경문을 썼다는 것을 알 수 있다. 이것은 〈화엄석경〉이 품
명을 중심으로 서사되었으며 또한 세부적인 품명을 쓰지 않았을 것이라는 추측을 증명해준다. 일반 사
경에서 권자본이나 절첩본과 같은 형식의 필사본 사경은 卷의 체재를 따르지만 〈화엄석경〉은 석경이므
로 일반 필사본 사경에서처럼 권을 중심으로 경을 나누지 않고 품을 중심으로 나눈 것으로 볼 수 있다.
석경이기 때문에 권이 중심이 아니라 품이 중심이 되고 권으로 나뉘지 않았기 때문에 일정 분량만큼 권
을 중심으로 나누는 '之一', '之二'의 구분이 의미가 없어 품을 중심으로 서사되었고 '之一', '之二'의 세
부 품명이 없는 것이 타당하다.

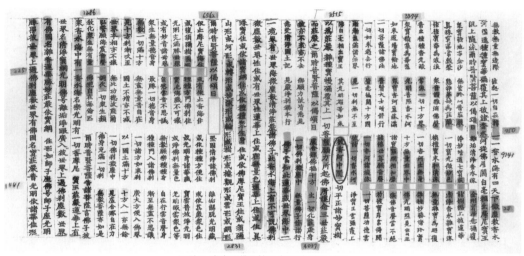

그림 9. 盧舍那佛品第二之三의 시작 부분

여기서 확인되는 7언 게송의 시작과 끝 부분은 지금까지와 같은 체재로 서사되었다.

3515편을 보면 '而藏嚴之'를 틀려서 그 위에 다시 각한 것을 볼 수 있다(표 4).

「노사나불품」의 서사 체재를 살펴봄으로써 〈화엄석경〉은 권이 아닌 품을 기준으로 서사되었고 대표
품명만 쓰고 한 품 안에 세부적으로 품이 나뉘는 경우 어느 정도의 공간을 띄우고 서사하고 세부 품명
은 쓰지 않았음을 알 수 있다. 하지만 「노사나불품」의 품명을 행을 바꾸어 새롭게 서사하지 않고 「세간
정안품」이 끝나고 약간의 공간만을 비우고 바로 시작한 것은 특이한 경우로 〈화엄석경〉에서 이 부분의
서사 체재가 매우 빽빽했음을 알 수 있다. 게송의 경우는 앞 품의 서사 체제를 그대로 따르고 있음을 확

---

22) 이러한 예들이 나와 있는 편들의 경우를 본고의 뒤쪽에서 찾을 수 있다.

표 4. 3515편

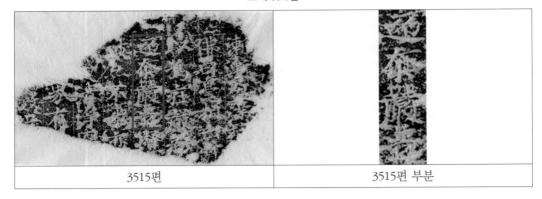

3515편	3515편 부분

인할 수 있다.

3) 四諦品

〈그림 10〉은 앞부분이 천두선이나 지각선이 있는 편이 없어 뒷부분에 천두선이 나타나는 3282편과 2759편에 맞추어 조합하였다. 그 결과 1696편을 찾을 수 있었고 1696편의 '第四'가 이 품의 품수제인 '四諦品第四'의 부분임을 알 수 있었다. 또한 앞의 「노사나불품」에서 품이 끝나고 조금 공간을 남기고 바로 이어서 품명을 쓴 것과는 다르게 전의 품이 끝나고 품명을 쓸 때 행을 바꾸어 새롭게 시작했음을 알 수 있다. 자세한 품명 '四諦品第四之一'을 쓰지 않고 '四諦品第四'만을 썼음을 '第四' 밑의 공간을 통해 확인할 수 있어 〈화엄석경〉에서는 대표 품명만을 쓴 것이 확실하다.

1696편은 많은 것들을 알게 하는 중요한 편인데 '婆'자가 맨 위에 있음을 통해 '四諦品第四'의 품명을 쓴 후 두 칸 정도 띄우고 본문을 시작했다고 추정할 수 있다(표 5). 1696편의 '婆世界或言爲'는 고려대장경본에서 '婆世界或言害'로 나타난다. 그래서 고려대장경본으로 조합한 〈그림 10〉에서 이 행의 글자 수는 27자이다. 이 부분의 내용을 살펴보면 '그 때 문수사리가 여러 보살들에게 고하고 말했다. 불자들아 이른바 고제라는 것은 이 사바세계에서 혹은 재앙이라 말하고 혹은 핍박이라 말하고 혹은 이변이라 말하고……'의 밑줄 그은 부분이다. 따라서 〈화엄석경〉을 각할 때에 본이 되었던 『화엄경』은 '世界或言爲害'이라고 '害'가 아닌 '爲害'라고 되어 있었고, 〈화엄석경〉의 이 부분은 1행 28자가 아니었을까 추측해 본다.[23]

6249편을 살펴보면 ○안의 '四十'은 〈화엄석경〉에서는 '卌'으로 썼다는 것을 알 수 있고 2759편을 통하여 비록 아래 부분의 편은 없지만 ○부분의 '四十' 역시 〈화엄석경〉에서는 '卌'로 썼다는 것을 확인할 수 있다. 〈백지묵서대방광불화엄경〉에서도 四十이 나오는 권수제의 권수와 권미제의 권수에 卌로 쓰고 있다(표 6).

3292　2259　6249　1696　4783

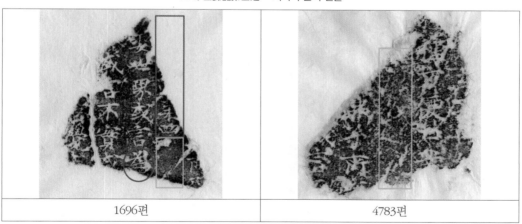

集諦者或名因緣或名藏亓或名怨林或名刃枝或名滅味或名仇對或
或名常怨或名離勝或名春利或名難共事或名虛妄或名勢力所名苦
苦諦方最男世或名恐怖或名福斷或名應訶責或名常給或名農運
德百千那由他隨諸眾生所應調伏作如是說諸佛子如娑婆世界所名
得妙或名無上目他隨諸眾生所應調伏作如是說諸佛子如婆世界所名
將或名不叚或名超出或名目觀方諸佛子彼行如是說諸佛子如娑婆世界如是等四諦名字有四十
伏或名一道或名離煩惱或名勤方便或名究竟所名諦邊道諦者或名善趣或名調
名苦城諦者或名堅固或名壞根或名害行或名喜忘或名覺悟或名猛
就或名第一害或名正義或名身事所名苦集諦者或名受或名生元或名分所
出或名不縛根或名相續或名分別麁或名處所成
如是說諸佛子如娑婆世界所稱四諦名字有四十億百千那由他隨諸眾生所應調伏作
安世界中或言聖人起行或言仙人行或言十藏諸佛子此娑
能拾擔或言至非趣或言寂靜或言引導或言究竟望或言無相或言
諦者或言一乘或言趣寂靜或言引導或言究竟望或言無相或言
死或言無所有或言真實或言自然或言常未離或言城道
根所說苦城諦者或言無諍或言離塵或言寂或言無相或言顛倒
受義或言方便或言令或言顛眾生或言顯倒
根或言不實或言童蒙或言所說苦集諦者或言火或言
婆世界或言害或言通迫或言變異或言聚或言剌或言依
爾時文殊師利菩薩告眾菩薩言佛子所說苦諦者苦此娑

（圓）爾時文殊師利菩薩
四諦品第四
門權道諸報所樂令諸眾生知如來法
皆如來為菩薩時有因緣者為度此故種種方便口業音聲行業果報住

四十　四十

그림 10. 四諦品第四之一의 시작 부분

표 5. 四諦品第四之一 시작 부분의 편들

1696편	4783편

23) 이런 추측이 가능한 이유는 고려대장경본에는 생략된 글자가 〈화엄석경〉에는 있는 경우를 뒤에서 확인할 수 있기 때문이다. 〈화엄석경〉의 『화엄경』은 고려대장경본과 다른 부분들이 많이 있다. 불경에는 여러 본이 있는데 통일신라시대의 불경은 고려대장경이나 송본, 원본, 명본 등 보다 시대가 앞서기 때문인지 〈화엄석경〉에는 다른 본에서 생략된 글자가 있는 경우나 〈화엄석경〉에는 없는데 후대 본에는 첨가된 글자가 있는 경우가 있다.

표 6. 6249편과 〈백지묵서화엄경〉

| 6249편 | 〈백지묵서대방광불화엄경〉 |

〈그림 11〉은 6641편과 660편의 천두선을 기준으로 조합하였다. '諸佛子' 부분은 바로 윗글자인 '轉'에서 '四諦品第四之一'이 끝나고 '四諦品第四之二'의 경문이 시작되는 부분으로 '四諦品第四之二'의 품명을 쓰지 않고 바로 본문을 이어서 썼다는 것을 2733편을 통해 알 수 있다(그림 12).

또, 〈그림 11〉에서는 '四十億'이 네 군데 나오는데 그에 해당하는 편은 없지만 660편과 1행 28자의 서사 규칙, 그리고 앞의 6249편에서 '四十'을 '卌'으로 쓴 사실에서 여기서도 '四十'을 '卌'로 썼다는 것을 알 수 있다.

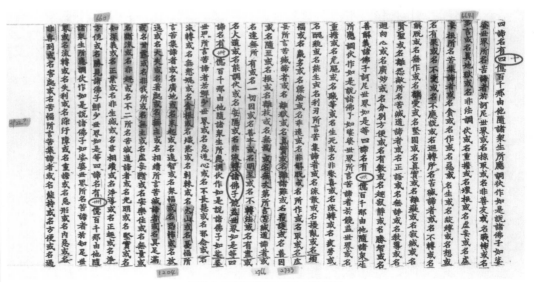

그림 11. 四諦品第四之二의 시작 부분

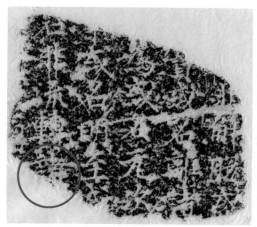

그림 12. 2733편

「사제품」에서는 새로운 품이 시작될 때 행을 바꾸어 '四諦品第四'라고 대표 품명만을 서사하고 2자 정도의 공간을 비운 뒤 경문을 시작했다. 1행 28자의 체재가 유지되고 있으며 '四十'은 '卅'이라고 서사했다.

4) 菩薩明難品

〈그림 13〉은 4799편의 천두선과 6278편의 지각선을 기준으로 조합했다. 4799편은 〈화엄석경〉의 편들 중에서 품수제가 비교적 온전히 보이는 편이다(표 7). 이 편은 '菩薩明難品第六'이 시작될 때 행을 바꾸어 품명을 쓰고 3자 정도의 공간을 비우고 경문을 시작했다는 것을 보여준다. 2품인 「노사나불품」이전의 품이 끝나고 행을 바꾸지 않고 남은 공간에 이어서 품수제를 서사하여 빽빽한 체재를 취하고 있는 것과는 다르게 4품과 5품은 품을 시작할 때 행을 바꾸어 품수제를 서사하고 있어 처음보다는 좀 더 여유가 있다는 것을 알 수 있다.

게송 부분을 살펴보면 6278·2251·831·402편을 통해 5언 게송일 경우 1행에 6句가 들어감을 알 수 있다. 또 7언 게송과 마찬가지로 '曰'자 밑에 남은 공간을 고려해 5자 게송이 몇 구가 들어갈 수 있는지 생각하고 그에 맞게 '曰'자 밑의 공간을 적절히 띄우고 5자 게송을 서사했고 게송이 끝나고 1자 정도의 공간을 비우고 장행을 시작하고 있다. 1행에 5언 게송이 6구가 배치되어 모두 30자가 서사되는데 그럼에도 구와 구 사이에는 게송의 글자 크기로 한 자 정도의 공간을 띄우고 서사했다는 것을 6278편과 831편을 통해 확인할 수 있다(표 7). 띄워 쓴 공간까지 생각하면 1행 35자이므로 글자의 크기도 장행의 글자보다 작으며 자간은 매우 조밀하다.

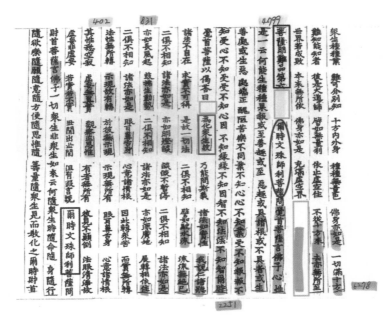

그림 13. 菩薩明難品第六의 시작 부분

표 7. 菩薩明難品第六 시작 부분의 편들

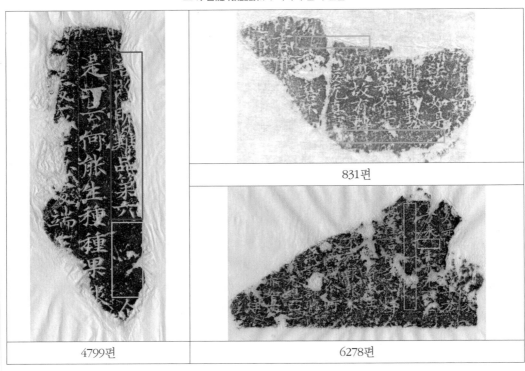

4799편	6278편

5) 淨行品

〈그림 14〉는 12139·1667·6645·6366편의 천두선과 3673·5559편의 지각선을 기준으로 조합한 것으로 12139편에서 품명이 온전히 나타나고 있어 앞의 품이 끝나고 행을 바꾸어 품수제를 썼다는 것을 알수 있다. 또한 12139·3876편을 통해 품명을 쓰고 5칸 정도 비우고 본문을 썼다는 것도 확인할 수 있다 (표 8).

4품에서 품수제를 쓰고 2자 정도 띄우고, 6품에서 품수제를 쓰고 3자 정도 띄우고 경문을 시작한 것에 비하면 뒤로 갈수록 본문 배열이 여유로워지고 있음을 알 수 있다. 또한 ○부분도 '等等'에서 끝내고 행을 바꿔 '尒時文殊'로 새로운 행을 시작하고 있어 문단이 바뀔 때 새로운 행으로 시작했다는 것을 알

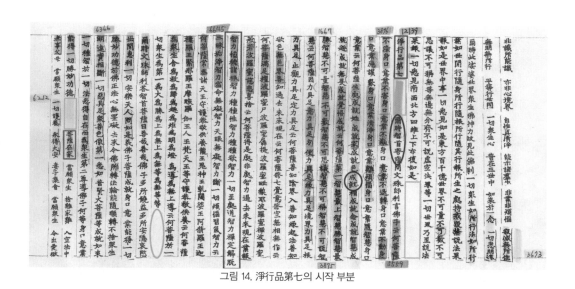

그림 14. 淨行品第七의 시작 부분

표 8. 淨行品第七 시작 부분의 편들

12139편	3876편

수 있다. 이 또한 전의 품들에 비해 본문 배열이 한층 여유로워짐을 짐작할 수 있게 한다.

오른쪽의 3673편과 왼쪽의 6212편에 의해 5자 게송은 1행에 6구를, 4자 게송은 1행에 7구를 배열했고 게송을 시작할 때는 아랫부분에 남는 부분을 고려하여 게송을 몇 개 넣을지 결정하고 그에 따라 게송시작 앞부분을 적당히 띄우는 규칙이 계속 적용되고 있다. 게송 부분은 구와 구 사이의 구분을 위해 게송 사이에 약간의 공간을 비우고 있음을 알 수 있다(표 9).

고려대장경본에서는 ○표시된 부분이 없고 '色相成就'라고 되어 있어 처음에는 이 부분을 예외적으로 1행 26자로 쓰지 않았을까 했지만 3875편을 통해 〈화엄석경〉에서는 '色成就相成就'라고 되어있었

표 9. 淨行品第七 시작 부분의 편들

3673편

6212편	3875편

고, 1행 28자의 규칙이 지켜지고 있음을 알 수 있다(표 9). 이 부분을 『신수대장경』에서 찾아보면 천평사경에 '色成就'라고 되어 있어[24] 〈화엄석경〉이 조성되던 시기와 비슷한 시기의 본에서는 '色成就'임이 확인된다. 이는 〈화엄석경〉을 고려대장경본만으로 복원하면 1행 26자로 복원하는 오류를 범할 수도 있음을 말해준다. 시대가 앞선 〈화엄석경〉은 고려대장경본과는 다른 본으로 조성되었으며 모든 장행은 1행 28자였던 것으로 보인다. ▨로 표시된 부분은 고려대장경본에 의하면 1행 29자가 되나 〈화엄석경〉에서는 혹 1자가 생략된 부분이 있을 수도 있어 꼭 이 행이 29자였다고 단언할 수는 없다.

6) 佛昇須彌頂品

〈그림 15〉는 6605편과 여기선 공간상의 제약으로 다 넣지 못했지만 오른쪽 게송의 앞부분에 천두선이 나타나는 3204편으로부터 계산하여 3486편과 6204편을 조합한 것이다. 6204편은 8품의 마지막 부분이고 6605편은 9품의 첫 부분이다. 6204편에 '佛昇須彌頂品第九'의 앞부분, 즉 8품의 끝 부분과 9품의 시작 부분 사이에 변상도가 그려져 있다(표 10).

6605편에서 지금까지는 품수제를 쓰고 몇 칸 띄우고 바로 경문을 시작했는데 이 품은 품수제를 쓰고 행을 바꾸어 경문을 시작하고 있다는 것을 확인할 수 있다(표 10). 지금까지 살펴본 바에 의하면 〈화엄석경〉에서 경의 앞부분은 다소 빽빽하다가 점점 배열이 여유로워짐을 느낄 수 있는데 '佛昇須彌頂品第

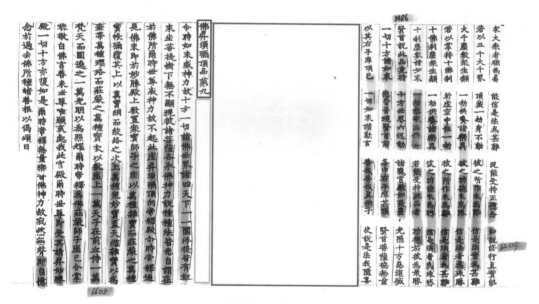

그림 15. 佛昇須彌頂品第九의 시작 부분

---

24) 高楠順次郎, 1925, 『大正新修大藏經』9, 大正一切經刊行會, 1925, p.430.

九'에서는 〈백지묵서대방광불화엄경〉처럼 품수제에 한 행을 할애하여 배치하고 있다. 또한 〈그림 15〉와 〈그림 16〉은 바로 이어지는 부분인데 〈그림 16〉의 3793편으로 〈그림 15〉의 끝부분인 '偈頌曰' 다음에 여유 공간이 있음에도 지금까지처럼 그 밑에 몇 칸을 띄우고 게송을 시작하는 것이 아니라 행을 바꾸어서 게송을 시작하고 있어 이 또한 〈백지묵서대방광불화엄경〉에서의 서사체제와 같은 형태를 이루고 있음을 알 수 있으며 〈화엄석경〉의 체재가 앞부분보다 한층 여유로움을 알 수 있다.

또한 7자 게송은 1행 4구, 구와 구 사이를 띄워서 서사하고 있음을 알 수 있다(표 10).

표 10. 佛昇須彌頂品第九 시작 부분의 편들

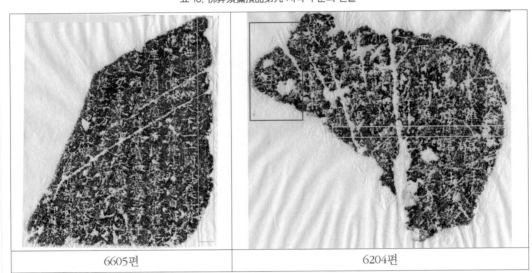

6605편	6204편

7) 菩薩雲集妙勝殿上說偈品

〈그림 16〉은 〈그림 15〉 뒤에 바로 이어지는 부분으로 3793·958·5181편의 지각선을 기준으로 조합하였다. 이 부분은 '菩薩雲集妙勝殿上說偈品第十' 이 시작되는 곳으로 3264편은 품명이 나타난다. 3264편은 전의 품을 끝내고 새로 행을 바꿔 '菩薩雲集妙勝殿上說偈品第十'의 품수제를 썼으며 다시 행을 바꾸어 경문을 시작하고 있다는 것을 보여준다(표 11). 또한 품수제를 단독으로 한행에 배치하여 공간이 여유로움에도 품수제 글자의 자간이 경문의 글씨보다 密하게 쓰였음을 알 수 있다. 이는 사경에서 권수제나 품수제를 쓸 때 대체적으로 나타나는 서사 방식으로 동 시대 중국 사경이나 〈백지묵서대방광불화엄경〉도 이러한 서사 형태를 취하고 있어, 〈화엄석경〉도 품수제에 이것을 따르고 있음을 확인할 수 있다.

게송 부분도 '偈頌曰' 뒤에 행을 바꾸어 시작하고 있다. 5181편에서는 5언 게송이 1행 6구로 배열되었으며 구와 구 사이에 띄어쓰기를 하고 있다(표 11).

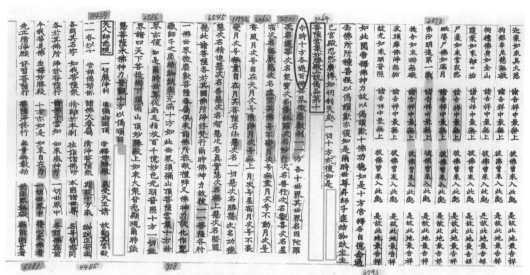

그림 16. 菩薩雲集妙勝殿上說偈品第十의 시작 부분

표 11. 菩薩雲集妙勝殿上說偈品第十 시작 부분의 편들

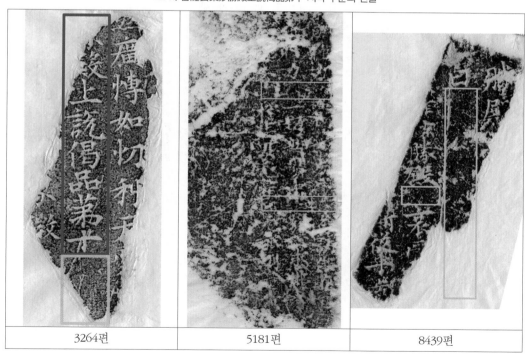

3264편	5181편	8439편

8) 菩薩十住品

〈그림 17〉은 「보살십주품」의 앞부분으로 천두선이 있는 5306·1978편을 중심으로 조합하였다. 이 부분을 중심으로 「보살십주품」의 품명이 나타나는 부분을 보완해보려 했으나 이보다 앞부분의 조각을 찾지 못하여 이후의 과제로 남겨야 할 것 같다.

이 부분에서 특기할 만한 것은 16편이다. 고려대장경본은 ○부분의 '薩'과 '所' 사이에 '聞十種法應當修行何等爲十'의 12자가 더 있다. 『신수대장경』에서 이 부분을 살펴보면 正倉院聖語藏本(天平寫經)에 이 12자가 없었다는 것을 알 수 있는데[25] 이 12자를 빼고 조합하니 〈화엄석경〉 16편의 열과 맞아 떨어져 〈화엄석경〉에도 이 12자가 없었을 것으로 생각된다.

그림 17. 菩薩十住品第十一의 앞부분

9) 初發心菩薩功德品

〈그림 18〉은 지각선이 있는 9081·4384편을 기준으로 조합하였다. 이 「초발심보살공덕품」의 品首題는 「불승수미정품」과 「보살운집묘승전상설게품」이 품수제를 한 행으로 배치한 것과는 달리 그 이전의 품들처럼 품수제를 쓴 후 행을 바꾸지 않고 공간을 띄우고 바로 경문을 시작함을 알 수 있다.

---

25) 高楠順次郎, 1925, 앞의 책, p.445.

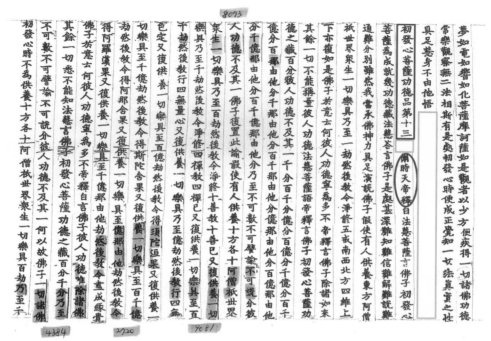

그림 18. 初發心菩薩功德品第十三의 시작 부분

10) 明法品

〈그림 19〉는 「명법품」이 시작되는 부분이다. 천두선이 있는 6233·119편과 지각선이 있는 1228·8435·4725·5867·1721편을 기준으로 조합하였다. 8435편으로부터 이 품의 품수제가 다시 한행으로 배

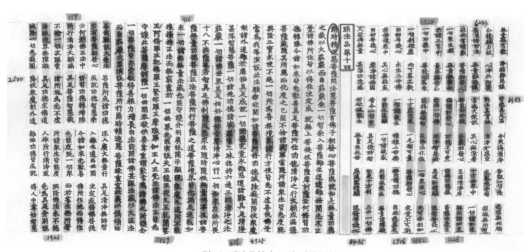

그림 19. 明法品第十四의 시작 부분

치되었음을 알 수 있다.

5언 게송은 1행 6구, 7언 게송은 1행 4구, 구와 구 사이에 공간을 두어 띄어쓰는 체재가 계속 지켜지고 있다.

11) 功德華聚菩薩十行品

〈그림 20〉은 「공덕화취보살십행품」이 시작되는 부분으로 천두선이 있는 5853·6341·5171·4390편과 지각선이 있는 5732편을 기준으로 조합하였다. 5853편과 181편을 붙이면 품명을 볼 수 있다(표 12). 또한 5853편을 통해 품수제를 쓸 때 자간이 경문에 비해 密하게 쓰였다는 것을 다시 확인할 수 있다.

816편과 5853편으로 인해 이 품의 품수제가 전의 품이 끝나고 행을 바꾸어 서사하고 품수제를 서사한 후 약간의 공간을 비우고 바로 경문을 서사했음을 알 수 있다.

5732편을 통해 지금까지는 계속 장행 부분을 1행 28자에 맞추어 이어 썼는데 여기서는 문단이 바뀔 때 1행 28자를 채우지 않고 행을 바꾸어 서사하고 있음을 확인할 수 있다. 이 편을 고려하여 5171편을 생각해보면 '所行法故' 밑 부분도 비워두고 행을 바꾸어 '佛子何等'을 서사한 것으로 보인다. 이는 문단이 바뀔 때 행을 바꿨다는 것을 알 수 있어 경문의 서사가 앞부분보다 여유로워지고 있음을 알 수 있다. 그러나 □부분은 고려대장경본으로 보면 26자인데 이 부분은 문장이 이어지고 있는 부분이라 공간을

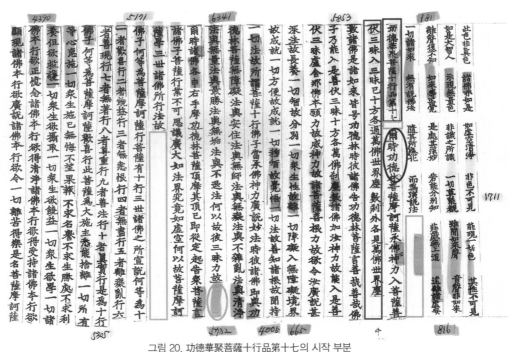

그림 20. 功德華聚菩薩十行品第十七의 시작 부분

표 12. 功德華聚菩薩十行品第十七 시작 부분의 편들

5853편	181편	5732편

비워놓고 서사했을 리가 없어 〈화엄석경〉에서는 2자가 더 있지 않았을까 생각된다.

　게송의 경우는 지금까지의 체재와 같다.

　12) 菩薩十無盡藏品·如來昇兜率天宮一切寶殿品

　〈그림 21〉은 3689·3744편의 천두선을 기준으로 조합했다. 3744편에서는 이 품의 품명이 나타나고 있고 5414·5148편에서는 品數가 나타나 이 품의 品首題가 어떻게 서사되었는지를 알 수 있다. 이 품은 17품과 같이 ‘菩薩十無盡藏品第十八’이라고 품수제를 쓰고 2자 정도의 공간을 비운 뒤 경문을 서사한다. 다만, 특이한 점은 지금까지의 다른 품들과는 다르게 17품이 끝나고 18품 시작 전에 계선을 두 줄로 하여 구분을 하고 있다(표 13).

　3689·5148·7321편들로 5언 게송이 1행 6구, 구와 구 사이에 띄어쓰기를 하는 체재가 규칙적으로 계속됨을 알 수 있다.

　〈그림 22〉는 「여래승도솔천궁일체보전품」의 시작 부분으로 5865·4469편의 지각선을 기준으로 조합하였다. 734편을 통해 이 품의 시작 전에 변상이 있었던 것을 확인할 수 있고 변상에 사자좌가 있었음을 알 수 있다(표 14).[26]

　‘如來昇兜率天宮一切寶殿品第十九’라고 품수제를 서사하고 1–2자 정도의 공간을 비운 뒤 경문을 서사하고 있다. ○가 있는 행은 고려대장경본을 기준으로 하면 26자가 되지만 4469편의 글자들이 옆 글자들과 잘 맞추어 써져 있고 그 윗부분인 5865편의 글자들 또한 열을 잘 맞추고 있어 1행 28자가 지켜

---

26) 조미영, 2012, 「통일신라시대 〈화엄석경〉에 나타난 변상도 연구」, 『서예학연구』20, 한국서예학회 참조.

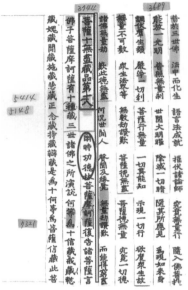

그림 21. 菩薩十無盡藏品第十八의 시작 부분

표 13. 菩薩十無盡藏品第十八 시작 부분의 편들

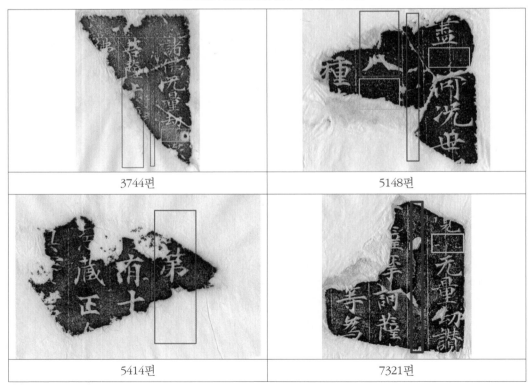

3744편	5148편
5414편	7321편

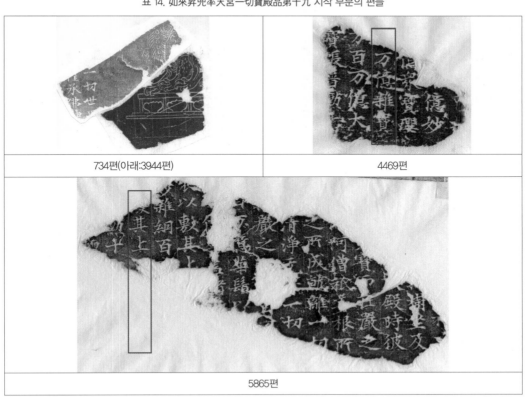

如來昇兜率天宮一切寶殿品第十九

爾時佛威神力故十方一切世界諸四天下一一閻浮提皆有如來坐菩提樹無不顯現彼諸菩薩承佛神力說種種法皆悉自謂在於佛所爾時如來以自在神力不離此菩提樹座以神力故向須彌頂妙勝殿上夜摩天宮兜率天宮一切寶莊嚴殿時彼天王遙見佛來即於殿上敷置寶師子之座以種種天寶而莊嚴之過去修習善根所得一切智眾如意寶莊嚴殿由他阿僧祇清淨功德之所成就那生一切諸佛淨法所起一切眾生所共一切樂報無量無邊諸清淨業所行一切世名清淨業報一切無厭足出師出間所起一切世開因緣所起一切眾生見不能盡以無量莊嚴其而莊嚴之所謂一百萬億欄楯百萬億寶網羅覆其上百萬億寶帳以張其上百萬億遶百萬億寶普薰十方百萬億華盖以覆其上百萬億華盖諸天執持百萬億華鬘普垂十方百萬億寶盖以覆其上百萬億雜寶擐閒百萬億如意寶王網羅覆其上百萬億勝妙雜網百萬億眾寶珞閒錯垂下百萬億妙雜寶百萬億網盖以覆其上百萬億寶網永百萬億妙寶蓮華開敷光耀百萬億無厭香網百萬億妙雜網百萬億寶帳網以覆其上百萬億寶鈴徽動出和雅音百萬億捲捭寶帳普集十

그림 22. 如來昇兜率天宮一切寶殿品第十九의 시작 부분

표 14. 如來昇兜率天宮一切寶殿品第十九 시작 부분의 편들

734편(아래:3944편)	4469편
5865편	

지고 있었을 것으로 생각된다(표 14). 이 부분을 『신수대장경』에서 찾아보면 正倉院聖語藏本(天平寫經)에는 '萬'과 '億' 사이에 '雜寶' 두 글자가 있었음을 알 수 있어[27] 1행 28자의 서사 체재를 생각할 때 〈화엄석경〉에도 그 사이에 '雜寶' 두 글자가 있었을 것이라 짐작된다.

13) 金剛幢菩薩十迴向品

〈그림 23〉은 공간의 제약으로 넣지는 못했지만 오른쪽 앞부분에 2431편의 천두선과 4049·5527·3511편의 지각선을 기준으로 조합하여 구성한 「금강당보살십회향품」의 시작부분이다. 9222·5527편으로부터 품수제는 전의 품들과 같은 체재로 전의 품이 끝나고 행을 바꾸어 '金剛幢菩薩十迴向品第二十一'이라고 서사하고 1–2자 정도의 공간을 비우고 경문을 서사하고 있다.[28]

계송의 경우는 지금까지의 체재와 같다.

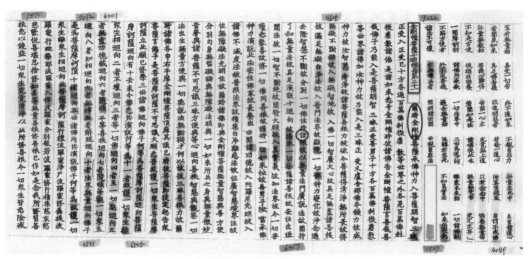

그림 23. 金剛幢菩薩十迴向品第二十一의 시작 부분

○의 '諸'는 6357편에서는 '善'으로 쓰여 있다(표 15). 『신수대장경』을 찾아보면 元本과 明本에 '諸善根'으로 '善'이 한 글자 더 있다는 것이 확인된다.[29] 이것으로 〈화엄석경〉의 본이 되는 『화엄경』에도 '諸善根'으로 쓰였다고 생각할 수 있다.[30]

---

27) 高楠順次郎, 1925, 앞의 책, p.479.

28) 앞부분에 '四十'을 '卌'로 서사하여서 여기서도 '二十'을 '廿'으로 서사하였을 것이라 추측되지만 구체적인 편을 아직 찾을 수 없어 이에 대해서는 다음 연구를 기대해본다.

29) 高楠順次郎, 1925, 앞의 책, p.488.

표 15. 金剛幢菩薩十迴向品 시작 부분의 편들

9222편	5527편	6357편

〈그림 25〉는 4610·2364편의 천두선과 5851편의 지각선을 기준으로 조합한「金剛幢菩薩十迴向品第二十一之七」이 시작되는 부분이다. ○부분부터「금강당보살십회향품제이십일지칠」의 경문이 시작된다. 〈화엄석경〉은 품을 중심으로 서사되어 '金剛幢菩薩十迴向品第二十一之七'의 세부 品數를 쓴 品首題는 없다는 것을 다시 한 번 확인할 수 있다.

게송의 체재는 지금까지와 같다.

그림 24. 2364편

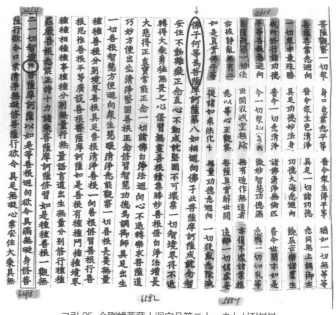

그림 25. 金剛幢菩薩十迴向品第二十一之七 시작부분

---

30) 그렇게 되면 이 부분의 앞과 뒤쪽 천지선이 없는 부분에서 한 글자가 고려대장경본과는 달리 생략된 부분이 있어야 한다. 아직 이 부분의 다른 편들을 찾지 못해 그것에 관한 자세한 것은 후속 연구를 기대해 본다.

□부분은 고려대장경본으로 보면 '二一切智境菩薩摩訶薩…無礙身修菩'로 1행 27자이다. 『신수대장경』에서 이 부분을 찾아보면 元本과 明本에는 '二一切智境'뒤에 '界'자가 있음을 알 수 있다.[31] 그런데 2364편을 보면 '二一切智境' 다음에 '田'이 나타나 '二一切智境' 다음에 '界'자가 있었음을 알 수 있고 1행 28자의 체재가 지켜지고 있음을 알 수 있다(그림 24).

14) 十地品

〈그림 26〉은 「금강당보살십회향품」이 끝나고 「십지품」이 시작되는 부분이다. 천두선이 있는 6948·3593·6668편과 지각선이 있는 11675편을 기준으로 조합하였다. 6948·10476·3978·3593편을 통해 「십지품」이 시작되기 전에 변상도가 있었음을 확인할 수 있다(표 16). 3593편에서는 전각과 두광이 나타나고 3978편에서는 보살상이 나타남을 통해 변상도에는 전각과 보살상이 그려져 있었음을 알 수 있다.

6668·2383·2400·11675편으로 이 품도 품수제를 '十地品第二十二'라 쓰고 행을 바꾸지 않고 공간을 비우고 경문을 바로 서사하고 있다는 것을 알 수 있다.

게송은 1행에 4언 계송 7구를 배치하고 구와 구 사이에 띄어쓰기를 하고 있다(표 16).

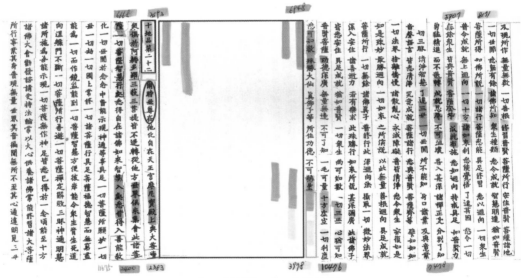

그림 26. 十地品第二十二의 시작 부분

---

31) 高楠順次郎, 1925, 앞의 책, p. 514.

표 16. 十地品第二十二 시작 부분의 편들

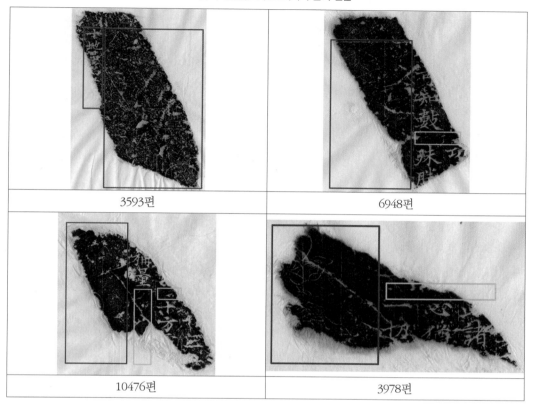

3593편	6948편
10476편	3978편

IV. 결론

지금까지 살펴본 전체적인 〈화엄석경〉 서사 체재를 요약하면 다음과 같다.

첫째, 〈화엄석경〉은 천지선과 계선이 있다. 선행 연구에서는 이 선들이 있는 편도 있고 없는 편도 있다고 했는데[32] 계선이 없는 편도 원래 제작 당시 계선을 긋지 않았던 것이 아니라 훼손으로 인해 글자보다 각이 깊지 않은 계선이 먼저 없어진 것으로 보인다.

둘째, 변상도가 있었고 변상도의 위치는 품과 품 사이이다. 매 품 사이에 변상도가 있지는 않다.

셋째, 〈화엄석경〉은 卷이 아닌 品이 중심이 되어 서사되었다. 따라서 권수제는 없고 품수제를 서사했는데 이 품수제는 새로운 품이 시작되는 곳에 대표 품명만 서사되어 세부 品數가 나타나는 품수제는

---

32) 김복순, 2002, 「신라 석경 연구」, 『동국사학』39, 동국사학회, pp.112-113.

없다. 품수제는 품명과 품수로 이루어졌다. 품수제의 위치는 대체로 전품이 끝나고 행을 바꾸어 품수제를 서사하고 있고 1자에서 많게는 5자 정도의 공간을 비우고 경문을 시작한다. 그러나 예외도 있다. 1품의 「세간정안품」은 경문이 행의 처음부터 시작되고 있어 일반적인 경우라면 '如是我聞'의 오른쪽에 이 품의 품수제가 있어야 하나 비어있어 이 품의 품수제가 어떻게 서사되었는지는 추후 연구되어져야 할 과제이다. 또 특이한 경우는 2품인 「노사나불품」으로 이 품의 품수제는 1품의 경문이 끝나고 행을 바꾸지 않고 약간의 공간을 비우고 바로 서사하고 있다는 점이다. 이러한 서사는 서자가 서사를 시작하는 앞부분에 주어진 서사 공간 보다 서사해야할 분량이 많다고 심리적으로 느껴졌을 때 나온다고 할 수 있다. 이 품을 제외하고는 모두 전품이 끝나고 행을 바꾸어 품수제를 서사하고 있고 몇몇 품들은 품수제를 한행으로 배치하고 경문은 행을 바꾸어 시작하고 있는 경우도 있다.

넷째, 경문의 서사에 있어서 장행의 경우 경문을 시작하는 부분은 대체로 품수제 바로 밑에 약간의 공간을 두고 경문을 시작하고 있으며 1행 28자로 서사되었다. 고려대장경본으로 복원하였을 때는 1행 28자가 아닌 부분이 있지만 실제 〈화엄석경〉에서는 1행 28자로 서사된 예들을 확인했다. 이 예들로 〈화엄석경〉의 본이 되는 『화엄경』이 고려대장경본과는 달랐으며, 〈화엄석경〉은 1행 28자가 엄격히 지켜졌을 것이라 짐작된다. 뒤로 갈수록 서사가 여유로워져서 장행의 경우 문단이 바뀌면 행을 바꾸어 쓰는 경우도 있었다.

게송의 경우 4언 게송은 1행 7구, 5언 게송은 1행 6구, 7언 게송은 1행 4구로 배치되었으며 구와 구 사이에는 띄어쓰기가 되어있다. 게송의 시작 부분은 대체로 장행이 끝나고 남는 공간에 몇 구가 들어갈 수 있는지를 고려하여 그에 맞추어 공간을 비우고 게송을 시작하였고 게송이 끝나고 행의 공간이 남는 경우 장행의 시작은 약간의 공간을 비우고 바로 서사되었다. 뒤쪽으로 갈수록 구성이 여유로워져 장행이 끝나고 빈 공간이 있어도 행을 바꾸어 게송을 시작하고 게송이 끝난 후 공간이 비어있어도 행을 바꾸어 장행을 시작하는 경우도 간혹 있다.

지금까지 〈화엄석경〉의 서사 체제의 특징에 대해 살펴보았다. 이 서사 체재의 특징과 〈화엄석경〉의 오자를 고친 부분으로부터 하나의 추측이 가능하다. 〈화엄석경〉에서는 오자가 있을 경우 바로 그 위에 각을 한 것을 보았는데 만약 〈화엄석경〉을 제작할 때 〈고려대장경〉처럼 底本을 만들고 그것에 의해 제작한 것이라면 먼저 저본을 서사한 후 오탈자를 검수하였을 것이고 〈화엄석경〉의 편에서 나타나는 오자를 고친 부분이 없었을 것이다. 또한 서사 체재에서 시작 부분은 빽빽하고 뒤로 갈수록 여유로워지는 구성은 서자가 시작 부분은 써야 할 양이 많아 심리적으로 위축 되었고 뒤로 가면서 여유로워짐을 말해주는데 이 또한 사전에 저본이 있었다면 처음부터 끝까지 일정한 형식으로 서사되었을 것이다. 따라서 〈화엄석경〉은 1행 28자, 품수제, 게송 등의 큰 체재만을 정해놓고 일정 분량을 나누어 저본 없이 돌에 직접 서사하고 각했을 것이라 짐작된다.

이상에서 〈화엄석경〉이 어떤 서사 체재를 가지고 서사되었는지에 대해 부분적이기는 하지만 그 특징이 드러나는 편들을 중심으로 살펴보았다. 〈화엄석경〉은 品을 중심으로 품수제를 서사했고 품과 품 사이에 변상도가 있는 경우도 있었다. 장행 부분은 1행 28자가 일정하게 지켜졌으며 4언 게송은 1행 7

구, 5언 게송은 1행 6구, 7언 게송은 1행 4구로 배치했고 구와 구 사이에는 띄어쓰기가 되어 있다. 이로써 〈화엄석경〉이 사경 서사 체재의 큰 틀 속에서 〈화엄석경〉만의 독특한 체재로 조성되었다는 것을 알 수 있다. 또한 지금까지 〈화엄석경〉의 연구는 고려대장경본을 중심으로 이루어졌는데 〈화엄석경〉을 조성할 당시의 『화엄경』은 고려대장경본과는 다른 부분이 있다는 것을 확인할 수 있었다.

서사 체재에 관한 연구는 〈화엄석경〉의 복원과도 밀접한 관련이 있다. 본고를 통해 수많은 편들로 훼손되어 있는 〈화엄석경〉이 원래의 모습을 찾아가는데 도움이 되기를 기대해본다.

투고일 : 2013. 4. 20   심사개시일 : 2013. 5. 7   심사완료일 : 2013. 5. 22

강혜근, 2003, 「방산석경과 화엄석경 및 고려대장경의 비교 연구」, 『중국어문학논집』24, 중국어문학연구회.

高楠順次郎, 1925, 『大正新修大藏經』9, 大正一切經刊行會.

국립경주박물관, 2002, 『文字로 본 新羅』.

국립중앙박물관, 2007, 『사경변상도의 세계, 부처 그리고 마음』.

김경호, 2004, 「신라 백지묵서 〈대방광불화엄경〉의 연구–서체를 중심으로–」, 동국대학교 석사학위논문.

김경호, 2006, 『한국의 사경』, 고륜.

김복순, 2002, 「신라 석경 연구」, 『동국사학』37, 동국사학회.

김복순, 2002, 「화엄사 화엄석경의 조성 배경과 사적 의의」, 『화엄사·화엄석경』, 화엄사.

김복순, 2012, 「화엄사 화엄석경편의 판독과 조합 시론」, 『신라문화』40, 동국대학교 신라문화연구소.

김주환, 2002, 「화엄사 화엄석경의 석질에 관한 조사연구」, 『화엄사·화엄석경』, 화엄사.

돈황연구원, 2001, 『敦煌』, 汎友社.

동국대학교, 1958, 『고려대장경』8.

동국대학교박물관, 2006, 『동국대학교 건학100주년기념 소장품도록』.

리송재, 2004, 「華嚴寺 〈華嚴石經〉의 造成과 書風」, 동아대학교 석사학위논문.

리송재, 2006, 「화엄사 〈화엄석경〉의 서풍과 조성시기」, 『불교미술사학』4, 불교미술사학회.

문화재청, 2001, 『신라 백지묵서 〈대방광불화엄경〉의 해제』.

上海古籍出版社, 1995, 『北京大學圖書館藏敦煌文獻』.

上海書畵出版社, 2000, 『北魏人書佛說佛藏經』.

上海書畵出版社, 2000, 『隨人書妙法蓮華經』.

上海書畵出版社, 2000, 『唐人書妙法蓮華經』.

수덕사 근역성보관, 2004, 『至心歸命禮』.

四川人民出版社, 1995, 『英藏敦煌文獻』제14권.

王靖憲, 1996, 『中國書法藝術, 第三卷 魏晉南北朝』, 文物出版社.

이규갑, 2003, 「화엄석경과 방산석경의 이체자형 비교」, 『중국어문학논집』20, 중국어문학연구회.

二玄社, 1981, 『隨唐寫經集』.

二玄社, 1981, 『六朝寫經集』.

二玄社, 1989, 『隨唐 房山雲居寺石經』.

장충식, 2000, 「신라석경과 그 복원」, 『한국서예이천년전 특강논문집』, 예술의 전당.

鄭明鎬, 申榮勳, 1965, 「華嚴石經 調査整理 畧報」, 『미술사학연구』6, 한국미술사학회.

조미영, 2012, 「통일신라시대 〈화엄석경〉에 나타난 변상도 연구」, 『서예학연구』20, 한국서예학회.

천전리옌, 1999, 「중국사경서법의 기원과 유형연구」, 『동방학지』, 연세대학교국학연구원.

한상봉, 2002, 「신라 화엄석경의 서체와 금석학적 연구」, 『화엄사·화엄석경』, 화엄사.

호림박물관, 1999, 『호림박물관명품선집 Ⅱ』.

호림박물관, 2006, 『호림박물관 소장 국보전』.

화엄사, 2002, 『화엄사·화엄석경』.

⟨Abstract⟩

The Compositional Structure of *Whaeomseokgyeong*

Jo, Mi-yeong

Whaeomseokgyeong (華嚴石經), or *The Avatamska Sutra Stone Inscriptions*, is the most important one among the three sutra stone inscriptions, including *Beobwhaseokgyeong* and *Geumgangseokgyeong*, of the Unified Silla in scale and significance. But it remains numerous pieces, so there are many difficulties in its study. Recent studies for the restoration were attempted by the Research Institute of Tripitaka Koreana and BokSoonKim. Nonetheless, they had made some mistakes because they overlooked that *Whaeomseokgyeong* is a kind of sutra writing and so it should be based on the compositional structure of sutra writing. I, therefore, examined the compositional structure of this stone inscription based on that of the sutra writing the previous studies have overlooked.

The result of my study is divided into three parts. First, there are the titles of head in each *pum* (品) were written in the name of *pum* because the *Whaeomseokgyeong* is composed into *pum* (品). And there were occasionally the sutra paintings between *pum* and *pum*. Second, each line of the prose part (長行) was written in 28 characters. In verse part (偈頌), 4-letter phrase was placed 7 phrases, 5-letter phrase, 6 phase and 7-letter phrase, 4 phase in one line. As seen in this study, *Whaeomseokgyeong* shows a distinctive compositional structure within the framework of sutra writing. Lastly, I found that the original work of this stone inscription is in part different from the *Whaeomgyeong* in the Tripitaka Koreana. It is a different view of so far studies based on the *Whaeomgyeong* in the Tripitaka Koreana.

The study of compositional structure is closely related to the restoration of *Whaeomseokgyeong*. I hope my study go one step closer the restoration of *Whaeomseokgyeong*.

▶ Key words : *Whaeomseokgyeong*, *Whaeomgyeong*, sutra painting

역/주

<康有爲 『廣藝舟雙楫』 譯註에 부쳐>

康有爲(1858-1927)는 중국 근대의 개혁적인 정치가 겸 사상가인 동시에 금석학자 겸 서예가이다. 碑學을 처음 학문적 경지로 이끈 사람은 「北碑南帖論」・「南北書派論」에서 북비의 가치를 강조한 阮元 (1764-1849)이다. 완원을 이은 包世臣(1775-1855)은 『藝舟雙楫』에서 北碑가 南帖보다 뛰어남을 주장 했다. 포세신을 이어 비학을 집대성한 강유위는 1888년 『藝舟雙楫』을 넓힌다는 의미에서 『廣藝舟雙 楫』을 집필하기 시작하여 1889년에 완성했다. 그의 뛰어난 식견과 감식안으로 撰한 『廣藝舟雙楫』은 중국 역대 서론서 중 가장 주목 받아 온 것으로 그 판본만 해도 10여 종이다. 본 『목간과 문자』에서는 총 27장, 7만여 자에 달하는 『廣藝舟雙楫』 가운데 그의 비학 이론의 핵심 요체인 7-12장, 즉 「本漢」, 「傳衛」, 「備魏」, 「寶南」, 「取隋」, 「卑唐」 여섯 篇만을 엄선하여 본 호를 포함해 3회에 걸쳐 연재하고 자 한다. 역주는 鄭世根, 鄭鉉淑 선생님이 담당하셨는데, 전체 27장 모두를 역주하여 곧 『譯註 廣藝舟 雙楫』으로 출간할 예정이라고 한다. 본 학회를 위해 역주를 수락해주신 후의에 감사드린다. [편집자]

康有爲『廣藝舟雙楫』의「自敍」및「本漢」篇 譯註

鄭世根*·鄭鉉淑**

〈국문 초록〉

康有爲(1858-1927)는 1888년 북경에서 이상과 현실 사이에서 고민하던 중, '어지러울 때일수록 작은 공부에 힘써야 큰 것을 이룰 수 있으며, 어느 시대나 진정한 道는 크기를 따지지 않으므로 작은 주제로도 큰 道를 이루 수 있다'는 친구 沈曾植(1850-1922)의 충고를 듣고 공부에 힘쓰기로 마음먹었다.

강유위는 1889년 包世臣(1775-1855)의 『藝舟雙楫』을 넓혀 6권, 27장으로 구성된 『廣藝舟雙楫』을 완성했다. 권1(1-3장)은 문자의 정의와 비의 중요성을, 권2(4-7장)는 글씨의 변천 과정, 八分, 후대 모든 비의 원류인 한나라 비를 서술한다. 권3(8-12장)은 衛氏 서가의 전통, 귀한 남조 비, 쓸 만한 수나라 비, 비루한 당나라 비를, 권4(13-19장)는 모두 갖춘 북위 비, 비의 근원, 열 명의 해서 서가 , 비의 품등, 비의 평가 등을 설명한다. 권5(20-23장)는 붓 잡는 법, 글씨 쓰는 법, 학서 방법, 자신의 학서 과정을, 권6(24-27장)은 편액 글씨, 행서와 초서, 과거 서풍인 干祿體, 碑 글씨의 아름다움을 詩로 이야기한다.

이 책의 요체인 7장은 모든 글씨의 근본은 漢碑임을 말한다. 한 이전에는 해서가 없었고 漢·魏 사이에 비로소 해서가 출현했다. 해서는 오나라 〈葛府君碑〉와 위나라 종요의 〈宣示表〉·〈薦季直表〉 등에서 시작되어, 동진의 二王(왕희지·왕헌지)에 이르러 형태를 갖추었다.

전서의 필의가 많은 西漢分에는 李斯의 필의가 있고, 東漢分의 근본이 되었다. 한말에는 글씨의 발전이 최고조에 달해 높은 풍격, 새로운 뜻과 색다른 형태, 자유로움이 한데 어우러졌다. 漢을 근본으로 한 魏·晉의 글씨는 고상하고 예스러웠다. 유년시절 衛夫人의 글씨를 배운 王羲之도 후에 한비와 위비를 모범으로 삼아 뛰어난 글씨를 쓸 수 있었다.

남북조 비에는 한나라 八分과 隸書의 필법이 있다. 당나라 저수량의 〈伊闕石龕銘〉, 구양통의 〈道因法師碑〉, 안진경의 〈裵將軍詩〉에도 같은 필의가 있다. 수많은 육조 조상기가 소박하고 충실하며 뛰어난 아름다움 속에 색다른 모양을 지니고, 많은 小唐碑가 자유로운 것도 漢碑를 본받았기 때문이다.

청나라 사람들은 院體를 열심히 연습했기 때문에 그 서풍이 몸에 배어 전대인 송나라 소식, 명나라

* 충북대학교 철학과 교수, **원광대학교 서예문화연구소 연구위원

동기창의 필법으로 옛 것을 본받고자 해도 잘 되지 않았다. 비루하고 천박한 필법을 벗어날 수 없어 고상하면서 예스러운 글씨를 쓸 수 없게 되었다. 따라서 글씨를 잘 쓰려면 반드시 한나라 글씨를 근본으로 삼아야 한다.

▶ 핵심어 : 鍾繇, 二王(王羲之·王獻之), 西漢分, 東漢分, 漢碑, 南北朝碑

自敍(머리말)[1]

【원문】

可著聖道, 可發王制, 可洞人理, 可窮物變, 則刻鏤其精, 冥綜 其形爲之也. 不劬 於聖道·王制·人理·物變, 魁儒勿道也.

康子戊己之際, 旅京師, 淵淵然憂, 悁悁然思, 俛攬萬極, 塞鈍勿施, 格絀於時, 握髮熱然, 似人而非. 厥友告之曰, 「大道藏於房, 小技鳴於堂, 高義伏於牀, 巧斆顯於鄕. 標枝高則隕風, 累石危則墜牆. 東海之鼈不可入於井, 龍伯之人不可釣於塘. 汝負畾疊之材, 取栞杙, 取櫚櫨, 安器汝? 汝不自克, 以程於窮, 固宜哉! 且汝爲人太多, 而爲己太少, 徇於外有, 而不反於內虛, 其亦闇於大道哉! 夫道無小無大, 無有無無. 大者, 小之殷也; 小者, 大之精也. 蟭螟之巢蚊, 蟭螟之蠓, 又有巢者; 視虱如輪, 輪之中, 虱復傳緣焉. 三尺之畫, 七日遊不能盡其蹊徑也; 舉石之山, 丘壑巖巒, 笝深竆曲, 蟣蠓蝸生. 蛙蟆之衣, 蒙茸茂焉. 一滴之水, 容四大海, 洲嶼煙立, 魚龍波譎, 出日没月. 方丈之室, 有百千億獅子廣座, 神鬼神帝, 生天生地. 反汝虛室, 遊心微密, 甚多國土, 人民豐實, 禮樂黼黻, 草木籠鬱. 汝神禪其中, 弟靡其側, 復何驚哉! 盍黔汝志, 鋤汝心, 息之以陰, 藏之無用之地以陸沈. 山林之中, 鐘鼓陳焉; 寂寞之野, 時聞雷聲. 且無用者, 又有用也. 不龜手之藥, 旣以治國矣, 殺一物而甚安者, 物物皆安焉. 蘇援一技而入微者, 無所往而不進於道也. 」於是康子翻然捐棄其故, 洗心藏密, 冥神郤掃; 攤碑摘書, 弄翰飛素, 千碑百記, 鉤午是富. 發先識之覆疑, 竆後生之窀奧. 是無用於時者之假物以游歲莫也.

---

1)『廣藝舟雙楫』의 원문 교감에 참고한 판본은 다음과 같다(연대순).

康有爲, 1890,『廣藝舟雙楫』, 初刻本.

康有爲, 1937,『廣藝舟雙楫』, 萬有文庫, 上海: 商務印書館.

上海書畫出版社 編, 1979,『中國歷代論文選』, 上海: 上海書畫出版社.

華正書局 編, 1985,『廣藝舟雙楫疏證』, 臺北: 華正書局.

華正書局 編, 1988,『中國歷代論文選』上·下, 臺北: 華正書局.

中田勇次郎 編, 1993,『中國書論大系』16, 東京: 二玄社.

楊素芳·后東生 編著, 1998,『中國書法理論經典』, 石家庄: 河北人民出版社.

潘運告 編著 譯注, 2004,『晚淸書論』, 長沙: 湖南美術出版社.

康有爲 原著, 崔爾平 校注, 2006,『廣藝舟雙楫注』, 上海: 上海書畫出版社.

國朝多言金石, 寡論書者, 惟涇縣包氏, 鈲之揚之, 今則摯之衍之, 凡爲二十七篇. 篇名如左:

原書第一

尊卑第二

購碑第三

體變第四

分變第五

說分第六

本漢第七

傳衛第八

寶南第九

備魏第十

取隋第十一

卑唐第十二

體系第十三

導源第十四

十家第十五

十六宗第十六

碑品第十七

碑評第十八

餘論第十九

執筆第二十

綴法第二十一

學序第二十二

述學第二十三

榜書第二十四

行草第二十五

干祿第二十六

論書絕句第二十七

永惟作始於戊子之臘, 寔購碑於宣武城南南海館之汗漫舫, 老樹僵石, 證我古墨焉. 歸歟於己丑之臘, 迺里舊稿於西樵山北銀塘鄉之澹如樓, 長松敗柳, 侍我草『玄』[2]焉. 凡十九日至除夕述書訖, 光緒十五年也. 述書者, 西樵山人康祖詒長素父也.

---

2) 원작에는 '元'인데 청 강희제의 諱를 피한 것이다. 지금 다시 고친다.

【번역】

　　성인의 도를 드러내거나 왕의 제도를 실행하거나 사람의 이치를 통찰하거나 사물의 변화를 연구하려면 본질에 이르고 외형도 곱게 해야 한다. 성인의 도, 왕의 제도, 사람의 이치, 그리고 사람의 변화에 힘쓰지 않으면 뛰어난 학자의 도리가 아니다.

　　나는 戊己年(光緒 14년, 1888)에 북경에 머물면서 걱정이 깊고 생각이 많아 정치에 매달렸는데, 막혀서 되는 일도 없고 때도 맞지 않아 머리카락을 쥐어뜯고 있는 꼴이 사람 같지 않았다. 이때 벗(沈曾植)이 충고했다.

　　"큰 도는 방에 숨었고 작은 재주가 마당에서 우는구나. 높은 뜻은 침상에서 잠자고 교묘한 짖음은 변두리에서 드러난다. 깃대는 높으면 높을수록 바람에 상처받고 돌은 높이 쌓일수록 무너져 버리기 쉽다. 동해의 큰 거북은 우물에 발조차 넣지 못하고[3] 용백의 사람은 작은 못에서 낚시하지 못한다. 그대는 엄청난 재목을 등에 지고도 횃대 말뚝이나 서까래를 얻고자 하니 어찌 인재라 하겠는가. 그대는 스스로 이기지 못하고 구석으로 다니니 그래서야 되겠는가!

　　또한 그대는 남을 위한 일은 많이 하지만 자신을 위한 일은 적게 한다. 바깥으로만 나돌지 속 빈 것은 되돌아보지 않는구나. 그 역시 큰 도에 어두운 것이다. 도는 작거나 크지도 않고 있지도 없지도 않다. 큰 것은 작은 것의 펼쳐짐이고, 작은 것은 큰 것의 정밀함이다. 벌레의 둥지가 모기 속눈썹만하지만 벌레의 속눈썹에는 또 다른 둥지가 있다. 이를 바퀴만하게 바라보면 바퀴 안에 이들이 거듭 자라고 있다. 삼척짜리 그림 속에는 칠 일을 돌아다녀도 다 못간 길이 많다. 주먹만한 돌에도 등성이는 험하고 골짜기는 깊으며 벌레가 자라고 물이끼가 끼고 버섯이 핀다. 한 방울의 물에도 四海가 담겨 섬에는 물안개가 서리고 용은 파도를 바꾸며 해가 뜨고 달이 진다. 좁은 방 안이라도 수백 수천 마리 사자가 넓게 앉고 신성한 귀신이나 상제가 하늘과 땅을 창조할 수 있다. 그대 마음 속 빈 곳을 돌아보고 세밀하게 놀아 보게나. 국토는 넓고 백성들은 알차서 禮樂으로 수놓고 초목은 울창하리라. 그대는 그 속에서 충만하여 변화에 몸을 맡겨 따르게나. 다시 어디로 달리랴.

　　어찌 그대의 뜻을 검게 물들이고 그대의 마음을 긁어 음습한 곳에서 자라게 하고 쓸모없는 땅에 숨게 하는가. 숲 속에서 종과 북소리를 울리고 적막한 들판에서 때로 우레 소리를 들어보게나. 무용한 것은 또 유용한 것이다. 손 트지 않는 약으로도 한 나라를 얻을 수 있다.[4] 한 가지에 깊이 안정된 사람은 모든 것에서 안정될 수 있다. 한 가지 기예로 작은 것으로 들어가는 사람은 어디로 들어가더라도 도에 나아가지 않는 것이 없다."

　　이에 나는 지난 일을 뒤엎어 버리기로 했다. 답답한 마음을 씻고 어두운 정신은 쓸어내어 비의 탁본을 펼치고 글씨를 썼다. 붓을 놀려 종이를 채우면서 천 점의 비를 백 번 임서하고 쌍구법으로 충분히 연습했다. 먼저 알았던 것에 회의를 느끼기도 하고 나중에는 오묘한 깨우침을 맛보기도 했다. 이는 시류

---

3) 『莊子』「秋水」.
4) 『莊子』「逍遙游」.

에서 쓸데없는 외물에 기대어 놀며 세월을 보낸 것이다.

청나라에서 금석문은 많이 언급하지만 글씨를 논하는 사람은 드물다. 그러나 경현의 포세신은 이를 깊이 파헤치고 선양시켰다. 이제 이를 넓혔더니 27편이 되었다. 편명은 아래와 같다.

    권1 제1장 글씨란 무엇인가

          제2장 비는 존중되어야 한다

          제3장 좋은 비는 이런 것이다

    권2 제4장 시대에 따라 글씨는 변한다

          제5장 변한 글씨도 다시 나뉜다

          제6장 팔분을 말한다

          제7장 한나라 글씨가 근본이다

    권3 제8장 위씨 서가가 전통이다

          제9장 남조 비는 보물이다

          제10장 북위 비는 모두 갖추고 있다

          제11장 수나라 비도 취할 만하다

          제12장 당나라 비는 비루하다

    권4 제13장 글씨의 계통을 세우다

          제14장 모든 글씨에는 근원이 있다

          제15장 열 명의 서가를 말한다

          제16장 열여섯 비가 종주이다

          제17장 비의 품등을 매기다

          제18장 비를 평하다

          제19장 남은 비를 논하다

    권5 제20장 붓은 어떻게 잡아야 하는가

          제21장 글씨는 어떻게 써야 하는가

          제22장 글씨는 어떻게 배워야 하는가

          제23장 나는 이렇게 글씨를 배웠다

    권6 제24장 큰 글씨는 어떻게 쓰는가

          제25장 행서와 초서는 어떻게 쓰는가

          제26장 과거글씨는 어떻게 쓰는가

          제27장 시로 글씨를 읊다

무자년 섣달, 선무 성남 남해관의 한만방에서 「購碑(좋은 비는 이런 것이다)」부터 쓰기 시작했다. 늙은 나무와 큰 돌이 나의 옛 묵적을 증명한다. 기축년 섣달에 돌아와 서초산 북쪽 은당향의 담여루에서 지난 원고를 정리했다. 늘어진 소나무와 시든 버드나무가 내 초고를 시중들었다. 17일에서 그믐까지 책을 쓰니 광서 15년(1889)이다. 서초산인 강조이 장소부 짓다.

제7장 本漢(한나라 글씨가 근본이다)

【원문】

眞書之變, 其在漢·魏間乎? 漢以前無眞書體. 眞書之傳於今者, 自吳碑之『葛府君』及元常『力命』·『戎輅』·『宣示』·『薦季直』諸帖始至二王則變化殆盡. 以迄於今, 遂爲大法, 莫或小易. 上下百年間, 傳變之速如此, 人事之遷化亦急哉! 自唐以後, 尊二王者至矣. 然二王之不可及, 非徒其筆法之雄奇也. 蓋所取資, 皆漢·魏間瓌⁵⁾奇·偉麗之書, 故體質古樸·意態奇變. 後人取法二王, 僅成院體, 雖欲稍變, 其與幾何, 豈能復追踪古人哉! 智過其師, 始可傳授. 今欲抗旌晉·宋, 樹壘魏·齊, 其道何由? 必自本原於漢也. 漢隸之始, 皆近於篆, 所謂八分也. 若『趙王上壽』·『泮池刻石』, 降爲『褒斜』·『郙閣』·『裴岑』·『會仙友題字』, 皆樸茂凝深, 得秦相筆意. 繆篆則有『三公山碑』·『是吾』·『戚伯著』之瓌偉. 至於隸法, 體氣益多. 駿爽則有『景君』·『封龍山』·『馮緄』, 疏宕則有『西狹頌』·『孔宙』·『張壽』. 高渾則有『楊孟文』·『楊統』·『楊著』·『夏承』, 豊茂則有『東海廟』·『孔謙』·『校官』. 華艶則有『尹宙』·『樊敏』·『范式』, 虛和則有『乙瑛』·『史晨』. 凝整則有『衡方』·『白石神君』·『張遷』, 秀韻則有『曹全』·『元孫』. 以今所見眞書之妙, 諸家皆有之.

【번역】

해서의 변화, 그것은 한나라와 위나라 사이에 있지 않을까? 한나라 이전에는 해서체가 없었다. 해서가 지금까지 전해지는 것은 오나라의 〈갈부군비〉, 종요의 〈역명표〉⁶⁾·〈하첩표[戎輅表]〉⁷⁾(그림 1)·〈선시표〉⁸⁾·〈천계직표〉⁹⁾ 등의 첩으로부터 시작되었고, 二王¹⁰⁾에 이르러 변화가 거의 다 했다. 마침내 지금에 이르기까지 큰 법식이 되었고 조금도 바뀜이 없었다. 위아래 백 년간 글씨의 변화 속도가 이와 같으니 사람 일의 변화 또한 빠르지 않았겠는가!

---

5) 『中國歷代論文選』(이하 『역대』), 1979, 上海: 上海書畵出版社 ; 『廣藝舟雙楫注』(이하 『주』, 崔爾平 校注), 2006, 上海: 上海書畵出版社에는 瑰라고 되어있다. 같은 글자이다.

6) 力命表: 8행의 小楷이다.

7) 賀捷表: 〈戎輅表〉라고도 한다. 13행의 소해이다.

8) 宣示表: 18행의 소해이다.

9) 薦季直表: 19행의 소해이다. 『三希堂法帖』에 수록되어 있다.

10) 二王: 왕희지·왕헌지 부자를 가리킨다. 아버지 희지를 大王, 아들 헌지를 小王이라 부른다. 『진서』 권80 열전59 「왕희지전」 참조.

당나라 이후부터는 이왕을 존경함이 지극했지만, 이왕이 미칠 수 없었던 것은 그 필법의 웅건하고 기이함(雄奇)만이 아니었다. 이왕이 바탕으로 취한 것은 모두 한나라와 위나라 사이의 훌륭하면서 기이하고(瓌奇) 웅위하고 미려한(偉麗) 글씨였다. 그래서 바탕은 예스러우면서 소박하고(古樸) 의태는 기이하게 변했다. 후세 사람들은 이왕을 법으로 취했지만 겨우 원체[11]만을 이루었다. 조금만 변화하고자 했지만 그것이 엄청나서 어찌 옛 사람을 다시 따라 걸을 수 있겠는가!

지혜가 그 스승을 넘어서야 비로소 전수할 수 있다. 이제 晉·宋의 글씨에 맞먹고 魏·齊의 글씨 위에 세우고자 한다면 그 길은 어디에서 나와야 하는가? 반드시 한나라부터 始原이 비롯되어야 한다.

한나라 예서의 시작은 모두 전서에 가까워서 이른바 팔분이라고 한다. 〈조왕군신상수각석〉(158 B.C.)·〈노효왕반지각석〉(158 B. C., 그림 2), 아래로는 〈개통포사도각석〉(63, 그림 3)·〈부각송〉(172, 그림 4)·〈배잠기공비〉(137, 그림 5)·〈회선우제자〉 같은 것은 모두 소박하면서 무성하고(樸茂), 단단하고 심오하니(凝深) 李斯의 필의를 체득한 것들이다. 繆篆에는 훌륭하고 웅위한(瓌偉) 〈삼공산비〉(117)·〈시오비〉(125, 그림 6)·〈척백저비〉가 있다.

또 예서에 이르러 글씨의 분위기는 더욱 다양해졌다. 빠르면서 상쾌한 것(駿爽)에는 〈북해상경군명〉(143, 그림 7)·〈봉용산비〉(164)·〈풍곤비〉가 있고, 성글면서 호탕한 것(疏宕)에는 〈서협송〉(171, 그림 8)·〈공주비〉(164, 그림 9)·〈장수비〉(168)가 있다. 고상하면서 순박한 것(高渾)에는 〈양맹문비[石門頌]〉(148, 그림 10)·〈양통비〉·〈양저비〉·〈하승비〉(170, 그림 11)가 있고, 풍성하면서 무성한 것(豐茂)에는 〈동해묘비〉·〈공겸비〉·〈교관비〉(187, 그림 12)가 있다. 화려하면서 농염한 것(華艷)에는 〈윤주비〉(177)·〈번민비〉(205)·〈범식비〉(235, 그림 13)가 있고, 빈 듯하면서 온화한 것(虛和)에는 〈을영비〉(153, 그림 14)·〈사신비〉(169, 그림 15)가 있다. 단단하고 정연한 것(凝整)에는 〈형방비〉(168, 그림 16)·〈백석신군비〉(183)·〈장천비〉(186, 그림 17)가 있고, 빼어나면서 운치 있는 것(秀韻)에는 〈조전비〉(185, 그림 18)·〈원손비〉가 있다. 오늘날 볼 수 있는 해서의 오묘함을 諸家의 비가 모두 갖추고 있는 것이다.

【해제】

강유위의 八分은 6장「說分(팔분을 말한다)」에서 언급되었지만, 본 역주에서는 이를 생략했으므로 간략하게 설명하겠다. 팔분에 관한 설을 주장한 제학자들이 있으나 대략 두 가지로 요약된다. 첫째, 예서체에만 국한되어 사용하는 경우, 둘째 전 서체에 적용시키는 경우이다. 전자의 대표학자는 포세신이고, 후자의 대표학자는 강유위이다.

첫째, 포세신의 팔분은 모양의 팔이다. 그는 동한 예서의 가장 대표적인 특징인 撇劃(삐침)과 捺劃

---

11) 院體: 翰林院에서 사용한 글씨로 왕희지를 모방한 서체이다. 청나라 때 어전에서 시험을 볼 때 특히 글씨를 중시하여 그 것으로 당락을 결정되기도 했다. 이로 인해 그 서체를 簡閣體라 불렀다. 후에는 개성이 없는, 판에 박은 듯한 글씨를 낮게 평가하여 관각체라 부르게 되었다.

(波劃, 磔劃, 波磔, 파임)이 八자처럼 나누어져서 '팔분'이라 부른다. 상대적으로 삐침과 파세가 약한 서한 예서는 '예서'라 부른다. 그러나 포세신의 '예서'와는 별개로 삐침과 파세가 약한 서한의 예서를 보편적으로 '古隸'라고도 부르기도 하는데 이때는 삐침과 파세가 강한 포세신의 팔분은 '예서'라 부른다.

둘째, 강유위의 팔분은 비율의 팔 즉 팔할을 뜻한다. 새로운 시대의 글씨는 전대 글씨의 팔할의 기운(새로운 기운이 이할)을 띠고 있으므로 모든 시대의 문자에 팔분이 있다는 것이 그의 주장이다. 李斯가 정리한 진나라의 공식서체인 小篆은 전대 大篆의 팔할의 기운이 있으므로 강유위는 그것을 '秦分'이라 부른다. 그는 삐침과 파세가 약하여 소전의 팔할의 기운이 있는 서한의 예서를 서한 팔분 즉 '서한분'이라 하고, 동한 초기의 예서 중 삐침과 파세가 약하여 '서한분'의 팔할의 기운이 있는 것을 '동한분'이라 부른다. 위의 글 "한나라 '예서'의 시작은 모두 전서에 가까워서 이른바 '팔분'이라고 한다"에서 앞의 예서는 서체를 가리키고, 뒤의 '팔분'(포세신의 '예서')은 '서한분'과 '동한분'을 합친 것이다. 반면, 삐침과 파세가 강한 동한 후기의 예서를 강유위는 '예서'(포세신의 '팔분')라 부른다. 위의 글 "'예서'에 이르러 글씨의 분위기는 더욱 다양해졌다"의 '예서'가 바로 이것이다. 팔분설 속에서의 '예서'와 서체 예서의 분별은 문맥 속에서 이루어져야 한다. 또한 본고에서는 강유위의 '팔분'과 '예서'를 구별할 수 있어야 그의 논지를 이해할 수 있다.

강유위의 팔분설은 문자의 변천사 속에서 팔분을 논한다는 거시적인 차원에서 혁신적인 그의 사상과 부합하며, 보편적으로 서체로서의 예서체를 말할 때 동한의 삐침과 파세가 강한 작품을 말한다는 차원에서 더 타당성이 있다는 것이 역자의 견해이다.

그러나 지금까지 한국서예사 속에서 언급되는 대부분의 '팔분'은 지엽적인 포세신의 것이다. 따라서 독자의 이해를 돕기 위해서 논자는 팔분의 정의를 분명히 밝힐 필요가 있다. 또한 같은 글에서 서한과 동한의 삐침과 파세가 약한 예서를 '고예', 동한의 삐침과 파세가 강한 예서를 '팔분'이라 칭하는 경우도 있으나 이는 짝이 맞지 않는, 즉 팔분설을 제대로 숙지하지 못한 결과로 인한 잘못된 용어 선택이다.

【원문】

蓋漢人極講書法. 羊欣稱蕭何題前殿額, 覃思三月, 觀者如流水. 『金壺記』曰, 蕭何用退筆書裳大工. 此雖未足信, 然張安世以善書給事尙書. 嚴廷年善史書, 奏成手中, 奄忽如神. 史遊工散隸, 王尊能史書. 谷永工筆札, 陳遵性善隸書, 與人尺牘, 主皆藏去以爲榮. 此皆著在漢史者, 可見前漢風尙, 已篤好之. 降逮後漢, 好書尤盛, 曹喜(『大風歌』雖云贗作, 然筆勢亦可喜), 杜度, 崔瑗, 蔡邕, 劉德昇之徒, 並擅精能, 各創新制. 至靈帝好書, 開鴻都之觀, 善書之人鱗集, 萬流仰風,[12] 爭工筆札. 當是時中郎爲之魁, 張芝·師宜官·鍾繇·梁鵠·胡昭·邯鄲淳·衛覬·韋誕·皇象之徒, 各以古文草隸名家. 『石經』精美, 爲中郎之筆. 而堂谿

---

12) 萬流仰風: 『文選』卷20·皇太子釋奠會作詩一首「庶士傾風, 萬流仰鏡」에서 나온 것인데 만류는 만물로 사람들을 말하고, 풍은 황제의 風尙을 가리킨다. 『대계』16, p.267, 주70.

典之外, 『公羊』末, 則有趙隧·劉宏·張文·蘇陵·傳楨, 『論語』末, 則有左立·孫表諸人. 又『武班碑』爲紀伯允書, 『郁閣頌』爲仇子長[13]書, 『衡方碑』爲朱登書, 『樊敏碑』爲劉懆書, 雖非知名人, 然已工絶如此. 又有皇象『天發神讖』, 蘇建『封禪國山碑』, 筆力偉健冠古今. 邯鄲·衛·韋, 精於古文, 張芝聖於草法. 書至漢末, 蓋盛極矣. 其樸質高韻, 新意異態, 詭形殊制, 融爲一爐而鑄之, 故自絶於後世.

【번역】

한나라 사람들은 글씨를 매우 중시했다. 양흔은 '소하[14]가 궁전 앞의 편액을 지을 때 삼 개월 동안 깊이 생각했는데, 그것을 보려는 사람들이 줄을 이었다'고 말했다. 『금호기』[15]는 '소하가 낡은 붓으로 쓴 '書裳'이 대단히 뛰어났다'고 했다. 이것은 비록 믿을 만하지는 않지만, 장안세[16]는 글씨를 잘 써서 '상서'로 봉해졌다. 엄정년[17]은 사서(예서)에 뛰어나서 상주문을 썼는데 그 솜씨가 귀신처럼 빨랐다. 사유[18]는 산예를 잘 썼고, 왕존[19]은 사서에 뛰어났다. 곡영[20]은 필찰에 뛰어났고, 진준[21]은 천성적으로 예서를 잘 썼는데 사람들에게 척독을 써주면 그것을 받은 사람들은 모두 소중히 간직하면서 영광으로 여겼다. 이들은 모두 한나라 역사에 나오는 사람들인데 서한의 풍조는 이미 글씨를 아주 좋아했음을 보여준다.

동한으로 내려와서 글씨를 애호함이 더욱 성해져서 조희[22](〈대풍가〉가 비록 위작이라고는 하나 필세는 뛰어났다)·두도[23]·최원[24]·채옹[25]·유덕승[26] 등이 정교한 능력을 마음껏 발휘하여 각각 새로운 서

---

13) 『廣藝舟雙楫疏證』(이하 『소증』, 康有爲 原著, 華正書局 編), 1985, 臺北: 華正書局에는 仇子良이라고 되어 있다.

14) 蕭何(?-193 B.C.): 서한 沛縣 사람으로 시호는 文終이다. 글씨를 잘 썼으며, 특히 署書에 능했다. 털이 빠진 붓을 사용하여 편액을 썼다. 『中國書論大系』(이하 『대계』)16(中田勇次郎 編集), 1993, 東京: 二玄社, p.265, 주51에는 몰년이 196 B.C.이다.

15) 金壺記: 송나라의 釋適之가 지었고 3권으로 되어 있다. 서체와 글씨를 잘 쓴 사람의 이름을 섞어서 서술해 놓은 것이다. 인용문은 상권의 書裳 조에 있다.

16) 張安世(?-62 B.C.): 서한 杜陵 사람으로 자는 子孺. 시호는 敬이다. 御史大夫 張湯의 아들이다.

17) 嚴廷年(?-58 B.C.): 東海 下邳(강소성) 사람으로 자는 次卿이다. 어려서는 법률을 공부했다.

18) 史游: 서한 원제 때 사람으로 黃門令을 지냈다. 예로 초서를 쓴 〈急就章〉이 있는데, 후대 사람들이 그 서체를 章草라고 불렀다. 〈急就章〉과 장초에 대한 상세한 설명은 주41 참조.

19) 王尊: 서한 원제·성제 때의 涿郡 高陽 사람이다.

20) 谷永: 서한 長安 사람으로 자는 子雲이며, 본명은 並이다. 어릴 때는 長安小史였고 학문과 경서에 모두 넓었으며 글씨를 잘 썼다.

21) 陳遵: 서한 杜陵(섬서성) 사람으로 자는 孟公이며, 嘉威公에 봉해졌다. 전서와 예서를 잘 썼다.

22) 曹喜: 동한 扶風 平陵(섬서성) 사람으로 자는 仲則이다. 강식은 「논서표」에서 '전서를 잘 썼으며, 이사의 필법과는 다소 달라서 대단히 정교하다. 그래서 그 후에 그 필법을 배웠다'라고 했다. 이사 이후 전서의 제일인자이다.

23) 杜度: 원래 杜操였는데 위 무제 曹操를 피휘한 것이다. 동한 京兆 두릉 사람으로 자는 伯度이며, 御史大夫 杜延年의 증손자이다. 초서를 잘 써서 최원과 더불어 초서의 규범이라고 했다. 초서에서 이름이 알려진 최초의 사람이다.

24) 崔瑗(77-142): 동한 涿郡 安平(하북성) 사람으로 자는 子玉이며, 崔駰의 아들이다. 고문학파인 賈逵에게 사사하여 유학을 배웠고 초서에 능했다. 저서로는 「草書勢」가 있다.

25) 蔡邕(132-192): 동한 陳留 圉縣(하남성) 사람으로 자는 伯喈이다. 初平 원년(190)에 左中郎將이 되어 호가 중랑이 되었다. 후에 高陽鄕侯에 봉해졌다. 胡廣에게 사사하여 젊을 때부터 박학했다. 辭章을 좋아하고 數術·天文·音律에 능통했

풍을 창조하였다.

영제(재위 168-189)가 글씨를 애호하여 홍도관[27]을 열자 글씨를 잘 쓰는 사람들이 구름처럼 모여들었고, 모두 유행을 따라 다투어 편지글을 썼다. 마땅히 채옹이 으뜸이었고, 장지[28]·사의관[29]·종요[30]·양곡[31]·호소[32]·한단순·위기·위탄·황상[33] 등은 각각 고문·초서·예서로 유명했다. 〈희평석경〉(175, 그림 19)은 정교하고 아름다운데(精美) 채옹의 솜씨이다. 그리고 [그와 함께 글씨를 쓴] 당계전[34] 이외에도 〈공양전〉[35]의 끝에는 조역·유굉·장문·소릉·전정이 적혀 있고, 〈논어〉의 끝에는 좌립·손표 등 여러 사람들이 적혀 있다. 또 〈무반비〉(147)는 기백윤, 〈부각송〉(172)은 구불[36], 〈형방비〉(168)는 주등, 〈번민비〉(205)는 유조의 글씨이다. 그들은 비록 명서가로 알려지지는 않았지만 공교함과 뛰어남이 이와 같았다. 또 황상의 〈천발신참비〉(278, 그림 20), 소건[37]의 〈봉선국산비〉(276)가 있는데 필력이 웅위하고 굳건해서(偉健) 고금의 으뜸이다. 한단순·위기·위탄은 고문에 정교했고, 장지는 초서의 성인이었다. 한말에 이르러 글씨의 성함이 극에 달했다. 그 소박하고 질박함(樸質), 고상한 운치(高韻), 새로운 의취(新意)와 색다른 형태(異態), 기이한 모양과 특이한 체제가 한 용광로 속에서 융화되어 글씨를 만들어냈다. 그래서 스스로 후세에 뛰어나게 되었다.

다. 팔분을 잘 썼으며, 비백의 창시자라고 전해진다.

26) 劉德昇: 2세기 후반의 潁川(하남성) 사람으로 자는 君嗣이다. 그의 행서가 위나라 초기의 종요와 호소에게 전해져 세상에 유행하였다.

27) 鴻都觀: 홍도는 궁성의 문 이름이다. 문 안에 학문하는 곳을 두었는데, 鴻都門學 또는 홍도학이라 했다. 관은 높은 누각이라는 뜻이다. 『대계』16, p.266, 주69.

28) 張芝(?-190/193): 동한의 서예가로 자는 伯英이며, 張奐의 맏아들이고 張昶의 아우이다. 위나라의 종요·동진의 왕희지와 더불어 글씨의 三絶이라 불린다.

29) 師宜官: 동한 영제 때의 南陽(하남성) 사람이다. 예서를 잘 써서 영제가 천하의 능서가를 홍도문에 불렀을 때 수백 명 중에서 팔분서의 제일인자라는 이름을 얻었다.

30) 鍾繇(151-230): 위나라 豫州 潁川 長社 사람으로 자는 元常이다. 조희·채옹·유덕승에게 배워서 해서를 잘 썼다. 글씨로는 소해서인 〈宣示表〉·〈薦季直表〉 등 五表가 있고, 〈墓田丙舍帖〉 등이 있다.

31) 梁鵠: 동한 安定 烏氏縣(감숙성) 사람으로 자는 孟皇이다. 사의관의 필법을 써서 팔분에 능했는데 위 무제 曹操가 그의 글씨를 좋아해서 평소에는 휘장 안에 걸어두기도 하고, 벽에 붙여 두고 감상하기도 하면서 사의관보다 더 낫다고 했다.

32) 胡昭(162-250): 위나라 영천 사람으로 자는 孔明이다. 사서를 잘 써서 종요·사의관·위기·위탄과 이름을 나란히 했고 尺牘에도 능했다. 「古來能書人名」은 '종요의 글씨는 가는데 호소의 글씨는 굵다'고 평했다.

33) 皇象: 오나라 서예가로 자는 休明이다. 廣陵 江都(강소성) 사람이며 관직이 시중에 이르렀다. 글씨는 두도를 스승으로 삼아서 장초에 뛰어났으며 '참착하고 통쾌하다'고 평한다.

34) 堂谿典: 동한 潁川 사람으로 채옹과 함께 〈희평석경〉을 썼다. 당계는 복성이다. 관직이 오관중랑장에 이르렀다. 『동한서』 열전 권50 하 「채옹전」(熹平四年(175)乃與五宮中郎將堂谿典……奏求制定六經文字, 靈帝許之.) 『대계』16, p.268, 주81; 『주』, p.85, 주17.

35) 公羊: 『춘추공양전』을 말한다. 공자의 글인 『춘추』에는 『公羊高』라고 되어 있다. 『左氏傳』·『穀梁傳』과 더불어 '春秋三傳'이라 한다.

36) 仇紼: 자는 子長이다.

37) 蘇建: 오나라 사람으로 벼슬은 중랑에 이르렀다. 글씨는 皇象과 같다. 저서로는 『書史會要』가 있다.

【해제】

이 글은 글씨가 성했던 동한 말의 명서가에 관한 것이다. 따라서 여기에서의 '당계전'은 당연히 書家名이다. 그러나 『廣藝舟雙楫』(康有爲 지음, 최장윤 옮김, 89쪽)과 『中國書藝美學』(宋民 지음, 곽노봉 옮김, 77쪽)은 175년에 세운 〈中郎將堂谿典請雨銘〉(또는 〈中郎將堂谿典崇高山請雨銘〉, 〈崇高山石闕銘〉)이라는 작품으로 보았다. 〈희평석경〉·〈공양전〉·〈논어〉 등을 따라 앞의 당계전을 작품으로 본 것은 오류이다. 당계전이 쓴 〈中郎將堂谿典請雨銘〉은 글자가 편방형이고 필법의 굳세고 굳건함이 〈희평석경〉 殘字와 유사한 것으로 보아(文物出版社, 『中國書法藝術』 秦漢, 229쪽) 당계전은 채옹과 같이 〈희평석경〉을 쓴 서자임이 분명하다. 강유위도 15장에서 당계전을 채옹 등과 같이 〈희평석경〉을 쓴 서가로 보았다. 또 일반적으로 〈희평석경〉을 채옹만의 글씨로 알고 있으나, 위에서 보듯이 당계전을 비롯한 여러 서가들이 함께 썼다. 다만 채옹이 동한 말에 가장 뛰어난 서가였고 석경 작업의 책임자였기 때문에 통상 그의 이름이 대표적으로 언급되는 것이다.

위에서 史遊가 잘 썼다는 散隸는 草隸(초서의 필의로 쓴 예서) 또는 章草라고도 한다(주18, 41 참조). 장초는 今草·狂草와 더불어 초서의 세 종류 중 하나이다. 후대에 나타나는 금초·광초와는 달리 장초는 한대에 예서의 簡化된 형태로 나타난다. 일반적으로 알려진 서체의 변천 과정인 篆·隸·楷·行·草書는 碑에서 나타나는 순서이고, 실제로 그것을 살펴보면 예서 다음 장초가 나옴으로써 전·예·초·해·행서 순으로 전개된다.

【원문】

晉·魏人筆意之高, 蓋在本師之偉傑. 逸少曰, 「夫書先須引八分·章草入隸字中, 發人意氣. 若直取俗字, 則不能生發.」右軍所得, 其奇變可想. 卽如『蘭亭』·『聖教』, 今習之爛熟, 致誚院體者. 然其字字不同, 點劃各異, 後人學『蘭亭』者, 平直若算子, 不知其結胎得力之由. 宜山谷曰, 「世人日學『蘭亭』面, 欲換凡骨無金丹. 不知洛陽楊風子, 下筆已到烏絲闌.」右軍惟善學古人, 而變其面目, 後世師右軍面目, 而失其神理. 楊少師變右軍之面目, 而神理自得, 蓋以分作草, 故能奇宕也. 楊少師未必悟本漢之理, 神思偶合, 便已絶世. 學者欲學書, 當知所從事矣.

右軍曰, 「予少學衛夫人書,[38] 將謂大能. 及渡江北遊名山, 見李斯·曹喜書, 又之許下, 見鍾繇·梁鵠書. 又之洛下, 見蔡邕『石經』·『三體』[39], 又於從兄處, 見張昶『華岳碑』. 遂改本師, 於衆碑學習焉.」[40] 右軍所

---

38) 『대계』·『소증』에는 書자가 없다.

39) 三體: 『王右軍題衛夫人筆陣圖後』에 '蔡邕石經三體書'라는 구절이 있다. 초본·『역대』·『소증』에는 '석경'에만 작품 기호를 사용했다. 채옹의 〈희평석경〉은 한나라 熹平 연간(172–177)에 새겨져 〈희평석경〉이라 부르고, 예서로만 쓰여 〈일자석경〉이라고도 한다. 한단순의 〈정시석경〉은 위나라 正始 연간(240–248)에 새겨져 〈정시석경〉이라 부르고, 고문·전서·예서의 삼체로 쓰여 〈삼체석경〉이라고도 한다.

북위 효문제(재위 471–499)는 南征을 명분으로 사실상의 천도를 위해 493년 9월 낙양에 도착했다. 그가 두 석경이 있었

採之博, 所師之古如此, 今人未嘗師右軍之所師, 豈能步趨右軍也.

【번역】

진나라·위나라 사람들의 필의가 고상한 것은 바탕으로 삼은 것이 웅위하고 걸출했기(偉傑) 때문이다. 왕희지는 '무릇 글씨란 먼저 팔분과 장초[41]를 끌어들여 예서로 들어가야지 사람의 뜻과 기운을 나타낼 수 있다. 만약 곧바로 속자를 취하면 생생할 수 없다'라고 말했다. 왕희지가 얻은 것은 기이한 변화임을 알 수 있다. 즉 〈난정서〉(353, 그림 21)·〈집자성교서〉(672) 같은 것을 요즈음 열심히 연습하지만 院體라고 비난받는다. 그 한 자 한 자가 같지 않고 점획도 각각 다른데 후대에 〈난정서〉를 배우는 사람은 산가지처럼 편평하고 곧게 쓴다. 이는 그 필력이 어디에서 연유했는지 알지 못하는 것이다.

황정견은 '세상 사람들이 날마다 〈난정서〉의 외형을 배웠는데 그 평범한 골격을 바꾸고 싶어도 핵심이 없었다. 낙양 사람 양응식의 下筆 방식이 이미 오사란[42]에 다다른 것을 알지 못한다'라고 말했다. 왕희지는 옛 사람의 필법을 잘 배워서 그 외형을 변화시켰고, 후대의 사람들은 왕희지의 면목을 모범으로 삼아서 그 정신을 놓쳤다. 양응식은 왕희지의 외형을 모범으로 삼아 변화시켜 그 정신을 스스로 얻었고, 팔분으로 초서를 쓰기 때문에 글씨가 기이하면서 호탕할 수 있었다. 양응식이 '本漢'의 이치를 깨달은 것은 아니지만, 그 정신이 우연히 일치하여 세상에서 뛰어나게 되었다. 초보자가 글씨를 배우고자 한다면 섬기고 좇아야 할 바를 알아야 한다.

던 옛 太學址를 방문했을 때 그것들이 片의 모습으로 존재하고 있었다(『魏書』권7/2, p.173). 원래 〈희평석경〉은 서진 말기 수년간의 전쟁으로 파괴되었지만 〈삼체석경〉은 온전한 모습으로 존재했다. 그러나 천도 전에 洛州刺史 馮熙와 常伯夫가 사찰 건립을 위해 〈삼체석경〉을 쪼개었고(『魏書』권83/1, p.1819), 〈희평석경〉도 쪼개져 건축물의 재료로 사용되었다(中國社會科學院考古學硏研究所所洛陽工作隊, 1982, 「漢魏洛陽古城太學f遺址新出土的漢石經殘石」, 『考古』4, pp.381-389). 『洛陽伽藍記』도 효문제의 낙양 방문 시까지 남아 있던 〈희평석경〉의 존재를 말하고 있다(周祖謨 校釋, 『洛陽伽藍記校釋』권3 「城南」, pp.120-122; 楊衒之 지음, 서윤희 옮김, 『낙양가람기』, p.122). 낙양에서의 두 석경의 존재와 그것들의 복원에 관한 북위의 노력에 관해서는 Hyun-sook Jung Lee, 2005, "The Longmen Guyang Cave." Ph.D. diss., University of Pennsylvania, pp.296-301; 정현숙, 2006, 「문헌을 통해 본 북위의 국가이념과 용문 고양동의 연관성」, 『書誌學研究』35, 서지학회, pp.289-294.
그러니 왕희지가 낙양을 방문했을 때 〈희평석경〉은 편으로, 〈삼체석경〉은 온전한 모습으로 존재하여 그 둘을 보고 배웠다고 확신한다. 따라서 三體를 예서를 가리키는 '一體'의 오기라고 보기 어려우므로, 역자는 '삼체'를 작품기호를 사용하지 않은 오류로 보고 작품 기호를 부가했다. 일반적인 경우처럼 '일체'라면 구태여 표기하지 않거나 예서라고 표현했을 것이다.

40) 王羲之, 「題衛夫人筆陣圖後」, 『역대』, p.25.

41) 章草: 예서에서 나온 한나라 초서의 한 서체이다. 여러 글자가 이어진 금초·광초와는 달리 각 글자가 분리되어 있다. 파책이 예서의 필법이 아닌 行草의 필법이고, 收筆을 예서처럼 위로 올린 것이 특징이다. 서한 사유의 〈急就章〉 서체에 의거한 것으로 동한의 장제 또는 杜度가 시작했다고 한다. 한나라 예서의 빠른 글씨가 요구됨에 따라 자연스럽게 생겨났다. 皇象의 〈급취장〉과 장초에 관해서는 平凡社 編, 『書道全集』3, p.116; 劉正成 主編, 『中國書法鑒賞大辭典』, p.137 참조.

42) 烏絲闌: 두 가지 뜻이 있다. 하나는 검은 계선이 그어져 있는 흰 비단 혹은 종이를 말하고, 다른 하나는 자획 양쪽 가장자리의 먹의 경계 즉 雙鉤를 의미한다. 미술문화원 편, 『中國書法大辭典』, p.215. 여기에서는 전자를 뜻한다.

왕희지는 '나는 어린 시절 위부인의 글씨를 배웠는데 사람들이 장차 크게 될 것이라고 말했다. 게다가 강을 건너서 북으로 유명한 산을 두루 돌아다니면서 이사와 조희의 글씨를 보고, 또 허하[43]에 가서 종요와 양곡의 글씨도 보았다. 또 낙하[44]로 가서 채옹의 〈희평석경〉(175)과 [한단순의] 〈삼체석경〉을 보고, 종형[45]이 있는 곳에 가서 장창[46]의 〈서악화산묘비〉(165, 그림 22)도 보았다. 마침내 근본으로 삼은 것을 고쳐 여러 비에서 배우고 익혔다'라고 말했다. 왕희지는 이렇게 넓게 체험하고 오래된 것을 모범으로 삼았다. 왕희지가 모범으로 삼은 것들을 배우지 않고 어떻게 왕희지를 좇아갈 수 있겠는가?

【해제】

오늘날 우리가 쓰는 왕희지의 〈난정서〉는 당연히 진적이 아니며 번각에 번각을 거듭하여 원의는 전혀 없다. 그럼에도 불구하고 서가들은 매일 그것만 연습하니 모양만 그릴 뿐 왕희지의 정신을 배울 수 없으며, 따라서 그를 넘어설 수가 없다. 왕희지의 정신을 배우기 위해서는 왕희지가 근본으로 삼은 한비를 배워야 하며, 역대에 그것을 깨달은 사람만이 겨우 왕희지에 버금갈 수 있었다.

왕희지는 스승을 버리고 스스로 〈희평석경〉·〈삼체석경〉 같은 좋은 한비를 찾아 배우고 고쳤기에 書聖으로 우뚝 설 수 있었다. 명서가의 근원을 찾는 작업이 곧 명서가가 되는 지름길이다. 그러니 근본을 모른 채 글씨만 쓰는 것은 기예에 불과하며, 기예로는 장인은 될지언정 진정한 예술가가 될 수 없음을 에두른 글이다.

【원문】

南北朝碑, 莫不有漢分意. 『李仲璇』·『曹子建』等碑, 顯用篆筆者無論. 若『谷朗』·『鄼休』·『爨寶子』·『靈廟碑』·『鞠彦雲』·『弔比干』, 皆用隸體. 『楊大眼』·『惠感』·『鄭長猷』·『魏靈藏』, 波磔極意駿厲, 猶是隸筆. 下逮唐世, 『伊闕石龕』·『道因碑』, 仍存分·隸遺意. 固由餘風未沫, 亦託體宜高, 否則易失薄弱也.

後人推平原之書至矣. 然平原得力處, 世罕知之. 吾嘗愛『郙閣頌』體法茂密, 漢末已渺, 後世無知之者. 惟平原章法結體, 獨有遺意. 又『裴將軍詩』, 雄强至矣, 其實乃以漢分入草, 故多殊形異態. 二千年來, 善學右軍者, 惟清臣·景度耳. 以其知師右軍之所師故也.

漢分中有極近今眞書者. 『高君闕』「故·益·州·擧·廉·丞·貫」等字, 「陽」·「都」之邑旁, 直是今楷, 尤似顏淸臣書. 吾旣察平原之所自出, 而又知學者取法之貴上也. 『高頣碑』爲建安十四年. 此闕無年月, 當同時, 故宜與今楷近. 『張遷表頌』, 亦可取其筆劃, 署於眞書. 『楊震碑』, 縹緲如遊絲, 古質如蟲蝕, 尤似楷·隸,

---

43) 許下: 허는 지금의 하남성 許昌縣의 동북이다. 동한 獻帝 때의 수도였다. 하는 토지를 나타낸다.
44) 洛下: 낙은 낙양, 하는 토지를 나타낸다.
45) 從兄: 王導의 아들인 王洽(323-358)을 말한다.
46) 〈서악화산묘비〉의 끝에 '郭香察書'라고 되어 있다. 장창을 서자로 본 것은 왕희지의 오류인 듯하다. 강유위도 15장에서 곽향찰을 서자로 보았다.

爲登善之先驅. 蓋中平三年所立, 亦似近今眞書者. 若吳『葛府君碑』, 直是楷書矣. 惟『樊敏碑』在熹平時, 體格甚⁴⁷⁾高, 有『郙閣』意. 『魏元丕』·『曹眞』亦然, 眞可貴異也.

【번역】

남북조의 비에 한나라 팔분의 필의가 없는 것이 없다. 〈이중선수공자묘비〉(541)·〈조자건비〉(593, 그림 23) 등이 전서의 필의를 두드러지게 사용한 것은 말할 것도 없다. 〈곡랑비〉·〈부휴비〉·〈찬보자비〉(그림 24)·〈중악숭고영묘비〉·〈국언운묘지명〉·〈조비간문〉(그림 25) 같은 것들도 모두 예서의 필법을 사용했다. 〈양대안조상기〉(504-7, 그림 26))·〈혜감조상기〉(502)·〈정장유조상기〉(501)·〈위령장조상기〉(500-3)의 파책은 필의가 매우 빠르고 날카로워 오히려 예서의 필의를 보인다.

아래로 당나라에 이르러 저수량의 〈이궐석감명〉⁴⁸⁾(641, 그림 27), 구양통의 〈도인법사비〉(663, 그림 28)에도 팔분과 예서의 필의가 남아 있다. 남은 서풍이 없어지지 않았기 때문에 의탁한 모양이 당연히 고상하다. 그렇지 않으면 쉽게 잃어버려 박약해진다.

후대 사람들은 안진경의 글씨를 매우 받들었다. 그러나 안진경이 어디에서 그 필력을 얻었는지 아는 사람이 세상에 드물었다. 나는 일찍이 〈부각송〉의 무밀한 필법을 좋아했는데, 한말에는 이미 없어졌으며 후세에는 그것을 아는 사람도 없었다. 안진경의 장법과 결구만이 남은 필의를 홀로 지니고 있다. 또 안진경의 〈배장군시〉⁴⁹⁾(그림 29)는 대단히 힘찬데, 사실은 그것도 한분의 필법을 초서에 사용했기 때문에 색다른 형태가 많은 것이다. 이천 년이래 왕희지를 잘 배운 사람은 오직 안진경과 양응식 뿐이다. 그것은 왕희지가 모범으로 삼은 바를 스승으로 삼아야 한다는 것을 알았기 때문이다.

한분 중에서 지금의 해서에 아주 가까운 것이 있다. 〈고군궐〉(〈고이궐〉, 209)의 '고'·'익'·'주'·'거'·'렴'·'승'·'관' 등의 글자와 '양'·'도' 자의 읍방은 바로 오늘날의 해서이며 안진경의 글씨와 더욱 닮았다. 나는 이미 안진경 글씨의 근본을 살펴보았고, 또한 배우는 사람이 법을 취할 때 윗대의 것을 귀하게 여겨야 한다는 것을 알았다. 〈고이비〉는 건안 14년(209)에 만든 것이다. 〈고군궐〉은 날짜가 없지만 당연히 동시대의 것이므로 지금의 해서에 가깝다.

〈장천비〉(186)도 그 필획을 취하여 해서에 매우 가깝다. 〈양진비〉의 아득한 모습은 아지랑이와 같고 예스럽고 질박함(古質)은 벌레 먹은 것과 같아서 해서·예서와 많이 닮았고 저수량 글씨의 선구가 되었다. 중평 3년(186)에 세워진 것으로⁵⁰⁾ 지금의 해서에 거의 가깝다. 오나라의 〈갈부군비〉 같은 것은

---

47) 『대계』·『소증』에는 很高라고 되어 있다.

48) 伊闕石龕銘: 〈伊闕佛龕碑〉라고도 한다. 낙양 용문석굴 빈양동에 당 태종 貞觀 15년(641)에 새겼다. 32행, 행 51자의 저수량 해서이다.

49) 裵將軍詩: 單刻帖이다. 안진경의 글씨라고 전해진다. 탁본의 크기는 34.5×19.7cm이다. 이 첩은 북송 저록에는 보이지 않고 『忠義堂法帖』에 처음 나타난다. 항주 西泠印社에 영인본이 있다. 별도로 이 각의 모각본의 영인본이 商務印書館에 있다.

50) 중평 3년에 세워진 것은 〈장천비〉이고 〈양진비〉는 延光 3년(124)에 세워졌다. 미술문화원 편, 『中國書法大辭典』,

곧바로 해서이다. 오직 〈번민비〉(205)만 희평 연간(172−177)에 세워졌는데 그 풍격이 매우 고상하고, 〈부각송〉(172)의 필의가 있다. 〈위원비〉·〈조진비〉도 그러하니 참으로 귀하고 색다르게 여길 만하다.

【해제】

남북조 비에 한분과 예서의 필의가 있다는 말은 지극히 당연한 말이다. 문자의 변천은 갑자기 이루어지는 것이 아니고 전대의 기운을 상당히 지니고 있기 때문이다. 한분과 예서 중에서도 강유위는 특히 전서의 필의가 있는 한분을 더 높이 평한다. 그 예스러움과 질박함이 곧 강유위의 미적 취향과 일치하기 때문이다.

【원문】

『子遊殘石』, 有拙厚之形, 而氣態濃深, 筆頗而駿, 殆『張黑女碑』所從出也. 又書法每苦落筆爲難, 雖云峻落逆入, 此亦言意耳. 欲求模範, 仍當自漢分中求之. 如『正直殘碑』「爲」字·「竅」字·「辭」字, 眞『爨龍顔』之祖, 可永爲楷則者也. 『孔彪碑』亦至近楷書, 熟觀漢分自得之.

『孔宙』·『曹全』是一家眷屬, 皆以風神逸宕勝. 『孔宙』用筆, 旁出逶迤, 極其勢而去, 如不欲還. 『馮君神道』·『沈君神道』亦此派也, 布白疏, 磔筆長.

『東海廟碑』, 體漸扁闊, 然筆氣猶豊厚, 有『郙閣』之遺, 『孔謙』近之.

『尹宙』風華艶逸, 與『韓敕』·『楊孟文』·『曹全碑陰』同家, 皆漢分中妙品. 『曹全碑陰』逼近『石經』矣.

『楊叔恭』·『鄭固』, 端整古秀, 其碑側縱肆, 姿意尤遠, 皆頑伯所自出也. 『成陽靈臺』, 筆法豊茂·渾勁, 『楊統』·『楊著』似之.

『楊淮表紀』, 潤醳如玉, 出於『石門頌』, 而又與『石經』·『論語』近, 但疏宕過之, 或出中郎之筆, 眞書之『爨龍顔』·『靈廟碑陰』·『暉福寺』所師祖也. 『孔宙碑陰』, 筆意深古, 昔人以爲如蟄蟲盤屈,[51] 深冬自衛, 眞善爲譬者.

【번역】

〈자유잔석〉(115, 그림 30)은 졸박하면서 도톰한(拙厚) 모양을 지니고 있으나 기운과 자태는 짙으면서 심오하다(濃深). 필획이 치우치고 빨라서 거의 〈장흑녀묘지명〉(531, 그림 31)의 근원이 된다. 또한 글씨는 落筆(처음 붓을 대는 것)이 어려워 매번 고심한다. 힘차게 내리면서 역입하라고 하지만 이것도 생각을 말하는 것일 뿐이다. 모범을 구하고자 한다면 한분에서 구해야 한다. 〈정직잔비〉(그림 32)의 '위'·'규'·'사' 자는 참으로 〈찬룡안비〉(458, 그림 33)의 시조이므로 영원히 모범이 될 수 있다. 〈공표비

---

p.1059. p.1085.

51) 盤屈: 『騈雅』「釋古」에 '盤屈, 屈曲也'라고 되어 있다. 『대계』16, p.274, 주188.

〉(171)도 해서에 매우 가까운데 한분을 깊이 살펴보면 저절로 그렇게 된다.

　〈공주비〉(164)·〈조전비〉(185)는 한 집안으로 모두 풍채가 자유롭고 호탕하여(逸宕) 뛰어나다. 〈공주비〉의 용필은 구불구불한 모양으로 옆으로 나아가고 있는데 그 필세가 극에 달해 가버리면 돌아오지 않으려는 것 같다. 〈馮煥神道闕〉(121)·〈沈府神道闕〉도 이 유파이고 포백(획간)이 성글고 파책이 길다.

　〈동해묘비〉의 자형은 점점 옆으로 넓어지나 분위기는 풍성하고 도타워(豊厚)〈부각송〉(172)의 분위기가 있고 〈공겸비〉도 이에 가깝다.

　〈윤주비〉(177)는 풍채가 아리땁고 자유로워(艶逸)〈예기비〉(156)·〈양맹문비[석문송]〉(148)·〈조전비음〉과 한 가족이며, 모두 한분 가운데 묘품이다. 〈조전비음〉은 〈희평석경〉(175)과 거의 가깝다.

　〈양숙공비〉(171)·〈정고비〉(158)는 단아하면서 정연하고(端整) 예스러우면서 빼어나다(古秀). 비측은 늘어짐이 거리낌이 없고(縱肆) 그 자태는 더욱 아득하여, 등석여가 여기에서 나온 것이다. 〈성량영대비〉[52]는 필법이 풍성하면서 무성하고(豊茂) 순박하면서도 굳세다(渾勁). 〈양통비〉·〈양저비〉가 이것과 닮았다.

　〈양회표기〉(173, 그림 34)는 윤택함이 옥과 같은데, 〈석문송〉(148)에서 나왔으며 〈희평석경〉의 〈논어〉에도 가깝다. 그러나 성글면서 호탕함(疏宕)이 〈희평석경〉의 〈논어〉를 뛰어 넘으니 채옹의 글씨에서 나온 것이 아닌가 한다. 해서인 〈찬룡안비〉(458)·〈중악숭고영묘비음〉·〈휘복사비〉(488)가 모범으로 삼은 비이다. 〈공주비음〉은 필의가 심오하면서 예스러워서(深古) '옛 사람들이 겨울잠을 자는 벌레가 몸을 구부려 한 겨울의 추위로부터 스스로를 보호하려는 것과 같다'고 했으니 참으로 적절한 비유이다.

【해제】

　여기에서도 강유위는 대부분의 좋은 후대 글씨는 한분에서 나왔음을 말하고 한분을 모범으로 삼으면 모든 글씨를 다 잘 쓸 수 있다고 강조한다. 한분과 팔분에는 갖추지 않은 서풍이 없으니 어떤 분위기의 글씨이든 그 근원은 한비에서 찾을 수 있다.

　위에서 "〈공표비〉는 해서에 매우 가깝다"고 했지만 그것은 전형적인 예서이다.

【원문】

帖中『州輔碑』, 兼雄深茂密之勝.『熹平殘碑』似之, 又加峻峭也.『魯峻碑額』, 渾厚中極, 其飄逸與『李翕』·『韓勑』略同.『婁壽碑』與『禮器』·『張遷』豊茂相似,『張壽』與『孔彪』渾古亦相似,『耿勛』與『郙閣』古茂亦相類.

　『楊孟文碑』勁挺有姿, 與『開通褒斜道』疏密不齊, 皆具深趣. 碑中「年」字·「升」字·「誦」字垂筆甚長, 與『李孟初碑』「年」字同法. 余謂隷中有篆·楷·行三體, 如『褒斜』·『裴岑』·『郙閣』, 隷中之篆也.『楊震』·『孔

52) 『역대』·『주』에는 〈성양〉과 〈영대〉로 나뉘어 있으나 한 개의 비이다. 『대계』16, p.273, 주177 참조.

彪』·『張遷』, 隷中之楷也. 『馮府君』·『沈府君』·『楊孟文』·『李孟初』, 隷中之草也.

『李孟初』·『韓仁』, 皆以疏秀勝, 殆蔡有鄰之所祖. 然唐隷似出『夏承』爲多, 王惲以『夏承』飛動, 有芝英·龍鳳之勢, 蓋以爲中郎書也. 吾謂『夏承』是別體, 若近今冬心·板橋之類, 以『論語』核之, 必非中郎書也. 後人以中郎能書, 凡桓·靈間碑必歸之. 吾謂中郎筆迹, 惟『石經』稍有依據, 此外, 『華山碑』尤不敢信徐浩之說. 若『魯峻』·『夏承』·『譙敏』, 皆出附會. 至『郙閣』, 明明有書人仇紼,[53] 『范式』有「靑龍三年」,[54] 則非邕書尤顯, 以益見說者之妄也.

【번역】

첩(『汝帖』)에 있는 〈주보비〉는 웅건하면서 심오하고(雄深) 무성하면서 빽빽하여(茂密) 뛰어나다. 〈희평잔비〉가 그것과 닮았으며 험하고 가파름(峻峭)도 더했다. 〈노준비액〉(173)은 순박하면서 도타움(渾厚)이 지극하고 바람 부는 듯한 자유로움(飄逸)은 〈이흡비〉·〈예기비〉와 거의 같다. 〈누수비〉(174)는 〈예기비〉(156)·〈장천비〉(186)와 더불어 풍성하고 무성함(豊茂)이 서로 닮았다. 〈장수비〉(168)는 〈공표비〉(171)와 함께 순박하고 예스러움(渾古)이 서로 닮았다. 〈경훈비〉는 〈부각송〉(172)과 예스럽고 무성함(古茂)이 서로 비슷하다.

〈양맹문비(석문송)〉(148)는 굳세고 빼어나(勁挺) 자태가 있고, 〈개통포사도각석〉(63)과 더불어 소밀이 일정하지 않아, 모두 깊은 풍치를 지니고 있다. 이 비 중에 '년'·'승'·'송' 자는 垂筆[55]이 아주 길고 〈이맹초비〉의 '년' 자와 같은 필법이다. 나는 예서 중에도 전·해·행의 삼체가 있다고 생각한다. 〈개통포사도각석〉·〈배잠기공비〉(137)·〈부각송〉은 예서 중의 전서이고, 〈양진비〉·〈공표비〉·〈장천비〉(186)는 예서 중의 해서이고, 〈풍부군비〉(121)·〈심부군비〉·〈석문송〉·〈이맹초비〉는 예서 중의 초서이다.

〈이맹초비〉·〈한인명〉(175)은 성글면서 빼어남(疏秀)이 뛰어나 채유린[56]이 근원으로 삼은 것이다. 그러나 당나라 예서는 〈하승비〉(170)를 닮은 것이 많다. 왕운[57]은 〈하승비〉의 비동함에는 芝英篆, 龍虎隷, 鳳魚隷의 기세가 있어 채옹의 글씨라고 여겼다. 나는 〈하승비〉가 특별한 서체라고 말하는데, 지금의 금농[58]·정섭[59] 같은 부류와 가깝다. 〈논어〉로 그것을 깊이 살펴보면 반드시 채옹의 글씨가 아니

---

53) 『소증』에는 仇紼이라고 되어 있다. 주36에 의하면 仇紼이 맞다.

54) [역자 교정] 초본·『소증』·『역대』의 '靑龍二年'은 오기이다. 〈범식비〉의 명문을 따른 '청룡 3년'(235)은 『대계』16, p.232, 주49; 미술문화원 편, 『中國書法大辭典』, p.1108; 蘇士澍 主編, 『中國書法藝術』秦漢, p.13 참조.

55) 垂筆: 곧바로 아래로 내려오는 필획을 말한다.

56) 채유린의 〈蔡有鄰盧舍珉像碑〉를 가리킨다. 〈盧舍那碑〉·〈奉先寺像龕記〉라고도 한다. 낙양의 봉선사에 있다. 12행, 행 28자이고 左行의 행서이다. 좌행의 서체는 〈예학명〉을 본받았고, 절벽 위에 손으로 편리하게 書丹으로 썼다. 『대계』16, p.275, 주214.

57) 王惲(1227-1304): 원나라 사람으로 자는 仲謀이며, 汲縣(하남성) 사람이다. 저서로는 『秋潤先生大全文集』100권, 『元史』 167권이 있다.

58) 金農(1687-1763): 청나라 서예가로 자는 壽門·司農·吉金이고, 호는 冬心이며, 별호는 稽留山民·曲江外史이다. 학문을 좋아하고 옛 것을 취하여 금석 천 권이 있다. 어릴 때는 何焯 문하에서 배워 시·문·금석·서·화·전각에 모두 정교했다. 글

다. 후대 사람들이 채옹이 글씨를 잘 쓰니 환제(재위 146-167)·영제(재위 168-189) 사이의 비는 모두 그에게 돌렸다. 나는 채옹의 필적으로는 〈희평석경〉만이 조금 근거가 있다고 생각한다. 그밖에 〈서악 화산묘비〉(165)도 [채옹의 것이라는] 서호60)의 주장을 감히 믿을 수 없다. 〈노준비〉·〈하승비〉·〈초민 비〉 같은 것들도 모두 억지로 갖다 붙인 것이다. 〈부각송〉에는 서자가 구불이라고 분명히 적혀 있다. 〈범식비〉(235)에는 '청룡 3년(235)'이라는 각이 있어 그것이 채옹의 글씨가 아님이 더욱 분명하니 엉터 리로 말한 것임을 잘 보여 준다.

【해제】

비의 가계가 대해 설명이 계속된다. 한비에는 대부분 서가명이 기록되지 않았다. 그러나 한말의 고 관 겸 명서가인 채옹만이 사서에 이름이 있고 〈희평석경〉의 서자로 알려져 있다. 따라서 환제·영제 이 후의 서자명이 없는 작품은 대부분 채옹의 것으로 견강부회했는데 그렇지 않다고 주장한다. 그러니 확 실한 근거 없이 섣불리 서자도 제작 시기도 단정해서는 안 될 것이다.

【원문】

自桓·靈以後碑, 世多附會爲鍾·梁之筆. 然衛覬書『受禪表』, 確出於同時聞人牟準之言. 而淸臣·季海, 尤有異談. 況張稚圭乎? 其按圖題記, 以『孔羨碑』爲梁鵠書, 吾亦以爲不爾. 夫『乙瑛』旣遠出鍾前, 而稚圭 題爲元常61)所書, 則『孔羨』亦何足信歟? 以李嗣眞精博, 猶誤『范式』爲蔡體, 益見唐人之好附會. 故以『韓 勅』爲鍾書, 吾亦不信也.

『華山碑』, 後世以季海之故, 信爲中郎之筆, 推爲絶作. 實則漢分佳者絶多, 若『華山碑』實爲下乘. 淳古 之氣已滅, 姿製之妙無多. 此詩家所薄之武功·四靈·竟陵·公安, 不審其何以獲名前代也.

『景君銘』古氣磅礴, 曳脚多用擸筆, 與『天發神讖』相似. 蓋和帝以前書, 皆有篆意, 若東漢分書, 莫古於 『王稚子闕』矣.

吾歷考書記, 梁鵠之書不傳, 『尊號』·『受禪』分屬鍾·衛. 然『乙瑛』之『圖記』旣謬則『孔羨』之『圖記』亦非. 包愼伯盛稱二碑, 强分二派, 因以『呂望』·『孫夫人』二碑分繼二宗, 亦附會之談耳. 漢碑體裁至多, 何止兩 體? 晉碑亦不止二種. 以分領後世之書, 未爲確論, 今無取焉.

씨는 예서에 뛰어났다.

59) 鄭燮(1693-1765): 청나라 서예가로 자는 板橋이며, 흥화 사람이다. 시·서·화에 뛰어나서 삼절이라 했다. 글씨는 〈예학 명〉과 황정견의 글씨를 배워서 예서·해서·행서의 삼체를 섞어 썼다.

60) 徐浩(703-782): 당나라 서예가로 자는 季海이며, 越州 사람이다. 벼슬이 太子少師에 이르렀다. 아버지 嶠之로부터 글씨 를 배워 해법에 정통하여 圓勁重厚한 풍격을 이루었다. 묵적에는 〈朱巨川告身〉, 비각에는 〈不空和尙碑〉가 있다.

61) 『소증』에는 爲無常, 『역대』에는 元常이라고 되어 있다.

【번역】

환제·영제 이후의 비는 종요와 양곡의 글씨라고 세상 사람들이 많이 우긴다. 그러나 위기가 〈수선표〉(220)를 썼다는 것은 확실히 같은 시대의 문인모준(62)의 말에서 나왔다. 그리고 안진경과 서호는 오히려 다른 설을 가지고 있으니 하물며 장치규는 어떻겠는가? 그의 『안도제기』에서는 〈공선비〉(220)가 양곡의 글씨라고 하지만 나는 이것도 믿을 수 없다. 〈을영비〉(153)는 종요보다 훨씬 이전에 이미 나왔는데 장치규는 종요의 글씨라고 하니, 〈공선비〉가 [양곡의 글씨라고 한 것] 또한 어찌 믿을 수 있겠는가?

이사진(63)은 참으로 정교하고 박식하면서도 〈범식비〉(235)가 채옹의 글씨라고 잘못 생각하고 있으니 당나라 사람들이 근거 없이 억지 쓰는 것을 잘 알 수 있다. 따라서 〈예기비〉(156)를 종요가 썼다는 것도 나는 믿을 수 없다.

〈서악화산묘비〉(165)는 서호 때문에 채옹의 글씨라고 믿게 되어 후대에 뛰어난 작품으로 추앙되었다. 실제로 한분에 뛰어난 것이 너무 많기 때문에 〈서악화산묘비〉 같은 것은 사실 하급에 속한다. 순박하고 예스러운(淳古) 기운이 이미 없어졌으며 자태의 묘함도 많지 않다. 이것은 오늘날 시인들이 가볍게 여기는 무공(64)파, 사령(65)파, 경릉(66)파, 공안(67)파가 전대에 어떻게 이름을 얻었는지 살피지 못한 것이다.

〈북해상경군명〉(143)은 옛 기운이 충만하며 끌어당기는 아래 부분은 주문의 필법을 많이 사용하고 있어 〈천발신참비〉(278)와 서로 닮았다. 화제(재위 88−105)(68) 이전의 글씨에 모두 전서의 필의가 있는데 동한분이 〈왕치자궐〉(105)보다 오래되지 않은 것과 같다.

내가 글씨의 기록을 살펴보았는데 양곡의 글씨는 전해지지 않고 〈상존호주〉(69)(220)·〈수선표〉(220)는 종요와 위기의 글씨로 나뉜다.(70) 그러나 〈을영비〉(153)에 관해 『안도제기』가 잘못된 것이라면 〈공선비〉에 대해서도 『안도제기』가 틀린 것이다. 포세신은 이 두 비를 자주 말하면서 억지로 두 파로 나누

---

62) 聞人牟準: 위나라 사람이다. 문인은 복성이다.

63) 李嗣眞: 당나라 서예 이론가로 자는 承冑이며, 滑州 匡城(하남성) 사람이다. 『新唐書』는 趙州 柏(하북성) 사람이라고 한다. 趙州長史 李彦悰의 아들이며, 관직은 御史中丞·知大夫事에 이르렀다. 장회관과 더불어 서학과 서론에 뛰어났다. 저서로는 『明堂新禮』10卷「孝經指要」,『書後品』이 있다.

64) 武功: 당나라의 姚合은 고심하여 시를 지었다. 남송 永嘉의 사령이 그를 근원으로 하였고, 그가 무공 主簿(섬서성)에 있었기 때문에 '무공체'라고 한다.

65) 四靈: 남송의 민간시인 趙師秀·翁卷·徐照·徐璣를 가리킨다. 절강성 영가 사람들이고 字에 '靈' 자가 있어 '영가의 사령'이라 한다. 모범으로 삼은 것은 북송의 이지적이고 중당과 만당의 활기 없고 담담한 시이다.

66) 竟陵: 명나라 말의 鍾惺과 譚元春의 시풍을 그 출신지인 호북성 경릉을 따라 '경릉파'라 한다.

67) 公安: 명나라의 袁宏道, 형 宗道, 아우 中道 삼형제의 출신지로 인하여 '공안파'라 한다.

68) 和帝: 동한의 4대 황제로 諱는 肇이다. 『동한서』권4「본기」.

69) 上尊號奏: 황초 원년(220) 각으로, 河南 許州에 있다. 한 헌제가 延康 원년(220)에 위왕 조비曹丕에게 황위를 넘겨주는 것을 기록한 것이다. 建安 10년(205)에 曹操가 厚葬을 금해 立碑를 할 수 없어 이후 남조에 이르기까지 전해지는 비가 드물다. 위나라의 시작을 알리는 이 비는 예서에서 해서로 변천되는 과정을 보여주는 것으로 생동감이 있다. 서자는 鍾繇(151−230) 또는 梁鵠(생몰년 미상)이라 전해진다.

70) 〈공선비〉의 끝에 "위 진사왕 조식이 짓고 양곡이 쓰다"(魏陳思王曹植詞, 梁鵠書)라고 적혀 있다. 이것은 후대인이 가각한 것으로 근거가 부족하다. 王靖憲 主編,『中國書法藝術』魏晉南北朝, p.7.

고 서진의 〈태공여망표비〉(289)·〈任城太守孫夫人碑〉(272) 두 비를 두 개의 종주로 나눈 것 [〈을영비〉·〈공선비〉를 이었다고 한 것]71)도 견강부회이다. 한나라 비에는 체재가 많은데 어찌 두 파에 그치겠는가? 진나라 비도 두 종류에 그치지 않는다. 후대의 글씨를 나누는 것은 정확한 논리가 아니므로 지금은 취하지 않겠다.

【해제】
　강유위는 여기에서도 서자를 결정하는 기준에 대한 당시의 인식이 잘못되었음을 거듭 말하고 있다. 채옹의 경우와 마찬가지로 종요와 양곡이 당시의 명서가였다는 이유로 서자 불명의 비에 그 두 서가를 서자로 몰고 가는 후대의 주장도 근거 없음을 말한다. 漢과 晉에는 다양한 체재와 서풍을 가진 비들이 즐비한데 채옹의 것으로만 여기거나, 종요와 양곡 두 파로 나누는 것은 전체를 파악하는 거시적인 안목의 부족함으로 인한 것이다. 특히 강유위는 이전의 포세신의『예주쌍집』의 오류를 지적함으로써 後作인 자신의『광예주쌍집』의 당위성을 우회적으로 드러내고 있다.

【원문】
　『萊72)子侯碑』淺薄, 前漢時無此體, 與『麃孝禹碑』, 殆是贗作. 字體古今, 眞可一望而知. 余嘗見『三老碑』, 體近『白石神君』. 以爲『三公山神君碑』矣. 余意此不類永平時書, 旣而審之, 果光和四年. 故字體眞可決時代也. 夫古今風氣不同, 人生其時, 輒爲風氣所局. 不得以美惡論, 而美惡亦繫之. 『漢書』所錄『張敞察昌邑王疏』, 『文選注』所引劉整婢采音所供詞, 皆古樸絕俗, 爲韓·柳所無. 吾見『六朝造像』數百種, 中間雖野人之所書, 筆法亦渾樸, 奇麗有異態. 以及『小唐碑』, 吾所見數百種, 亦復各擅姿製. 皆今之士大夫極意臨寫而莫能至者, 何論名家哉! 張南軒曰, 「南海諸番書煞有好者, 字畫遒勁, 若古鐘鼎款識, 諸國不同.」蓋風氣初開, 爲之先者, 皆有質奇之氣, 此不待於學也.

【번역】
　〈내자후비〉(16)는 천박한데 서한에는 이런 글자 형태가 없으므로 〈포효우비〉(210 B.C.)와 더불어 위작이다. 형태의 고금은 정말 한 번만 보면 알 수 있다. 나는 〈삼공산비〉(117)73)를 본 적이 있는데 그 형태가 〈백석신군비〉(183)에 가까웠다. 그런데도 〈삼공산신군비〉(76)74)라고 여겼다. 나는 이것을 영평 연간(58-75)의 글씨로 분류할 수 없다고 생각했는데 살펴보니 과연 광화 4년(181)의 것이었다.

---

71) 포세신, 『예주쌍집』(『역대』), p.607.
72) 모든 판본에 〈葉子侯碑〉라고 되어 있으나 〈萊子侯碑〉의 오기이다.
73) 『소증』에는 〈三老碑〉라고 되어 있다.
74) 『소증』에는 〈삼공산〉·〈신군비〉가 나뉘어져 두 개의 비인 것처럼 되어 있다.

그러므로 글자의 형태가 진정으로 그 비각의 시기를 결정한다. 고금의 풍치는 같지 않으며 사람은 살면서 그 시대 서풍에 의해 제약을 받는다. 아름다움과 추함(美惡)으로 논할 수는 없으나 그것은 시대적 분위기와 상관이 있다.

『한서』에 기록된 장창의 창읍왕에 대한 상소[75]와 『문선』注에서 인용한 유정의 노비인 채음이 진술한 글은 모두 예스럽고 소박하며(古樸) 속기가 없는데(絶俗) 한유나 유완원의 글에도 없는 것이다. 내가 육조 조상기 수백 점을 보았는데 그 가운데 비록 야인[76]들이 쓴 것이지만 필법이 순박하고 소박하며(渾樸), 기이하고 미려함(奇麗)에 색다른 자태가 있었다. 나는 소당비를 수백 점이나 보았는데 그것들도 역시 자유로운 모습을 지녔다. 모두 지금의 사대부들이 애써 임서해도 이룰 수 없는 것이니 어찌 명서가들을 논하겠는가!

장남헌[77]은 '남해 모든 광동성 소수민족의 글씨에는 매우 좋은 것이 있는데, 필획이 힘차 옛 종정문의 관지[78]와 같고 여러 지역이 다르다'라고 말했다. 서풍이 처음 열릴 때 앞장선 것은 모두 질박하고 기이한(質奇) 분위기가 있는데, 이것은 배움에서 기대할 수 없는 것이다.

【해제】

비의 건립 시기를 결정하는 중요한 요소 중 하나는 서풍이다. 동시대 사람의 서풍은 그 시대의 분위기를 벗어날 수 없어 서로 유사하기 때문이다. 이를 기준으로 강유위는 이전의 오류를 계속 바로 잡는다. 동시에 이를 통해 시대를 통달한 자신의 안목에 스스로 높은 가치를 부여하고 있다. 이 글을 쓰는 강유위의 진정한 목적은 공부를 게을리 하지 않아야 한다는 것을 주장하기 위한 것이다. 그가 의미하는 공부는 실기와 이론, 감식 등 모든 부분을 내함하고 있다. 역대 명서가들이 모두 그것들에 통달한 것을 보면 강유위의 주장이 상당히 설득력이 있다. 오늘날의 서예가나 학자들이 명심해야 할 부분이다.

【원문】

今人日習院體, 平生見聞習熟. 皆近世人所爲, 暗移漸轉, 不復自知. 且目旣見之, 心必染之. 今人生宋·明[79]後, 欲無蘇·董筆意不可得. 若唐人書, 無一筆宋人者, 此何以故? 心所本無. 故卽好古者, 抗心希古,

---

75) 張敞察敞邑王疏: 장창은 서한 하동성 平陽 사람이다. 자는 子高이다. 宣帝(재위 147-167) 즉위 초에 창읍왕이 조정의 부름을 받았고 왕이 동작하는 법도로 말미암아 장창이 간하였다. 『대계』16, p.277, 주252.

76) 野人: 원래 고대에서는 농업에 종사하는 노예나 평민을 가리켰다. 그러나 여기에서는 이름을 모르는 사람을 가리킨다.

77) 張南軒(1133-1180): 금나라 사람으로 자는 敬天, 호는 남헌이다. 綿竹(사천성) 사람이나 衡陽(호남성)으로 옮겼다. 浚의 아들이다. 어릴 때부터 비범하고 재능이 많았다. 胡弘에게 사사하고 二程(북송의 程顥·程頤 형제)의 학문을 배웠다. 학식이 동시대의 주희와 함께 높이 평가되고 있다. 그러나 세상에 전해지는 글씨는 적다. 저서로는 『南軒易說』·『癸巳論語解』·『南軒先生孟子說』·『南軒文集』등이 있다.

78) 款識: 새긴 글자가 오목하게 들어간 것을 음문 또는 관이라 하고, 뾰족하게 나온 것을 양문 또는 지라고 부르며, 이를 합쳐서 보통 관지라고 한다. 楊震方 지음, 곽노봉 옮김, 『中國書藝80題』, p.3.

終抑挫於大勢, 故卑薄不能自由也. 譬吾[80])粤人, 生長居遊於粤, 長遊京師, 效燕語[81]), 雖極似矣, 而淸洌之音, 助語之詞終不可得. 燕人小兒, 雖間有土語, 而淸吭百囀, 嚘嚘可聽, 閩·粤之人, 雖服官京師數十年者, 莫能如之. 爲文者, 日爲制義[82]), 而欲爲秦·漢·六朝之文, 其不可爲, 亦猶是也. 若徒論運筆結體, 則近世解事者, 何嘗不能之?

【번역】

요즈음 사람들은 매일 院體를 연습하고 평생토록 보고 들어서 익숙하다. 이 시대 사람들이 모두 하는 것으로, 알게 모르게 빠져 들어가 스스로도 알지 못한다. 눈이 보면 마음도 반드시 물든다.

요즈음 사람들은 송·명 이후에 태어났기 때문에 소식과 동기창의 필법을 없애고자 해도 그렇게 할 수가 없다. 당나라 사람의 글씨에는 일필도 송나라 사람의 필법이 없는데 이것은 어찌된 까닭인가? 마음에 본래 그런 필법이 없었기 때문이다. 그러므로 옛 것을 좋아하는 사람이 마음을 다하여 옛 것을 희구해도 결국 대세에 눌려 꺾이고 만다. 따라서 비루하고 가벼운 필법에서 벗어날 수 없다.

비유컨대 우리 광동 사람이 광동에서 태어나 오랫동안 살다가 북경에 오래 머물면서 북경 말을 배워도 아주 비슷해지기는 하지만 맑은 발음과 어조사는 결국 따라할 수 없다. 북경의 어린이가 투박한 말투가 섞여 있어도 맑은 목소리로 이야기하는 것은 정말 들을 만하다. 복건 사람과 광동 사람이 북경에서 수십 년 동안 관직을 가지고 있어도 그 아이들과 같아질 수는 없다.

문장을 지으려는 사람이 매일 과거시험만 준비하면서 진·한·육조의 문장을 얻고자 한다면 될 수 없는 것이 또한 이와 같다. 단지 운필과 결구만을 말한다면 글씨를 조금 쓰는 사람으로 어찌 그것을 못하겠는가?

【해제】

강유위의 시절은 전대의 원체에 물들어 진·한의 좋은 글씨를 쓰고자 해도 당대의 비루한 분위기에 눌리고 말았다. 이것은 문장과 언어에서도 마찬가지이다. 당대의 풍격을 벗어나 옛 법을 추구함이 서가의 무던한 노력 없이는 불가능하다는 것이 강유위의 결론이다. 사람이 당시 처한 환경의 지배를 벗어나는 것이 어렵지만, 그것을 극복하는 사람만이 명필이 될 수 있다는 역설적인 표현이다.

투고일 : 2013. 5. 30   심사개시일 : 2013. 6. 1   심사완료일 : 2013. 6. 12

---

79) 『소중』에는 元이라고 되어 있다.
80) 『역대』에는 我라고 되어 있다.
81) 燕語: 하북성의 방언인 북경어이다.
82) 制義: 과거시험에 응하는 문장으로 四六文 또는 八股文을 말한다.

『魏書』.

『莊子』.

『晉書』.

『韓非子』.

江式, 1988, 「論書表」, 『中國歷代論文選』, 臺北: 華正書局.

康有爲, 1890, 『廣藝舟雙楫』, 初刻本.

康有爲, 1937, 『廣藝舟雙楫』, 萬有文庫, 上海: 商務印書館.

康有爲, 1985, 『廣藝舟雙楫疏證』, 臺北: 華正書局.

康有爲 原著, 崔爾平 校注, 2006, 『廣藝舟雙楫注』, 上海: 上海書畵出版社.

康有爲 原著, 華正書局 編, 1985, 『廣藝舟雙楫疏證』, 臺北: 華正書局.

竇臮, 1988, 「古來能書人名」, 『中國歷代論文選』, 臺北: 華正書局.

潘運告 編著 譯注, 2004, 『晚淸書論』, 長沙: 湖南美術出版社.

上海書畵出版社 編, 1979, 『中國歷代論文選』, 上海: 上海書畵出版社.

蘇士澍 主編, 2000, 『中國書法藝術』秦漢, 北京: 文物出版社.

楊素芳, 后東生 編著, 1998, 『中國書法理論經典』, 石家庄: 河北人民出版社.

王靖憲 主編, 1996, 『中國書法藝術』魏晉南北朝, 北京: 文物出版社.

王羲之, 1988, 「題衛夫人筆陣圖后」, 『中國歷代論文選』, 臺北: 華正書局.

劉正成 主編, 1997, 『中國書法全集』20, 北京: 榮寶齋出版社.

劉正成 主編, 2006, 『中國書法鑑賞大辭典』, 北京: 中國人民大學出版社.

張又棟 主編, 2001, 『書法創作大典』, 北京: 新時代出版社.

張撝之·沈起煒·劉德重, 1999, 『中國歷代人名大辭典』上·下, 上海: 上海古籍出版社

周祖謨 校釋, 1963, 『洛陽伽藍記校釋』, 臺北: 中華書局.

中國社會科學院考古學硏硏所究所洛陽工作隊, 1982, 「漢魏洛陽古城太學f遺址新出土的漢石經殘石」,
　『考古』4.

包世臣, 1988, 『藝舟雙楫』(『中國歷代論文選』), 臺北: 華正書局.

미술문화원 편, 1985, 『中國書法大辭典』, 서울: 미술문화원.

宋民 지음, 곽노봉 옮김, 1989, 『中國書藝美學』, 서울: 동문선.

楊震方 지음, 곽노봉 옮김, 1997, 『中國書藝80題』, 서울: 동문선.

劉濤·唐吟方 지음, 박영진 옮김, 2000, 『中國書法藝術五千年史』, 서울: 다운샘.

楊衒之 지음, 서윤희 옮김, 2001, 『낙양가람기』, 서울: 눌와.
정현숙, 2006, 「문헌을 통해 본 북위의 국가이념과 용문 고양동의 연관성」, 『書誌學硏究』35, 서지학회.

中田勇次郎 編集, 1993, 『中國書論大系』16, 東京: 二玄社.
平凡社 編, 1965, 『書道全集』3, 東京: 平凡社.

Lee, Hyun-sook Jung, 2005, "The Longmen Guyang Cave." Ph.D. diss., University of Pennsylvania.

〈Abstract〉

Introduction and Han Stelae as a Root of All Writings

Jeong, Se-geun & Jung, Hyun-sook

By following the advice of a close friend Shen Zengzhi (沈曾植), in 1888 Kang Youwei (康有爲) began to write the *Guangyizhoushuangji* (廣藝舟雙楫) meaning the widening of the *Yizhoushuangji* (藝舟雙楫) by Bao Shichen (包世臣) and completed it in 1889. It is composed of 6 parts, 27 chapters. Part 1 (Chapters 1-3) discusses the definition of characters and the importance of a stele and Part 2 (Chapters 4-7), the process of the transformation of characters, *bafen* (八分), and Han stelae. Part 3 (Chapters 8-12) explains the tradition of the Wei (衛) family, precious Southern stelae, serviceable Sui stelae, and mean Tang stelae, and Part 4 (Chapters 13-19), complete Northern Wei stelae, the root of each stele, ten famous regular-script calligraphers, class of stele, and evaluation of stele. Part 5 (Chapters 20-23) talks about the methods of holding brush, of writing, and of learning calligraphy as well as the process of his own way practising calligraphy, and Part 6 (Chapters 24-27), the signboard writing, running and cursive scripts, civil service examination writing style, and the beauty of stele characters in poem.

In Chapter 7, Kang insists Han stelae are the root of all writings afterward. There was no regular script before Han, and it appeared between the Han and Wei periods. The regular script was first begun to be written by Zong Yao (鐘繇), and settled down by the Two Wangs (*erwang*, 二王), Wang Xizhi (王羲之) and Wang Xianzhi (王獻之).

The *bafen* of the Western Han contains the brushtouch of Li Shi (李斯) and became the basic of the Eastern Han. By the end of Han, calligraphy reached at the peak, and all the writings combined high quality of style, new meaning and unusual shape, and free atmosphere. Wei-Jin calligraphy based on the Han writings was refined and antique.

The stelae of the Northern and Southern Dynasties reveal the calligraphic style of the Han. The styles of Chu Suiliang (褚遂良), Ou-yang Tong (歐陽通), and Yan Zhenqing (顔眞卿), all famous Tang calligraphers, are the same. Because of the basic of the Han writings, the numerous Buddhist inscriptions of the Six Dynasties are unadorned and faithful, and the small Tang stelae are natural and free

Qing people practised *yuanti* (阮體), a kind of Wang Xizhi style, everyday, and their writings became mean. They could not write the style of the ancient periods, which is antique and refined. Therefore, the one to be proficient in calligraphy should practise the writings of the Han stelae.

▶ Key words : Zong Yao, Two Wangs (erwang, Wang Xizhi & Wang Xianzhi), *Bafen* of the Western Han, *Bafen* of the Eastern Han, Stelae of the Han, Stelae of the Northern and Southern Dynasties

그림 1. 鍾繇,〈賀捷表(戎輅表)〉, 鬱岡齋
帖, 해서, 조위

그림 2.〈魯孝王泮池刻石(五鳳刻石)〉, 예서, 158 B.C., 한

그림 3.〈開通褒斜道刻石〉, 예서, 63, 한

그림 4. 仇紼,〈郙閣頌〉, 예서, 172, 한

---

* 도판 캡션은 서자, 작품, 찬자, 각자, 서체, 연도, 시대 순이다.

그림 5. 〈裴岑紀功碑〉, 예서, 137, 한

그림 6. 〈是吾碑(延光殘碑)〉, 예서, 125, 한

그림 7. 〈北海相景君銘(景君碑)〉, 예서, 143, 한

그림 8. 仇靖, 〈西狹頌〉, 예서, 171, 한

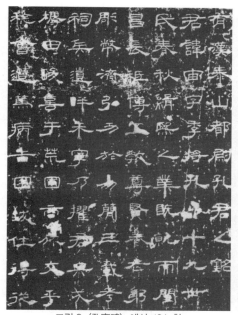

그림 9. 〈孔宙碑〉, 예서, 164, 한

그림 10. 〈石門頌〉, 예서, 148, 한

그림 11. 〈夏承碑〉, 예서, 170, 한

그림 12. 〈校官碑〉, 예서, 187, 한

그림 13. 〈范式碑〉, 예서, 235, 조위

그림 14. 〈乙瑛碑〉, 예서, 153, 한

그림 15. 〈史晨碑〉, 예서, 169, 한

그림 16. 朱登, 〈衡方碑〉, 예서, 168, 한

그림 17. 〈張遷碑〉, 예서, 186, 한

그림 18. 〈曹全碑〉, 예서, 185, 한

그림 19. 蔡邕 등, 〈熹平石經〉, 예서, 175, 한

그림 20. 〈天發神讖碑〉, 전서, 278, 오

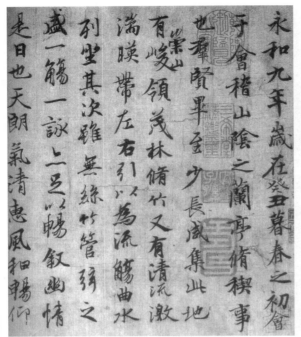

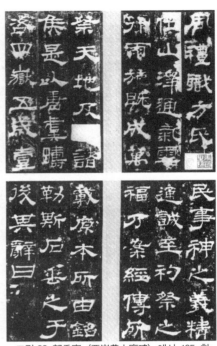

그림 21. 王羲之, 馮承素 臨, 〈蘭亭序〉, 왕희지, 행서, 353, 동진 　　그림 22. 郭香察, 〈西嶽華山廟碑〉, 예서, 165, 한

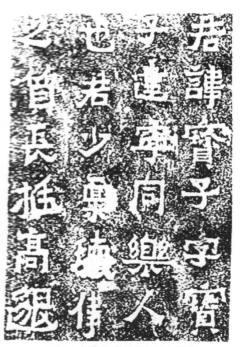

그림 23. 〈曹子建碑(曹植碑)〉, 해서, 593, 수 　　　　그림 24. 〈爨寶子碑〉, 해서, 405, 동진

그림 25. 〈弔比干文〉, 孝文帝, 해서, 494, 북위

그림 26. 〈楊大眼造像記〉, 해서, 504-7, 북위

그림 27. 褚遂良, 〈伊闕石龕銘(伊闕佛龕碑)〉, 해서, 641, 당

그림 28. 歐陽通, 〈道因法師碑〉, 해서, 663, 당

그림 29. 顏眞卿, 〈裴將軍詩〉, 忠義堂帖, 초서, 당

그림 30. 〈子游殘石〉, 예서, 115, 한

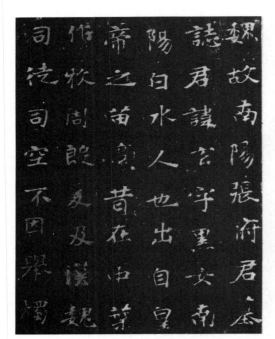

그림 31. 〈張黑女(張玄)墓誌銘〉, 해서, 531, 북위

그림 32. 〈正直殘碑〉, 예서, 한

그림 33. 〈爨龍顔碑〉, 해서, 458, 유송 그림 34. 〈楊淮表紀〉, 예서, 173, 한

휘/보

학회소식, 학술대회, 정기발표회, 신년휘호, 자료교환

학회소식, 학술대회, 정기발표회, 신년휘호, 자료교환

1. 학회소식

1) 제14차 운영위원회 및 평의원회의
   * 일시 및 장소 : 2013년 1월 12일 진두부집
   * 『木簡과 文字』 발행 논의, 신구임원 인사, 제16회 정기발표회 주제 선정

2) 제6회 정기총회
   * 일시 및 장소 : 2013년 1월 12일 동국대학교 경영관 MBA 202호실
   * 4기 임원 소개
   * 2013년 연간계획 수립

3) 한국고대문자자료 연구모임
   * 주제 : 한국고대문자자료 역주
   * 일시 : 매월 4째주 토요일
   * 장소 : 성균관대 600주년 기념관 동아시아학술원 408호
   * 주최 : 한국목간학회·동아시아학술원 인문학국(HK)연구소

   ■ 제1회 월례발표(2013년 3월 23일)
     발표자 : 이재환(서울대 국사학과)
     주　제 : 무령왕릉 출토 문자자료 이해

   ■ 제2회 월례발표(2013년 4월 27일)
     발표자 : 이은솔(원광대 서예문화예술학과)
     주　제 : 창왕명사리감과 사택지적비 이해

■ 제3회 월례발표(2013년 5월 25일)

　특　강 : 정현숙(원광대학교 서예문화예술학과)

　주　제 : 서체와 서풍

　발표자 : 이은솔(원광대학교 서예문화예술학과)

　주　제 : 왕흥사지 출토 문자자료의 판독과 해석

　발표자 : 임혜경(서울대학교 국사학과)

　주　제 : 미륵사지 출토 문자자료의 이해

2. 학술대회

1) 제7회 학술대회 "한국 고대 목간의 연구현황과 쟁점"

　* 일시 : 2012년 12월 1일(토) 13:00 ~ 18:00

　* 장소 : 서울 국립중앙박물관 제1강의실

　* 주최 : 한국목간학회

　* 후원 : (주) 위즈서비스·유앤아이로직스

◆ 1부 발표(13:00~14:30)

　■ 발표주제 : 樂浪簡牘의 출토와 연구 동향

　　발 표 자 : 윤용구 (인천도시개발공사)

　■ 발표주제 : 부여지역 출토 백제 목간의 연구 현황과 전망

　　발 표 자 : 홍승우 (서울대)

　■ 발표주제 : 나주 복암리 백제 목간의 연구 현황과 전망

　　발 표 자 : 이용현 (국립춘천박물관)

~ 만남의 시간(14:30~14:45)

◆ 2부 발표(14:45~16:15)

　■ 발표주제 : 경주 월성해자·안압지 출토 목간의 연구 동향

　　발 표 자 : 홍기승 (서울대)

■ 발표주제 : 성산산성 출토 신라목간 연구의 흐름과 전망
   발 표 자 : 이경섭 (동국대)

■ 발표주제 : 한국 고대 주술목간의 연구 동향과 전망
   발 표 자 : 이재환 (서울대)

~ 휴식 및 장내 정리(16:15~16:30)

◆ 종합토론
   ■ 좌   장 : 이수훈
     토론자 : 김수태(충남대), 이영호(경북대), 김병준(서울대), 권인한(성균관대)
              정현숙(원광대), 김경호(성균관대), 김재홍(국민대), 윤선태(동국대)
              김창석(강원대), 김동우(국립중앙박물관), 이병호(국립중앙박물관)
              고광의(동북아역사재단)

3. 정기발표회

1) 제15회 정기발표회
   • 일시 : 2013년 1월 12일(토) 오후 1:30~6:00
   • 장소 : 동국대학교 경영관 MBA 202호실
   • 후원 : ㈜ 위즈서비스·유앤아이로직스
   • 연구발표
     안경숙(국립중앙박물관), 국립중앙박물관 소장 석암리 194호분 출토 죽간
     심상육(부여군문화재보존센터), 부여 출토 문자자료 신출 보고
     최순조(신라문화유산연구원), 국립경주박물관 남측부지 유적 출토 신명문자료
     이동주(경북대학교), 경주 화곡출토 在銘土器의 성격

2) 제16회 정기발표회
   • 일시 : 2013년 4월 20일(토) 오후 2:00~6:00
   • 장소 : 국립중앙박물관 제2강의실
   • 주최 : 한국목간학회·국립중앙박물관 고고역사부
   • 후원 : ㈜ 위즈서비스·유앤아이로직스

• 연구발표

　李成市 (日本 와세다대학교), 祢軍墓誌銘 研究

　조미영 (원광대학교), 통일신라시대 화엄석경 체제 연구

　김귀한 (단국대학교), 15~17세기 관요 백자 명문의 연구

4. 신년휘호

* 2013년 1월 12일 동국대학교 경영대 MBA 202호실

* 조수현 교수(원광대학교)

5. 자료교환

　日本木簡學會와의 資料交換

* 日本木簡學會 『木簡研究』 34號 (2013년 1월)

* 韓國木簡學會 『木簡과 文字』 9호 일본 발송 (2013년 1월 23일)

부/록

학회 회칙, 간행예규, 연구윤리규정

학회 회칙

제 1 장 총칙

제 1 조 (명칭)　본회는 한국목간학회(韓國木簡學會, The Korean Society for the Study of Wooden Documents)라 한다.

제 2 조 (목적)　본회는 목간을 비롯한 금석문, 고문서 등 문자자료와 기타 문자유물을 중심으로 한 연구 및 학술조사를 통하여 한국의 목간학 발전에 이바지함을 목적으로 한다.

제 3 조 (사업)　본회는 목적에 부합하는 다음의 사업을 한다.
　　1. 연구발표회
　　2. 학보 및 기타 간행물 발간
　　3. 유적·유물의 답사 및 조사 연구
　　4. 국내외 여러 학회들과의 공동 학술연구 및 교류
　　5. 기타 위의 각 사항의 사업을 수행하기 위해 필요한 사업

제 4 조 (회원의 구분과 자격)
　　① 본회의 회원은 본회의 목적에 동의하여 회비를 납부하는 개인 또는 기관으로서 연구회원, 일
　　　반회원 및 학생회원으로 구분하며, 따로 명예회원, 특별회원을 둘 수 있다.
　　② 연구회원은 평의원 2인 이상의 추천을 받아 평의원회에서 심의, 인준한다.
　　③ 일반회원은 연구회원과 학생회원이 아닌 사람과 기관 및 단체로 한다.
　　④ 학생회원은 대학생과 대학원생으로 한다.
　　⑤ 명예회원은 본회의 발전에 크게 기여한 회원 또는 개인 중에서 운영위원회에서 추천하여 평의
　　　원회에서 인준을 받은 사람으로 한다.
　　⑥ 특별회원은 본회의 활동과 운영에 크게 기여한 개인 또는 기관 중에서 운영위원회에서 추천하
　　　여 평의원회에서 인준을 받은 사람으로 한다.

제 5 조 (회원징계)   회원으로서 본회의 명예를 손상시키거나 회칙을 준수하지 않았을 경우 평의원회의 심의와 총회의 의결에 따라 자격정지, 제명 등의 징계를 할 수 있다.

제 2 장 조직 및 기능

제 6 조 (조직)   본회는 총회·평의원회·운영위원회·편집위원회를 두며, 필요한 경우 별도의 위원회를 구성할 수 있다.

제 7 조 (총회)
　① 총회는 정기총회와 임시총회로 나누며, 정기총회는 2년에 1회 정기적으로 개최하고 임시총회는 필요한 때에 소집할 수 있다.
　② 총회는 회장이나 평의원회의 의결로 소집한다.
　③ 총회는 평의원회에서 심의한 학회의 회칙, 운영예규의 개정 및 사업과 재정 등에 관한 보고를 받고 이를 의결한다.
　④ 총회는 평의원회에서 추천한 회장, 평의원, 감사를 인준한다. 단 회장의 인준이 거부되었을 때는 평의원회에서 재추천하도록 결정하거나 총회에서 직접 선출한다.

제 8 조 (평의원회)
　① 평의원은 연구회원 중 평의원회의 추천을 받아 총회에서 인준한 자로 한다.
　② 평의원회는 회장을 포함한 평의원으로 구성한다.
　③ 평의원회는 회장 또는 평의원 4분의 1 이상의 요구로써 소집한다.
　④ 평의원회는 아래의 사항을 추천, 심의, 의결한다.
　　1. 회장, 평의원, 감사, 편집위원의 추천
　　2. 회칙개정안, 운영예규의 심의
　　3. 학회의 재정과 사업수행의 심의
　　4. 연구회원, 명예회원, 특별회원의 인준
　　5. 회원의 자격정지, 제명 등의 징계를 심의

제 9 조 (운영위원회)
　① 운영위원회는 회장과 회장이 지명하는 부회장, 총무·연구·편집·섭외이사 등 15명 내외로 구성하고, 실무를 담당할 간사를 둔다.
　② 운영위원회는 평의원회에서 심의·의결한 사항을 집행하며, 학회의 제반 운영업무를 담당한다.
　③ 부회장은 회장을 도와 학회의 업무를 총괄 지원하며, 회장 유고시에는 회장의 권한을 대행한다.

④ 총무이사는 학회의 통상 업무를 담당, 집행한다.

⑤ 연구이사는 연구발표회 및 각종 학술대회의 기획을 전담한다.

⑥ 편집이사는 편집위원을 겸하며, 학보 및 기타 간행물의 출간을 전담한다.

⑦ 섭외이사는 학술조사를 위해 자료소장기관과의 섭외업무를 전담한다.

제 10 조 (편집위원회)　편집위원회는 학보 발간 및 기타 간행물의 출간에 관한 제반사항을 담당하며, 그 구성은 따로 본회의 운영예규에 정한다.

제 11 조 (기타 위원회)　기타 위원회의 구성과 활동은 회장이 결정하며, 그 내용을 평의원회에 보고한다.

제 12 조 (임원)

① 회장은 본회를 대표하고 총회와 각급회의를 주재하며, 임기는 2년으로 한다.

② 평의원은 제 8 조의 사항을 담임하며, 임기는 종신으로 한다.

③ 감사는 평의원회에 출석하고, 본회의 업무 및 재정을 감사하여 총회에 보고하며, 그 임기는 2년으로 한다.

④ 임원의 임기는 1월 1일부터 시작한다.

⑤ 임원이 유고로 업무를 수행할 수 없게 된 때에는 평의원회에서 보궐 임원을 선출하고 다음 총회에서 인준을 받으며, 그 임기는 전임자의 잔여임기가 1년 미만인 경우는 잔여임기에 규정임기 2년을 더한 기간으로 하고, 잔여임기가 1년 이상인 경우는 잔여기간으로 한다.

제 13 조 (의결)

① 총회에서의 인준과 의결은 출석 회원의 과반수로 한다.

② 평의원회는 평의원 4분의 1 이상의 출석으로 성립하며, 의결은 출석한 평의원 과반수의 찬성으로 한다.

제 3 장 출판물의 발간

제 14 조 (출판물)

① 본회는 매년 11월 말일에 학보를 발간하고, 그 명칭은 "목간과 문자"(한문 "木簡과 文字", 영문 "Wooden documents and Inscriptions Studies")로 한다.

② 본회는 학보 이외에 본회의 목적에 부합하는 출판물을 발간할 수 있다.

③ 본회가 발간하는 학보를 포함한 모든 출판물의 저작권은 본 학회에 속한다.

제 15 조 (학보 게재 논문 등의 선정과 심사)

　　① 학보에는 회원의 논문 및 본회의 목적에 부합하는 주제의 글을 게재함을 원칙으로 한다.

　　② 논문 등 학보 게재물은 편집위원회에서 선정한다.

　　③ 논문 등 학보 게재물의 선정 기준과 절차는 따로 본회의 운영예규에 정한다.

제 4 장 재정

제 16 조 (재원)　　본회의 재원은 회비 및 기타 수입으로 한다.

제 17 조 (회계연도)　　본회의 회계연도 기준일은 1월 1일로 한다.

제 5 장 기타

제 18 조 (운영예규)　　본 회칙에 명시하지 않은 운영에 필요한 사항은 따로 운영예규에 정한다.

제 19 조 (기타사항)　　본 회칙에 규정되지 않은 사항은 일반관례에 따른다

부칙

1. 본 회칙은 2007년 1월 9일부터 시행한다.
2. 본 회칙은 2009년 1월 9일부터 시행한다.
3. 본 회칙은 2012년 1월 18일부터 시행한다.

편집위원회에 관한 규정

제 1 장 총칙

제 1 조 (명칭)　　본 규정은 '편집위원회에 관한 규정'이라 한다.

제 2 조 (목적)　　본 규정은 한국목간학회 편집위원회의 조직 및 편집 활동 전반에 관한 세부 사항을 규정하는 것을 목적으로 한다.

제 2 장 조직 및 권한

제 3 조 (구성)　　편집위원회는 회칙에 따라 구성한다.

제 4 조 (편집위원의 임명)　　편집위원은 세부 전공 분야 및 연구 업적을 감안하여 평의원회에서 추천하며, 회장이 임명한다.

제 5 조 (편집위원장의 선출)　　편집위원장은 편집위원 전원의 무기명 비밀투표 방식으로 편집위원 중에서 선출한다.

제 6 조 (편집위원장의 권한)　　편집위원장은 편집회의의 의장이 되며, 학회지의 편집 및 출판 활동 전반에 대하여 권한을 갖는다.

제 7 조 (편집위원의 자격)　　편집위원은 다음과 같은 조건을 갖춘자로 한다.
  1. 박사학위를 소지한 자.
  2. 대학의 전임교수로서 5년 이상의 경력을 갖추었거나, 이와 동등한 연구 경력을 갖춘자.
  3. 역사학·고고학·보존과학·국어학 또는 이와 관련된 분야에서 연구 업적이 뛰어나고 학계의 명망과 인격을 두루 갖춘자.

4. 다른 학회의 임원이나 편집위원으로 과다하게 중복되지 않은 자.

제 8 조 (편집위원의 임기)   편집위원의 임기는 2년으로 하되, 연임할 수 있다.

제 9 조 (편집자문위원)   학회지 및 기타 간행물의 편집 및 출판 활동과 관련하여 필요시 국내외의 편집자문위원을 둘 수 있다.

제 10 조 (편집간사)   학회지를 비롯한 제반 출판 활동 업무를 원활히 하기 위하여 편집간사 약간 명을 둘 수 있다.

제 3 장 임무와 활동

제 11 조 (편집위원회의 임무와 활동)   편집위원회의 임무와 활동 내용은 다음과 같다.
　　1. 학회지의 간행과 관련된 제반 업무.
　　2. 학술 단행본의 발행과 관련된 제반 업무.
　　3. 기타 편집 및 발행과 관련된 제반 활동.

제 12 조 (편집간사의 임무)   편집간사는 편집위원회의 업무와 활동을 보조하며, 편집과 관련된 회계의 실무를 담당한다.

제 13 조 (학회지의 발간일)   학회지는 1년에 1회 발행하며, 그 발행일자는 11월 30일로 한다.

제 4 장 편집회의

제 14 조 (편집회의의 소집)   편집회의는 편집위원장이 수시로 소집하되, 필요한 경우에는 3인 이상의 편집위원이 발의하여 회장의 동의를 얻어 편집회의를 소집할 수 있다. 또한 심사위원의 추천 및 선정 등에 필요한 경우에는 전자우편을 통한 의견 수렴으로 편집회의를 대신할 수 있다.

제 15조 (편집회의의 성립)   편집회의는 편집위원장을 포함한 편집위원 과반수의 출석으로 성립된다.

제 16조 (편집회의의 의결)   편집회의의 제반 안건은 출석 위원 과반수의 찬성으로 의결하되, 찬반 동수인 경우에는 편집위원장이 결정한다.

제 17조 (편집회의의 의장) 편집위원장은 편집회의의 의장이 된다. 편집위원장이 참석하지 아니한 경우에는 편집위원 중의 연장자가 의장이 된다.

제 18조 (편집회의의 활동) 편집회의는 학회지의 발행, 논문의 심사 및 편집, 기타 제반 출판과 관련된 사항에 대하여 논의하고 결정한다.

부칙
제1조 이 규정은 운영위원회의 의결을 거쳐 2007년 11월 24일부터 시행한다.
제2조 이 규정은 운영위원회의 의결을 거쳐 2009년 1월 9일부터 시행한다.
제3조 이 규정은 운영위원회의 의결을 거쳐 2012년 1월 18일부터 시행한다.

학회지 논문의 투고와 심사에 관한 규정

제 1 장 총칙

제 1 조 (명칭)　본 규정은 '학회지 논문의 투고와 심사에 관한 규정'이라 한다.

제 2 조 (목적)　본 규정은 한국목간학회의 학회지인 『목간과 문자』에 수록할 논문의 투고와 심사에 관한 절차를 정하고 관련 업무를 명시함에 목적을 둔다.

제 2 장 원고의 투고

제 3 조 (투고 자격)　논문의 투고 자격은 회칙에 따르되, 당해 연도 회비를 납부한 자에 한한다.

제 4 조 (투고의 조건)　본 학회에서 발표한 논문에 한하여 투고하는 것을 원칙으로 한다.

제 5 조 (원고의 분량)　원고의 분량은 학회지에 인쇄된 것을 기준으로 각종의 자료를 포함하여 30면 내외로 하되, 자료의 영인을 붙이는 경우에는 면수 계산에서 제외한다.

제 6 조 (원고의 작성 방식)　원고의 작성 방식과 요령 등에 관하여는 별도의 내규를 정하여 시행한다.

제 7 조 (원고의 언어)　원고는 한국어로 작성함을 원칙으로 하되, 외국어로 작성된 원고의 게재 여부는 편집회의에서 정한다.

제 8 조 (제목과 필자명)　논문 제목과 필자명은 영문으로 附記하여야 한다.

제 9 조 (국문초록과 핵심어)　논문을 투고할 때에는 국문과 외국어로 된 초록과 핵심어를 덧붙여

야 한다. 요약문과 핵심어의 작성 요령은 다음과 같다.

1. 국문초록은 논문의 내용과 논지를 잘 간추려 작성하되, 외국어 요약문은 영어, 중국어, 일어 중의 하나로 작성한다.
2. 국문초록의 분량은 200자 원고지 5매 내외로 한다.
3. 핵심어는 논문의 주제 및 내용을 대표할 만한 단어를 뽑아서 요약문 뒤에 행을 바꾸어 제시한다.

제 10 조 (논문의 주제 및 내용 조건)　논문의 주제 및 내용은 다음에 부합하여야 한다.

1. 국내외의 출토 문자 자료에 대한 연구 논문
2. 국내외의 출토 문자 자료에 대한 소개 또는 보고 논문
3. 국내외의 출토 문자 자료에 대한 역주 또는 서평 논문

제 11 조 (논문의 제출처)　심사용 논문은 편집이사에게 제출한다.

제 3 장　원고의 심사

제 1 절 : 심사자

제 12 조 (심사자의 자격)　심사자는 논문의 주제 및 내용과 관련된 분야에서 박사학위를 소지한 자를 원칙으로 하되, 본 학회의 회원 가입 여부에 구애받지 아니한다.

제 13 조 (심사자의 수)　심사자는 논문 한 편당 3인 이상 5인 이내로 한다.

제 14 조 (심사 의뢰)　편집위원장은 편집회의에서 추천·의결한 바에 따라 심사자를 선정하여 심사를 의뢰하도록 한다. 편집회의에서의 심사자 추천은 2배수로 하고, 편집회의의 의결을 거쳐 선정한다.

제 15 조 (심사자에 대한 이의)　편집위원장은 심사자 위촉 사항에 대하여 대외비로 회장에게 보고하며, 회장은 편집위원장에게 이의를 제기할 수 있다. 심사자 위촉에 대한 이의에 대하여는 편집회의를 거쳐 편집위원장이 심사자를 변경할 수 있다. 다만, 편집회의 결과 원래의 위촉자가 재선정되었을 경우 편집위원장은 회장에게 그 사실을 구두로 통지하며, 통지된 사항에 대하여 회장은 이의를 제기할 수 없다.

제2절 : 익명성과 비밀 유지

제 16 조 (익명성과 비밀 유지 조건)　심사용 원고는 반드시 익명으로 하며, 심사에 관한 제반 사항

은 편집위원장 책임하에 반드시 대외비로 하여야 한다.

제 17 조 (익명성과 비밀 유지 조건의 위배에 대한 조치) 위 제16조의 조건을 위배함으로 인해 심사자에게 중대한 피해를 입혔을 경우에는 편집위원 3인 이상의 발의로써 편집위원장의 동의 없이도 편집회의를 소집할 수 있으며, 다음 각 호에 따라 위배한 자에 따라 사안별로 조치한다. 또한 해당 심사자에게는 편집위원장 명의로 지체없이 사과문을 심사자에게 등기 우송하여야 한다. 편집위원장 명의를 사용하지 못할 경우에는 편집위원 전원이 연명하여 사과문을 등기 우송하여야 한다. 익명성과 비밀 유지 조건에 대한 위배 사실이 학회의 명예를 손상한 경우에는 편집위원 3인의 발의만으로써도 해당 편집위원장 및 편집위원에 대한 징계를 회장에게 요청할 수 있으며, 이 경우 그 처리 결과를 학회지에 공지하여야 한다.

    1. 편집위원장이 위배한 경우에는 편집위원장을 교체한다.
    2. 편집위원이 위배한 경우에는 편집위원직을 박탈한다.
    3. 임원을 겸한 편집위원의 경우에는 회장에게 교체하도록 요청한다.
    4. 편집간사 또는 편집보조가 위배한 경우에는 편집위원장이 당사자를 해임한다.

제 18 조 (편집위원의 논문에 대한 심사) 편집위원이 투고한 논문을 심사할 때에는 해당 편집위원을 궐석시킨 후에 심사자를 선정하여야 하며, 회장에게도 심사자의 신원을 밝히지 않는 것을 원칙으로 한다.

제 3 절 : 심사 절차

제 19 조 (논문심사서의 구성 요건) 논문심사서에는 '심사 소견', 그리고 '수정 및 지적사항'을 적는 난이 포함되어야 한다.

제 20 조 (심사 소견과 영역별 평가) 심사자는 심사 논문에 대하여 영역별 평가를 감안하여 종합판정을 한다. 심사 소견에는 영역별 평가와 종합판정에 대한 근거 및 의견을 총괄적으로 기술함을 원칙으로 한다.

제 21 조 (수정 및 지적사항) '수정 및 지적사항'란에는 심사용 논문의 면수 및 수정 내용 등을 구체적으로 지시하여야 한다.

제 22조 (심사 결과의 전달) 편집간사는 편집위원장의 지시를 받아 투고자에게 심사자의 논문심사서와 심사용 논문을 전자우편 또는 일반우편으로 전달하되, 심사자의 신원이 드러나지 않도록 각별히 유의하여야 한다. 논문 심사서 중 심사자의 인적 사항은 편집회의에서도 공개하지 않는다.

제 23 조 (수정된 원고의 접수)　투고자는 논문심사서를 수령한 후 소정 기일 내에 원고를 수정하여 편집위원장에게 송부하여야 한다. 기한을 넘겨 접수된 수정 원고는 학회지의 다음 호에 접수된 투고 논문과 동일한 심사 절차를 밟되, 논문심사료는 부과하지 않는다.

제 4 절 : 심사의 기준과 게재 여부 결정

제 24 조 (심사 결과의 종류)　심사 결과는 '종합판정'과 '영역별 평가'로 나누어 시행한다.

제 25 조 (종합판정과 등급)　종합판정은 ①게재 가, ②수정후 재심사, ③게재 불가 중의 하나로 한다.

제 26 조 (영역별 평가)　영역별 평가 기준은 다음과 같다.
　　1. 학계에의 기여도
　　2. 연구 내용 및 방법론의 참신성
　　3. 논지 전개의 타당성
　　4. 논문 구성의 완결성
　　5. 문장 표현의 정확성

제 27 조 (게재 여부의 결정 기준)　심사용 논문의 학회지 게재 여부는 심사자의 종합판정에 의거하여 이들을 합산하여 시행한다. 게재 여부의 결정은 최종 수정된 원고를 대상으로 한다.

제 28 조 (게재 여부 결정의 조건)　게재 여부 결정의 조건은 다음과 같다.
　　1. 심사자의 2분의 1 이상이 위 제25조의 '①게재 가'로 판정한 경우에는 게재한다.
　　2. 심사자의 2분의 1 이상이 위 제25조의 '③게재 불가'로 판정한 경우에는 게재를 불허한다.

제 29 조 (게재 여부에 대한 논의)　위 제28조의 경우가 아닌 논문에 대하여는 편집회의의 토의를 거친 후에 게재 여부를 확정하되, 이 때에는 영역별 평가를 참조한다.

제 30 조 (논문 게재 여부의 통보)　편집위원장은 논문 게재 여부에 대한 최종 확정 결과를 투고자에게 통보하여야 한다.

제 5 절 : 이의 신청
제 31 조 (이의 신청)　투고자는 심사와 논문 게재 여부에 대하여 이의를 신청할 수 있다. 이 때에는 200자 원고지 5매 내외의 이의신청서를 작성하여 심사 결과 통보일 15일 이내에 편집위원장에게 송부하

여야 하며, 편집위원장은 이의 신청 접수일로부터 15일 이내에 이에 대한 처리 절차를 완료하여야 한다.

제 32 조 (이의 신청의 처리)　이의 신청을 한 투고자의 논문에 대해서는 편집회의에서 토의를 거쳐 이의 신청의 수락 여부를 의결한다. 수락한 이의 신청에 대한 조치 방법은 편집회의에서 결정한다.

제 4 장　게재 논문의 사후 심사 및 조치

제 1 절 : 게재 논문의 사후 심사

제 33 조 (사후 심사)　학회지에 게재된 논문에 대하여는 사후 심사를 할 수 있다.

제 34 조 (사후 심사 요건)　사후 심사는 편집위원회의 자체 판단 또는 접수된 사후심사요청서의 검토 결과, 대상 논문이 그 논문이 수록된 본 학회지 발행일자 이전의 간행물 또는 타인의 저작권에 귀속시킬 만한 연구 내용을 현저한 정도로 표절 또는 중복 게재한 것으로 의심되는 경우에 한한다.

제 35 조 (사후심사요청서의 접수)　게재 논문의 표절 또는 중복 게재와 관련하여 사후 심사를 요청하는 사후심사요청서를 편집위원장 또는 편집위원회에 접수할 수 있다. 이 경우 사후심사요청서는 밀봉하고 겉봉에 '사후심사요청'임을 명기하되, 발신자의 신원을 겉봉에 노출시키지 않음을 원칙으로 한다.

제 36 조 (사후심사요청서의 개봉)　사후심사요청서는 편집위원장 또는 편집위원장이 위촉한 편집위원이 개봉한다.

제 37 조 (사후심사요청서의 요건)　사후심사요청서는 표절 또는 중복 게재로 의심되는 내용을 구체적으로 밝혀야 한다.

제 2 절 : 사후 심사의 절차와 방법

제 38 조 (사후 심사를 위한 편집위원회 소집)　게재 논문의 표절 또는 중복 게재에 관한 사실 여부를 심의하고 사후 심사자의 선정을 비롯한 제반 사항을 의결하기 위해 편집위원장은 편집위원회를 소집할 수 있다.

제 39 조 (질의서의 우송)　편집위원회의 심의 결과 표절이나 중복 게재의 개연성이 있다고 판단된 논문에 대해서는 그 진위 여부에 대해 편집위원장 명의로 해당 논문의 필자에게 질의서를 우송한다.

제 40 조 (답변서의 제출)　위 제39조의 질의서에 대해 해당 논문 필자는 질의서 수령 후 30일 이내 편집위원장 또는 편집위원회에 답변서를 제출하여야 한다. 이 기한 내에 답변서가 없을 경우엔 질의서의 내용을 인정한 것으로 판단한다.

제 3 절 : 사후 심사 결과의 조치

제 41 조 (사후 심사 확정을 위한 편집위원회 소집)　편집위원장은 답변서를 접수한 날 또는 마감 기한으로부터 15일 이내에 사후 심사 결과를 확정하기 위한 편집위원회를 소집한다.

제 42 조 (심사 결과의 통보)　편집위원장은 편집위원회에서 확정한 사후 심사 결과를 7일 이내에 사후 심사를 요청한 이 및 관련 당사자에게 통보하여야 한다.

제 43 조 (표절 및 중복 게재에 대한 조치)　편집위원회에서 표절 또는 중복 게재로 확정된 경우에는 회장에게 지체 없이 보고하고, 회장은 운영위원회를 소집하여 다음 각 호와 같은 조치를 집행할 수 있다.
1. 차호 학회지에 그 사실 관계 및 조치 사항들을 기록한다.
2. 학회지 전자판에서 해당 논문을 삭제하고, 학회논문임을 취소한다.
3. 해당 논문 필자에 대하여 제명 조치하고, 향후 5년간 재입회할 수 없도록 한다.
4. 관련 사실을 한국연구재단에 보고한다.

제 4 절 : 제보자의 보호

제 44 조 (제보자의 보호)　표절 및 중복 게재에 관한 이의 및 논의를 제기하거나 사후 심사를 요청한 사람에 대해서는 신원을 절대적으로 밝히지 않고 익명성을 보장하여야 한다.

제 45 조 (제보자 보호 규정의 위배에 대한 조치)　위 제44조의 규정을 위배한 이에 대한 조치는 위 제17조에 준하여 시행한다.

부칙
제1조(시행일자) 본 규정은 2007년 11월 24일부터 시행한다.
제2조(시행일자) 본 규정은 2009년 1월 9일부터 시행한다.

학회지 논문의 투고와 원고 작성 요령에 관한 내규

제 1 조 (목적)　이 내규는 본 한국목간학회의 회칙 및 관련 규정에 따라 학회지에 게재하는 논문의 투고와 원고 작성 요령에 대하여 명시하는 것을 목적으로 한다.

제 2 조 (논문의 종류)　학회지에 게재되는 논문은 심사 논문과 기획 논문으로 나뉜다. 심사 논문은 본 학회의 학회지 논문의 투고와 심사에 관한 규정에 따른 심사 절차를 거쳐 게재된 논문을 가리키며, 기획 논문은 편집위원회에서 기획하여 특정의 연구자에게 집필을 위촉한 논문을 가리킨다.

제 3 조 (기획 논문의 집필자)　기획 논문의 집필자는 본 학회의 회원 여부에 구애받지 아니한다.

제 4 조 (기획 논문의 심사)　기획 논문에 대하여도 심사 논문과 동일한 절차의 심사를 시행하는 것을 원칙으로 하되, 편집위원회의 의결을 거쳐 심사를 면제할 수 있다.

제 5 조 (투고 기한)　논문의 투고 기한은 매년 9월 말로 한다.

제 6 조 (수록호)　9월 말까지 투고된 논문은 심사 과정을 거쳐 같은 해의 11월 30일에 발행하는 학회지에 수록하는 것을 원칙으로 한다.

제 7 조 (수록 예정일자의 변경 통보)　위 제6조의 예정 기일을 넘겨 논문의 심사 및 게재가 이루어질 경우 편집위원장은 투고자에게 그 사실을 통보해 주어야 한다.

제 8 조 (게재료)　논문 게재의 확정시에는 일반 논문 5만원, 연구비 수혜 논문 30만원의 게재료를 납부하여야 한다.

제 9 조 (초과 게재료)　학회지에 게재하는 논문의 분량이 인쇄본을 기준으로 30면을 넘을 경우에

는 1면 당 1만원의 초과 게재료를 부과할 수 있다.

제 10 조 (원고료)　학회지에 게재되는 논문에 대하여는 소정의 원고료를 필자에게 지불할 수 있다. 원고료에 관한 사항은 운영위원회에서 결정한다.

제 11 조 (익명성 유지 조건)　심사용 논문에서는 졸고 및 졸저 등 투고자의 신원을 드러내는 표현을 쓸 수 없다.

제 12 조 (컴퓨터 작성)　논문의 원고는 컴퓨터로 작성함을 원칙으로 하며, 문장편집기 프로그램은 「ᄒᆞᆫ글」을 사용할 것을 권장한다.

제 13 조 (제출물)　원고 제출시에는 입력한 PC용 파일과 출력지 1부를 함께 송부하여야 한다.

제 14 조 (투고자의 성명 삭제)　편집간사는 심사자에게 심사용 논문을 송부할 때 반드시 투고자의 성명과 기타 투고자의 신원을 알 수 있는 표현 등을 삭제하여야 한다.

제 15 조 (출토 문자 자료의 표기 범례 등 기타)　출토 문자 자료의 표기 범례를 비롯하여 위에서 정하지 않은 학회지 논문의 투고와 원고 작성 요령 및 용어 사용 등에 관한 사항들은 일반적인 관행에 따르거나 편집위원회에서 결정한다.

부칙
제1조(시행일자) 이 내규는 2007년 11월 24일부터 시행한다.
제2조(시행일자) 이 내규는 2009년 1월 9일부터 시행한다.
제3조(시행일자) 이 내규는 2012년 1월 18일부터 시행한다.

韓國木簡學會 研究倫理 規定

제 1 장 총칙

제 1 조 (명칭)　　이 규정은 '한국목간학회 연구윤리 규정'이라 한다.

제 2 조 (목적)　　이 규정은 한국목간학회 회칙 및 편집위원회 규정에 따른 연구윤리 등에 관한 세부 사항을 규정하는 것을 목적으로 한다.

제 2 장 저자가 지켜야 할 연구윤리

제 3 조 (표절 금지)　　저자는 자신이 행하지 않은 연구나 주장의 일부분을 자신의 연구 결과이거나 주 장인 것처럼 논문이나 저술에 제시하지 않는다.

제 4 조 (업적 인정)

1. 저자는 자신이 실제로 행하거나 공헌한 연구에 대해서만 저자로서의 책임을 지며, 또한 업적 으로 인정받는다.

2. 논문이나 기타 출판 업적의 저자나 역자가 여러 명일 때 그 순서는 상대적 지위에 관계없이 연 구에 기여한 정도에 따라 정확하게 반영하여야 한다. 단순히 어떤 직책에 있다고 해서 저자가 되거나 제1저자로서의 업적을 인정받는 것은 정당화될 수 없다. 반면, 연구나 저술(번역)에 기여했음에도 공동 저자(역자)나 공동연구자로 기록되지 않는 것 또한 정당화될 수 없다. 연구나 저술(번역)에 대한 작은 기여는 각주, 서문, 사의 등에서 적절하게 고마움을 표시한다.

제 5 조 (중복 게재 금지)　　저자는 이전에 출판된 자신의 연구물(게재 예정이거나 심사 중인 연구물 포함)을 새로운 연구물인 것처럼 투고하지 말아야 한다.

제 6 조 (인용 및 참고 표시)

　　1. 공개된 학술 자료를 인용할 경우에는 정확하게 기술하도록 노력해야 하고, 상식에 속하는 자료가 아닌 한 반드시 그 출처를 명확히 밝혀야 한다. 논문이나 연구계획서의 평가 시 또는 개인적인 접촉을 통해서 얻은 자료의 경우에는 그 정보를 제공한 연구자의 동의를 받은 후에만 인용할 수 있다.

　　2. 다른 사람의 글을 인용하거나 아이디어를 차용(참고)할 경우에는 반드시 註[각주(후주)]를 통해 인용 여부 및 참고 여부를 밝혀야 하며, 이러한 표기를 통해 어떤 부분이 선행연구의 결과이고 어떤 부분이 본인의 독창적인 생각·주장·해석인지를 독자가 알 수 있도록 해야 한다.

　　제 7 조 (논문의 수정)　　저자는 논문의 평가 과정에서 제시된 편집위원과 심사위원의 의견을 가능한 한 수용하여 논문에 반영되도록 노력하여야 하고, 이들의 의견에 동의하지 않을 경우에는 그 근거와 이유를 상세하게 적어서 편집위원(회)에게 알려야 한다.

제 3 장　편집위원이 지켜야 할 연구윤리

　　제 8 조 (책임 범위)　　편집위원은 투고된 논문의 게재 여부를 결정하는 모든 책임을 진다.

　　제 9 조 (논문에 대한 태도)　　편집위원은 학술지 게재를 위해 투고된 논문을 저자의 성별, 나이, 소속 기관은 물론이고 어떤 선입견이나 사적인 친분과도 무관하게 오로지 논문의 질적 수준과 투고 규정에 근거하여 공평하게 취급하여야 한다.

　　제 10 조 (심사 의뢰)　　편집위원은 투고된 논문의 평가를 해당 분야의 전문적 지식과 공정한 판단 능력을 지닌 심사위원에게 의뢰해야 한다. 심사 의뢰 시에는 저자와 지나치게 친분이 있거나 지나치게 적대적인 심사위원을 피함으로써 가능한 한 객관적인 평가가 이루어질 수 있도록 노력한다. 단, 같은 논문에 대한 평가가 심사위원 간에 현저하게 차이가 날 경우에는 해당 분야 제3의 전문가에게 자문을 받을 수 있다.

　　제 11 조 (비밀 유지)　　편집위원은 투고된 논문의 게재가 결정될 때까지는 심사자 이외의 사람에게 저자에 대한 사항이나 논문의 내용을 공개하면 안 된다.

제 4 장　심사위원이 지켜야 할 연구윤리

　　제 12조 (성실 심사)　　심사위원은 학술지의 편집위원(회)이 의뢰하는 논문을 심사규정이 정한 기간 내에 성실하게 평가하고 평가 결과를 편집위원(회)에게 통보해 주어야 한다. 만약 자신이 논문의 내용

을 평가하기에 적임자가 아니라고 판단될 경우에는 편집위원(회)에게 지체 없이 그 사실을 통보한다.

제 13 조 (공정 심사) 심사위원은 논문을 개인적인 학술적 신념이나 저자와의 사적인 친분 관계를 떠나 객관적 기준에 의해 공정하게 평가하여야 한다. 충분한 근거를 명시하지 않은 채 논문을 탈락시키거나, 심사자 본인의 관점이나 해석과 상충된다는 이유로 논문을 탈락시켜서는 안 되며, 심사 대상 논문을 제대로 읽지 않은 채 평가해서도 안 된다.

제 14 조 (평가근거의 명시) 심사위원은 전문 지식인으로서의 저자의 인격과 독립성을 존중하여야 한다. 평가 의견서에는 논문에 대한 자신의 판단을 밝히되, 보완이 필요하다고 생각되는 부분에 대해서는 그 이유도 함께 상세하게 설명해야 한다.

제 15 조 (비밀 유지) 심사위원은 심사 대상 논문에 대한 비밀을 지켜야 한다. 논문 평가를 위해 특별히 조언을 구하는 경우가 아니라면 논문을 다른 사람에게 보여주거나 논문 내용을 놓고 다른 사람과 논의하는 것도 바람직하지 않다. 또한 논문이 게재된 학술지가 출판되기 전에 저자의 동의 없이 논문의 내용을 인용해서는 안 된다.

제 5 장 윤리규정 시행 지침

제 16 조 (윤리규정 서약) 한국목간학회의 신규 회원은 본 윤리규정을 준수하기로 서약해야 한다. 기존 회원은 윤리규정의 발효 시 윤리규정을 준수하기로 서약한 것으로 간주한다.

제 17 조 (윤리규정 위반 보고) 회원은 다른 회원이 윤리규정을 위반한 것을 인지할 경우 그 회원으로 하여금 윤리규정을 환기시킴으로써 문제를 바로잡도록 노력해야 한다. 그러나 문제가 바로잡히지 않거나 명백한 윤리규정 위반 사례가 드러날 경우에는 학회 윤리위원회에 보고할 수 있다. 윤리위원회는 윤리규정 위반 문제를 학회에 보고한 회원의 신원을 외부에 공개해서는 안 된다.

제 18 조 (윤리위원회 구성) 윤리위원회는 회원 5인 이상으로 구성되며, 위원은 평의원회의 추천을 받아 회장이 임명한다.

제 19 조 (윤리위원회의 권한) 윤리위원회는 윤리규정 위반으로 보고된 사안에 대하여 제보자, 피조사자, 증인, 참고인 및 증거자료 등을 통하여 폭넓게 조사를 실시한 후, 윤리규정 위반이 사실로 판정된 경우에는 회장에게 적절한 제재조치를 건의할 수 있다.
단, 사안이 학회지 게재 논문의 표절 또는 중복 게재와 관련된 경우에는 '학회지 논문의 투고와 심사에 관한 규정'에 따라 편집위원회에 조사를 의뢰하고 사후 조치를 취한다.

제 20 조 (윤리위원회의 조사 및 심의)　윤리규정 위반으로 보고된 회원은 윤리위원회에서 행하는 조사에 협조해야 한다. 이 조사에 협조하지 않는 것은 그 자체로 윤리규정 위반이 된다.

제 21 조 (소명 기회의 보장)　윤리규정 위반으로 보고된 회원에게는 충분한 소명 기회를 주어야 한다.

제 22 조 (조사 대상자에 대한 비밀 보호)　윤리규정 위반에 대해 학회의 최종적인 징계 결정이 내려질 때까지 윤리위원은 해당 회원의 신원을 외부에 공개해서는 안 된다.

제 23 조 (징계의 절차 및 내용)　윤리위원회의 징계 건의가 있을 경우, 회장은 이사회를 소집하여 징계 여부 및 징계 내용을 최종적으로 결정한다. 윤리규정을 위반했다고 판정된 회원에 대해서는 경고, 회원자격정지 내지 박탈 등의 징계를 할 수 있으며, 이 조처를 다른 기관이나 개인에게 알릴 수 있다.

제6장 보칙

제 24 조 (규정의 개정)
1. 편집위원장 또는 편집위원 3인 이상이 규정의 개정을 發議할 수 있다.
2. 재적 편집위원 3분의 2 이상의 찬성으로 개정하며, 총회의 인준을 얻어야 효력이 발생한다.

제 25 조 (보칙)　이 규정에 정해지지 않은 사항은 학회의 관례에 따른다.

부칙
제1조(시행일자) 이 규정은 2007년 11월 24일부터 시행한다.

Wooden Documents and Inscriptions Studies No 10.   June. 2013

[Contents]

Special Section : Research Status and Issues of korea Ancient wooden documents ─────────

Hong, Sueng-woo — Trends and Prospects of Studies on Puyeo area excavated Baekje wooden strips

Lee, Yong-hyeon — The Studies and Perspective about wooden tablets on Naju Bogamri

Lee, Kyoung-sup — A Study on the Flows and Prospects of Researches on Silla's Wooden Tablets Excavated in the Sungsan Mountain Fortress

Hong, Ki-seung — Trend in the study of Silla Wooden Slips of Moat of Wolseong Fortress and Anapji in Gyeongju

Lee, Jae-hwan — Searching for 'the Wooden Documents for Magic' in Ancient Korea

New Discoveries of Literary Data ─────────

An, Kyung-suk — Study on the bamboo slip from the Seogamni tomb No.194, Pyeongyang

Shim, Sang-yuck — The report on wooden tablet new excavated from Buyeo Ssangbuk-ri 184-11 site

Choi, Soon-jo — New inscription materials in National Gyeongju Museum area site -jar and bronze plate inscriptions-

Lee, Dong-joo — A reassessment of the pottery with inscriptions discovered at the site of Hwagok-ri, kyongju

Lee, Sung-si — Diplomatic activities of Ye-Gun who let an inscription on his tomb go through

Mikami, Yoshitaka — Ancient wooden documents in Japan discovered recently

Inscriptions Rereading ─────────

Jo, Mi-yeong — The Compositional Structure of *Whaeomseokgyeong*

Annotated Translation ─────────

Jeong, Se-geun / Jung, Hyun-sook — Introduction and Han Stelae as a Root of All Writings

Miscellanea

Appendix

The Korean Society for the Study of Wooden Documents

편집위원

고광의(동북아역사재단 연구위원), 권인한(성균관대 교수), 김병준(서울대 교수)

김영욱(서울시립대 교수), 윤선태(동국대 교수), 윤재석(경북대 교수)

이용현(국립중앙박물관 학예연구사), 전덕재(단국대 교수)

해외 편집위원

李成市(日本 早稻田大 教授)

三上喜孝(日本 山形大 教授)

卜宪群(中国社会科学院 简帛研究中心主任)

陈伟(中国 武汉大学 教授)

木蘭과 文字 연구 09

엮은이 | 한국목간학회
펴낸이 | 최병식
펴낸날 | 2013년 7월 30일
펴낸곳 | 주류성출판사
　　　　서울시 서초구 강남대로 435
　　　　전화 | 02-3481-1024 / 전송 | 02-3482-0656
　　　　www.juluesung.co.kr
　　　　e-mail | juluesung@daum.net

책　값 | 20,000원
ISBN　978-89-6246-107-7　94910
세트　978-89-6246-006-3　94910

＊ 잘못된 책은 바꿔 드립니다.